本书得到"中国保险学会华安保险研究基金"资助

从行业意愿到国家意志

中国保险业"十三五"发展前瞻

项俊波　主　　编
梁　涛　副主编
姚庆海　执行主编

人民出版社

目　录

序　言

　　党的十八大以来,我国经济社会发展进入新阶段,党中央、国务院更加重视保险业在战略全局中的重要作用。2013 年 11 月,党的十八届三中全会通过《中共中央关于全面深化改革若干重大问题的决定》,将保险工作纳入全面深化改革的全局,对保险业改革发展提出明确要求。2014 年 7 月,国务院常务会议审议通过《国务院关于加快发展现代保险服务业的若干意见》(以下简称"新国十条"),着眼经济社会发展全局,对新时期保险业发展进行了一次顶层设计和全新定位。

　　根据中央经济社会工作总体部署,国务院专门出台"新国十条",对于保险业改革发展和服务经济社会全局具有里程碑意义。"新国十条"首次提出现代保险服务业的概念,指出保险是现代经济的重要产业和风险管理的基本手段,是社会文明水平、经济发达程度、社会治理能力的重要标志。这个重要论断,进一步明确了保险的产业地位和功能作用,把保险业的战略定位提升到前所未有的历史新高度。过去,通常认为,保险作为市场经济的一种制度安排,是市场经济发展和繁荣的产物。经过 30 多年的发展,我们深刻认识到,保险不仅仅是经济发展的必然产物,也是社会进步的必然要求,同时还是衡量一国社会治理能力的重要标准。如果要建设一个富强民主文明和谐的国家,就必然要发展与之相适应的现代保险服务业。从这个意义上说,推动保险业加快发展,已经从行业意愿上升到国家意志,成为我国经济社会发展总体布局中的重要一环。

　　"新国十条"从全面深化改革、推进国家治理现代化、促进经济提质增效升级、全面建成小康社会的战略高度，准确把握时代趋势和客观规律，明确保险业的地位和作用，系统回答在新的历史时期为什么发展、怎样发展现代保险服务业等一系列重大理论和实践问题，为保险业改革发展创造了良好的工作环境、政策环境和舆论环境，开创了保险业在更广领域、更深层面服务经济社会全局新的战略机遇期。

2016 年 8 月，中国保监会印发《中国保险业发展"十三五"规划纲要》（以下简称《纲要》），这是保险业全面贯彻落实国家整体战略布局和"新国十条"的纲领性文件。《纲要》在全面分析我国保险业面临的发展机遇和风险挑战基础上，以牢固树立和贯彻落实创新、协调、绿色、开放、共享五大发展理念为基点，立足于服务国家治理体系和治理能力现代化，紧紧抓住国家战略要求，以供给侧结构性改革为主线，以扩大有效保险供给、满足社会日益增长的多元化保险服务需求为出发点，以建设具有较强服务能力、创新能力和国际竞争力的现代保险服务业为目标，从服务经济社会发展全局的角度，系统阐述了"十三五"时期保险业的重点任务和政策措施，为"十三五"时期我国保险业的发展指明了方向。

《纲要》发展理念新、总体定位高、规划内容实，是"十三五"时期保险业改革发展的行动纲领。为确保《纲要》的贯彻落实，凝聚保险行业的力量，共同完成《纲要》确定的目标任务，需要全行业准确把握《纲要》的核心思想和关键内容，并在社会各界创造关注和支持保险业发展的良好舆论氛围。为此，中国保监会组织编写了《从行业意愿到国家意志：中国保险业"十三五"发展前瞻》一书。全书共包括 32 篇文稿，按照《纲要》蕴含的内在逻辑和线索，从整体布局、深化改革、开拓创新、服务经济社会、加强监管、改善环境等方面对《纲要》进行了全方位深入解读，对"十三五"时期中国保险业的发展进行了前瞻性分析和探讨。

"其作始也简，其将毕也必巨。"习近平总书记告诫我们，要继续发扬筚路蓝缕、以启山林精神，继续保持空谈误国、实干兴邦那么一种警醒，敢于战胜前进道路上的一切困难和挑战。通过"十二五"时期的发展，我们在加快建设现代保险服务业、实现保险强国目标的伟大征程中又跨出重大而坚实的一步,为促进经济社会发展作出了重要贡献,但与"新国十条"的定位要求、与经济社会发展的需要、与现代保险服务业的内涵要求相比还有较大差距。"十三五"时期,中国保险业要立足服务国家治理体系和治理能力现代化的行业定位,紧扣创新、协调、绿色、开放、共享五大发展理念,围绕扩大有效保险供给、满足人民群众日益增长的保险需求,凝心聚力,攻坚克难,全面加快行业改革创新步伐,使党中央、国务院关于加快发展现代保险服务业的这一"国家意志"得到全面有效贯彻落实。

2017 年 1 月

服务国家战略，
开创"十三五"保险工作新局面

项俊波

一、"十三五"时期保险工作面临的形势和任务

"十三五"时期是全面建成小康社会的决胜阶段，也是加快建设现代保险强国的关键阶段。深刻认识"十三五"时期保险行业面临的形势和任务，对于我们突出"十三五"时期保险工作重点、加快建设现代保险强国、更好服务经济社会发展大局，具有十分现实和重要的意义。

（一）深刻认识保险业发展面临的机遇和挑战，进一步增强保险工作的前瞻性和主动性

"十三五"时期，保险业仍然处在发展的黄金机遇期，同时也面临诸多挑战和困难。之所以说"十三五"时期是黄金机遇期，主要体现在：

首先，"十二五"时期保险业取得的成就为保险行业抓住战略机遇奠定了坚实基础。"十二五"时期是保险行业实现跨越式发展的5年。全国保费收入从2010年的1.3万亿元增长到2015年的2.4万亿元，年均增长13.4%，行业总资产实现翻番，利润增加了2.4倍。我国保险市场规模全球排名由第6位升至第3位。"十二五"时期是保险改革取得全面突破的5年。保险改革在市场准入退出、保险产品定价、保险资金运用3个方面取得决定性进展，初步建成了市场发挥决定性作用的现代保险市场体系。

"十二五"时期是保险行业服务全局能力实现飞跃式提升的 5 年。其间，累计为经济社会提供风险保障 4753 万亿元，年均增长 38%。保险业已经成为兜底和改善民生保障的重要渠道、支持实体经济的重要力量、应对重大灾害事故的重要机制。"十二五"时期是保险监管不断走向现代化的 5 年。初步建成以《保险法》为核心的中国特色保险法律制度体系，在全球率先推出和实施符合新兴市场特征的第二代偿付能力监管体系，构建了公司治理监管、市场行为监管、偿付能力监管"三支柱"现代保险监管框架。

其次，"十三五"时期经济社会的发展将为保险业发展提供广阔空间。国民财富的快速积累、人口老龄化的快速推进和全社会保险意识的提高，必将激发出海量的保险需求；"一带一路"、京津冀协同发展、长江经济带、新型城镇化等重大战略的实施，要求保险业发挥更加积极的作用；保险业参与社会管理的深入、政府购买服务模式的推广，以及保险与实体经济的深度融合，将推动保险业驶入广阔的"蓝海"。以新型城镇化为例，随着"三个1亿人"城镇规划的不断推进，从农村到城镇生产生活方式的转变、财富和风险在城镇的集中等，都将为商业保险发展开辟广阔的空间。"要我买保险"到"我要买保险"的转变，必将成为未来 5 年保险市场的重要特征。

最后，"十三五"时期改革和政策红利的全面释放将为保险业注入强大动力。"十二五"时期，保险业实施了一系列重大改革，国家推出了支持保险业发展的一系列重大政策。这些重大改革和重大政策在"十二五"时期已经发挥了十分积极的作用，但红利的全面释放，还需要一个过程。以"新国十条"为例，其中很多对保险行业至关重要的支持政策，例如税收递延型养老保险等，仍在逐步落实中，这些政策的真正发力还有待于"十三五"时期。再比如医疗责任险，在"十三五"期间，中国保监会将会同国家卫生计生委继续推进医疗责任保险工作，力争到 2017 年，医疗纠纷"三调解一保险"工作覆盖 90% 以上的县；到 2020 年，医疗责任保险覆盖全国所有公立医院和 80% 以上的基层医疗机构。可以预见，"十三五"时期改革的推动和政策的支持将如"鸟之两翼、车之双轮"，助力保险行业驶上持续健康发展的快车道。2016 年是"十三五"规划实施的开局之年，保险业继续保持强劲发展势头,上半年保费收入 1.9 万亿元,同比增长 37%,总资产达到 14.2 万亿元,同比增长 25%,行业发展实现开门红。

在看到机遇的同时,我们要深刻认识到,"十三五"时期保险业也面临一系列严峻的挑战。

首先,外部环境变化的挑战。从国际环境看,世界经济在深度调整中曲折复苏、增长乏力。主要经济体走势和宏观政策取向分化,金融市场动荡不稳,大宗商品价格大幅波动。局部地区地缘博弈更加激烈,传统安全威胁和非传统安全威胁交织,国际关系复杂程度前所未有。从国内环境看,发展方式粗放,发展不平衡、不协调、不可持续问题仍然突出,经济增速换挡、结构调整阵痛、动能转换困难相互交织,防范金融风险的压力很大。复杂的国内外形势对保险业发展和保险监管都提出了很高的要求。怎样避开保险行业和保险企业发展道路上的陷阱、怎样防范金融风险跨境跨行业传递,都是"十三五"时期保险行业和保险监管需要共同回答的问题。

其次,金融行业变革的挑战。国际金融危机后,金融行业实践和监管都发生了很大变化。"十三五"时期,这些变化将继续走向深入。从国内金融业实践看,金融综合经营和金融创新深入发展,金融产品服务日趋复杂,金融供需链条拉长,互联网等新技术在金融业的应用突飞猛进,金融风险的形成、传递机制越来越复杂和隐蔽。从国际金融改革看,各国在加强改进微观审慎监管的同时,越来越重视宏观审慎监管和逆周期监管,对具有系统重要性机构的监管更加严格。保险监管也不例外,中国和欧盟相继推出了第二代偿付能力监管体系,国际保险监督官协会(IAIS)建立了针对国际活跃保险集团(IAIG)的监管共同框架,全球保险监管改革的大潮方兴未艾。金融业变革对保险业的挑战是全方位的。保险业能否在固守传统领域的同时拓展新的空间;保险业如何在移动互联网时代实现消费者和行业的共赢,而不是成为被颠覆的对象;保险监管如何把握宏观审慎和微观审慎、功能监管和机构监管的关系,更好地促发展和防风险。这些问题,需要保险行业深入研究和思考。

最后,行业转型升级的挑战。我们要实现从保险大国向保险强国的转变,保险行业的转型升级是必由之路。同时,"十三五"期间,保险业要在扶贫攻坚、供给侧结构性改革、完善社保体系等国家重大战略中更好地发挥作用,也有赖于加快自身的转型升级。应该看到,保险行业在长期快速发展中积累的一些问题还没有根本解决,例如粗放发展方式在一定范围内仍然存在、少数保险公司依然存在不理性扩张和不理性竞争的现象、部分保险公司的投资和经营行为激进等等,保险行业转型升级的任务还任重而道远。

(二)准确把握"十三五"时期保险业改革发展的主要目标任务,不断增强保险工作的责任感和使命感

1. 保持保险行业持续健康快速增长

2020年是全面建成小康社会、实现第一个百年奋斗目标的收官之年。按照"新国十条"的发展规划,到2020年,保险深度要达到5%,保险密度要达到3500元/人。按照测算,实现这一目标,保险行业必须保持平均每年至少17%的增长速度。2014年和2015年,我国保费增长速度分别为17.5%和20%。2016年上半年,保费收入又同比大幅增长。我们有信心、有能力在2020年甚至更早时间里实现既定发展目标。

2. 打造具有全球资源整合能力的现代保险市场

现代保险市场是一个具有全球视野的市场,我们要打破行业和国别概念,让不同类型、不同资本来源、不同国家的保险机构都有合适的生存空间,实现优胜劣汰和行业升级换代;现代保险市场是一个实现全球资产配置的市场,要充分利用国际国内两个市场实现跨境资源的优化整合,打通保险产业链上下游,拓展保险行业向国内外延伸的边际和可能;现代保险市场是一个实现全球价值对接的市场,既要合理借鉴全球金融保险业的先进经验,激发内生动力,又要理直气壮地输出中国标准和中国理念,发出中国声音。

3. 培育具有全球竞争力的现代保险机构

与发达国家相比,我国保险机构在国际金融市场的竞争力与话语权不足,这也是我们建设保险强国亟须解决的短板。目前,共有5家中国保险公司进入世界500强,预计到2020年这个数量将会明显提升。"十三五"期间,我们要着力再培育一批具有一流服务能力、创新能力、行业影响力和风险防控能力的现代保险机构。

4. 建设具有强大国际话语权的现代保险监管体系

现代国际市场的竞争很大程度上是规则的竞争。我们仅用 3 年时间就建成了第二代偿付能力监管体系。"十三五"时期必须有更高标准的追求。针对金融领域综合经营的新态势,要加强穿透式监管,对保险公司股权变更、注册资本调整、资金运用等重点领域,强调穿透到最后一层;针对当前产融结合的新趋势,要更加完善公司治理监管体系,加强对保险集团控股股东、关联持股、关联交易等方面的监管;针对行业创新发展的新形势,要探索对互联网保险等新型市场主体的动态监管,加强风险防范。

5. 提升与国家治理现代化相适应的现代保险服务能力

"十三五"时期,保险业要成为政府、企业、居民风险管理和财富管理的基本手段,成为提高保障水平和保障质量的重要渠道,成为政府改进公共服务、加强社会管理的有效工具。要进一步抓好大病保险,积极参与重大灾害救助体系建设,提高服务"三农"的能力和水平,更好地服务实体经济发展,有效发挥保险服务国家治理体系和治理能力现代化的功能作用。

(三)牢固树立"十三五"时期保险业改革发展的基本理念,不断增强保险工作的针对性和科学性

1. 践行创新发展理念,处理好鼓励创新和加强监管的关系

世界金融监管改革始终围绕着一个重要命题,即寻求加强监管和保护市场创新活力之间的平衡点。保险业要坚定不移把创新驱动摆在推动行业发展的重要位置,通过创新释放发展活力、增强发展后劲、提升发展水平。在鼓励和包容创新的同时,必须认识到,我们鼓励的创新是有利于提升消费者满意度的创新、有利于提升行业运行效率的创新、有利于改进社会福利水平的创新,而不是为了创新而创新,不是片面为了规避监管的创新,不是损害消费者利益和公众利益的创新。创新必须与市场接受程度、企业管理能力、行业监管水平相适应,要做到监管和创新相互协调、相互促进。

2. 践行协调发展理念，处理好发展速度和质量效益的关系

发展没有一定的速度，保险行业服务经济社会就会成为空中楼阁，就无法承担肩负的使命，前期快速发展中积累的矛盾和问题也难以很好地化解；发展没有一定的质量，保险行业就会大而不强，成为沙滩上的城堡，一旦碰上大的外部冲击或是内部风险爆发，就有可能轰然倒塌；发展没有一定的效益，保险行业就无法实现自我"造血"和积累，发展的速度和质量都无法得到保证。追求速度、质量、效益相统一，应该成为每一家保险公司的基因，不仅要追求自身的协调发展，也要加强自律，保护好赖以生存的行业环境，促进行业协调发展。

3. 践行绿色发展理念，处理好加快发展与防范风险的关系

绿色发展理念的核心是实现健康可持续发展。对于保险业来说，实现绿色发展的关键就是要不断认识和把握行业发展规律，处理好加快发展与防范风险的关系。保险业是经营风险的行业，防范风险是保险业永恒的主题。保险行业越是加快发展，就越要注重防范风险。"十三五"时期，我们仍然要坚持抓服务、严监管、防风险、促发展，处理好加快发展与防范风险的关系是其中重要的内容。要不断完善风险监测、防控、处置体系，牢牢守住不发生系统性区域性风险的底线。

4. 践行开放发展理念，处理好对内发展和对外开放的关系

我国保险市场前景好、容量大，必须坚持以我为主，加快保险强国建设。同时，要进一步释放开放红利，充分利用好国内国外两个市场，在开放发展上迈出更大的步伐：要积极推动保险市场的双向开放，在引进国际优势资源的同时引导国内保险企业"走出去"；要为"走出去"战略和服务"一带一路"提供有力支持；要在国际保险监管领域更多地发出中国声音，积极提高我国在全球经济治理中的话语权。

5. 践行共享发展理念，处理好经济效益与社会效益的关系

保险业要不忘初心，牢记"我为人人，人人为我"，主动承担社会责任，不断满足人民群众日益增长的多元化保险服务需求，不仅要注重提高经济效益，更要注重提高社会效益，在现代金融体系、社会保障体系、国家灾害救

助体系、农业生产支持体系和社会管理体系中持续发力，让保险发展红利惠及广大人民群众，实现"保险让生活更美好"。

二、服务大局，对接供给侧结构性改革重大战略

推进供给侧结构性改革，是以习近平同志为核心的党中央深刻把握我国经济发展大势作出的重大战略部署，是"十三五"时期的发展主线。保险行业要在正本清源、坚持"保险姓保"的前提下，提升保险供给质量、优化保险供给结构，主动对接供给侧结构性改革，为实体经济提供有力支撑。中国保监会将按照简政放权、放管结合、优化服务的总体思路，继续深化监管改革，推动保险行业加快自身供给侧结构性改革，更好地服务国家供给侧结构性改革大局。

（一）正本清源，坚持"保险姓保"不动摇

保险行业必须准确把握保险的本质和功能，找准行业职能定位，锚定保障本位，坚持走科学发展道路。现在，有一些保险公司采取相对激进的业务发展和投资方式，引起市场和监管部门的高度关注。在业务模式上，这些公司采取与传统保险公司不同的路径，在"大资管"的背景下，负债端借助消费者旺盛的理财需求，通过银邮渠道销售万能险等投资型险种，实现短期内迅速做大，业务规模增长很快；资产端以权益类投资和另类投资为主。在经营策略上，有的保险公司脱离自身实际和发展阶段，贸然涉足不熟悉的领域。这对保险公司的投资能力、资产管理水平、风险管控能力等提出了很高要求，一旦能力跟不上，发展的可持续性十分堪忧。还有极少数保险公司的投资行为没有顾及社会承受度，受到了社会各界的质疑和热议。保险业要始终坚持"保险姓保"，时时牢记保险业"扶危济困、雪中送炭"的宗旨，发展方向和价值取向绝不能"跑偏"。坚持"保险姓保"，对于促进保险行业持续健康发展意义重大。第一，坚持"保险姓保"是保险业体现行业价值的根基。纵观世界保险业发展历史，保险是一种风险转移工具和财务稳定器，核

心价值在于提供风险保障。通过购买保险，消费者可以获得损失补偿，或是实现人生不同阶段的财务平衡。风险管理和保障功能是保险业独有的，是其他行业不可代替的重要功能。第二，坚持"保险姓保"是保险行业服务经济社会的根本要求。充分发挥保险的保障功能和作用，有利于建立市场化的风险补偿机制，增强全社会抵御风险能力、提升社会安全感、提高人民群众生活质量。这几年，党和国家对保险的重视程度前所未有，保险业发展的政策环境极大改善。这些成绩的取得，正是发挥保险保障功能的结果。第三，坚持"保险姓保"是保险行业稳定健康发展的内在要求。日内瓦协会认为，传统保险业务不会产生系统性风险，保险业不是系统性风险的制造者，而是系统性风险的承担者。2008 年国际金融危机中出现问题的 CDS 不是保险产品，AIG 发生危机的原因不是其保险业务。从国际经验看，保障型和长期储蓄型保险产品增长稳定，受经济周期的影响相对较小，这也是保险公司相对其他金融机构的一个优势。保险业发挥好这个优势，就可以在应对经济周期波动方面具有较大的回旋余地。

今后，我们要大力倡导"保险姓保"的发展理念，进一步发挥保险在风险管理方面的核心优势。一是严把股东资格审查标准。在保险市场准入和股权转让审核等环节，对保险公司股东特别是非金融股东，除要求具备良好财务状况和持续出资能力外，要详细考察其对保险基本属性、保险业公共服务特征和社会责任有无深刻理解，是否具备理性的投资心态和稳健的经营理念，避免其急功近利。要让那些真正想做保险的人来做保险，绝不能让保险公司成为大股东的融资平台和"提款机"，特别是要在产融结合中筑牢风险隔离墙。二是提升风险保障型业务发展能力。引导保险行业围绕经济和社会的重大变化，围绕城乡居民的消费习惯和消费热点升级，围绕国家宏观经济政策和产业政策调整，找准保险业提供风险管理和保障的切入点，加大产品服务创新，全面提升保险业的自身素质和服务水平。三是促进保险业务结构调整。按照突出主业的原则，以消费者需求为导向，加快风险保障型和长期储蓄型业务发展。根据保险公司资产负债匹配、投资收益、风险管控等情况，合理确定投资型产品发展规模。完善新型产品准入标准，引导保险公司在产品设计中更加注重产品保障和长期储蓄功能。四是规范保险投资运营行为。保险机构要始终坚持依法合规的原则,坚持保险资金服务保险主业。保险投资不仅要在监管框架内运行,确保合法合规;还要充分考虑利益各方的诉求和社会接受程度,做到合情合理。

(二)推进保险监管供给侧改革,优化制度供给

深化保险监管改革,有利于释放保险供给端活力,提高资源配置效率。比如,费率市场化改革后,人身险主流产品价格降幅在15%以上;商业车险基本解决了"高保低赔""无责不赔"等问题。又比如,2013年基础设施债权投资计划等保险资产管理产品由备案制改为注册制后,3年新增投资1.1万亿元,是过去7年的4倍,显著提升了发行效率。

深化保险监管改革,必须把握3个原则。

1. 牢牢把握市场化的改革方向

坚持"放开前端、管住后端"的思路不改变,坚持市场化改革的方向不动摇,在更大范围、更深层次推进改革,充分发挥市场在资源配置中的决定性作用。下一步,我们将继续完善人身险费率市场化改革配套制度,从定价和产品两方面全面深化商业车险市场化改革,适时启动交强险制度改革,探索开展意外险市场化定价机制改革,加大自保、相互等新型机构以及区域性、专业性市场主体的准入力度,稳步推动区域性市场退出实践,加快形成统一开放、结构多元、竞争有序、监管有力的保险市场体系。

2. 牢牢把握保护好保险消费者权益的目标导向

"十三五"期间,我们将采取更加有力的措施,建立更加完善的机制,创新更加有效的方式,保护好保险消费者合法权益。进一步发挥市场约束作用,强化透明度监管和信息披露,实施保险机构经营和服务评价、投诉处理考评、消费者满意度测评等,发挥社会媒体和相关利益方的监督作用,促进保险业诚实守信经营、公平对待消费者。继续发挥好"12378"投诉热线的作用,健全保险纠纷诉调对接机制,探索成立保险消费者权益保护中心,完善保护保险消费者合法权益的长效机制。

3.牢牢把握持续优化环境的政策取向

一方面，着重优化法治环境。适应保险行业发展的新需要，推动《保险法》修订。加强立法协调，在社会治理、社会保障等各领域立法中推动引入商业保险机制。严格落实依法监管，推进保险监管制度的"废改立"，探索建立保险监管权力清单制度，进一步规范行政处罚裁量权和行政处罚程序。另一方面，着重夯实发展基础。当前，保险行业基础设施建设有了长足进步。中国保信公司通过建立信息共享平台，汇集了4000多万兆的行业数据，登记保单信息约16亿份，为费率监测、形势分析和科学决策打下良好基础。下一步，要突出抓好行业风险数据库、保单登记管理信息平台等一批重要信息化基础设施建设，推动上海保险交易所的建设发展，推进保险信用体系建设，为保险行业发展提供有力支撑。

（三）推动保险行业自身供给侧结构性改革，提高供给能力和质量

保险业必须努力补齐总体规模偏小的短板，提高供给质量、优化供给结构。近年来，保险业的供给能力有了显著提升。财产险产品达到2.2万个，人身险产品近9300个。但也存在一定不足，和发达保险市场相比还有较大差距。前段时间，媒体关注内地居民赴港投保问题。2015年，内地居民赴港购买保险达316亿港元，主要是大额的重大疾病保障类保险和投资理财类保险。尽管总量不大、风险可控，但也需要我们反思。下一步，要把保险消费留在国内，必须自身过硬，再轰动的广告效应，也不如口碑营销更为管用。

1.推动产品服务创新。按照熊彼特的理论，创新就是把不相干的要素加以重新组合，创造出新的服务

保险业要坚持"以人为本、贴近市场、鼓励创新、防范风险"原则，设计开发个性化、定制化、多层次的产品服务，更好地满足客户需求。要针对社会结构转型、中产阶层崛起和消费习惯变化带来的新需求，大力开发保险新产品、提供新服务。麦肯锡发布的研究报告称，未来中国的发展机遇中，排

第一位的动力来自中产消费者。保险必须更好地满足中等收入群体的保险需求。现在流传一句话:搞不懂网民就搞不定服务。保险业要顺应这个需求变化,主动开发有针对性的产品。同时,还要注重提高产品的性价比。老百姓虽然看不懂格式合同,但能看懂"性价比",就是同等条件下价格更低、保障更高、服务更好。要围绕当前保险行业发展的薄弱环节,注重在专业领域深耕细作。比如,再保险对提升保险行业专业技术能力有较强的带动作用,但目前中资再保险公司的产品开发和技术服务能力依然较弱,而多数外资再保险在华分公司也不掌握风险模型、精算定价等核心技术,对国内一些特殊风险、新型业务的再保险支持服务能力不高。市场经济的历史经验表明,专业化竞争最有效率。保险业要倡导树立"专业化经营"理念,推动服务向基层延伸、产品向细分领域拓展,提高特殊风险可保性。要适应经济全球化和保险业务国际化的趋势,提高保险的国际业务供给能力。保险行业有一句老话:"只有不可保的价格,没有不可保的风险。"这要求保险行业必须具备足够的数据储备和强大的技术支撑。国内保险机构不能做温室里的花朵,要加大"走出去"力度。加入世界贸易组织时,保险业是金融业中率先实现开放的。接下来,中美举行投资协定(BIT)谈判,外方对我国保险业取消外资股比限制、降低准入门槛有很高的诉求。与其担心"狼来了",不如强身健体、练好内功,培育竞争优势。

2. 支持商业模式升级

商业模式再造升级是在混业经营的背景下,保险机构脱颖而出的重要法宝。比如在财富管理领域,老百姓的需求已延伸到投资管理、风险管理、退休计划以及财富传承等多个方面,单一的保险产品已经无法满足,必须研发设计一揽子的保险解决方案。2016年,北京保险业推出"事故e理赔"APP,实现移动互联网与保险服务相结合的模式创新,社会反响很好。今后,保险业要深入运用新技术,拉长服务链,提高精准定价能力,提高服务便利性,改进客户体验、增强客户黏性,加快推动商业模式创新。如今,互联网、大数据在很多领域得到广泛应用,百度通过景点地图搜索量推断景区旅游人数,与景区官方公布的人数曲线图高度吻合。现在,大家都意识到,大数据对保险业可能带来颠覆性的影响。已经有几家保险公司建立了大数据研究实验室，取得了一定成效。但总体上，行业应用层次还不够深入、空间还不够广泛。今后，保险业要依靠大数据、互联网、物联网等新技术，实现商业模式升级。

3.优化保险业务结构

近年来，保险业供给结构不断改善。比如人身险业务中，普通寿险占比从2011年的10%提高到2015年的51%，年均增速达到63%。但也要看到，我国保险同质化竞争比较严重，结构仍不尽合理。财产险中，车险的市场份额一直在70%以上，一险独大的局面仍然没有改变；美国车险的市场份额在40%左右，如果考虑美国人均汽车保有量，这个占比远低于我国。有研究表明，在美国单独一家非寿险公司，都是"一险独大"，但总体上美国非寿险结构相对均衡，保险机构是错位竞争。下一步，我们要大力优化保险供给结构，抓好保险主业，加快发展与国计民生密切相关的农业保险、责任保险、健康保险、养老保险等业务。此外，还要注重补齐保险供给的短板。随着全球气候持续变暖，自然灾害发生更加频繁。2016年6月以来，我国多个省份遭受暴雨袭击，给人民群众的生产生活带来严重影响。现在社会上对巨灾保险呼声很高，目前我国已出台住宅地震巨灾保险制度实施方案，深圳、宁波、云南、四川等地区也开展了试点，但巨灾保险是世界性课题，这只是万里长征第一步。我们要继续完善巨灾保险制度，在巨灾立法、扩大试点、制度建设等方面加大力度，尽快将洪水、台风等主要自然灾害纳入巨灾保险覆盖范围。

（四）服务国家供给侧结构性改革，体现保险行业价值担当

"十三五"期间，保险业要积极探索新路径，更好地服务国家供给侧结构性改革和实体经济发展大局。要充分发挥保险的风险保障功能，为实体经济保驾护航，着力强化保险业在支持长期投资、拉动和促进消费、服务我国企业"走出去"、保障农业生产、支持创新和结构调整等方面的作用，为实体经济提供全方位、多层次的保险服务。当然，保险业如何服务供给侧结构

性改革是一项开放式课题,伴随国家各项改革措施的出台和落地,保险服务的领域也将不断拓展和延伸。当前,主要做好以下4个方面的工作。

1. 助力经济结构调整

保险业要找准着力点和切入点,发挥风险保障核心功能,支持经济结构调整和转型升级。在促进外贸出口方面,进一步增加短期出口信用保险经营主体、降低费率,鼓励保险公司抓紧评估和支持一批中长期险项目,加大对高端装备制造、航空航天等重点产业的支持力度,服务"走出去"战略实施。在支持产业结构优化方面,以服务农业现代化战略为核心,将保险与农业产业化政策相结合,满足广大新型农业经营主体的保障需求,促进农业规模化、集约化经营。针对旅游、文化、体育等生活性服务业以及物流、电子商务等生产性服务业的风险保障需求,加大保险支持力度。在支持工业转型升级方面,要积极发展安全生产、环境污染、住宅建筑工程质量、产品质量等领域的保险产品,充分运用保险费率调节机制,引导企业加强节能减排、促进安全低碳生产,推动企业转型升级。目前,环境污染责任保险试点省(市)达到近30个,参保企业近5000家,已覆盖石化、电力、危险化学品等20余个高环境风险行业。

2. 助力创业创新

重点是完善以科技保险为核心的创新支持体系、以小额贷款保证保险为核心的融资增信服务体系。2015年,我们建立了中央补贴的首台(套)重大技术装备保险补偿机制;2016年,批准筹建了首家专业科技保险公司——太平科技保险。苏州试点科技保险以来成效显著,"十二五"期间为6275家(次)科技企业提供风险保障3849亿元,赔付6.2亿元。保险业要不断丰富科技保险产品,加快推动科技和保险结合的创新试点,推动企业科技创新和成果转化。针对小微企业融资难题,加快推广"政府+银行+保险"模式的小额贷款保证保险,创新发展知识产权质押融资保险等,为初创期、种子期的高成长性小微企业提供便利的融资增信服务。

3. 助力重点领域投资

近年来,保险资金已经成为支持资本市场发展、促进实体经济转型、推动产业结构调整的重要力量。保险资金要充分发挥长期投资优势,使金融体系的资金供需在期限结构上更加匹配。要积极参与多层次资本市场建设,通过股债结合、优先股、资产支持计划等形式,推进保险资金直接投资,发挥好中国保险投资基金支持投资的积极作用。为"一带一路"等国家重大战略、棚户区改造等重大民生工程以及基础设施建设、新经济增长和产业升级提供有力的资金支持。同时,主动对接供给侧结构性改革的重点任务,为过剩产能行业的并购重组、增资扩股提供资金支持。

4.助力社会治理

政府简政放权是推进供给侧结构性改革的重要一环。保险可以成为政府转变职能的有效抓手。宁波试点医疗责任保险8年来,医务人员被打案从年均100起降为不到4起。下一步,要让保险成为政府改进公共服务、加强社会管理的有效工具,发挥保险业在提升社会治理水平方面的作用。要加快发展与公众利益关系密切的医疗责任、公众责任等领域的责任保险,加快发展雇主责任保险、治安保险、社区综合保险等新兴业务,有效化解矛盾纠纷、促进社会和谐稳定。还有,在去产能过程中,保险业要为解决就业安置问题贡献力量。2015年,我国保险业新增从业人员180万人,2016年又新增超过60万人,其中有不少就是下岗再就业人员,今后这方面潜力还很大。现在保险行业新增就业规模越来越大,这是对行业管理能力的重大考验。保险行业要加强专业能力培训,抓好素质提升。

三、补齐短板,构筑保险民生保障安全网

做好保障和改善民生工作,事关群众福祉与社会和谐稳定,事关全面建成小康社会的顺利推进。习近平总书记强调:"让老百姓过上好日子是我们一切工作的出发点和落脚点。""十三五"时期,保险业要把"增进民生福祉,让更多人拥有更多获得感"作为工作的重中之重,着力打造民生保障的安全屏障。国家"十三五"规划纲要直接提到保险18处,仅保险参与民生保障体系建设的内容就有7处。"十三五"期间,保险业要准确把握

民生保障建设主要问题，积极推动完善民生保障体系，为"十三五"规划顺利实施织牢安全网。

（一）着眼服务民生，找准完善民生保障的主攻方向

保险业要从服务经济社会发展全局的高度，准确把握全面建成小康社会过程中出现的新情况、新问题，找准行业参与民生保障体系建设的历史方位和发力方向。

1. 推动跨越"中等收入陷阱"

"中等收入陷阱"是世界银行在 2006 年提出来的，是指某些国家在人均国内生产总值达到 3000 美元以后便陷入经济增长停滞期，无法成功跻身高收入国家行列。2015 年，我国人均国内生产总值已超过 8000 美元，"十三五"时期正是我国跨越"中等收入陷阱"的关键阶段。保险业要从以下两个维度发力，推动我国跨越"中等收入陷阱"。一方面，要增强消费者信心，持续增加有效需求。社会有效需求不足是"中等收入陷阱"难以突破的一个主要原因。社会保障跟不上，老百姓就要提早储蓄，为教育、医疗、养老、住房等支出做准备，不敢放开手脚消费。加快发展商业保险，有利于解除人民群众的后顾之忧，促进消费增长和经济发展。另一方面，要减少不安定因素，维护社会稳定。从国际上看，社会动荡、暴力冲突在陷入"中等收入陷阱"的国家屡见不鲜。加快建设现代保险服务业，使市场化的保险安全网与政府提供的安全网相互补充、相互支持，有利于化解社会矛盾，助推我国跨越"中等收入陷阱"。

2. 应对人口老龄化挑战

我国是世界上人口老龄化程度比较高的国家之一，老龄化速度最快。2015 年年底，我国 60 周岁及以上人口达 2.22 亿，占总人口的 16.1%。未来，保险业在应对人口老龄化挑战方面大有可为。一是助推"银发经济"健康发展。针对老年人的消费需求、消费习惯和消费心理，通过产业结构调整，开发适合老年人群的保险产品和服务，在为老年人送去更多关爱、提供更好服务的同时，赢得经济发展的"银发红利"。比如，我们发布了关于延

长老年人住房反向抵押养老保险试点期间和扩大试点范围的通知,将反向抵押养老保险试点期间延长至 2018 年 6 月 30 日,并将试点范围扩大至各直辖市、省会城市、计划单列市以及江苏、浙江、山东、广东 4 省的部分地级市。我们的目的主要是,盘活居民养老资源,为老年人提供新的养老解决方案,满足"居家养老"和"增加养老收入"的核心养老诉求。试点以来,参保老人平均每户月领养老金 8593 元,最高一户月领养老金 1.9 万元。二是助力实现"老有所养"。未来一个时期,以个体家庭为主的传统养老方式面临转型,"老有所养"目标的实现将越来越依赖于民生保障体系的构建和完善。在此,需要强调一下保险业参与养老保障体系第二支柱的问题。第二支柱是未来一个时期我国保险业参与养老保障体系改革的重要着力点。目前,保险业已经是我国企业年金市场的重要参与者。我们一方面要巩固好这个优势,继续积极参与企业年金市场发展,另一方面要为大力拓展职业年金市场做好各方面准备。要积极与相关部门加强沟通,在机构准入等问题上作出更多努力。三是助力完善健康保障体系。保险业要顺应国家大力推动医养结合、全面放开养老服务市场的大趋势,积极参与养老服务业和老龄产业,着眼于促进全民健康素质提高,推动形成预防、医疗、康复、护理等相衔接的,贯通生命全周期的医疗服务体系。

3. 实现社会保障更可持续

国家"十三五"规划纲要明确指出,社会保障建设要分清政府、企业、个人的责任,重视发挥市场机制作用。保险在助力建设多层次社会保障体系方面可以发挥重要作用。一方面,减轻国家社会保障的负担。经合组织的研究表明,个人购买商业养老和医疗保险可以部分替代政府在社会保障方面提供的福利,减轻政府的负担。英美国家私人养老金占居民退休前收入的比例(即替代率)能达到 30% 以上,我国商业保险加企业年金的替代率目前不到 7%。如果我国社保支出占国内生产总值的比重出现大幅上升,财政补贴将继续大幅增加,不仅国家财力难以为继,整个经济社会都会面临较大的冲击。充分发挥商业保险的作用,有利于提高财政支出的可持续性,增强财政保障能力。另一方面,提高社会保障体系运行效率。通过一部分市场化、社会化服务替代政府公共服务,为基本养老和医疗保障提供经办服务,实现基本养老和医疗保障体系运营成本更低、服务更好、专业性更强。

(二)突出关键环节,抓好补齐社会保障短板的重点任务

保险业要及时对接社会保障制度建设面临的迫切需要,充分发挥自身优势,把商业保险建成民生保障的重要支柱。下一步,要抓好以下四个方面的重点工作。

1. 创新养老保险服务

一是参与养老保障体系改革。积极支持保险业发起设立养老金管理公司、养老保险公司等专业养老管理机构,增加市场主体。鼓励保险机构大力拓展企业年金、职业年金市场,积极参与基本养老保险基金和全国社保基金市场化投资运作。二是推动税延养老保险试点政策出台,加快信息平台建设,制定税延保险监管制度,确保试点政策出台后能尽快落地实施。三是推动住房反向抵押养老保险试点扩面。扩大住房反向抵押养老保险业务经营区域,鼓励更多保险公司参与该项业务。四是加快养老社区发展。目前,泰康人寿的北京燕园养老社区与合众人寿的武汉养老社区,已经成为保险行业内外取经学习的亮点。下一步,我们将继续支持保险机构以投资新建、参股、并购、租赁、托管等方式兴办养老社区等服务机构。

2. 发展多样化健康保险服务

一是着力推进保险机构参与健康产业链整合。着力推动商业健康保险与健康管理相结合,开发与健康管理服务相关的健康保险产品,加强健康风险评估和干预。支持保险机构运用股权投资、战略合作等方式,设立医疗机构和参与公立医院改制。二是着力推进税优健康险试点。鼓励保险公司设计与基本医保相衔接的税优健康保险产品。加强对税优健康保险的宣传力度,加强对保险公司的监管,用足优惠政策,让利保险消费者。三是着力发展商业护理保险。积极适应人口老龄化趋势,支持保险机构配合各地探索建立护理保险制度,开展多种形式的商业护理保险试点。

3. 积极参与社会保障市场化运作

支持保险机构参与社会基本养老和社会救助等各类基本保障项目的经办服务，建立更加便民、快捷的服务体系，减轻政府社会保障事务压力。积极争取政府支持，发挥保险公司优势，深入参与各地医保经办管理，实现"管办分离"，提高基本医保运行效率和服务质量，推动形成多元经办、适度竞争、有序发展的经办格局。

4. 创造良好政策环境

推动出台《关于加快发展现代商业养老保险的若干意见》；修订和完善《健康保险管理办法》，进一步明确商业健康保险的行业标准。继续加强与财税部门的沟通协调，配合财税部门做好政策研究和制定工作，争取试点政策尽快出台。对涉及民生保障的保险业务开展经常性检查，对违规经营、冲击监管底线的保险公司坚持"零容忍"，时刻保持警惕，发现一起彻查一起，绝不姑息。

（三）创新体制机制，助力国家脱贫攻坚战略

习近平总书记指出，全面小康是全体中国人民的小康，不能出现有人掉队。脱贫开发工作是保障和改善民生的重要内容，也是"十三五"时期实现全面建成小康社会目标的一个突出短板。

首先，还是要认真贯彻落实保险扶贫工作会议的精神。前一阶段，保险扶贫工作已经开了个好头，受到了党中央、国务院和社会各界的好评和认可。不少地方和保险公司还创新了颇具特色的保险扶贫模式，大家要相互取经、相互借鉴，把好的做法发扬光大。重点还是要做好大病保险和农业保险。

一是大病保险。当前，大病保险在部分地区还存在功能定位不清、统筹层次偏低、政策设计有偏差等问题。下一步，要坚持在探索中创新模式，在实践中完善制度，确保大病保险发挥更大作用。一要做好制度设计，配合地方政府，做好当地人口医疗费用的数据采集、分析和测算工作，因地制宜制定大病保障方案，不断降低贫困人口起付线、提升医疗费用报销比例。二要

搞好精准对接,认真贯彻国务院领导的重要批示精神,实现保险与5500多万建档立卡贫困人口进一步对接,使大数法则更精准地让"穷人"受益。比如,江西赣州利用扶贫资金,为105万建档立卡贫困人群购买补充医疗保险,实现了与贫困人群的精准对接。三要提升专业水平,加强大病保险信息系统建设,建立专业队伍,提高管理服务效率。加强基本医保、大病医保、医疗救助、疾病应急救助、商业健康保险及慈善救助等制度间的互补联动,提供一站式结算服务,确保群众方便、及时地享受大病保险待遇。

二是农业保险。当前,农业保险仍然面临着产品较为单一、保障程度较低、服务能力不足等问题,迫切需要进一步扩大覆盖面,更好发挥农业保险的作用。一要在扩面上下功夫,加强农业保险基层服务体系建设,提高贫困地区农业保险保障程度。进一步加大对贫困地区的资源投入,提高保险服务的可及性和便利性。二要在提标上下功夫,不断提高保障标准,增加保障品种,把土地流转和劳动力成本覆盖进来,使农业保险真正成为支农惠农、脱贫减灾的坚强后盾。三要在创新上下功夫,紧紧围绕"精准"二字,针对贫困地区农业生产实际,因地制宜开展特色优势农产品价格保险试点,积极发展涉农小额贷款保证保险、农房保险、农机保险、农业基础设施保险、森林保险,引导和支持贫困地区群众发展生产。

其次,要看到保险扶贫是一项长期艰巨的系统工程,还需要再接再厉,乘胜追击。下一步,保险扶贫要继续把重点放在创新体制机制上,把加快产品服务优化和推动支持政策升级有机结合起来。一方面,保险机构要结合自身实际和特点,加大产品服务和经营模式创新力度;另一方面,监管机构要针对扶贫开发中存在的困难和问题,做好相关支持政策的配套和衔接工作。

一是创新保险扶贫产品开发。创新适宜贫困地区和贫困农户需求的保险产品,是保险扶贫精准发力的首要环节。要全面对接中央提出实施的"五个一批"工程,深入调研,分类开发,量身定做扶贫保险产品。比如四川的"惠农保"、宁夏的"脱贫保"、陕西的一元民生保险、甘肃的中药材产值保险,以及贵阳开展的蔬菜、生猪目标价格保险试点等等。无论是开发新的特色农产品保险，还是针对贫困群众开发保险产品组合，都是我们下一步的努力方向，根本目的就是体现保险扶贫的针对性、精准性和有效性。

二是创新保险扶贫运营模式。要重视保险扶贫的市场化运营，通过创新运营模式降低成本，实现可持续发展。比如，贫困地区群众居住分散，交通不便，信息不畅，如果一家一户投保、一家一户定损，服务成本就会很高。要善于利用现有的行政资源和社会资源，利用农村熟人社会治理机制，研究依靠村"两委"、村民理事会及驻村工作队等，开展保险扶贫，降低服务成本，提高服务质量。商业保险对贫困地区群众而言还属于新鲜事物，要充分发挥基层组织的动员作用，以及村"两委"干部带头参保的示范引领作用。要不断提高服务水平，制定上门承保、简化保单、快速理赔等举措，确保投保便利、理赔高效。

三是创新保险扶贫支持政策。大多数贫困县财力薄弱，财政资金配套能力不足，部分享受中央补贴的险种难以全面有效实施。要积极争取支持，进一步降低贫困县保费补贴配套比例和贫困户负担的保费比例。要主动对接有关部门，做好数据采集、分析、处理工作，准确测算保障水平和筹资标准，建立健全贫困地区风险分担和补偿机制，确保扶贫制度的可持续性。要充分考虑保险扶贫产品的准公益性，积极争取税收、贴息补助等方面的优惠，对相关地区和业务实行差别化监管和差异化考核。要抓好保险行业扶贫点的脱贫攻坚工作。中国保监会系统和部分保险公司都有明确的扶贫联系点，中国保监会的联系点是内蒙古乌兰察布市的察右中旗、察右后旗。要以高度的政治责任感，积极承担定点扶贫任务，做好对口支援帮扶工作。各保险机构要形成合力，在服务开发与资源投入上适当向这些联系点倾斜，确保它们在 2020 年前脱贫摘帽。

四、守土有责，守住不发生区域性系统性风险的底线

防范风险是保险业永恒的生命线。"十二五"期间，中国保监会党委始

终把风险防范工作摆在与促进行业发展同等重要的突出位置，加强改进保险监管，有效应对风险挑战，取得了积极成效。行业发展快中见好，业务结构持续优化，资金运用比较稳健，保险机构的公司治理、内控内审、激励约束机制不断完善。行业偿付能力总体充足，截至2016年第二季度末，产险公司、寿险公司、再保险公司的平均综合偿付能力充足率分别为277%、217%、508%，远高于100%—150%的警戒区域。总的来看，"十二五"期间，保险业抵御化解风险的能力有了明显提高，保险市场运行整体是平稳健康的，风险也是可控的。

风险没有暴露不代表没有风险，保险业改革发展的形势越是好，就越是需要我们保持冷静、居安思危。当前，国际经济金融形势波谲云诡、日趋复杂，全球经济复苏势头不及预期，陷入长期停滞期的可能性正在逐渐变为现实。从国内看，国际不稳定不确定因素带来稳定预期和有效应对的压力在加大，新旧动能转换青黄不接带来稳定运行的压力在加大，各种矛盾复杂叠加带来防范风险的压力在加大。这些困难和挑战相互交织，进一步增加了形势的复杂性和应对解决的难度，我国经济在近几年可能都将保持"L"型底部增长。保险业身处国际国内经济金融大环境中，不可避免地将会受到各方面不利影响的冲击。原有的粗放发展模式在经济增速放缓之后必然难以为继，原来一些潜在的风险点在经济减速过程中可能会显现出来，过去快速发展中能够化解或掩盖的矛盾和问题也可能集中爆发，防范化解风险的艰巨性和复杂性前所未有。保险经营的特点决定了保险行业对经济周期的反应具有滞后效应，保险业的指标数据对宏观经济的灵敏度比不上其他金融行业，很多保险公司对形势变化的反应往往慢半拍。国际保险业历史上出现的利差损风险，很多都是由于这个原因。面对宏观形势变化可能带来的不利影响，保险业必须做到提前研判、加强预测，积极主动应对，防止出现外部环境变化和自身应对不足带来的风险叠加效应。

习近平总书记强调，金融安全是国家总体安全的重要基石。在整个"十三五"时期，保险行业和监管部门都必须把防风险放在更加突出的位置。具体看，当前和今后一个时期，保险业要重点防范十个方面的风险。

（一）公司治理风险

核心问题是一些保险公司在构建法人治理结构方面名实不副、形同虚设，甚至弄虚作假，其中蕴含了极大的风险隐患。公司治理监管是保险监管的三支柱之一。近几年，中国保监会加大了对这方面问题的检查力度，发现一些保险机构的公司治理机制明显弱化，股权结构复杂且不透明等现象比较突出。这些问题处理不好，将严重影响保险公司的正常运作，严重损害保险机构相关利益人的合法权益，严重损害保险行业的社会形象和信誉，严重危及保险行业的长期稳健可持续发展。监管部门将围绕"公开"和"透明"加强保险公司治理建设和监管，清理保险机构股权结构，厘清关联企业关系，不留空白和盲区。完善信息披露制度，对保险机构股权变动、重大投资和关联交易等信息披露作出强制性规定，充分发挥公众监督和市场机制的约束作用。严格核查保险机构入股资金来源与流向，严防用保险资金或通过理财方式自我注资、自我投资、循环使用。

（二）产品风险

集中体现在产品的创新、定价和结构三个方面。产品是保险公司经营的源头，后续的承保、理赔、资金运用等环节都是在此基础上进行的。如果产品环节存在风险隐患，后续想要弥补就要付出巨大代价。一是保险创新要守住风险的底线。有些保险创新偏离了保险本质，盲目追求与大资管和互联网金融的接轨，突出产品的短期、高频、高收益和理财特性，背离了保险保障和稳健经营的要求，极大地增加了保险经营的不稳定性，并容易诱发资产错配、现金流等一系列风险。二是要防范产品定价风险。这类风险往往是激进的经营战略和滞后的风控水平在产品定价方面的体现。三是要防止产品结构畸形的风险。有的保险公司对保险业的基本经营规律理解不到位，经营策略过于激进，中短存续期产品占比过高。这种畸形的业务结构风险很大，一旦市场有风吹草动，就会陷入困境。这种现象与中国保监会长期倡导的稳健经营、注重保障、防范风险的要求是背道而驰的。总之,大家对产品风险要高度重视,不断提高精算技术、产品设计和定价能力,优化业务结构,从源头上控制和化解风险。

(三)资金运用风险

集中体现在市场风险、信用风险和境外投资风险三个方面。一是资本市场剧烈波动导致投资收益大幅缩水。二是企业债券违约殃及保险投资。这对保险机构如何更加审慎地进行债券投资,以及如何最大限度地保全已有投资提出很大的挑战。三是境外投资不确定因素增多。目前,保险资金境外投资仅占行业总资产的 2% 左右,风险总体不大。但是,当前国际经济、金融、政治局势变化较快,错综复杂,保险资金"走出去"还面临着当地监管规则、法律环境、管理体制以及汇率变动等风险因素,我们要把风险和挑战考虑得更加充分。我们要对境外投资面临的风险保持高度清醒,努力做到控制数量、确保质量,全面提高资产配置水平。

(四)偿付能力不足风险

主要是部分中小保险公司的偿付能力存在较大压力。究其原因,一是经营理念粗放。有的保险公司采取"业务快速增长—增资—业务再快速增长—再增资"的发展模式,资本金消耗过快,可持续发展能力不强。二是投资模式激进。个别保险公司权益投资占比较高,在资本市场大幅震荡的情况下出现严重亏损,侵蚀了公司的偿付能力,出现较大资本缺口。三是存在股权纠纷。个别保险公司因面临股权变更,股东未能迅速办理股权交割手续,资本金无法及时到位,导致其偿付能力不足。我们要加强偿付能力监管和保险资金运用监管的互联互通,使保险机构合理控制负债成本。定期开展偿付能力评估,及早发现化解风险苗头。要督促偿付能力不达标的保险公司通过调整业务结构、增资等方式尽快改善偿付能力状况。同时,加强与"偿二代"有效对接的公司治理监管体系建设。

（五）利差损风险

投资收益率下行与负债成本增加是保险行业利差损风险的主要成因。从投资环境看，长期货币利率有可能继续下行，资本市场震荡波动幅度加大，各类资产收益率持续走低，投资收益覆盖寿险保单特别是长期寿险保单成本的难度加大。从寿险业务特性看，人身险产品负债成本的调整，通常滞后于实际投资收益率变化。普通寿险预定利率无法调整。万能险结算利率和分红险红利虽然可以调整，但为了营销需要和减少退保风险，调整空间也不会太大。寿险公司为吸引客户、提高产品竞争力，往往倾向于提高预定利率，进一步增加了刚性负债成本，加剧了利差损风险。从历史教训看，我国寿险业在 20 世纪 90 年代中期形成的利差损，曾经是保险行业发展的沉重包袱，到现在仍然没有消化完。20 世纪 90 年代，日本央行持续下调利率至 1% 以下，但寿险公司仍要为之前的长期寿险保单支付高达 5% 以上的利率，出现了巨额利差损，直接导致日产生命、东邦生命等排名靠前的大型寿险公司倒闭。这些教训刻骨铭心。

保险行业要切实警惕利差损风险，必须做好应对的准备，加强对中长期宏观经济和利率走势的研究，强化产品设计与资产配置的协调互动，注重结合自己的投资能力和资产配置来确定业务规模和产品定价。中国保监会将继续完善产品定价利率与准备金提取、偿付能力相匹配的硬性约束，实施更加严格的准备金评估利率制度，切实防范好利差损风险。

（六）流动性风险

比较常见的是满期给付与退保带来的流动性冲击。目前，中短存续期保险产品引发的退保问题比较突出。通过这些产品，部分保险公司的业务规模迅速扩大，退保压力也同步加大。预计 2017 年至 2018 年，中短存续期保险产品引发的退保对保险行业将产生较大的现金流压力。针对这个问题，我们出台了规范中短存续期保险产品的通知，循序渐进控制此类保险产品的业务规模和占比，对于偿付能力不达标的保险公司，要求立即停止销售中短存续期保险产品。下一步,保险机构要从产品差异化、服务个性化等方面下功夫,不断优化产品结构。

(七)资产负债错配风险

主要表现为期限错配、收益错配等问题交织存在。一直以来,国内保险市场都缺少长久期、高收益的优质资产,保险业长期面临着"长钱短投"的问题。近一个时期以来,部分保险公司集中发展中短存续期产品,并将其主要投向收益高、流动性低、期限较长的不动产、基础设施、信托等另类资产,以期获得较高收益,导致"短钱长投"问题凸显。同时,在投资端收益持续下滑的情况下,有的保险机构依然在负债端保持高结算利率,资产负债匹配难度持续加大。金融机构要想基业长青,就必须在资产负债的期限、收益、风险、流动性等方面做到相互匹配。对保险机构来说,就是要通过资产负债匹配管理实现资产的收益性、安全性、流动性。资产负债管理水平是衡量保险机构风险管理能力、未来发展潜力与核心竞争力的重要标志,大家一定要高度重视,使加强资产负债管理成为常态。

(八)跨市场、跨区域、跨行业传递的风险

一是综合经营风险。目前,国内保险公司参股或控股银行、证券、基金等非保险金融机构的案例越来越多,综合经营的范围不断扩展,业务和风险结构趋于复杂,关联交易增多,风险交叉传递的可能性加大。如果保险公司内部的风险隔离和"防火墙"机制不完善,可能会产生较大风险。因此,重点要建立风险隔离"防火墙"机制,特别是防范非保险子公司风险向保险子公司传递。二是互联网金融风险。一些互联网理财和 P2P 平台利用保险为其增信,而部分保险机构没有建立独立风险审核体系和人才储备,缺乏对 P2P 等信用风险的识别能力,一旦出现违约,保险机构就将面临巨额赔付。因此,必须割断跨市场风险的传播渠道,保险机构要健全独立的内部风险审核机制,同时加强与第三方风险评估机构的合作,实行交叉验证审核。强化对借款人财务状况、关联债务等方面的尽职调

查,从源头降低借款人违约风险,防范风险向保险业传递。

（九）群体性事件风险

最大的两个导火索是非法集资和侵害消费者权益。我们将进一步督促落实保险机构的主体责任和保监局的属地责任,建立打早打小、打防结合的长效机制,切实有效防范非法集资风险。此外,近年来中国保监会面对的行政诉讼和行政复议案件大幅增长,其中绝大部分都是由于保险机构服务管理不到位、解决问题不及时所引起的。保险机构要切实落实消费投诉处理主体责任,争取在第一环节妥善化解矛盾。中国保监会将继续加强对保险违法违规行为的查处力度,对涉案较多的保险机构采取重点措施。

（十）声誉风险

声誉对行业形象至关重要。巴菲特有一句名言："如果有人导致公司亏钱,我可以理解,但如果让公司声誉蒙受一点点损失,我将残酷无情。"现在,对保险业声誉影响最大的是一老一新两个问题。老的是销售误导与理赔难。这几年,中国保监会在这上面下了很大功夫,也取得了很好的成效,但根除这个问题是一项长期艰巨的任务,需要常抓不懈、持之以恒。这里,重点强调一下由热点问题引发的风险。近几年,少数公司进入保险业后,在经营中漠视行业规矩、无视金融规律、规避保险监管,将保险作为低成本的融资工具,太过于追求做大业务规模,实现资产较快膨胀,偏离了保险保障的主业。这些经营策略和投资行为引起了社会关注,经过媒体、网络的放大效应后,有些甚至成为社会的焦点问题。如果不积极主动加以应对,就会产生大范围的不良影响,甚至造成严重风险。保险行业要深刻地认识到,保险业的声誉是全行业共同的财富,如果行业形象破坏了,所有保险公司的利益都会受损。总之,保险行业要高度重视声誉风险,不断加强舆情监测,提高同媒体特别是新媒体打交道的能力,完善突发事件应对预案,学会主动发声、统一发声,努力维护保险行业的良好形象。

作者简介：项俊波，男，北京大学博士，研究员，中国保险监督管理委员会主席、党委书记；中共第十七届中央候补委员、第十八届中央委员；兼任中国人民银行货币政策委员会委员。

推进保险市场体系改革创新

梁　涛

　　"十三五"时期经济社会发展为保险业带来新的机遇和挑战,也对保险业发展提出更高要求。经营主体是保险市场的基本要素,也是保险产品的供给者、保险活动的主导者、改革创新的实践者。健全完善的市场体系和充满活力的市场主体,是保险行业快速发展的基础。把握形势、解放思想、锐意创新,积极培育新型市场主体,推进现代保险市场体系建设,对于深化保险业供给侧结构性改革、提升保险业服务经济社会发展的能力具有重要意义。

一、我国保险市场主体创新成效显著

　　近年来,中国保监会按照党中央、国务院的决策部署,以服务经济社会为立足点,以推进行业供给侧结构性改革为着眼点,大力培育专业型、创新型市场主体,着力丰富市场组织形式,切实加强基础设施建设,积极完善市场准入退出机制,基本建成主体多元、功能完备、运行规范、充满活力的现代保险市场体系,为保险业创新发展提供了强大原动力。截至2016年8月,我国共有207家保险法人机构,包括集团(控股)公司11家、产险公司79家、寿险公司77家、再保险公司9家、资产管理公司21家、农村保险互助社10家,保险公司总资产达到14.3万亿元,保险业在国内外金融保险市场的影响力和竞争力明显提高。

（一）坚持专业化方向，优化区域布局，提高保险供给的质量和效率

促进综合性企业做大做强，引导专业型主体做精做细，持续优化保险市场业务结构和区域布局，有效提高保险供给质量和效率。一是大型保险集团的综合竞争能力和国际影响力稳步提升。其中，8家保险公司在境内外上市，5家保险公司进入《财富》杂志评选的世界500强，中国平安保险集团入选亚洲唯一一家全球系统重要性保险机构。二是中小型公司和专业性公司的多元化经营特色和差异化竞争优势不断彰显。目前，全国共有专业性保险公司19家，其中农业保险公司5家、健康保险公司5家、养老保险公司6家、汽车保险公司2家、责任保险公司1家。近年来，又结合经济新常态衍生出的新的保险需求，推动成立了全国首家航运保险公司、首家专业科技保险公司和首家民营信用保证保险公司，进一步支持专业型机构在保险行业发展薄弱环节深耕细作。三是市场主体区域布局进一步均衡。深入落实国家区域经济发展战略，积极提升自由贸易区和经济欠发达地区的保险发展水平。2015年以来，结合当地发展实际，先后在西藏、宁夏、贵州等保险法人机构空白省份，以及上海自贸区、福建自贸区、广东自贸区新设法人机构，有力推动当地经济转型发展。四是积极发展再保险市场。在原有中国再保险（集团）股份有限公司的基础上，批准3家再保险公司设立申请，中资再保险市场主体将扩容至4家，进一步提升保险主体的风险转移能力，有力促进直保及再保市场协调发展。

（二）大力推进市场组织形式创新，促进新型保险主体快速发展，提高保险供给的多元化和差异化

积极适应新技术、新业态发展趋势，借鉴国际保险市场经验，探索和发展新型保险组织形式，力求丰富保险供给主体结构，补齐保险供给短板，完善保险生态圈，打造行业增长新引擎。一是在金融领域率先开展专业互联网公司试点。顺应"互联网+"的社会发展趋势，促进互联网和保险业深度

融合发展。先后批准成立 4 家专业互联网保险公司，取得了良好社会反响。目前，我国互联网保险在业务规模、商业模式、产品创新等方面已经站在了全球互联网保险发展的前沿。以首家批复的众安保险为例，截至 2015 年年底，累计服务互联网客户 3.7 亿人次，保单件数超过 36 亿份，充分契合小额、高频互联网经济发展的特点。二是引入和发展相互保险组织。积极借鉴国际市场成熟发展经验，从当前国家急需的小微企业、建筑企业金融服务以及特定群体养老健康保障等保险行业薄弱环节入手，发挥相互保险成本较低、道德风险较小的经营优势，推动设立我国首批相互保险社，进一步扩大保险的覆盖面、渗透度和普惠性，提高保险业服务经济新常态的能力。三是扩大自保公司试点范围。适应大型企业集团加强风险管理、提高经营效率的切身需要，在中石油自保公司的基础上，批准成立了中国铁路自保公司，进一步积累自保行业经营管理能力及监管经验。

（三）加强基础设施建设，为保险业供给侧结构性改革提供支持

完善的基础设施既是保险业创新发展的重要支撑，更是现代保险业的重要标志。近年来，中国保监会推动了一系列战略性基础设施建设，为保险行业创新发展和转型升级提供坚实保障。一是成立中国保险信息技术管理有限责任公司，建设、运营和管理保险业信息共享平台，为保险业改革发展提供数据服务和技术支撑。现已建成全国车险、农险、健康险、保单登记管理等信息平台以及保险公司服务评价系统、行业"营改增"共享系统。目前已经汇集了 4000 多万兆的行业数据，登记保单信息约 16 亿份，为提高行业风险管理水平、优化保险作业和服务模式、增强产业辐射和延展能力提供了重要支持。二是设立中国保险投资基金，主动服务国家重大战略。基金整体规模 3000 亿元，旨在利用保险资金支持打造公共产品和服务的经济新引擎，发挥保险业经济"助推器"作用。首期 400 亿元基金已投向"一带一路"建设。三是成立上海保险交易所，填补保险要素交易市场空白。上海保险交易所的正式运营，将助力保险行业盘活总量、用好增量，探索保险产品及衍生品交易创新，有效提升我国保险业对复杂风险以及分散化、个性化保险

需求的承接能力,为实体经济发展提供更加全面的风险保障。

(四)推进准入退出制度改革,基本形成市场化的准入退出机制

建立健全市场准入退出机制,实现优胜劣汰、有进有出,是构建良好保险市场生态的前提。近年来,中国保监会持续深化市场准入退出制度改革,为市场机制发挥作用创造前提条件。准入方面,建立健全法人机构审核委员会制度,推进准入标准的明确化、具体化和数量化,进一步优化市场准入的程序,提高审批效率和工作透明度;建立保险公司经营范围分级分类管理制度,逐步构建分级、分类、分区域的有限牌照体系,确保保险机构"有多大本事做多大业务";修订《保险公司股权管理办法》,适当放宽单一股东持股比例,出台针对私募股权投资基金等新型资本的监管办法,进一步引进优质的新型投资主体,拓宽保险资本来源。退出方面,积极建立健全市场退出的监管规定,明确市场退出的标准和程序,力争建立针对股东、业务、人员、分支机构和法人机构的多层次、多渠道退出机制。近期正式出台了《广西辖区保险公司分支机构市场退出管理指引》,从制度层面对分支机构退出的路径、条件和程序进行明确,引导不良机构有序退出,形成督促保险公司加强管理、增强发展持续性和服务水平的倒逼机制。同时,制定保险公司并购管理办法,规范市场化并购重组,有效引导保险市场的存量调整。

二、保险市场体系建设面临的形势和存在的问题

随着经济社会的快速发展、行业的转型升级、国内外金融监管改革的深入推进,保险市场体系的改革创新也面临着许多新形势和新要求。

(一)经济社会发展为保险市场体系创新提供了新空间

国民财富快速积累、人口老龄化趋势日益凸显和人民群众保险意识不断上升,将激发出旺盛的保险新需求;随着保险业参与社会管理的深入、政府购买服务模式的推广以及保险与实体经济的深度融合,保险业将迎来更

加广阔的发展空间。从发展程度来看，2015 年我国的保险密度和保险深度分别为 1768 元/人和 3.6%，与世界平均水平 662 美元/人和 6.2% 相比还有明显差距。从行业规划来看，《国务院关于加快发展现代保险服务业的若干意见》（即"新国十条"）明确，到 2020 年，我国的保险深度要达到 5%，全国保费收入预计要达到 4.5 万亿元以上，还有向上翻一番的空间。从主体数量来看，主要发达国家的保险公司数量均远高于中国。因此，中国以更优结构和更高质量推进保险市场体系建设还存在空间，亟须根据经济发展的水平适度有序增加市场主体，提高保险供给能力。

（二）深化保险业供给侧结构性改革，需要通过市场主体创新提供新动能

以产品服务创新为手段，以商业模式创新为引领，优化保险供给结构，推进行业供给侧结构性改革，是保险业"十三五"时期的发展主线。一是产品服务创新将持续深入。针对社会结构转型、中产阶层崛起和消费者习惯变化带来的新需求，大力开发保险新产品、提供新服务。二是保险业务结构将进一步优化。针对一险独大、同质化竞争严重的情况，大力优化供给结构，发展与国计民生相关的农业保险、责任保险、巨灾保险、健康保险、养老保险等业务。三是保险商业模式将持续再造升级。通过保险服务模式、管理机制和销售渠道创新，以更低廉的成本、更高的效率、更精准地掌握保险消费者的需求，提升保险对消费者的直接服务水平和用户体验。推进保险业供给侧结构性改革，提升供给水平，需要在存量和增量上同时入手，除了引导现有市场主体转变发展方式，还要积极发挥市场准入的源头把关功能，为保险市场引入一批基因优良、基础扎实，专业特色突出、规划切实可行，一起步就坚定走差异化发展道路的新设保险公司，为保险行业供给侧结构性改革提供新动能。

（三）"互联网+"等新业态的发展，将催生新的专业化市场主体

中国已成为全球互联网发展的重要市场。以互联网引领大数据、云计

算、物联网等科技创新,是未来各行业发展的必由之路,也必将在发展模式、产品定价、客户服务等方面给保险业带来深远影响。顺应互联网保险的发展趋势,要求保险市场主体不仅要以互联网为销售渠道,更要充分发挥互联网在资源配置中的优化和集成作用,围绕互联网开展经营理念、销售渠道、产品设计等领域的深度创新。从国际经验来看,专业的互联网保险机构有利于更好地发挥集成和载体作用,更好地推进经营模式和技术创新。引导具有技术优势、金融机构管理能力和服务落地能力的社会资本及互联网企业有序进入市场,设立专业化的市场主体,仍然是推进互联网保险的重要途径。

在面临全新发展形势的同时,必须看到,当前我国保险市场体系仍存在一些薄弱环节,需要持续完善。一是差异化、专业性发展水平有待提升。市场主体经营范围和区域大而全、发展模式同质化程度高的情况没有根本改变,面向市场多元化保险需求的专业化、特色化保险机构相对缺乏。二是组织形式单一。国际成熟保险市场上,股份制保险、相互保险、劳合社等多种保险组织形式共存,互相竞争合作,共同推进保险市场发展。比如,相互保险是国际上主流的保险组织形式之一,在全球保险市场中占据重要地位。2014 年,全球相互保险保费收入 1.3 万亿美元,占全球保险市场份额的27.1%,在高风险领域和中低收入人群风险保障方面得到广泛应用,而相互保险在我国尚处于起始阶段。组织形式单一影响了保险市场的特色化、多样化发展,制约了保险对经济社会覆盖面的提升。三是保险机构的规模和地域结构有待改善。规模居前的产险公司和寿险公司的市场份额仍然较大,市场集中度较高。从地域分布看,法人机构主要分布在东部发达地区,且有向一线中心城市集中的趋势,区域结构不合理的状况没有彻底改观。四是个别市场主体存在治理风险隐患。随着保险投资主体日益多元化,保险公司股权变更频繁。少数社会资本通过股权代持等隐蔽手段投资入股保险公司,加上保险公司内部制衡机制、风控体系尚不健全,一旦股东行为不规范,极易造成实际控制人非法转移保险资产或为其控制的其他产业"输血"的情形,值得高度警惕。

三、深化保险市场体系改革

"十三五"期间,保险业将仍然处于黄金发展期,行业发展长期向好。国家的新期待、社会的新需求、技术的新发展以及监管体制的新变革,为保险市场体系建设带来新的机遇和挑战。保险业必须把市场体系创新作为行业快速发展的原动力,进一步完善市场主体结构,切实推进保险业供给侧结构性改革。

(一)坚持区域化、专业化导向,持续优化市场主体结构

继续坚持"服务国家战略、兼顾区域平衡、支持专业创新"的原则,推动设立区域性和专业性保险公司。首先,将以支持国家战略重点发展地区、边疆地区、经济落后地区为重点,逐步填补中西部地区保险法人机构空白,强化保险机构对当地经济发展的推动作用。其次,倡导树立"专业化经营"理念,按照"新国十条"所明确的现代保险服务业的主要发展领域,重点推动设立农险、健康险等专业性保险公司。特别是,要通过发挥专业保险机构创新主体作用,来加快推动产品创新,增加保险市场有效供给。推广首台(套)重大技术装备保险,服务工业稳增长、调结构、增效益;加快推动科技和保险结合的创新试点,助力企业科技创新和成果转化;加快推广"政府+银行+保险"模式的小额贷款保证保险,创新发展知识产权质押融资保险,为初创期、种子期的高成长性小微企业提供便利的融资增信服务;积极推动环境污染责任保险发展,推动保险公司深入参与环境风险管理,助力"绿色中国、美丽中国"建设。

(二)支持新型市场主体发展,促进保险行业转型升级

一是继续鼓励"互联网+保险"的创新实践,适度增加专业互联网保险公司主体,探索发展新的业务形态和商业模式。二是进一步丰富保险组织形式。着力推动自保、相互等新型组织形式发展,扩大自保公司、相互保险

组织试点范围,充分积累行业经营管理能力及监管经验,加快探索符合中国国情、具有中国特色的发展模式,与现有股份制保险公司共同构建优势互补、互相促进的保险市场体系。三是持续加强基础设施建设。继续全面协调推进行业战略性基础设施建设,抓好行业风险数据库、保单登记管理信息平台、资产托管中心、行业资产登记交易平台、产品注册平台和数据库建设。四是加快发展再保险市场。继续鼓励保险集团或社会资本投资设立专业再保险公司,加快建设区域性再保险中心,提升我国在全球再保险市场的定价权和话语权。

(三)全流程加强公司治理监管,健全市场化准入退出机制,切实防范市场主体风险

完善公司治理结构、建立现代保险企业制度,是健全保险市场体系的关键环节。下一步,中国保监会将围绕"公开"和"透明"督促保险公司完善治理结构,全流程加强治理监管,不留空白和盲区,切实防范市场主体风险。在准入环节,加强对市场准入关键要素的审查,强化对主要股东的资质审查,严格核查入股资金的来源和流向。在治理环节,以股权管理为重点进一步加强公司治理监管,通过穿透式监管,对保险机构股权变动、重大投资和关联交易等信息披露作出强制性规定;充分发挥公众监督和市场机制的约束作用;出台《保险公司章程指引》,为公司章程制定和修改提供遵循和依据,从源头扼制公司治理风险。在退出环节,以建立覆盖风险识别、预警、化解和处置全过程的规则体系为目标,以推进兼并重组为重点,健全以法律和市场手段为主、行政手段为辅的风险处置机制,完善保险保障基金的风险救助体系,探索新型风险处置工具,构建多层次的市场退出机制,有效化解单个机构风险,切实守住不发生区域性系统性风险的底线。

作者简介:梁涛,男,高级经济师,中国保险监督管理委员会副主席、党委委员;历任国务院办公厅助理政务专员,中国保监会办公厅主任、人身保险监管部主任、发展改革部主任,中国保监会主席助理。

保险业服务供给侧结构性改革

姚庆海

国家"十三五"规划纲要提出,"十三五"时期,经济社会发展将以供给侧结构性改革为主线,扩大有效供给,满足有效需求,加快形成引领经济发展新常态的体制机制和发展方式。供给侧结构性改革的本质,是从提高供给质量出发,用改革的办法推进结构调整,矫正要素配置扭曲,扩大有效供给,提高供给结构对需求变化的适应性和灵活性,促进经济社会持续健康发展。当前,中国经济的症结不在需求侧,不是有效需求不足;而在供给侧,是有效供给不足,供给结构不能适应需求结构的变化。推进供给侧结构性改革,是解决当前经济问题的对症良方,是适应和引领经济发展新常态的必然选择。

国家"十三五"规划纲要对推进供给侧结构性改革进行了全面部署,提出必须以提高供给体系的质量和效率为目标,实施宏观政策要稳、产业政策要准、微观政策要活、改革政策要实、社会政策要托底的政策支柱,去产能、去库存、去杠杆、降成本、补短板,加快培育新的发展动能,改造提升传统比较优势,夯实实体经济根基,推动社会生产力水平整体改善。保险是现代经济的重要产业和风险管理的基本手段,是社会文明水平、经济发达程度、社会治理能力的重要标志。在国家推进供给侧结构性改革过程中,通过促进产业结构优化升级、服务国家治理体系和治理能力现代化、加快民生保障体系建设、推动创新发展战略的贯彻落实,保险业将大显身手,发挥重要作用。

一、保险业是重要的现代服务业，能够在促进产业结构优化升级上发挥重要作用

当前,中国经济与市场上的供需关系正面临着不可忽视的结构性失衡,"供需错位"成为阻挡中国经济持续增长的最大路障:一方面,产能过剩已成为制约经济转型的一大包袱;另一方面,供给体系呈现出中低端产品过剩、高端产品供给不足的特征。这使得调整严重错位的供需关系成为供给侧结构性改革的重中之重。消化过剩产能、调整供需关系,治本之策是促进产业结构的优化升级。而在这方面,保险业可以发挥重要作用。

加快产业结构优化升级,需要在推进农业现代化、加快制造业强国建设、发展现代服务业上一齐发力,逐渐形成一二三产业比例协调、产业内部构成有序、区域布局科学合理、适应生产生活需要的现代产业结构。保险业是重要的现代金融服务业,能够在促进产业结构优化升级上发挥独特作用。近年来,保险业通过负债端和资产端两条途径的创新服务取得积极进展。在服务第一产业上,"十二五"时期,农业保险业务年均增速达 21.2%,累计为 10.4 亿户次农户提供风险保障 6.5 万亿元,向 1.2 亿户次农户支付赔款914 亿元,有效提升了农业生产抗风险能力。在服务第二产业上,截至 2015年年底,共发起债权、股权和项目资产支持计划 499 项,合计备案注册规模1.3 万亿元;出口信用保险在"十二五"期间累计提供出口风险保障近 1.6万亿美元,支持 7.3 万家出口企业获得融资额度 1.8 万亿元;首台(套)重大技术装备保险为装备制造企业提供风险保障 164 亿元。在服务第三产业上,保险业大力发展物流保险、电商保险等产品,推动了生产性服务业的发展;大力发展旅游保险、体育保险等产品,推动了生活性服务业的发展。

随着今后供给侧结构性改革的进一步推进,保险业还将在服务产业结构优化升级上发挥重要作用。一是将围绕传统行业转型和新兴产业发展,探索保险业与三次产业的深度融合及创新发展。二是将以服务国家扶贫开发战略和农业现代化战略为重点,以扩面、提标、增品为核心,加大农业保险

创新发展力度,同时加快全国农业保险信息管理平台建设,提高农业保险信息化管理水平。三是将进一步深化保险资金运用市场化改革,利用债券投资计划、股权投资计划等方式,支持重大基础设施、棚户区改造、城镇化建设等民生工程和国家重大工程,促进生产要素的跨区域、跨行业流动。四是通过多重形式在合理管控风险的前提下,为科技型企业、小微企业、战略性新兴产业等的发展提供资金支持,推进融资模式和征信机制创新,缓解企业融资难、融资贵的问题。五是探索与其他现代服务业的协同创新,推动生产性服务业向专业化和价值链高端延伸,推动生活性服务业向精细化和高品质转变。

二、保险的核心功能是风险管理,能够在服务国家治理体系和治理能力现代化方面发挥重要作用

制度是影响一国经济长期绩效最重要的因素。推进供给侧结构性改革,核心在于优化制度供给。优化制度供给与实现国家治理体系和治理能力现代化密切相关。习近平总书记指出,国家治理体系和治理能力是一个国家的制度和制度执行能力的集中体现,两者相辅相成。当前,我国经济发展中遇到的诸多问题都可以在制度层面上找到原因,因此,加快制度变革、优化制度供给刻不容缓。优化制度供给,关键在简政放权。简政放权不仅是供给侧结构性改革的重要突破点,也是国家治理体系和治理能力现代化的重要抓手。推进简政放权,应加快转变政府职能,理顺政府与市场的关系。政府的主要职责是宏观调控、公共服务、市场监管、社会管理、环境保护。在政府提供公共服务、进行社会管理时,需要充分利用市场机制和社会机制,采取购买服务的方式来提高供给的效率,实现"小政府、大社会"的目标。

保险的核心功能是风险管理,能够在服务国家治理体系和治理能力现代化方面发挥重要作用。近年来,保险业在服务国家治理、承接公共服务方面已有一定基础。例如,保险业全面承办城乡居民大病保险,广泛参与基本

医疗保险经办工作,2015 年的服务人数已达 9.2 亿,在全国 327 个县市参与经办新农合与城镇居民基本医保,服务人数达 8547 万,成为社会保险市场化运作的积极参与者,为政府创新公共服务方式提供了助力。在与国计民生密切相关的环境污染、食品安全等领域,保险业通过责任保险为全社会提供风险保障 91 万亿元,充分发挥了在事前风险预防、事中风险控制、事后理赔服务等方面的功能作用。

推进供给侧结构性改革,为保险业深度服务国家治理体系和治理能力现代化提供了契机。下一步,保险业将会在以下方面用力:第一,紧紧围绕供给侧结构性改革下的简政放权,进一步参与多层次养老、医疗和护理保障体系建设和经办工作,规范经办服务的标准、程序,升级信息服务网络,提高社会保障体系的效率和质量。第二,鼓励保险公司发展多个领域的责任保险,支持有条件的地区试点政策性责任保险,完善责任保险发展支持政策。第三,大力推动巨灾保险,建立巨灾保险基金、巨灾再保险等制度,逐步形成财政支持下的多层次巨灾风险分散机制。第四,以脱贫攻坚重点人群和重点任务为核心,精准对接建档立卡贫困人口的保险需求,创设并完善保险扶贫政策。

三、保险是市场化的风险保障机制,能够在服务民生保障体系建设上发挥重要作用

"补短板"是 2015 年 12 月中央经济工作会议提出的供给侧结构性改革五大任务之一。所谓"补短板",就是要针对当前经济和社会发展的突出问题和主要矛盾,以供给侧结构性改革为抓手,持续改善有效供给的数量和质量,提升有效供给的效率和效益。从民生保障体系来看,改革开放以来社会保险体系取得重大成效,但与人民群众日益增长的保障需求,特别是更高水平、更多元化的保障需求还存在一定差距。民生保障体系是供给侧结构性改革"补短板"的重要内容,也是推进供给侧结构性改革的五大配套政策支柱之一。推进供给侧结构性改革,特别是化解过剩产能,必然会影响部分

群体的就业和收入，因此，务必更好发挥民生保障体系作为"稳定器"的作用，保障好人民群众的基本生活和基本公共服务，为结构性改革创造稳定良好的社会环境。

近年来，保险业在服务民生保障体系方面已取得明显成效。"十二五"时期，健康保险保费收入从 2010 年的 677.47 亿元增加到 2015 年的 2410.47 亿元，年均增长速度高达 28.90%。保险业积极拓展企业年金业务，2015 年受托管理资产 4169 亿元，投资管理资产 4861 亿元。保险业积极试点老年人住房反向抵押养老保险，参保老人平均月领养老金 8465 元。2014 年，与民生保障关系密切的年金保险保费收入 2822 亿元，有效保单 6943.3 万件，覆盖 1 亿人次，保额达到 1.4 万亿元。2015 年，保险业新增从业人员 180 万人，2016 年 1—4 月又新增从业人员 56 万人，其中相当部分是再就业人员，为增加社会就业提供了更多机会。

在今后推进供给侧结构性改革的过程中，保险业要紧紧围绕民生保障体系建设，从守住民生底线和提高社会保障水平两方面开展工作，把商业保险建成社会保障体系的重要支柱。一方面，大力发展养老、医疗、长期护理等各种保障型险种，推动个人税收递延型养老保险落地，完善住房反向抵押贷款保险政策，优化个人税收优惠型健康保险产品，切实提升保险产品与服务水平，满足人民群众更高水平和更多样化的社会保障需求；另一方面，对于国家社会保障经办部门暂时无法或不能较好解决的企业下岗分流人员、进城务工人员、城镇化人员安置与社会保障问题，鼓励保险公司通过发展养老服务业、健康服务业等形式吸纳其就业，并通过灵活多样的保险产品为其提供基本生活保障。

四、保险是风险转移的有效工具，能够为推动创新发展战略的实施保驾护航

国际经验证明，一个国家的发展，从根本上要靠供给侧推动，而科技创新则能够缔造出难以想象的供给能力。通过科技创新创造新供给、新效益、

新空间,是未来中国的大趋势。在供给推动的时代,供给侧一旦出现颠覆性创新,市场就会以波澜壮阔的交易生成进行回应。因此,可以说,科技创新带来的供给飞跃将为经济发展提供最强劲的动力。创新是推进供给侧结构性改革的重要力量,在党的十八届五中全会提出的五大发展理念中居于首位。推进供给侧结构性改革,必须牢固树立创新发展理念,推动新技术、新产业、新业态蓬勃发展,为经济持续健康发展提供源源不断的内生动力。

加强和促进科技创新,需要培养一支创新型人才队伍,完善创新体制机制,防范创新中的风险,促进创新成果转化,实现创新资金来源的多元化。而在这些方面,保险业都可以发挥重要作用。近年来,保险业在服务创新方面已做了大量工作,取得明显成效。2007年,中国保监会和科技部共同组织开展了科技保险试点工作。2011年,中国保监会与科技部、中国人民银行、中国银监会、中国证监会联合印发文件,开展科技与金融结合试点。经过若干年的努力,我国科技保险的产品日渐丰富,承保范围逐步扩大,投保企业快速增加,为科技领域开展自主创新提供了风险保障。

在今后的供给侧结构性改革过程中,保险业将充分发挥自身的功能作用,继续为推动创新发展战略的实施保驾护航。一是建立并完善科技保险体系,积极发展适应科技创新的保险产品和服务,推广国产首台(套)重大技术装备的保险风险补偿机制,促进企业创新和科技成果产业化。二是积极发展专业性科技保险公司,提升科技保险产品与服务的专业化水平。三是积极借鉴国内外一流研究机构的先进经验,探索建立火灾、气象、农业、医疗、海洋、汽车等风险和保险实验室,推动科技成果转化应用,真正用好科学技术这个最高意义上的革命力量和有力杠杆。四是积极借鉴美国保险承保实验室(UL)的经验,对接《中国制造2025》,参考国际标准,制定中国农产品、日用品和高端科技创新产品的保险和风险标准,创新保险服务,提升中国产品的国际竞争力。

推进供给侧结构性改革,是"十三五"时期我国国民经济和社会发展的主线,是适应和引领经济发展新常态的重大创新,是适应国际金融危机发生后综合国力竞争新形势的主动选择,也是适应我国经济发展新常态的必然要求。在当前这场贯穿我国经济社会发展全过程、各领域的伟大实践中，保险业将以其独特的功能作用大展身手，成为支持、参与供给侧结构性改革的重要力量。

　　作者简介：姚庆海，男，清华大学五道口金融学院博士，研究员，博士生导师，中国保险学会会长、党委书记，对外经济贸易大学、中央财经大学、中南财经政法大学、北京交通大学兼职教授；主持国家级和省部级课题多项，发表论文数十篇，出版专著多部，牵头起草完成了巨灾风险管理等一系列保险行业标准。

推动保险业协调发展

刘 玮

　　"十三五"时期,保险业发展的核心任务就是,把党的十八届五中全会提出的创新、协调、绿色、开放、共享五大发展理念贯穿到改革发展的方方面面,崇尚创新、注重协调、倡导绿色、厚植开放、推进共享,努力开拓现代保险服务业发展的新境界。其中,协调发展理念的内容广博、寓意深刻,是"十三五"时期保险行业面临的重大课题和必须遵循的重要指导思想。了解推动保险业协调发展的背景和缘起,领会保险业协调发展的深刻内涵,提出推动保险业协调发展的举措和建议,对于全面贯彻落实保险业协调发展的理念具有十分重要的意义。

一、协调发展是五大发展理念的重要内容

　　习近平总书记在关于《中共中央关于制定国民经济和社会发展第十三个五年规划的建议》(以下简称《建议》)的说明中指出,面对经济社会发展新趋势新机遇和新矛盾新挑战,谋划"十三五"时期经济社会发展,必须确立新的发展理念,引领发展行动。为此,《建议》提出了创新、协调、绿色、开放、共享五大发展理念,将之贯穿于第十三个五年规划纲要整篇布局中的各项部署;并强调,坚持创新发展、协调发展、绿色发展、开放发展、共享发展,是关系我国发展全局的一场深刻变革。全党同志要充分认识这场变革的重大现实意义和深远历史意义,统一思想,协调行动,深化改革,开拓前进,推

动我国发展迈上新台阶。

协调发展是五大发展理念的重要内容，是实现经济社会持续健康发展的内在要求。《建议》明确提出，坚持协调发展，必须牢牢把握中国特色社会主义事业总体布局，正确处理发展中的重大关系，重点促进城乡区域协调发展，促进经济社会协调发展，促进新型工业化、信息化、城镇化、农业现代化同步发展，在增强国家硬实力的同时注重提升国家软实力，不断增强发展的整体性。

《国民经济和社会发展第十三个五年(2016—2020年)规划纲要》进一步提出了协调发展的主要目标，即："发展协调性明显增强。消费对经济增长贡献继续加大，投资效率和企业效率明显上升。城镇化质量明显改善，户籍人口城镇化率加快提高。区域协调发展新格局基本形成，发展空间布局得到优化。对外开放深度广度不断提高，全球配置资源能力进一步增强，进出口结构不断优化，国际收支基本平衡。"

"唱和如一，宫商协调"①是古代中国的传统智慧。在当代，"协调"一词被赋予新的时代内涵，成为中国发展的全新理念。协调发展理念的提出，着眼于解决发展不平衡问题，即基于我国在推进社会主义现代化过程中存在的发展不平衡问题，不仅是党中央坚持问题导向、破解发展瓶颈的应对之策，更是着眼未来、谋划全局的战略考量和全面建成小康社会、实现经济永续发展的必然选择。协调发展理念体现了中国特色社会主义理论创新的生命力，具有重大理论意义和实践指导作用，将成为"十三五"乃至更长时期必须坚持的重要发展理念之一。

二、推动保险业协调发展，符合保险业的内在逻辑

推动保险业协调发展，不仅是贯彻落实中央提出的五大发展理念的必然要求，也符合保险业发展自身的内在逻辑。

① 明朝冯梦龙所著《东周列国志》第四十七回曰："凤声与箫声，唱和如一，宫商协调，喤喤盈耳。"宫商乃五音中的宫音与商音。

第一,推动保险业协调发展是由保险的本质属性决定的。风险事故是生产生活的"大敌"。各种风险事故的发生导致人类的生产生活要素短缺,直接影响到经济社会的正常运行。保险的本质是风险保障,其职能作用就在于:用分散的财富积累补偿集中的短缺,用现在的财富积累补偿未来的短缺,以保障经济社会的正常运行。保险的本质属性是对人类社会生产生活各方面面临的风险进行有效分散,对因风险事故发生给经济主体带来的损失提供经济补偿和保障,解决经济社会运行过程中要素短缺与需求之间的矛盾。保险这种职能作用的有效发挥,需要通过保险供给的增长与社会上对风险保障需求的增长相协调得以实现。特别是在我国,随着政府职能的逐步转变、社会管理的不断创新,运用保险这种市场化机制和手段满足社会管理和公共服务领域的风险保障需求成为必然选择。由此,社会管理和公共服务改革的深化,给保险业协调发展赋予了更丰富的内涵。

第二,推动保险业协调发展是实现持续健康发展的内在要求。保险业以满足经济社会日益增长的风险保障需求,以及国家治理体系和治理能力现代化对保险服务的需求作为立业之缘、发展之本。就当前及今后一个时期看,实现保险业的持续健康发展,必须立足于把握好经济社会发展对保险服务的总体需求,搞好保险业内部在主体结构、产品结构、区域结构、渠道结构等方面的协调性,以及外部与其他金融行业、经济社会发展、政府职能转变等方面的协调性,不断优化结构、补齐短板,增强行业发展的整体性。结合当前的形势,需要在经济新常态和保险业全新定位的大背景下,于经济社会工作整体布局中统筹谋划保险行业发展。一方面,推进保险市场体系建设和保险业务结构调整,实现承保与投资经营、保障与理财产品经营、各区域市场等方面协调发展;另一方面,促进商业保险与社会保障有效衔接,保险服务与社会治理相互融合,商业保险机制与政府管理密切结合,保险行业与经济社会发展、与其他金融行业协调发展等。

第三,推动保险业协调发展是国家意志的体现。2014 年 8 月,国务院印发《关于加快发展现代保险服务业的若干意见》,明确提出,要立足于服务国家治理体系和治理能力现代化,把发展现代保险服务业放在经济社会工作整体布局中统筹考虑。加快保险业发展,由此从行业意愿上升为国家意志。由于这一原因,今后国家的经济建设、社会进步、科技发展、民生保障等都将对保险业发展提出更具针对性和更加迫切的要求。因而,推动保险业协调发展,将不只是保险业自身持续健康发展的需要,更是国家经济社会发展和国计民生保障所需,是国家治理体系和治理能力现代化所需。

三、"十三五"时期保险业协调发展应遵循的思路

推动保险业协调发展,是保险业全面贯彻落实党的十八大和十八届三中、四中、五中全会精神和习近平总书记系列重要讲话精神的具体体现,是保险业全面贯彻落实《国务院关于加快发展现代保险服务业的若干意见》的实际行动。中国保监会主席项俊波在 2016 年全国保险监管工作会议上讲话时强调指出:"坚持协调发展,建设一个跨界融合、区域协同、与经济社会发展相适应的现代保险服务业。协调是保险业健康发展的内在要求。近年来,我们大力推进保险市场体系建设和保险业务结构调整,增强了保险行业发展的协调性。但是也要看到,当前保险业发展的均衡水平和整体效能还有待提高,保险行业与经济社会发展、与其他金融行业,以及区域保险市场间的发展还不够协调。要把推动协调发展作为保险监管的一个重大课题,努力在优化结构、补齐短板上取得突破性进展。"这一论述为推动保险业协调发展指明了方向。

这几年,全球经济仍处于深度调整阶段,贸易保护主义强化,国际金融市场波动加大,风险的跨境传递加快,经济复苏面临不少新的不确定因素。我国经济正处于"三期叠加"阶段,经济增长的新旧动能处于转换之中,长期积累的结构性矛盾逐步显现,经济金融综合经营步伐加快,增加了保险市场稳定运行和风险防范的压力。保险业发展面临的机遇前所未有,挑战亦前所未有。面对"十三五"时期及更长时期面临的一系列新形势、新问题、新挑战,中国保险业要始终坚持五大发展理念,以满足社会日益增长的多元化保险服务需求为出发点,以深化供给侧结构性改革为主线,把推动协调发

展、实现协调发展作为全行业的一项重大任务,努力建设一个适应经济社会发展需要、结构优化、布局完整、整体效能较高的现代保险服务业。

"十三五"时期,保险业协调发展应坚持的基本思路是:在外部协调方面,要"跳出保险看保险",从经济社会工作整体布局出发统筹谋划行业发展,促进商业保险与社会保障有效衔接、保险服务与社会治理相互融合、商业机制与政府管理密切结合,努力实现保险业与经济社会的协调发展。在内部协调方面,应在加快发展承保业务的同时,注重投资业务的质量和效益,实现承保业务与投资业务的协调发展;在注重发展保障型产品的同时,适度发展理财型业务,实现保障型业务与理财型业务的协调发展;在发展东部地区和城市市场的同时,注重开发中西部地区和农村市场,实现区域间市场和城乡间市场的协调发展。

四、推动保险业外部协调发展涉及的主要关系

从行业外部看,推动保险业协调发展主要涉及保险业与经济发展、社会保障、社会治理以及其他金融行业的关系。

一是处理好与社会保障之间的关系。商业保险与社会保障之间,既存在一定程度的替代,也具有明显的互补。促进两者互补关系的发展,强调的是两者之间的"有效衔接"或"对接"。基于这种关系特征,衡量两者协调发展的基本原则,是看商业保险产品是否对相应的社会保障项目进行了保障内容的增加或补充式对接、其增加或补充的保障程度如何。按照"新国十条"和保险业"十三五"规划纲要的要求,商业保险要在养老、医疗保障领域发挥更加积极的作用,逐步成为个人和家庭商业保障计划的主要承担者、企业发起的养老健康保障计划的重要提供者、社会保险市场化运作的积极参与者。为此,下一步应继续加强在个税递延型商业养老保险、长期护理保险等方面的探索和实践,加快商业保险与养老服务、健康管理产业的深度融合;同时,为企业年金计划的发起、运营、给付提供更好更优的全程服务。

二是处理好与政府管理和社会治理之间的关系。保险是转移社会风

险、化解民事责任纠纷的重要手段，具有天然的"社会治理"属性，通过设计和发展帮助转移社会风险和化解民事责任风险的保险产品，能起到很好的"社会治理"作用。在当前政府职能转变的背景下，通过创新巨灾风险保障机制、涉农风险保障机制和责任风险保障机制等，保险业可以在创新社会管理上发挥重要作用，缓解政府的财政和管理压力。为此，下一步应加快构建具有中国特色的巨灾保险体系、农业保险体系和责任保险体系，在与公众利益关系密切的防灾减灾、环境治理、食品安全、安全生产、建筑工程质量等领域发挥更大作用，最大程度覆盖和满足政府管理和社会治理领域涌现出的风险保障需求。

三是处理好与其他金融行业的关系。保险是金融业的三大支柱之一，然而，与发达国家相比，我国保险业在金融体系中的地位相对较低。据统计，在经合组织国家中，保险和养老金资产占金融总资产的比例平均达到20%，而我国保险业仅占金融总资产的5%左右。保险业发展相对落后，不仅影响行业保障功能的发挥，也制约金融体系的发展和完善。当前，金融业内各行业之间出现了全新的融合趋势，保险业与其他金融行业的合作日益密切。在这一背景下，应进一步加快保险业的发展，提升行业的核心竞争力，并深化与其他金融行业在各领域的合作，促进金融体系的进一步完善和各个子行业之间的协调发展。

五、推动保险业内部协调发展的主要着力点

从行业内部看，推动保险业协调发展主要涉及业务结构、产品结构、区域结构等方面。

一是实现承保业务与投资业务的协调发展。对投保风险的承保与保险资金运用是保险公司的两大业务，并称为保险公司有效运转的"两个轮子"。在这两种业务中，承保业务是"主"，资金运用是"辅"，两者不可混淆。如果过度重视投资业务、忽视承保业务，将影响保险行业保障职能的发挥及承保业务的质量。然而，现代保险市场的发展已经使承保业务对投资业务

形成了某种依赖,激烈市场竞争和灾害发生的非均衡性所导致的承保业务亏损需要通过投资业务的盈利来弥补,如果只重视承保业务而忽视投资业务,将会影响承保业务的持续发展和公司经营的稳定性。因此,保险公司经营必须同时注重这两大业务,实现承保业务与投资业务的协调发展。

二是实现保障型产品与理财型产品的协调发展。寿险公司目前提供的产品既有保障型产品,也有理财型产品。由于提供风险保障是保险业的核心功能,因而,寿险公司提供的产品理应以保障型产品为主。然而,对市场份额和现金流的追逐往往使一些寿险公司过度发展短期理财型产品,以致对投保人的保障不足,影响到保险业保障功能的发挥。保障功能作为保险行业独有的社会职能,是保险业区别于其他金融行业的基础,是保险业在金融领域的核心竞争力。非保障业务例如投资理财型过度扩张,使得保险业在金融行业中的独特性降低,弱化了保险业在金融领域的不可替代性,使保险业的核心竞争力降低,影响保险行业发展的长远利益。因此,应始终坚持"保险姓保"的基本原则,将发展保障型产品放在第一要务,在此基础上适度发展理财型产品,实现保障型产品与投资理财型产品的协调发展。

三是实现区域保险市场和城乡保险市场的协调发展。长期以来,我国区域保险市场和城乡保险市场发展不均衡,保险业务水平在区域间呈东中西梯度分布,东部地区保险业的发展水平明显高于中西部地区。2015 年,除少量保险集团和总公司本级的保费收入外,东部、中部及西部地区保费收入占全国总保费收入的比重分别为 57.45%、23.15%和 19.06%。保险供给主体在地区分布上也明显集中于东部及沿海发达地区,尤其是少数一线城市。城乡保险市场发展也存在不均衡的情况,保险业务主要集中在发达的城市地区,农村地区保险市场的发展还比较有限,存在产品针对性不强、销售方式单一、服务网络不健全等问题,市场潜力有待进一步挖掘。保险市场发展中区域间、城乡间的不均衡,既与经济发展水平等影响保险业发展的因素有关,也与保险业的服务意识和开拓能力、创新能力有关。"十三五"时期,应加强保险市场发展的区域协调,通过加快中西部地区的保险市场发展,使保险业为中西部地区的经济社会发展提供更多保障,以此助推中西部地区的经济增长和转型升级，缓解区域经济发展的不平衡。同时，在发展城市保险市场的同时，注重开发农村保险市场，更好服务农村、农业和农民，实现城市保险市场与农村保险市场的协调发展。

作者简介：刘玮，女，南开大学金融学院副院长、风险管理与保险学系主任、国际保险研究所副所长，教授、博士生导师；参与多项国家社会科学基金重大项目、国家自然科学基金及教育部社会科学重大项目研究，主持商务部、中国保监会、中国保险学会、国内外保险机构等多项专项课题研究；出版专著、论著和主编教材 10 余本，发表论文 40 余篇；主持创刊《中国保险报》国际版《南开国际观察》专栏，参与研究现代保险服务业发展政策"新国十条"及保险业重要领域发展规划和制度设计。

走可持续发展的绿色保险之路

王国军

一、绿色保险的含义

绿色保险是将生态学概念引入经济领域的一种保险理念。绿色和大自然与植物紧密相关,绿色在西方国家的语境中代表安全、和平与友善,在中国传统文化中则有生命、生机和希望的含义。今天,绿色已经成为"健康无公害"的代名词,代表着清新、安全、平静、舒适、活力和愉悦感。绿色文化则是人们基于绿色的意象,概括而成的人类与自然环境协同前进、和谐共进、可持续发展的一种文化。

保险业"十三五"规划纲要和中国保监会主席项俊波在 2016 年全国保险监管工作会议上的讲话都特别强调,保险业要把党的十八届五中全会提出的创新、协调、绿色、开放、共享五大发展理念,贯穿到保险业改革发展的方方面面,崇尚创新、注重协调、倡导绿色、厚植开放、推进共享,努力开拓现代保险服务业发展的新境界。其中,"倡导绿色"的理念明确提出保险业要走可持续发展的绿色保险之路。

那么,什么是绿色保险? 它有着怎样的内涵和外延? 在保险业第十三个五年规划期间乃至更长时期内,可持续发展的绿色保险之路如何行进?

保险业"十三五"规划纲要进一步明确,坚持保险业绿色发展,是要建设一个资源高效配置、质量效益良好、可持续发展的现代保险服务业,要积极探索发展生态环境领域的保险业务，在为绿色发展服务的同时，更加重视保险业自身的可持续发展。

由此可见，绿色保险至少包含三个层次的含义：第一个层次，绿色保险是一类与环境相关、以环境污染责任保险为代表的保险产品。环境污染责任保险是在企业发生污染事故后，维护受害人权益的一种有效的风险分散和经济补偿机制。除了环境污染责任险外，绿色保险还包括有助于生态环境保护的其他类型的保险业务。此类业务特别是环境污染责任险，在发达国家非常普遍，是环境高危险性企业的标准配置。这个层次是绿色保险的基础含义。

第二个层次，正如保险业"十三五"规划纲要所言，保险业应该是一个资源配置高效的现代服务业。而"新国十条"开篇即提出："保险是现代经济的重要产业和风险管理的基本手段"。保险业"十三五"规划纲要也从多个角度强调保险业风险管理职能的重要性。因此，在第二个层次，绿色保险是指通过保险公司专业而强大的风险管理服务，降低包括环境污染事故等各类事故的发生概率和损失程度，从而实现自然资源和社会资源的节约和保护，体现的是保险业参与社会防损和减损的风险管理功能。这个层次是绿色保险含义的拓展。

第三个层次，绿色保险是保险业的一种发展理念，通过保险公司的产品创新和服务水平的提高，为保险业创造绿色、友好的发展环境和行业形象，从而实现保险业自身与经济社会的长期可持续协调发展。近些年，中国保监会提出的保险业转变增长方式，从粗放经营转向精细集约化经营，从重保费收入转为重利润、重服务、重行业声誉、重风险管理，就是绿色保险的具体表现形式。这个层次是绿色保险含义的引申。

这三个层次虽然外延不同，但并非彼此割裂而是层层递进，从第一层次的基础含义到第二层次的拓展，再到第三层次的引申，讲的都是保险业内外和谐友好的自然环境、社会环境和产业发展环境。走绿色保险之路，正是要更好地体现"新国十条"中所定义的保险业是现代经济的重要产业，风险管理的基本手段，社会文明水平、经济发达程度、社会治理能力的重要标志。绿色保险的境界正是保险业所要追求的正确方位。

二、作为一类保险产品的绿色保险

中国的工业化、城市化和现代化面临着日趋紧张的资源和环境约束,在保护环境和发展经济之间取得微妙平衡是一项非常重要的任务。而从发达国家和部分发展中国家的经验来看,环境污染责任保险是一个非常重要的工具。

环境污染责任保险是以被保险人因玷污或污染水、土地或空气,依法应承担的民事损害赔偿责任作为保险对象的保险,保险人对被保险人非故意和恶意的环境污染所造成的损失进行赔偿。环境污染责任保险在不同国家有不同的名称、保障范围和运作方式,但大同小异。例如美国的污染法律责任保险(Pollution Legal Liability Insurance),英国的环境损害责任保险(Environmental Impairment Liability Insurance)和属地污染清除保险(Own Sit Clean-up Insurance)。有的国家是强制保险,有的国家是自愿保险,还有的国家是强制与自愿相结合。目前,世界上最为典型的,是以德国为代表的强制责任保险与财务保证相结合的环境污染责任保险制度、以美国为代表的强制责任保险制度,以及以法国为代表的自愿责任保险为主、强制责任保险为辅的环境污染责任保险制度。

环境污染责任保险的初衷是利用保险机制对遭受环境污染的受害者给予补偿,以缓和社会矛盾、降低污染损失,因为环境污染受害者的范围广泛,环境污染的损失巨大、影响深远。致害人独立承担损失的能力有限,冗长的行政、司法程序经常会导致环境污染事件错失救助良机,而保险制度恰可通过保费的收取形成规模庞大的基金,在污染事故发生后迅速启动补救机制。

发达国家的保险产品系列中除了环境污染责任保险这一项之外,还有一些与生态环境相关的保险产品,比如生态环境恢复险、自然污染损失险(如赤潮造成的经济损失)和气候变化损失险等等。人们一般都将此类与环境有关的保险,尤其是环境责任保险称为绿色保险。

我国在环境污染责任保险方面已经有了很多尝试，积累了一定经验。2007年，国家环境保护总局与中国保监会联合印发《关于环境污染责任保险工作的指导意见》，正式启动了环境污染责任保险的试点工作。2013年，环境保护部与中国保监会又联合印发《关于开展环境污染责任保险强制试点工作的指导意见》，在涉及重金属等高环境风险行业启动环境污染强制责任保险试点工作。自2007年至2015年第三季度，投保环境污染责任险的企业已经超过4.5万家次，保险公司提供的风险保障金累计超过1000亿元。2015年年底，投保环境污染责任保险的企业覆盖17个省（自治区、直辖市）近4000家，涉及重金属、石化、危险化学品、危险废物处置、电力、医药、印染等行业。

环境污染责任险在防范环境风险、补偿污染受害者、推动环境保护事中事后监管方面发挥了积极作用。保险业"十三五"规划纲要已经把"研究制定环境污染强制责任保险制度方案"作为一个既定的工作重点。"十三五"期间，保险业将总结国内外的经验，系统性地建立起适合我国国情的环境污染责任保险制度，通过政府的顶层设计和市场引导，全面推进环境污染责任保险制度的发展，并积极探索其他与环保相关的保险产品和服务的创新。

三、作为提供风险管理服务的绿色保险

环境污染责任保险的副作用是，投保人可能会因为污染事故发生后是由保险公司支付赔款从而降低防止污染事故发生的积极性，甚至故意排污，人为造成保险事故。而环境污染责任保险的自我矫正机制，则是由保险公司深度参与被保险人环境污染风险的管理。

保险公司全程参与管理被保险人污染环境的风险，已经是一个国际化的潮流，也是环境污染责任保险能够防止环境污染、改善环境的最能着力之处，而保险业通过风险管理服务为社会创造价值则不仅限于环境污染责任保险。

保险公司是专业的风险管理机构。它比其他任何机构都具有相对的风

险管理优势。在发挥保险公司风险管理优势方面,发达国家的一些保险公司走在了前列。比如,为了降低客户发生损失的风险,消除半导体生产过程中的火灾隐患,美国保险集团 FM Global 下属的 FM Global Research 和 FM Global Approvals 竟然用了 10 年时间,通过与设备制造商、终端用户和近百位行业专家协同作战,来寻找有效的风险管理手段,成功化解了半导体生产过程中洁净室发生火灾的风险。在半导体生产过程的火灾风险管理中,FM 已经成为行业的主导。至 2015 年,已有 38 家制造商是按照 FM 发布的标准来生产近 150 种洁净室阻燃材料的,使洁净室的火灾隐患降到一个令人满意的低点。

众所周知,在现代科技社会中,标准是统领生产和流通最关键的因素。如同通信行业里手机的制式、互联网的接入标准和电脑的操作系统一样,谁拥有制式和标准,谁就是行业的主导,就拥有一切,就可以控制未来。FM 的标准正在向制药、生物技术、食品加工和太阳能电池板制造等行业拓展,其影响范围越来越大。在应对环境污染风险方面,FM 也有很多创新,在研发相应技术防止环境污染、制定排放标准、通过调高费率对环境污染风险较高的企业进行惩罚等方面都有很多值得借鉴之处。FM 凭借其强大的风险管理能力,大大提高了保险业在整个社会防灾防损方面的地位,取得了国民经济中的主动权,提升了行业形象。

鉴于环境污染已经成为制约我国社会经济发展的一个核心问题,保险公司完全可以仿效 FM Global 深度参与承保企业风险管理的经验,下大功夫,首先在管理环境污染风险方面积累人才、数据、技术和案例,帮助并监督企业做好环境污染的防范工作,以保险业的力量使各个地区、各个行业的污染事故少发生乃至不发生。这样,既可以减少社会的污染损失,也可以大幅降低赔付率和保险费率,使环境污染责任保险这样一种经济制度发挥其最大的作用。

保险业可以制定严格的污染物排放标准,同时利用费率差异化的方法抑制环境污染,根据被保险人的环保设备是否完备及其使用情况,设定不同级别的保费标准,以促进企业在环境保护方面的投入。基于我国环境污染责任保险发展水平低、承保率低的国情,政府还可以考虑仿效其他国家以强制保险的方式推动环境污染责任保险，使环境污染责任保险的发展纳入法制化发展的轨道。

除了环境污染责任保险之外，承载于其他险种的风险管理工作对生态环境保护，同时对有利于保险业本身发展的社会环境建设也都大有裨益。以农业保险为例，经过若干年的发展，目前我国已经成为继美国之后的第二大农业保险市场，2007 年到 2015 年，农业保险保费收入由 51 亿元增长到 375 亿元；承保主要农作物从 2.3 亿亩扩展到 14.5 亿亩，占全国播种面积的 59%，三大主粮平均承保覆盖率超过 70%。如今，我国开办农险的区域已经覆盖全国所有省区市。农业保险的发展在为我国农业、农村和亿万农民的福祉，为国家的粮食安全作出巨大贡献的同时，也大大提升了保险行业的形象，受到农民的欢迎，得到各级政府的认可。

2007 年以来，中央财政拨付农业保险保费补贴资金 780 多亿元，年均增长 27%，并撬动了更多数量的地方财政补贴。而如此规模的农险业务和大额的财政补贴，足以支撑我国保险业在环保导向上有较大的作为。

在农业保险中，保险公司可以根据农户和农场使用化肥和农药的种类和数量、农产品农药的残留度等易于监测的指标，确定不同级别的费率标准，形成农业生产、食品安全和环境保护的奖惩机制。比如，土地污染是我国经济建设中的最大潜在威胁之一。国土资源部的统计表明，目前全国耕种土地面积的 10% 以上已受重金属污染。土壤学专家指出，当前，我国土壤污染出现了有毒化工和重金属污染由工业向农业转移、由城区向农村转移、由地表向地下转移、由上游向下游转移、由水土污染向食品链转移的趋势，逐步积累的污染正在演变成污染事故的频繁爆发。土壤污染的加剧导致土壤中的有益菌大量减少，土壤质量下降，自净能力减弱，影响农作物的产量与品质，严重危害人体健康。

保险公司作为耕地使用者和污染者之外的第三方，可以通过农业保险形成对土地污染的制约机制。保险业可以通过农业保险费率等调节手段，逐步降低土地污染的水平，将绿色环保的理念贯穿于农业保险从产品设计到承保理赔的每一个业务环节。

再比如,占财产保险公司 70% 以上业务量的车险业务,在环境保护方面也可以大有作为。在美国等发达国家,保险业拥有最丰富的车险数据,保险公司分析这些数据并向社会公布不同车系车型的损失概率和损失程度等风险指标,引导汽车消费者的购买行为和汽车制造商的生产行为。我们的保险业也完全可以根据汽车的排量、油耗和使用的油品、液化石油气的污染指数,采取差别费率并向社会公布相关数据,鼓励电动汽车等环境友好型车型的发展,从而使城市大气污染的问题得到一定程度的缓解。

保险是一种典型的具有约束力的经济机制,运用得当,这种制度能够在很大程度上抑制环境污染事件的发生和日常环境污染因素的堆积,推而广之,也可以降低各个产业的事故损失。

在"十三五"期间,保险业将通过向社会提供更为有效的风险管理服务,降低事故发生的频率和损失程度,减少对自然资源和生态环境的破坏,保护公民生命财产的安全,并提升自己的行业形象。保险业在风险管理领域需要大有作为,这是中国走可持续发展的绿色保险之路的应有之义。

四、作为保险业发展理念的绿色保险

与前两个层次相比,对保险行业的可持续发展而言,将绿色保险引申到保险行业本身的绿色发展则更具意义。

根据保险业"十三五"规划纲要,保险行业绿色发展的主题是:加快转变保险业发展方式,强化经营管理,增强服务能力,提高业务质量和效益,注重诚信建设和社会信誉,培育良好的保险生态,倡导绿色保险消费理念。

保险业的发展离不开良好的社会环境和美好的行业形象。经过若干年的努力,党和国家对保险业的重视程度前所未有,保险业发展的政策环境极大改善。党的十八届五中全会关于"十三五"规划的建议中有 7 处提到保险,国务院连续出台支持保险业发展的文件,社会各界对保险的认可程度前所未有,保险业发展的社会环境极大改善。

外部环境的向好既基于政府和各界对保险业认识程度的提高，更是保险业自身努力的结果。"十三五"期间，保险业将更加努力地苦练内功，走可持续发展的绿色保险之路，以创造更好的外部和内部发展环境。绿色保险的理念，要求保险业更加注重社会影响和社会声誉，更加注重发展的质量和效益，不断提高经营管理和社会服务能力。

树立绿色保险理念，有助于保险业向低投入、低成本、低消耗和高效率、高效益、高质量"三低三高"的发展方式转变，进而实现保险业服务经济社会发展、服务生态环境保护的外部效应，达到消费者利益、保险企业与行业利益和经济社会整体利益的和谐统一。

具体而言，按照保险业"十三五"规划纲要，走可持续发展的绿色保险之路，就是要紧紧围绕党和国家中心工作，大力推进保险业转变发展方式，树立集约经营的绿色发展理念，改变一些保险机构仍然依靠设机构、铺摊子，通过高成本、高投入、高消耗谋求外延式扩张模式的做法，更加注重发展的质量和效益，更多依靠新技术、新产品、新业态，从资产和负债两端推动行业发展，加快具有社会公益性和社会影响力的重点领域保险业务的发展，充分发挥保险的经济助推器和社会稳定器作用，提升保险业的行业形象。

首先，在加快重点领域保险业务的发展方面，"十三五"期间，关系国计民生而社会影响巨大的地震等巨灾保险制度、农业保险制度、信用保证保险制度、养老和医疗保险制度、责任保险制度的建设应为重中之重。以农业保险为例，对于中国这样一个农业大国，农业保险的影响力不言而喻。目前，农业保险被认为是我国所有支农渠道中最有效、最公平的支农方式，且对提升保险业的形象起了很大作用。例如阳光农业相互保险公司，在做好资产和负债管理的同时，仅2015年就利用其334门高炮、248部火箭发射架、28部雷达等构成的防灾减灾系统，在黑龙江省作业714次，消耗炮弹2.58万发、火箭714枚，累计防控面积4000万亩，为当地农业减损增效4亿元以上，几乎将历史上雹灾严重的黑龙江省的雹灾损失降为零，受到了社会的普遍赞誉和当地政府的高度认可，为保险业在黑龙江省的发展创造了良好的社会环境。在"十三五"期间，农业保险仍将以服务国家扶贫开发战略和农业现代化战略为重点,坚定不移地走可持续的绿色保险发展之路。而对农业保险条款进行全面升级,以扩面、提标、增品为核心,提高保障水平和赔付标准、降低保险费率并简化理赔流程,则是保险业"十三五"规划的既定目标。

其次,在转变保险业发展方式方面,市场化改革仍将是一条主线。按照保险业"十三五"规划纲要,在后端实施"偿二代"加强偿付能力和市场行为监管,构建科学的风险评估预警体系,加快推进保单登记管理信息平台建设,打造公平有序、规范经营的市场秩序基础上,放开保险业发展的前端,让保险业充分利用市场机制,发挥市场在资源配置中的决定性作用,解决行业中存在的各种痼疾。继续推进人身保险费率市场化,提高寿险产险产品的市场化定价程度,推进商业车险条款费率管理制度改革,提高车险等保险产品行业费率基准的科学性,优化资金运用监管政策,充分释放保险市场的内生动力和发展活力,展现保险这种古老而现代的金融制度勃勃的绿色生机。

再次,在强化保险业经营管理、增强服务能力、提高业务质量和效益方面,完善公司治理是核心任务,按照保险业"十三五"规划纲要,保险业将进一步完善公司治理监管制度,推进保险公司混合所有制改革,规范股权质押和代持等行为。加快公司治理信息化建设,建立关联交易数据库,完善公司治理问题数据库。开展公司治理综合量化评价,对保险法人机构治理实施分类评级和差异化监管。建立全面覆盖治理架构、运行效果、关联交易、内控内审的公司治理检查监督体系。市场竞争是促使企业贯彻绿色保险发展理念、改进公司管理和提高服务质量最重要的力量,因此,全面深化市场准入退出机制改革,积极发展自保、相互、互联网等新型保险组织,鼓励市场竞争,是促进保险业走可持续发展绿色保险之路的重要手段。

此外,在消费者保护方面,"十三五"期间,保险业将从解决突出问题和建立健全机制两方面入手,不断提升广大消费者对保险业的信心,坚持不懈治理理赔难和销售误导,在制度上规范中介业务的发展,深入推进保险服务评价,深化保险纠纷调处机制建设,加强保险消费者教育和风险提示,切实做好保险消费投诉处理工作。保险业还将利用本身的特点,在与其他产业的关系中占据优势整合资源。比如,中国保险行业协会将在定期发布汽车零整比和维修负担系数的基础上,探索如何联合相关部委打破汽车维修及配件的垄断,推动保护消费者合法权益。

走可持续发展的绿色保险之路,保险业还需要进一步借助新闻媒体的力量,宣传普及保险知识,宣扬绿色保险理念,努力营造保险业发展的大好环境。

作者简介:王国军,男,对外经济贸易大学保险学院教授、博士生导师,院长助理,国家减灾委专家委员会专家;主持国家社会科学基金、国家自然科学基金、教育部留学回国人员科研启动基金资助课题多项,获第十四届中国图书奖和北京市第八届、第十届哲学社会科学优秀成果一等奖,第十二届北京市哲学社会科学优秀成果二等奖,著作26部,在《经济研究》等杂志发表学术论文多篇。

加快保险业"走出去"步伐

王　稳

　　"十三五"时期是我国全面建成小康社会、实现第一个百年奋斗目标的决胜阶段,将为实现第二个百年奋斗目标、实现中华民族伟大复兴的中国梦奠定更加坚实的基础。保险业"走出去"既是中国企业"走出去"的客观要求,也是保险业转型升级的内在需要。加快保险业"走出去"步伐,充分发挥保险业作为市场化风险管理与资金融通机制的独特优势,是贯彻国家建设开放型经济体制,实施"一带一路"战略,开创高水平双向开放新格局的重要举措;是适应经济发展新常态的形势和要求,助力国际产能合作,推动供给侧结构性改革的重要途径;也是提升保险业国际化水平,增强保险行业竞争力的必由之路。

一、加快保险业"走出去"步伐十分必要

　　在国家双向开放的发展战略格局中,保险业"走出去"是其中的重要一环。国家"十三五"规划纲要明确提出,支持保险业"走出去",拓展保险资金境外投资范围。这充分说明了国家对保险业"走出去"的期望和要求,保险业"走出去"十分必要。

(一)国际经济形势变化要求保险业"走出去"

　　国际金融危机冲击和深层次影响在相当长时期依然存在,世界经济在深度调整中曲折复苏、增长乏力。主要经济体走势和宏观政策取向分化,金

融市场动荡不稳,大宗商品价格大幅波动,全球贸易持续低迷,贸易保护主义强化,新兴经济体的困难和风险明显加大。国际投资贸易规则体系加快重构,多边贸易体制受到区域性高标准自由贸易体制挑战。这些变化使得中国企业"走出去"面临的不确定性程度增加,除了汇率风险、信用风险等商业风险外,国家风险问题也日趋严重。而保险机构可以充分发挥自身在风险管理方面的数据与技术优势,向企业提供贸易投资合作国家的国别风险以及行业风险信息,为企业开展跨境合作提供重要决策参考。

(二)国际产能合作和供给侧结构性改革需要保险业"走出去"

国内经济长期向好的基本面没有改变,发展前景依然广阔,但提质增效、转型升级的要求更加紧迫。经济发展进入新常态,向形态更高级、分工更优化、结构更合理阶段演化的趋势更加明显。但发展方式粗放,发展不平衡、不协调、不可持续问题仍然突出,经济增速换挡、结构调整阵痛、动能转换困难相互交织,特别是部分行业产能过剩严重,企业效益下滑,债务水平持续上升,供给侧结构性改革迫在眉睫。而国际产能合作则是供给侧结构性改革的重要方式,而且产能合作的建设运营周期很长,在不同阶段都需要保险工具来保驾护航:在建设期,主要是信用风险管理的问题,官方支持的信用保险机构是当前国际上通用的风险管理手段;在运营期,风险范围进一步扩大,财产风险、人身风险以及责任风险等问题都需要保险产品来支持,商业保险应该发挥应有的作用。

(三)保险业"走出去"是中国实体企业"走出去"的客观要求

根据商务部的数据,2015年中国对外直接投资流量达到1180亿美元,年末对外直接投资存量首次超过万亿美元。同期,中国对外承包工程业务新签合同额达到2100亿美元,在交通运输、电力工程、通信工程三大领域取得突破性进展,累计新签合同额高达921亿美元,占到新签合同总额的四成多。未来10年,在"一带一路"等国家战略的推动下,中国对外直接投资将以更快的速度增长,中国企业国际化经营的规模和地域将进一步扩大。如何既抓住机遇,又有效规避政治和商业风险,是中国企业"走出去"面临的挑战。它们迫切需要国内保险机构提供及时可靠的风险管理和保险保障。中资保险公司"走出去",充分发挥自身优势,通过为我国海外投资企业、员工和华人华侨提供风险保障,服务于海外投资;通过对货物运输、贸易往来、信用风险的保障,服务国际贸易;通过提升在全球再保险市场的话语权,更好服务于国家重点项目和特殊风险的再保险保障。

(四)保险业"走出去"是保险业国际化的内在要求

中国保险业的国际化包括"引进来"和"走出去"两个方面。中国加入世界贸易组织后,保险业"引进来"工作全面展开,但保险业"走出去"的步伐相对较慢。对中国保险业来说,只有"引进来"没有"走出去"的对外开放,还不是真正意义上的开放;对中国保险企业来说,在国内市场称雄算不上真正的强大,只有立足于全球舞台,才能成为真正强大的企业。中资保险公司"走出去",有利于推动对内对外开放相互促进,推动国际国内要素有序自由流动、资源高效配置、市场深度融合,加快培育全行业的国际经济合作竞争新优势,通过参与国际经济合作与竞争,有效拓展全球市场,实现我国保险市场真正融入国际保险市场。

(五)保险业"走出去"有利于增强保险企业的国际竞争力

中资保险公司积极参与国际市场,有助于充分利用国内国外两种资源、两个市场,在全球配置资产和分散风险。一方面,建立全球资产配置平台,提高保险资金运用收益,促进保险行业的全球化发展;另一方面,通过拓展国际市场,扩大收入来源,优化收入结构,有利于实现业务的可持续发展,增加保险企业的核心竞争力。

二、保险业"走出去"已具备坚实基础

中国保险业是国内对外开放程度最高的金融行业。"十二五"期间,保

险业"走出去"的步伐越来越快,不仅在服务中国企业"走出去"和贯彻国家重大战略方面取得很大成效,而且保险业自身的服务贸易和海外投资规模也有了较大增长。统计数据显示,截至2015年年末,保险业境外投资额约360亿美元,折合2000多亿元人民币,占总资产的1.9%;中国人保、中国人寿等多家保险公司在海外设立机构和开展服务;中国出口信用保险公司于2015年实现承保金额4715.1亿美元,同比增长5.8%,成为全球最大的官方支持的出口信用保险机构。

（一）出口信用保险成为国家防风险、稳外贸、促投资的重要政策工具

在国际贸易和投资活动中,利用出口信用保险工具支持本国企业"走出去",是世界贸易组织通行的国际惯例。出口信用保险可以为企业开拓海外市场提供收汇风险保障和融资支持,具有政府投入小、撬动作用大、政策效应明显等独特优势。中国出口信用保险公司(以下简称"中国信保")作为我国唯一的政策性出口信用保险机构,充分发挥了助力中国企业"走出去"的功能。2015年,中国信保的中长期出口信用保险新增承保金额238亿美元,海外投资险承保金额409.4亿美元,短期出口信用保险承保金额3638.8亿美元,向客户支付赔款达14.5亿美元。

为推进国际产能和装备制造合作,加快中国装备企业"走出去"步伐,中国信保对大型成套设备出口融资应保尽保,2015年承保大型成套设备出口222.9亿美元,支持了越南莱州水电站成套设备项目、埃塞俄比亚轻轨配套输变电项目、阿根廷布宜诺斯艾利斯市地铁供货等一批重大项目;同时,发挥风险保障和促进融资的功能,通过企业、信保与银行三方的赔款或应收账款转让融资安排,降低企业融资成本,提高融资效率,2015年全年通过中长期出口信用保险为企业获得银行融资167.1亿美元,为我国装备制造企业开拓海外市场提供了坚实保障。

为了积极扶持和培育小微出口企业,中国信保进一步扩大小微企业覆盖面,积极引导小微企业运用保障更为全面的信用保险产品;不断改进为小

微企业提供的承保、资信、融资、理赔等一揽子服务;充分利用电子化手段服务小微企业,在小微企业"信保易"网络投保平台基础上设计开发了"信保易"移动版,还推出了"信保易"电子保单系统,有效提升了对小微企业的服务效率;积极为跨境电商和外贸综合服务平台等新型业态提供一揽子信用保险服务,使小微企业有效利用新型交易平台开拓国际市场。2015年,中国信保服务承保小微企业39027家,覆盖率达到17.5%,全年实现对小微企业承保金额409亿美元,向小微企业支付赔款1.4亿美元。

此外,商业保险机构通过为中国企业提供承保、理赔等服务,也发挥了支持企业"走出去"的保障作用,与政策性的出口信用保险机构一起,构成保险支持企业"走出去"的服务体系。其中,太平保险的海外保险服务和江泰保险经纪公司的海外保险服务具有鲜明的特色。太平保险作为注册于香港的中资保险机构,具有先天的优势来服务于中国企业;而江泰保险经纪公司则采取了联合国外保险机构的方式,来服务于中国企业"走出去"。这两种不同的经营策略都取得了很好的效果。

作为在香港注册的唯一一家大型保险公司,中国太平保险集团的经营区域已涉及中国内地、港澳、欧洲、大洋洲、东亚及东南亚等多个国家和地区,业务重心横跨上海、香港、新加坡、伦敦、东京等多个国际金融中心。在海外经营实践中,太平保险积累了丰富的跨境经营经验。太平保险的境外机构每年为超千家"走出去"的中资企业提供便捷高效的金融保险服务,助力其走出国门参与全球竞争。服务企业范围涵盖金融、建筑、能源、商贸、交通、通信、旅游酒店、教育等众多领域,险种涉及财产险、工程险、雇赔险、汽车险、货运险、船舶险、责任险、人身意外险、保证险等,累计承担风险总和超过6600亿港元。

在东亚,太平日本是经日本金融主管部门核准的专业损害保险代理机构之一,为中国企业在当地承保,建立起与日本东京海上、三井住友、日本财产日本兴亚三大保险集团的桥梁。在东南亚,太平新加坡凭借专业优质、方便快捷的保险服务,服务的中国企业客户数量不断增加。截至2015年年底,太平新加坡的中资客户超过100家,险种涉及火险、劳工险、建工险、货物运输、船舶险、旅游、履约保证、劳工担保、劳工医疗及人身意外、汽车保险等。太平印尼的工程建设业务稳步增长，不断加强风险查勘队伍建设，业务质量进一步提升。该公司先后为中国企业承建的发电厂、桥梁、高速公路等提供了保险服务，承保项目主要有华电巴厘岛、巴淡岛火力发电项目，哈尔滨电气、上海电气等中资企业承建的火力发电项目和中国交通建设集团承建的棉兰高速项目，中国路桥承建的跨海大桥项目，同时为四川长虹、中国美的、中国海洋油服等驻印度尼西亚企业提供全套保险产品服务。在欧洲，太平英国则充分发挥中国太平保险集团的整体资源优势和中国保险业在伦敦的窗口优势，不断提高承保能力，加大对中资企业的服务力度。

江泰保险经纪公司联合全球优秀的机构伙伴组建了江泰国际合作联盟，为"走出去"的中国企业客户和"引进来"的国外企业客户提供全球保险与风险管理服务。2014年，已在全球30多个国家为能源、装备制造、海外承包工程等行业"走出去"的中国企业提供了服务。

（二）保险业境外投资已具备相当规模，成为推动中国保险自身"走出去"的重要领域

从国外保险机构海外投资的实践来看，中国保险资金境外投资的发展空间十分广阔。保险资金"走出去"，将有助于保险机构在更大范围内配置资产、分散风险、提高收益。

由于中国保险业发展的时间不长，保险资金的投资限制比较严格，出于风险防范的考虑，监管机构最初对保险公司海外投资持谨慎态度。保险资金"走出去"的尝试，最早是2007年平安投资富通集团。2007年7月，中国保监会发布《保险资金境外投资管理办法》（以下简称《办法》），明确保险机构可以用自有资金和购汇开展境外投资，投资比例扩大至上年末总资产的15%，但具体投资市场和品种由实施细则明确。《办法》发布后，2008年国际金融危机全面爆发，境外资产价格大幅下挫，平安的境外投资由于次贷危机的影响而损失惨重。受上述因素影响，为规避风险，中国保监会对境外投资采取审慎态度，暂缓出台《办法》的实施细则，各保险公司对境外投资

也持观望态度。此后几年,再无海外投资的案例。

保险资金真正成规模"走出去"始于 2012 年。为优化保险资产配置,充分利用境内境外两个市场和资源,中国保监会顺应金融改革创新需要,于2012 年发布了《保险资金境外投资管理办法实施细则》,将保险资金境外可投资市场拓展至 45 个国家和地区,其中发达市场 25 个、新兴市场 20 个,可投资品种拓宽至货币市场类、固定收益类、权益类以及不动产等品种,涵盖公开市场的股票、债券、基金等,以及非公开市场的股权、股权投资基金和不动产等。2013 年,保险公司获准对外投资金额从 1 亿美元提升至 10 亿美元,基本解决了投资额度的问题。2014 年,商务部取消了大多数针对对外投资的审批程序,减少了保险资金海外投资的审批流程和时间。2014 年 8月,国务院正式发布《关于加快发展现代保险服务业的若干意见》,明确表达了支持保险公司"走出去"的态度。中国保监会也发布了《关于调整保险资金境外投资有关政策的通知》,将保险资产管理机构受托投资范围扩至45 个国家或金融市场。

在监管政策导向下,中国平安、中国人寿、安邦保险等保险公司开始积极拓展海外市场特别是不动产市场。典型的案例包括:2013 年,中国平安以2.6 亿英镑买下伦敦地标建筑伦敦劳合社大楼,此举被视为拉开保险公司新一轮海外投资的序幕;2014 年 6 月,中国人寿购得伦敦金丝雀码头Upper Bank Street 大楼;2014 年 10 月,安邦保险以19.5 亿美元的价格收购了美国极具盛名的地标建筑物——纽约华尔道夫酒店大楼;2014 年 11 月,阳光保险以4.63 亿澳元的价格收购悉尼喜来登公园酒店,并与喜达屋酒店及度假酒店国际集团建立了长期战略合作伙伴关系;2015 年,阳光保险以2.3 亿美元收购纽约水晶宫旗舰店;2015 年,安邦保险买下伦敦 Heron 大厦和纽约曼哈顿美林金融中心,成交价分别为11.7 亿美元和4.1 亿美元;2016年 3 月,安邦保险以 65 亿美元价格,向美国私募基金巨头黑石集团购入奢侈酒店 Strategic Hotels & Resorts。

除了在海外市场购买不动产外,保险资金"走出去"的另一种方式则是通过股权收购并购境外金融资产。典型案例是安邦保险的一系列并购:

2014年，在比利时先后买下百年保险公司 FIDEA（2.2亿欧元）和德尔塔·劳埃德银行（2.12亿欧元）；2015年，先后收购荷兰 VI-VAT 保险公司100%股权（1.5亿欧元）、韩国东洋人寿57.5%的控股权（63亿元人民币）和美国信保人寿（104亿元人民币）；2016年，斥资300多万美金收购韩国安联人寿和韩国安联资产管理公司，加快在韩国的战略布局。

此外，中国保险投资基金的海外投资正欲扬帆启航。2015年6月24日，国务院第96次常务会议审议通过《中国保险投资基金设立方案》，要求按照市场化、专业化运作和商业可持续原则，组建中国保险投资基金，以金融创新更好地服务实体经济。2015年12月，中保投资有限责任公司依据国务院批复的《中国保险投资基金设立方案》正式成立。该公司注册在上海自贸区，注册资本金12亿元人民币，由27家保险公司、15家保险资产管理公司以及4家社会资本共46家股东单位出资设立。目前，中保投资公司已顺利发行中国保险投资基金（一期），基金规模达400亿元人民币，开局良好。中国保险投资基金（一期）直接投资境外项目，支持招商局轮船股份有限公司进一步通过收购和绿地建设方式，在亚洲（斯里兰卡科伦坡港）、欧洲（土耳其昆波特码头）和非洲（吉布提国际自由港）投资建设港口项目；通过增资中国液化天然气运输项目（简称"LNG"）对接俄罗斯亚马尔 LNG 运输项目，加大中国及"一带一路"沿线国家的能源保障，支持国家能源储备计划以及国油国运政策。同时，中保投资公司已签署投资框架合同的项目金额超过1000亿元人民币，初步达成投资意向的项目金额接近2000亿元人民币，项目类型包括具有国家战略意义的跨国公司国际并购项目，以大数据、云计算、物联网为主要内容的战略性新兴产业投资项目等。

（三）中国保险机构"走出去"迈出实质性步伐

2011年，中再集团加入劳合社，开始从事海外分保业务；2014年9月23日，中再集团设立常规辛迪加的申请获得劳合社批准，标志着中再集团在劳合社拥有了独立的经营席位。这不仅意味着中再集团的国际化经营与海外布局取得了突破性进展,也是中国再保险"走出去"的标志性事件。

至于原保险市场,中国保险公司在海外设立的机构主要集中在香港特别行政区,在其他地区设立实体分支机构、子公司的还很少。2014年12月16日,中国保监会批复同意国寿(海外)在新加坡设立一家寿险子公司——中国人寿保险(新加坡)有限公司,注册资本金为1亿美元,这是新中国成立65年来寿险业首次真正意义上走出国门;2015年6月,太平保险与美国史带集团在美国成立太平史带控股有限公司,下设一家保险总代理公司和一家保险公司,标志着我国保险公司实质性进入美国保险市场。

据统计,目前在海外设立的保险机构与保险资产管理公司大概有31家,其中境外投资的专业子公司有12家。总体看来,保险公司的海外机构数量上还比较少,而且成立的时间相对较短,在当地保险市场的竞争力相对欠缺。

三、加快保险业"走出去"的思路和建议

目前,中国保险业"走出去"存在两个突出现象:一是因为国内市场的饱和度比较低,市场空间还比较大,保险企业"走出去"的迫切性不强;二是保险企业出海需要对当地市场监管、政策、法律、文化等各个方面有一个适应、融入的过程,对我国的保险公司而言,这些成本还是比较高的。但是,从构建新时期对外开放的新格局和"一带一路"战略的实施来看,我国保险业"走出去"的步伐还需要加快。这就需要保险业明确思路,采取有力措施加速推进。

保险业"十三五"规划纲要明确提出,保险业要扩大开放,融入全球,以开放促改革、促发展、促创新,不断丰富对外开放内涵,提升对内对外开放水平,引入先进经营管理理念和技术,综合运用国际国内两个市场、两种资源,重视国内外保险市场联动效应,更加积极主动融入全球发展。为了实现保险业"走出去"的目标,提出以下对策建议。

（一）保险业要进一步学习和贯彻"新国十条"和保险业"十三五"规划纲要精神，加快"走出去"步伐

国务院于2014年8月印发的"新国十条"明确了保险业深化改革的主攻方向，其中重点提出了对外开放的主要任务，包括鼓励中资保险公司"走出去"，为我国海外企业提供风险保障，通过国际资本市场筹集资金，努力扩大保险服务出口。保险行业要根据党中央和国务院关于实施"走出去"战略的总体要求，积极拓展海外投资和业务经营，探索国际化发展道路。

（二）加强保险业宏观审慎监管能力，构建有效的"走出去"监管体系

全面正确履行监管机构相关职能，防范系统性风险；加强对国际保险监管规则的学习和研究，积极参与国际保险监管合作，扩大保险监管的国际交流范围，加大与欧洲、美国、亚洲各监管机构和国际保险监督官协会（IAIS）的交流力度，推动其他国家保险监管体系与"偿二代"的等效评估，积极参与国际金融监管规则制定，提升我国的话语权和影响力，为保险业"走出去"争取良好的外部环境。

（三）积极推动国内保险公司设立境外机构

鼓励保险企业积极拓展投资方式，通过多种方式，加大对服务品牌、营销网络等的兼并、收购、整合，提升国际市场开拓能力；支持境内保险机构在境外建立分支机构和服务网络，为中国企业境外投资提供更加便捷、优质的保险服务。可以先从资本实力雄厚、境外业务有一定规模且有经营管理经验的保险公司做起，在"一带一路"沿线的重点区域设立分支机构，为所在地投资项目、建设工程和相关人员提供保险保障。

（四）加大保险业服务实体企业"走出去"的力度和深度

一是充分发挥中国信保的独特作用，积极探索新的业务模式，配合投资

和建设项目,大力开展国家风险和买方风险的承保业务,提升出口信用保险对自主品牌、自主知识产权、战略性新兴产业的支持力度,加快发展境外投资保险,发挥出口信用保险为企业"走出去"保驾护航的政策性支持作用。二是发挥商业保险公司的作用,除了为国内外大型企业和重点工程提供大宗风险保障,保险行业还要创新推出科技保险、专利保险、首台(套)重大技术装备保险和企业贷款保证保险等服务举措,为中国实体企业"走出去"提供全面保险保障服务。三是积极发展航运保险,促进保险业在更高层次上参与保险资源的全球配置,增强国内保险业的全球辐射能力和影响力,推动航运金融创新乃至整个金融市场的创新,拓展保险业服务实体企业"走出去"的深度和广度。

(五)大力发展再保险,建设区域性再保险中心

再保险是保险市场国际化程度最高的部分,也是目前我国保险业参与全球保险市场程度最深的业务种类。大力发展再保险,有利于为我国海外企业以及周边国家和地区的保险机构提供再保险服务,突破本土保险市场地域的限制;建设区域性再保险中心,可以增强我国再保险市场的市场主体和承保能力,引入国际先进的再保险技术和服务,加强我国在全球再保险市场的定价权、话语权,从而更好地服务于中国企业"走出去"。

作者简介:王稳,男,对外经济贸易大学保险学院创始院长(2005—2013年),教授、博士生导师;中国出口信用保险公司学术委员会秘书长、研究中心创始主任(2013年至今)、博士后工作站负责人,教育部保险专业硕士教学指导委员会委员(2010—2016年);出版著作多部,承担国家重大课题多项,发表论文上百篇;获得北京市教育创新标兵、保险业优秀学术成果奖等多项奖励。

完善现代保险市场体系

王绪瑾

保险是市场经济的基础性制度和风险管理的基本手段,是社会发展的稳定器、经济增长的助推器,是社会文明进步、经济发达程度、社会治理能力的重要标志。一个经济强国,必然有一个发达的保险市场做后盾;而一个发达的保险市场,必然有一个与之相适应的现代保险市场体系。

一、我国保险市场体系建设取得积极进展

"十二五"期间,我国保险业坚定不移地推进深化各项改革,保险业配置资源和服务实体经济的能力大幅提升,基本建立了与社会主义市场经济相适应的保险市场体系。这体现在:一是市场主体日趋多样化。2015 年年底,我国保险市场共有保险法人机构 199 家,综合性、专业性、区域性和集团化保险机构齐头并进,自保、相互、互联网等新型主体创新发展,统一开放、协调发展、充满活力的现代保险市场体系基本形成。二是区域、城乡保险市场协调发展,与农村市场相适应的保险服务体系基本形成,保险法人机构基本实现各省区市全覆盖,中西部地区保险市场加快发展。三是保险市场活力逐步释放,全面实施寿险产品费率市场化改革,稳步推进商业车险条款费率管理制度改革,市场配置资源的决定性作用得到有效发挥。同时,保险资金运用体制改革深入推进,保险资金运用渠道逐步放开,保险资金配置多元化格局初步形成,资金运用效率明显提升。

但也要看到,与国际发达保险市场相比,我国保险市场体系还处于初级阶段,与经济社会发展对保险业的需求还存在较大差距,无法满足新时期国家对现代保险服务业发展的新定位和新期盼。"新国十条"明确提出,要加快发展与我国经济社会发展需求相适应的现代保险服务业,努力由保险大国向保险强国转变,把现代保险服务业发展成为完善金融体系的支柱力量、改善民生保障的有力支撑、创新社会管理的有效机制、促进经济提质增效升级的高效引擎和转变政府职能的重要抓手。保险业"十三五"规划纲要提出,要建设有市场竞争力、富有创造力和充满活力的现代保险服务业。这些都对"十三五"期间,全面深化保险业改革开放、加快完善现代保险市场体系提出了新要求。

二、现代保险市场体系的衡量标准

狭义的保险市场是指保险商品交换的场所,广义的保险市场则是指保险交换关系的总和。保险市场体系,则是由相互联系、相互制约的各种类型的保险市场构成的整体。保险市场体系可以按不同的标准分类,一般分类有:按保险业务承保的程序,分为原保险市场和再保险市场;按保险业务性质不同,分为寿险市场和非寿险市场;按保险业务活动的空间不同,分为国内业务市场和国际保险市场,国内业务市场按经营区域范围又可分为全国性保险市场和区域性保险市场;按保险市场的竞争程度不同,分为垄断型保险市场、自由竞争型保险市场、垄断竞争型保险市场。

保险市场一般由保险市场主体、保险商品和保险价格三个要素构成。市场主体一般由投保人、保险人和保险中介人三方构成。投保人是保险需求者,是保险商品的买者;保险人是保险供给者,是保险商品的卖者;保险中介人是为保险商品的交易提供中介服务的人,主要包括保险代理人、保险经纪人和保险公估人。要完善现代保险市场体系,就要从丰富保险市场主体和创新产品供给入手,培育大量充满活力的保险机构和保险产品,使保险成为政府、企业、居民风险管理和财富管理的基本手段,成为政府改进公共服务、加强社会治理的有效工具。具体来说，一个现代的保险市场体系，应该具有四方面特征。

（一）多元化、多层次的保险市场组织体系

一个现代的保险市场体系，应该更具竞争性和包容性，具有多样化、多层次的保险市场组织体系。

一是组织形式多样化。发达保险市场的保险公司组织形式，包括股份保险公司、相互保险公司、保险合作社、自保公司等。而目前，我国以股份保险公司为主，自保公司、相互保险公司等尚处于试点起步阶段，保险合作社还没有取得实质性进展。

二是业务布局多层化。我国大部分保险公司的主营业务均为产险或人身险全领域，专业化经营的保险公司不多。在发达保险市场，专业化经营的汽车保险公司、责任保险公司、火灾保险公司、健康保险公司等是主流。虽然当前我国保险市场主体已经超过 200 家，但与美国超过 8000 家的保险市场主体相距甚远。根本原因在于美国保险市场的专业化经营和差异化经营，小型保险公司在很多业务领域具有大型保险公司无法比拟的专业优势，大型保险公司与中小保险公司错位发展、互利共赢。

（二）公平竞争的市场环境

竞争是市场经济的基本规律，是加快发展、实现市场繁荣最有效的手段。改革向前凸显市场的作用和取向，使市场在资源配置中起决定性作用，首先在于营造公平竞争的市场环境。公平竞争的市场秩序，是市场经济健康发展的基础；维护公平竞争的市场秩序，是完善社会主义市场经济体制的重要任务。党的十八届三中全会明确提出："建设统一开放、竞争有序的市场体系，是使市场在资源配置中起决定性作用的基础。必须加快形成企业自主经营、公平竞争，消费者自由选择、自主消费，商品和要素自由流动、平等交换的现代市场体系，着力清除市场壁垒，提高资源配置效率和公平性。"这为营造公平竞争的市场环境指明了方向，是优化市场环境、切实发挥市场在资源配置中决定性作用的行动纲领。

具体到保险业,公平竞争的市场环境是现代保险体系的重要目标,也是目前我国完善现代保险市场体系的重要任务。公平竞争的市场环境,能够使不同类型、不同规模、不同性质的保险公司在同一平台、统一的市场规则和相关的法律制度上开展公平竞争,形成倒逼机制,推动保险公司主动改进技术、提升服务水平,为保险消费者提供更加优质便捷的保险服务,进而推动整个保险行业的良性发展。

(三)丰富的保险产品供给

保险消费者是保险业生存和发展的基石。全方位服务好保险消费者,满足好保险消费者多样化、个性化的保险需求,是加快发展现代保险业的出发点和落脚点。保险产品是一种无形商品,它提供给保险消费者的是关于未来所存在风险的一种经济补偿承诺。保险的价值在于能够把保险消费者的不确定风险,变为确定性成本和可预期收益。因此,能否为保险消费者提供所需的保险产品,是衡量现代保险市场体系的重要指标。

近年来,随着居民财富的增长、人口结构的变化,保险需求日益旺盛。从我国消费者的需求发展历程看,过去我国消费具有明显的模仿型排浪式特征,现在模仿型排浪式消费阶段基本结束,个性化、多样化消费渐成主流。这一消费模式转变也同样适用于保险领域。随着社会风险因素、经济因素、制度因素与文化因素的不断多元化,保险消费者对保险产品和服务的体验标准、感受要求也将更加丰富多样。

当前,我国保险产品同质化现象还比较严重,尚未形成差异化的竞争格局,与经济社会发展的要求和保险消费者的期望相比,还有较大差距。"新国十条"提出:"支持保险公司积极运用网络、云计算、大数据、移动互联网等新技术促进保险业销售渠道和服务模式创新。大力推进条款通俗化和服务标准化,鼓励保险公司提供个性化、定制化产品服务,减少同质低效竞争。"这为保险公司破解产品同质化指明了方向。完善现代的保险体系,就是要求保险公司以保险消费者为中心,以保险消费者需求为导向,积极利用大数据、云计算、移动互联网、大健康、大养老、移动医疗、基因保险等技术，破解保险产品同质化问题，推动保险产品服务的创新，以解决消费者日益趋涨的多样化、个性化保险需求和市场上保险产品供给单一之间的矛盾。

（四）保险市场运行高效而富有活力

党的十八届三中全会提出一个新的重大理论论断——使市场在资源配置中起决定性的作用。市场配置资源是最有效的方式，市场经济的本质就是市场决定资源配置。市场机制发挥作用的载体是市场体系，现代市场体系是使市场在资源配置中发挥决定性作用的基础。因此，市场经济运行的高效与活力是检验现代市场体系的重要考量。

具体到保险业，保险市场运行高效而富有活力也是现代保险市场体系的重要内涵。保险市场运行高效，代表了我国保险市场的市场化水平，体现了保险市场资源配置的效率和效益。保险市场的活力，体现了保险主体的竞争程度和创造力，是保险业持续快速发展的基础。"新国十条"和保险业"十三五"规划纲要都明确指出，要"建设有市场竞争力、富有创造力和充满活力的现代保险服务业"。

三、完善现代保险市场体系的政策建议

保险业"十三五"规划纲要提出，要深化准入机制改革，推动市场主体层次、业务结构和区域布局优化升级，统筹培育与实体经济发展和金融改革创新相适应的现代保险市场体系。因而，"十三五"期间，保险业应重点从填空白、补短板、添活力、建制度等方面入手，通过建立公开、透明、规范的市场准入机制，广泛吸引劳动、知识、技术、管理和资本等各类社会资源参与到保险业中来，搭建主体丰富、形式多元、层次错位、布局合理的保险市场体系，着力激发各类市场主体发展新活力，来活跃市场竞争，扩大市场容量。

第一，填空白，推动保险市场主体区域布局优化升级。

经多年发展，我国保险市场体系已经初步形成了多样化的市场格局，但由于我国经济发展不平衡，区域保险市场存在明显差异和不平衡状态，保险机构规模和地域集中度仍然偏高，中西部保险法人机构数量较少，保险服务网点对经济欠发达地区的覆盖还不够。"十三五"期间，应结合各地区保险机构设立情况和国家"一带一路"、自贸区建设等有关发展战略，支持设立区域性保险公司，引导保险公司在区域市场精细化经营，提供适合区域发展的专业化、有特色的保险服务，更好地满足不同区域经济的保险需求。鼓励现有保险机构合理布局乡镇和贫困地区服务网点，加大服务资源投入，有效延伸服务半径，为广大经济欠发达地区保险消费者提供更加便捷的保险服务，支持当地实体经济发展。

第二，补短板，大力发展再保险市场和保险中介市场。

一是要建立健全再保险市场体系。一个发达的原保险市场必有一个成熟的再保险市场做后盾，因为再保险是原保险公司加强风险管理、提高保险市场承保能力和承保技术水平的重要途径，也是保险产品科学定价的重要依据。发展再保险市场对于完善保险市场功能、推动我国保险市场乃至整个金融市场发展都具有重要的意义。当前，我国再保险市场尚不健全，存在再保险市场主体不够、业务大量外流、国际定价权和话语权不强等问题。"十三五"期间，应加快建立健全再保险市场体系，适度增加再保险市场主体，完善再保险中介服务。同时，立足上海国际金融中心和上海保险交易所的平台、政策优势，将上海发展成为区域再保险中心，促进再保险人才、技术等资源要素汇集，提升我国在全球再保险市场的定价权和话语权。

二是要大力发展保险中介市场。保险中介市场是保险业中一个重要环节，是保险交易活动的重要桥梁和纽带，有利于降低保险经营成本、进一步提高保险服务质量、扩大保险业务规模。保险中介市场成熟与否，是一个国家保险业发达程度的一个重要标志。我国保险中介市场经过多年发展，已经成为保险市场重要组成部分，在销售保险产品、改进保险服务、提高市场效率、普及保险知识等方面发挥了重要作用，促进了保险市场的健康快速发展。但总体看，我国保险中介市场尚处于发展的初级阶段，存在人才短缺、技术薄弱、经营管理特色不突出以及专业化优势不明显等问题，与加快发展现代保险服务业的要求还存在一定差距。因此，"十三五"期间，应立足发展多层次、多成分、多形式的保险中介服务体系，积极培育和支持具有专业特色和国际竞争力的中介机构发展。支持发展小微型、社区化和门店化经营的区域性专业代理机构，为保险消费者提供就近保险服务。开展独立个人代理人试点，探索鼓励现有优秀个人代理人自主创业、独立发展，建设自主创业创新的独立个人代理人群体。

第三，添活力，支持发展专业性保险机构和自保、相互、互联网等新型保险组织。

一是大力发展专业性保险机构。当前，我国保险市场存在有效供给与有效需求不足双重问题，一个重要原因是保险公司的同质化发展无法满足消费者多样化的保险需求。当前，实体经济与金融的互动关系正在发生深刻变化，需要保险业有效对接和满足这些需求，提供更加专业优质的产品和服务。设立更有针对性、技术能力更强的专业保险公司，是满足消费者专业领域保险需求的有益途径，既可以避免保险机构同质化竞争，又可以通过引入特色保险公司，扩大保险市场的有效供应。在美国，有一家叫作哈特福德的特殊保险公司，专门从事锅炉保险。经过上百年的发展，这家保险公司将锅炉保险做成了一条产业链；更通过制定锅炉标准，有效降低了锅炉行业风险，成为锅炉行业公认的安全标准。近年来，保险监管机构大力支持设立专业性保险公司，批设了养老、健康、责任、汽车和农业等专业保险机构，取得了积极成效。"十三五"期间，应立足各领域对保险的专业性需求，大力发展科技、养老、健康、汽车、信用保证等专业领域的保险公司，为经济社会发展提供更加专业、更具针对性的保险服务。

二是大力发展相互、自保等新型保险组织。从国际经验看，一个成熟的保险市场呈商业保险、相互保险、专业自保三大保险品种"三足鼎立"的模式。在相互保险公司方面，相互保险组织是一类具有互助合作性质的、特殊的保险组织形式。相对于普通的商业保险公司而言，相互保险公司能有效化解股东与投保人、被保险人之间的利益冲突,更为有效地集中和管控风险,防止投保人的逆选择行为和道德风险。根据国际相互合作保险组织联盟统计,2013 年,全球相互保险保费收入达1.23 万亿美元,占全球保险市场的26.7%,覆盖人群8.25 亿人,相互保险组织总资产超过7.8 万亿美元。在自保公司方面,与传统商业保险相比,自保公司具有降低母公司的保险成本、减少信息不对称、拓宽承保范围、带来现金流优势、节约税收、防止道德风险以及加强企业的防灾防损等优势。设立自保公司,已经成为大型企业开展风险管理和控制的必然趋势和普遍做法。全球自保公司从 2006 年的4951 家增长至 2013 年的 6342 家,每年增长 200 家左右。目前,全球自保公司承保的年保费超过了 500 亿美元,拥有资本 1500 亿美元。有数据显示,在自保公司最发达的美国,500 家最大的公司中拥有自保公司的占 90%;英国 200 家最大公司中设立自保公司的,也占到了 80%。当前,我国经济社会和保险业都处于转型发展的新时期,促进相互保险公司、自保公司等新型保险组织发展具有较强的现实意义:一方面能够推动保险行业供给侧结构性改革,满足不同企业和不同人群的个性化、多层次保险需求,提高保险服务实体经济发展和社会管理创新等方面的参与度;另一方面,通过发挥相互保险公司、自保公司的供给特点,可以满足不同层次的保险需求,是贯彻落实党的十八届五中全会提出的共享发展理念的重要举措,真正实现"保险让生活更美好";此外,也有助于提高保险业的社会认知度。

因此,"十三五"期间,保险业应结合我国国情、借鉴国际经验,立足不同业务的发展特点,大力发展相互保险组织和自保组织,加大对特殊风险领域和中小微企业、科技创新企业等新兴市场主体以及"三农"领域等薄弱环节的保险服务力度,满足经济社会发展对保险业的需求。

此外,近年来以互联网为代表的信息技术日新月异,引领了社会生产新变革,创造了生活新空间,拓展了行业发展新领域。"十三五"期间,保险业应主动适应并运用互联网技术优势,充分发挥互联网保险在发展普惠金融、服务经济社会方面的优势,深入推进专业互联网保险公司试点。

第四,建制度,搭建市场化的保险市场准入机制和退出机制。

　　建立一个有进有出、优胜劣汰的保险市场准入和退出机制,是维护保险市场高效运行的前提。目前,我国的保险市场准入和退出机制还很不健全,主要表现在:绝大部分新设公司是全国性牌照;部分新公司只是对原有市场主体的简单复制;退出机制缺位,存在差而不倒、乱而不倒的现象,无法实现市场的优胜劣汰。根据保险业"十三五"规划纲要,建立保险市场准入和退出机制总的思路是:坚持市场化导向,突出专业化特色,正确把握发展与监管、监管与服务、维护投资者热情与保护消费者利益等重大关系,统筹规划市场准入和市场体系培育,完善市场退出和风险处置的制度机制,改变以往保险机构"野蛮生长""有生无死"的状况,为市场机制发挥作用创造条件。在市场准入方面,要着重填空白、补短板和添活力,支持区域性和专业性保险机构发展,大力发展相互保险公司和自保公司等新型组织形式。在市场退出方面,保险市场退出机制是保险市场有序竞争、保持活力的有效保证。保险业"十三五"规划纲要明确提出,深化退出机制改革,建立法律和市场手段为主、行政手段为辅的,具有刚性约束的多层次市场退出机制。因而,保险监管机构应加快制定市场退出的监管规定,充分运用整顿、接管、解散、撤销、破产等市场退出方式,建立针对股东、业务、人员、分支机构和法人机构的多层次、多渠道退出机制,通过市场的优胜劣汰机制,提升保险市场的发展活力和竞争力。

　　在完善现代保险市场体系的同时,保险监管机构应对专业性保险公司、相互保险公司、自保公司、互联网保险公司等机构实施差异化的监管政策,支持其专注特定领域,提供专业的保险服务。同时,加快完善保险市场运行机制,深入推进费率形成机制改革和资金运用市场化改革,推动价值规律、供求规律、竞争规律在保险市场充分发挥作用,打造统一开放、公平竞争的现代保险市场体系。

　　作者简介:王绪瑾,男,北京工商大学风险管理与保险学系主任、保险研究中心主任,教授;兼任教育部高等学校金融学专业教学指导委员会委员、中国保险学会常务理事、北京保险学会副会长、北京仲裁委员会仲裁员;主编的《保险学》和《财产保险》均为北京高校精品教材,分别为普通高等教育"十二五""十一五"规划教材;参与中国保险业"十五"规划课题研究,负责中国保险业"十一五"规划"财产保险市场"、"十二五"规划"保险监管"等多项课题研究。

促进互联网保险健康发展

陈秉正

20世纪末开始的信息技术革命拉开了互联网浪潮的大幕。随着互联网应用的迅速普及,互联网已经进入了人们生活的方方面面,深刻改变着人们的生产和生活方式。一个接一个的互联网奇迹,让人们不得不正视这场已经发生并且还在持续演进的互联网革命。

如今,这场革命已经不可避免地波及了保险业。近年来特别是2014年以来,互联网保险开始迅速引起人们的关注。越来越多的保险企业包括保险公司和中介机构,开始通过互联网提供保险产品的咨询、销售甚至承保和理赔服务等。一些互联网企业也开始在自建的电子商务平台上引入保险产品的销售,甚至还推出了自己的互联网保险产品,通过网络来进行销售。

面对快速发展的互联网及其向保险业的渗透,2014年8月国务院发布的《关于加快发展现代保险服务业的若干意见》("新国十条")明确提出,要鼓励保险产品服务创新,"支持保险公司积极运用网络、云计算、大数据、移动互联网等新技术促进保险业销售渠道和服务模式创新"。中国保监会也对迅速发展中的互联网保险作出了反应,于2015年7月发布了《互联网保险业务监管暂行办法》。

互联网保险的快速发展给我们提出了一系列亟待研究回答的问题:应该如何界定互联网保险?它和传统保险到底有什么不同?互联网的出现会不会对传统保险业形成颠覆性冲击?传统保险业应该如何看待并适应互联

网带来的巨大影响和改变？互联网会给传统保险业带来哪些重要影响，从而引发未来保险业的变革？

一、互联网精神与互联网保险

要想理解什么是互联网保险，首先需要理解什么是互联网精神。我们认为，互联网的基本精神可以表述为：开放、平等、协作、分享。

开放精神决定了互联网在物理时空上没有任何限制，既没有时间限制，也没有空间限制，在思维空间上也没有任何束缚。通过互联网，我们无时无刻不在进行着信息的传播。信息的流动与思维的碰撞极大地丰富了人们的知识，加快了社会进步的步伐。平等精神决定了在互联网扁平化的结构网络中，每一个节点、每一位用户都是平等的存在。去除了传统社会中的各种标签，每一个体都能够平等地参与到互联网活动中来，各取所需。协作精神决定了每一位用户都是互联网网络中的一个神经元，既获取信息，也贡献信息。互联网的出现完全改变了传统的信息传播和流动方式，任何用户都是信息的接受者，同时也是信息的传播者。分享精神是互联网不断发展的原动力。虽然技术进步造就了互联网的大规模使用，但这只是表象，开放、分享的精神才是互联网发展到今天的根本原因。纵观互联网发展历史上每一次重大创新，无一不是由普通人基于自身需求所提出并最终通过技术手段得以实现的。正是互联网的开放和每一位用户不断的分享，才成就了互联网时代今天的辉煌。

基于对互联网精神的理解，就不难理解什么是互联网保险了。我们认为，互联网保险即是基于互联网精神的保险，它绝不仅仅是互联网技术在保险经营活动中的简单应用，更不是保险与互联网谁主谁次之争。基于互联网精神、依靠互联网平台和技术开展的保险活动，即是互联网保险。中国保监会2015年7月发布的《互联网保险业务监管暂行办法》，从保险机构的角度将互联网保险业务规定为："保险机构依托互联网和移动通信等技术，通过自营网络平台、第三方网络平台等订立保险合同、提供保险服务的业务。"

事实上，"互联网+"的领域在不断创新和拓展，我们今天还很难并且也没有必要给互联网保险下一个严格的定义。重要的是要不断加深对互联网保险精神和内涵的理解，借助互联网实现保险业务的全面创新。

互联网保险的开放精神体现为保险服务的门槛将会大幅度降低，保险机构会更加多元化，保险产品将极大丰富，市场竞争将进一步加剧，保险客户数目会迅速增长，消费者选择会更加充分自由。互联网保险的平等精神体现为保险市场中的信息不对称性会显著下降，被保险人与保险人的地位将趋于平等，消费者可以通过对保险产品和服务的自由选择倒逼保险人的改革和创新。这种开放和平等，使得人人都有机会以合理的价格获取保险产品和服务。互联网保险的协作精神既体现为保险机构之间的相互协作，也包括保险机构与消费者之间的相互协作，以及消费者之间的相互协作。通过协作，达到提升保险机构服务水平、改进保险产品设计、促进保险交易达成的目的。互联网保险的分享精神，体现为所有有关用户的评价、信用记录、经验数据等方面的信息都可以充分随时共享。

二、互联网保险在中国的发展

（一）互联网保险的发展规模

近年来，我国的互联网保险业务取得了快速发展。2014 年，互联网保险业务收入为 858.9 亿元，比 2011 年提升了 26 倍，成为拉动保费增长的重要因素之一。其中，财产保险公司的互联网业务累计保费收入 505.7 亿元，同比增长 114%；人身保险公司的互联网业务实现保费收入 353.2 亿元，同比增长 5.5 倍，3 年间年均增长率达到 225%。互联网保险市场经营主体也由 2011 年的 28 家增至 85 家，超过我国现有产、寿险公司机构数量的一半。2015 年，互联网保险继续呈现快速增长之势，仅上半年互联网保险的保费收入就达到了 816 亿元，是 2014 年同期的 2.6 倍，与 2014 年互联网保险全年总保费水平接近，占行业总保费的比例上升至 4.7%，对全行业保费增长的贡献率达到 14%，继续成为拉动保费增长的重要驱动力。

（二）互联网保险的主要运作模式

目前,我国互联网保险的业务模式主要包括:保险公司自建的网销平台、保险专业中介机构建立的第三方平台、互联网企业建立的第三方平台、专业互联网保险公司等。

1. 保险公司自建的网销平台

中国保险企业对互联网保险的认识,正经历着初期将互联网视为新销售渠道,逐步转变为将互联网与保险经营深度融合、产生化学反应的阶段。

目前,我国的保险公司大都建立了自己的官方网站,通过其进行保险咨询、产品介绍、产品购买、保险报案和理赔等业务。根据中国保险行业协会公布的数据,截至 2014 年年底,共有 85 家保险公司开展了互联网保险业务,其中 69 家拥有官网渠道。通过对 61 家人身保险公司的调查发现,我国人身保险公司基本都建立了自己的官方网站,并在网站上提供产品条款的查询与下载、营业网点查询及保险知识普及等基本服务。但是,各家保险公司的网站在提供进一步具有差异化、针对性的增值服务方面,差别非常大。比如,就保险需求测试这个功能来看,该功能对于抓住进入保险公司官网平台的客户、激发其潜在购买需求具有非常重要的作用。但在 61 家人身保险公司的网站中,仅有 12 家人身保险公司在网站的显著位置具备此功能。我们进一步发现,在人身保险公司的官网上可以提供网上保险购买服务的只有 30 家左右。

整体来看,我国大部分保险公司还没有将官网平台作为发展互联网保险业务的主要渠道,仅仅是发挥宣传、介绍、咨询等方面的作用;少部分保险公司的网站可以实现更多的一些功能,如产品的销售、报案和理赔等。

2. 保险专业中介机构建立的第三方平台

从事保险网销业务的另一类企业是保险专业中介机构。根据中国保监会网站公示的备案信息,目前我国从事互联网业务的保险专业中介机构已达到 117 家。依据这些机构建立的网站的功能定位和建设情况,可将其分为保险综合商城、细分市场保险商城、基于第三方平台搭售保险等类型。

保险综合商城是指具有在线投保功能,且保险种类涵盖了传统寿险、理财保险、意外保险、健康保险、家财保险、车辆保险、旅游保险、企业保险等，同时，在售的保险产品数目达到一定规模的网站。这些网站已经具备了面向消费者提供多品种、全方位保险服务的基础。细分市场保险商城是指自身定位明确界定为针对某一细分领域，并开展相关网络销售业务的网站，例如一些专门从事货运保险或旅游保险、针对都市白领的网站。基于第三方平台搭售保险是指没有自己独立的网销平台、完全基于第三方平台的网销实体，包括在各大机票预订平台销售航空意外险、在各大在线旅游预订网站搭售旅游保险的保险专业中介机构等。

3. 互联网企业建立的第三方平台

除了传统意义上的保险企业积极参与互联网保险外，助推互联网保险发展的另一支力量来自保险业之外的一些行业，特别是那些极具创新精神的互联网企业。目前，开展互联网保险业务的互联网企业主要有两类：一类是电子商务领域的 B2C 企业，另一类是互联网门户资讯网站企业。B2C 企业中，主要有阿里巴巴旗下淘宝网的淘宝保险频道、京东商城的保险频道和苏宁易购开设的保险频道等；门户网站中，主要有和讯网的放心保平台和网易保险频道等。如今，淘宝保险频道和网易保险频道已经发展到了一定规模，其产品类型几乎涵盖了所有保险产品。

由于互联网企业在开展保险业务时所具有的互联网基因特征，它们在用户需求挖掘、页面布局、用户登录、支付、评价、客服等方面，同保险公司提供的互联网服务相比，明显具有更好的用户体验。但这类平台在提供与保险相关的专业服务如理赔服务等方面，与保险公司或保险专业中介机构的网站相比有明显差距。互联网企业提供的保险平台通常只表现为单纯的保险销售渠道，这是互联网企业相对于保险机构和保险专业中介机构最大的劣势。

4. 专业互联网保险公司

2013 年，我国成立了第一家专业互联网保险公司——众安在线财产保险股份有限公司。众安保险是由阿里巴巴、腾讯、携程等互联网企业联合平安保险发起成立的，旨在帮助解决互联网发展过程中遇到的一系列不同于传统行业的风险，更加充分地发挥保险在互联网经济中不可替代的风险保障和社会管理功能,为互联网的健康发展保驾护航。

在组织结构和业务结构方面,互联网保险公司有别于传统保险公司,其业务范围为全国,但除在公司注册地之外,在全国均不设分支机构,完全通过互联网进行销售和理赔服务。众安保险的一个明显优势在于其股东方可以提供大数据,利用这个优势,可以更高效地实现自动核保、自动理赔、精准营销和风险管理等功能。2015 年,中国保监会又批准了易安财产、泰康在线和安心财产三家互联网保险公司的筹建申请,专业互联网保险公司的参与主体逐渐呈现多元化。

(三)互联网保险的主要产品

从互联网财产保险来看,目前互联网保险的主要产品仍然是车险,而且是传统车险,就是将原来在线下销售的汽车保险放到了线上,车险占据了互联网财产保险保费收入的绝大部分。

另一个值得提及的是,一些保险公司针对互联网特点开发了新型保险产品,如退货运费险、航班延误险等。这些产品的投保量较大,但由于保费较低,带来的保费收入还十分有限。

在互联网人身险方面,当前仍然以具有理财功能的万能险保费收入的占比为最高。此类保险产品也基本上是将线下销售方式转变为线上销售,并未在产品的核心内容方面有所变化。

在互联网人身险方面投保量较大的是意外险和某些健康险产品,但由于单均保费较少,所以,保费收入在互联网人身险保费收入中的占比并不高。

总的来看,我国的互联网保险产品还处于发展初期,真正意义上的互联网保险产品还很少,基本上是将传统线下销售的保险产品简单地移植到线上,并未在保障功能、产品形态、风险评估、定价方式等核心要素,针对互联网时代市场需求的新特点进行创新和改造。

(四)互联网保险带来的新型商业模式

互联网和保险的融合也催生了一些新商业模式的出现。例如,保险企业和汽车销售商、修理商、服务商以及车载设备生产商等合作建立的汽车保险服务联盟，可以为车主提供汽车保险、安全驾驶、维修和保养、交易过户等全方位的服务。近年来，特别是在健康保险和服务领域，也出现了许多新的商业模式。保险公司和医疗服务机构或医生、健康管理机构、数据分析服务商等进行联合，推出针对某些特定群体如癌症患者、糖尿病患者的健康管理与保险产品和服务计划，满足了这些特定人群在健康管理服务和疾病经济保障方面的需求，而这类需求在传统保险公司看来是无法得到满足的。唯有借助互联网这个平台，将相关资源进行有效整合，才能满足广大保险消费者日益增长的个性化需求。

三、互联网给保险业带来的影响

保险经营是由产品设计和定价、销售、承保、理赔、资金运用、服务等环节组成的。互联网的出现，已经对保险经营的各个环节以及保险市场的竞争格局产生了重要影响，并且带来了许多重大的行业变革。

（一）互联网对销售渠道与营销方式的影响

互联网最初和保险的结合即是从销售开始的。保险由于其产品的特殊性，一直是一个非常倚重于销售渠道的行业。传统的保险销售渠道主要包括：直销（保险人通过电话、邮寄等方式直接销售保单）、专属代理人、独立代理人/经纪人、兼业代理（如银行、邮政、车商等）。很多保险产品特别是人身保险产品，以及相当部分针对个人的财产保险产品（如汽车保险、意外伤害保险、家庭财产保险等），大多是通过保险公司直销渠道以外的渠道销售的。这一方面给保险公司带来了巨额销售成本，同时，还不可避免地带来了销售误导等问题。因此，互联网保险的出现立刻引起了保险公司的极大兴趣，希望能通过互联网开拓新的、低成本的、信息更加对称的销售渠道，减少传统渠道带来的高成本、销售误导等问题。近年来，保险公司利用互联网销售保险的实践发展很快，并且已经发现这一新的销售渠道在降低销售成本、提高销售效率方面的巨大潜力。

在市场营销方面,保险人将会更加注重在线营销,出现更多的保单搭配销售。保险产品的在线销售不同于其他产品。销售其他产品的企业在新进入市场时,往往通过大幅打折或赠送礼品等方式来吸引消费者。但单纯的打折促销活动吸引来的客户大多是价格敏感型的,他们会在互联网上从一个商家换到另一个商家,仅仅是为了获取最低的折扣。而对于通过互联网销售的保险企业来说,除短期险产品外,大部分保险产品并不会在短期内带来重复性需求。所以,保险人需要的不是通过大幅度折扣吸引来的一次性客户,而是能够为其提供全方面风险保障的客户,如此进行保单搭配销售就是一个较好的解决方法。比如,在消费者购买车险时为其提供一个优惠价格购买第三者责任险,抑或在购买旅游意外险时为其提供优惠的财物被盗险等。合理的搭配销售,一方面可以使互联网保险业务获得更多的收入,另一方面也可以增加用户黏性;从消费者角度来看,也能够以较低的价格获得更多的风险保障。

(二)互联网对产品设计和定价的影响

互联网和保险的结合不仅可以极大提升保险销售和经营管理的效率,还会对传统保险产品的设计和定价产生重大影响。

1. 保险条款由复杂向透明化转变

传统的保险产品通常比较复杂,消费者一般很难了解和比较。而在互联网时代,保险人如果希望通过互联网这个平台来销售保险产品,就必须对传统产品进行重大改造。首先,通过互联网销售的保险产品必须简单化,让消费者容易理解;其次,通过互联网销售的保险产品要标准化,便于保险公司快速推广与营销;最后,通过互联网销售的保险产品还必须在组合方面具有方便性,便于消费者根据自己的需要进行任意组合。只有具备了上述这些特征,保险人方能通过互联网为不同消费者提供具有针对性的保险产品。

2. 保险产品精准、单独定价成为可能

传统保险产品的定价依赖于大数定律,但在互联网和大数据时代,个性化的风险定价成为可能。

互联网对保险产品定价的影响主要体现为：由于互联网的存在，保险人可以实时地得到被保险标的多维度的与风险相关的信息，从而可以利用大数据分析技术，对几乎所有被保险标的（不是一部分样本）的多维度、非结构化的数据信息进行分析，从而可以对具有不同风险的标的实现个性化的动态风险评估和定价。例如，汽车保险近年来已经开始实施的基于使用的车险定价（UBI）和基于驾驶行为的车险定价（PAYD）等，都是基于车联网这个技术平台而实现的动态调整定价产品。

未来的保险定价可能是基于场景的：个人的身体状况包括睡眠时间、锻炼频率、心跳、血压等指数，能够通过随身携带的智能手环等设备被收集到，从而可以根据人与环境的实时数据，对每个人的不同状态进行指数化评分，据此给出相关保险的定价。此种定价方式相比之前依赖大数定律的定价更加精准。

总之，互联网和保险的结合，可以使保险公司对产品的目标市场进行更精准的定位，可以为更多的具有不同风险特征和保险需求的投保人提供更具个性化的保险产品，同时，还可以对不同被保险标的实现更精准的、与该标的具有的风险更加精准匹配的保险定价。

3. 保险产品价格会大幅度降低

我们预计在互联网时代，保险价格会比之前有较大幅度的降低，主要原因是：（1）渠道费用大幅度减少。传统保险产品价格中很大一部分是渠道费用，而利用互联网渠道销售降低了成本，从而降低了保险产品价格。（2）核保、理赔等业务环节也会逐渐在线上完成，从而降低保险公司相关经营成本。（3）保险产品实现了精准定价，会减少传统定价中用于支付道德风险和逆选择风险的成本。（4）互联网环境会极大增加市场的竞争程度，互联网公司、民间互保组织等都会参与到保险市场的竞争中来，有助于保险产品价格的降低。

4. 保险产品会拓展小众市场

小众市场指的是被忽略或细分的数量较小的客户群。这部分市场虽然规模不大,但由于传统营销无法满足此类需求,因而蕴含着丰富的市场机遇。若能有效聚合小众市场资源,也能产生可观的经济效益。

针对小众市场,可以通过 C2B 模式进行产品设计。C2B 是指消费者提出自己的情况和需求,由互联网融合消费者的需求,然后组织传统行业进行精细化生产。比如,有 IT 工程师提出,在 IT 工程领域外包工程时,外包工程 20% 的尾款常常收不到,所以只好提高报价,把利润做到 80% 里面。如果能有保险公司愿意推出外包尾款险,建立甲方诚信数据库,则做外包项目的安全性就会大幅度上升,双方的交易成本也会下降。

长期来看,保险产品的 C2B 模式将是互联网保险发展的又一个"蓝海"。随着消费者个性化需求的不断涌现,C2B 式的定制化保险产品和服务将成为保险市场的主流。

(三)互联网对保险核保的影响

保险公司的核保业务就是对投保或续保的申请进行审核,对被保险标的的风险进行评估,在评估的基础上将其进行风险分类,根据不同的风险类别制定相应的承保条件和费率。借助互联网这个平台和大数据技术,保险公司的核保师可以对被保险标的的风险进行多维度动态评估,并据此对承保条件和价格进行动态调整。前文提到的动态定价的最终价格制定者,实际上是核保部门。除了前面提到的机动车辆保险,目前在健康管理和健康保险、人寿保险等方面,保险人都在尝试根据被保险人实时的健康状况、对医疗保险的使用情况等,针对被保险人未来的承保条件和价格进行动态调整。而这样一种管理方式,只有通过互联网这个平台才有可能得以实现。

(四)互联网对保险理赔的影响

保险的理赔环节也是互联网发挥作用的重要场合。长期以来,理赔难一直是困扰保险业发展的一个老大难问题。而导致理赔难的重要原因之一,就是理赔本身的难度以及保险公司在理赔管理和理赔技术方面的不足。互联网的引入可以在很大程度上提升保险公司的理赔管理能力,从而有助于理赔难问题的缓解。首先，互联网的运用可以使保险人更加方便、准确地从多方面了解保险事故的相关信息。例如，车险承保人可以根据通过移动互联网上传的照片及时了解交通事故现场的情况，通过交通、气象等部门提供的信息了解事故周边的环境信息，通过征信系统提供的信息对被保险人的诚信记录进行了解，从而对保险事故发生的原因和实际损失有更加准确的把握，为及时到位的理赔奠定基础。其次，保险人还可以利用互联网大大提升理赔管理的效率。例如，很多保险公司都建立了基于互联网的车险理赔智能调度系统、移动勘查定损系统等，大大加快了理赔速度，提升了客户满意度和行业整体形象。

（五）互联网对提升保险服务的影响

保险公司为客户提供的不仅是保险产品，更重要的是服务。服务的内容既包括与保险业务直接相关的服务，例如投保时的咨询服务，投保后的理赔服务、防损减损方面的服务、保单管理服务等；也包括与保险业务本身不直接相关却可以给客户带来价值的增值服务，例如汽车保险人提供的代步车、汽车保养、验车等服务，健康保险人提供的健康生活指导、体检等。所有这些保险服务在互联网这个平台上，都可以得到更加方便、高效的实现。同时，保险公司还可以通过与第三方企业的合作来提供相应的增值服务。目前，在创业领域，已经有相当部分的创业者看到了相关的商机，出现了很多保险后服务的新企业和新模式，这些新创立公司大多在积极寻求与保险公司合作的机会。

（六）互联网对保险市场竞争的影响

互联网的出现和使用，可以极大地降低消费者的信息获取成本和保险人的保单获取成本，降低保险公司特别是中小保险公司的渠道壁垒，从而引发更加激烈的市场竞争。互联网本身是一个赢家通吃的生态体系，我们熟知的互联网三巨头"BAT"正是在各自领域获得巨大成功后，几乎垄断了在线搜索、网络购物和社交市场，后来者很难打破既有的市场格局。但是，市场竞争程度并没有因此而降低。由于各公司的业务相对透明,前仆后继的创新者们一次次地冲击着原有格局,电子商务领域的京东商城就是一个成功的挑战者。

互联网保险领域也是如此。传统市场中的巨头虽然具备一定的技术、品牌与客户优势,但是在网络世界里,中小保险公司同样具备向大型保险公司挑战的能力。比如在寿险领域,以前海人寿为代表的几家小型保险公司依靠互联网业务迅速成长起来,保费收入在短时间内达到了行业中等规模,这在传统寿险市场中无疑是十分困难的。保险行业的竞争格局会因互联网的出现而重构。传统大型保险企业的优势地位将会受到挑战,善于抓住机遇的中小保险企业有望实现弯道超车式的发展,互联网行业赢家通吃的生态法则有可能在保险市场再现。未来的保险市场竞争会更加激烈,将远远超出我们的预期。

以上仅列举了互联网可能对保险业带来影响的几个方面。实际上,在互联网和大数据技术日新月异的时代,我们怎么估计它们未来将给保险业带来的影响都不为过。保险企业只有紧紧跟上互联网时代发展的节奏,适应互联网时代的新消费特征、新经营理念、新商业模式和新经营管理方式,才能生存和发展下去。

四、如何发展好互联网保险

(一)积极转变发展理念,使传统保险与互联网实现有机融合

在传统保险行业受到互联网影响和冲击的情况下,传统保险公司如何看待互联网保险这个新生事物,传统保险公司到底要不要大力进入互联网保险领域,在互联网保险业务方面加大投入,以及在和互联网结合时如何处理好利用互联网创新与发挥传统行业优势的关系,将是保险企业的领导者们不得不面对的重要问题。

我们认为,互联网和保险的融合将会从根本上改变传统保险的经营理念和业务模式。事实上,很多人已经看到了互联网给传统保险销售渠道带

来的革命性影响,但互联网与保险的联姻绝不仅仅是销售渠道的转换。渠道变化带来的将是一系列传统惯例的打破和革新。互联网保险要求保险公司去学习和因循互联网的规则和习惯,改变现有的产品结构、运营和服务模式,重新构造客户、企业、互联网平台等相关各方的价值体系和价值分配关系,使互联网保险从目前的一个新兴渠道转变为一个新兴业态。

互联网对保险业经营理念的影响将是深刻的、革命性的。保险业传统的经营理念是基于所谓的"二八定律",即20%的高端客户可以为保险公司创造80%的利润。互联网的出现会使保险业形成一个全新的经营理念,会使保险公司服务于需求曲线尾部的海量客户群体成为可能。互联网对未来保险产品和服务的提供方式也将带来深刻影响,移动互联网在互联网保险中的应用将更加普及和深入。保险公司将和不同的市场参与者合作,构建新的产品开发、销售、服务体系。长期来看,随着消费者个性化需求的不断涌现,C2B式的定制化保险产品和服务将在未来的保险市场中占据重要一席。

因此,面对互联网时代的到来,传统保险行业的领袖们必须作出自己的战略抉择,需要解决的首要问题是:要不要与时俱进,作出将企业发展的各个方面与互联网实现全面融合的战略性选择。我们认为,保险企业应该:(1)积极拥抱互联网,理解互联网思维,运用互联网思维改造自己原有的生态链。目前,国内尚有一些保险企业和业内人士对互联网的冲击仍持有怀疑甚至是消极的态度,这对于保险业未来的发展是不利的。保险企业的高层决策人员应转变观念,努力理解互联网思维,运用互联网思维改造公司的经营理念和服务意识。(2)实现营销与服务并重的转型,在强化营销能力的同时,着力提升和改进服务品质;同时,积极探索非核心流程的网络化、外包化,努力实现轻资产和低成本运营,在竞争中寻求新的竞争优势。(3)积极构建并完善自己的数据库,不断提升风险定价和风险管理能力。互联网催生了大数据,保险企业应抓住机会构建好自己的数据库,提升多层面、多角度进行风险数据挖掘和分析的能力,以数据分析能力推动经营管理的创新。(4)为适应消费群体结构的变化和购买习惯的变化,必须有意识地引导原有销售队伍的转型,加强对从业人员进行互联网保险等方面的培训,推动传统业务人员队伍与互联网的适应和融合。

(二)发展互联网保险必须有新的发展思路

1. 必须根据保险产品的特性来发展互联网保险

首先,保险需求属于相对高层级的需求,是一种被动需求。人们购买保险产品大多是基于事件驱动的,通常受到人们日常活动的影响。比如,当发生了汽车买卖、房屋买卖、外出旅游、乘坐交通工具、就医、失业、更换工作等事件时,才会考虑购买保险的问题。所以,除了强制性保险外,消费者一般不会具有主动购买保险的需求,这成为保险公司在进行线上推广时不得不考虑的一个重要因素。

其次,保险产品及保单条款往往比较复杂,一般的消费者很难完全正确理解保单中的各项内容。这就要求在互联网上销售的保险产品不能依照现有网络零售商的惯例,应该创造一个新的销售方法,帮助消费者打消购买疑虑并消除销售误导。

再次,保险产品具有先付款后服务的特性,这种销售与服务的分离决定了后续服务的好坏对保险公司线上销售业务的影响是巨大的。这与互联网行业中某些生活服务业务(例如团购网站、生活信息网站等)有相似之处,具有典型的 O2O(Online to Offline)特点,要求保险公司在线上发力的同时,做好线下的服务工作。

2. 必须根据互联网的特性来发展互联网保险

要敢于打破传统习惯的束缚。互联网的特性要求保险公司实现从传统模式到以客户为中心的转变,应特别重视长尾市场的存在,通过对客户需求的快速响应,尤其是在保障水平、保险标的、责任标的等方面,依照客户的需求进行个性化的产品定制。同时,在与客户直接打交道的咨询、购买、支付、理赔等环节,需要尽可能地精简前台环节和客户操作,让互联网保险服务体现充分的高效与便捷。

互联网的开放和平等特性决定了互联网消费者进入的不受限制,而我国保险销售是受区域限制的。一方面,保险公司应妥善处理好保险产品异地销售的问题,同时也要处理好异地赔付的问题;另一方面,由于对消费者信息不完全掌握,保险公司在开展互联网保险业务的时候,如何降低消费者的逆向选择和道德风险,也是关乎保险公司互联网业务赢利能力的关键。

(三)不同保险企业应有不同的互联网保险发展策略

保险企业应该根据自身的不同情况,选择适合自己的互联网保险发展策略,切忌一窝蜂式的盲目发展。具体来说,我们认为开展互联网保险业务大体可能有三种不同的策略。

1. 差异化发展策略

传统保险产品与服务的一个普遍问题就是同质化,缺少具有差异化的保险产品和服务,因而难以满足消费者多样化的需求。互联网的出现为保险业解决同质化问题上带来了机会和平台,因此,计划进入互联网保险领域的保险企业切忌"穿新鞋走老路",应该在深入分析市场特别是细分市场需求的基础上,结合自身的优势,选择适合的互联网保险发展策略。比如,可以专注于为特定车主提供基于行驶里程的机动车保险,可以专注于为电子商务、物流特别是冷链物流企业提供货物运输保险,可以专注于为特殊人群提供"保险+健康管理""保险+养老服务"等等。

2. 迭代式发展策略

互联网思维的一个核心体现就是"迭代",即在过程刚开始的时候,我们可能并不完全清楚整个过程的终点在哪里、走向终点的最优路径是什么。通过不断尝试、与客户的不断交互、对数据和信息的不断积累和掌握,不断提升产品和服务的质量,不断改善消费者的体验。

互联网保险的发展也不妨尝试一下这种发展策略,特别是试图利用移动互联来开展保险业务的企业。由于移动互联的技术发展非常快,保险企业投资于互联网保险是一个长周期、高投入的领域,因而,采取迭代式的发展策略应该是一个好的尝试。也就是说,在开发基于移动互联的产品和服务时,不要一开始就追求功能的完整和服务的完善,之后根据消费者的反馈,不断进行及时、快速的更新。

3. 协同式发展策略

保险企业发展互联网保险一定要注意和产业链上下游的各类企业合作,协同式发展。首先,保险企业需要和相关的互联网企业、电子商务企业等建立数据信息共享关系,因为这些企业拥有大量的客户资源和数据,是保险企业进行产品开发和销售的宝贵资源;其次,可以和各类相关企业展开深度合作,整合资源,通过互联网为保险客户提供保险产品和相关服务。

(四)加强制度建设和监管力度,规范市场行为,营造互联网保险市场健康发展的市场环境

互联网保险新业态的出现,也带来了很多需要研究和加以规范的新问题。第一,新出现的一些互联网保险产品在其基本属性上,已经和传统保险产品有了很大的不同。例如,一些保险公司开发的基于场景的游戏化的保险产品,经济保障的成分很小;又比如,一些保险公司开发的对网络游戏中虚拟财产的保险等。对此类产品的发展持何种态度,是限制还是鼓励并规范? 第二,近年来借助互联网和新社交媒体,出现了很多不同类型的互助式"类保险"组织。如何看待并规范互助式保险的发展,也是摆在保险行业和监管部门面前亟待破解的问题。第三,互联网保险的发展,会给保险经营的各个环节带来很大变化。我们以往的有关经营管理制度、监管制度和法律规定都是基于线下经营环境而订立的,显然难以适应互联网保险业务开展的环境和发展的需要,需要保险企业和监管部门与时俱进,加快研究和改进的步伐。第四,保险企业通过互联网开展业务会带来新的风险,比如新的承保风险、信用风险、道德(包括欺诈)风险、安全风险、误导风险等。如何根据可能出现的新型风险,调整保险公司的经营策略和方法,调整有关的监管政策和手段,这些都是需要保险企业和监管者共同研究解决的问题。

上述问题仅仅是目前互联网保险发展中需要研究解决的部分问题,如果解决不好,会影响互联网保险健康有序地发展。中国的保险企业和监管机构应加强对规范互联网保险发展环境的重视,有针对性地加以研究,并出

台相关的管理制度和监管政策，为互联网保险的发展营造一个健康的市场环境。

互联网的出现给当前面临发展瓶颈的中国保险业提供了一次跨越式发展的机遇，但需要保险企业在经营理念、销售模式、新产品设计和定价、保险服务等方面作出切实努力和改进，适应互联网时代发展的需要。

我国的互联网保险发展仍然面临巨大挑战，主要来自传统保险业自身对互联网保险的认知缺乏和战略抉择上的迟疑，也包括对互联网时代保险需求和供给双方新特征的理解不够，以及对互联网导致的新型风险的担忧。在目前传统保险企业和互联网企业纷纷布局和发展互联网保险的情况下，发展互联网保险的主力军仍然是传统保险企业及其与其他相关方形成的合作联盟，互联网企业难以引领互联网保险未来的发展。中国的保险企业和监管机构应审时度势，抓住互联网给保险业发展带来的战略机遇期，适应互联网时代出现的新特点、新需求，不断改进互联网保险的发展理念和监管方式，使中国保险业在拥抱互联网时代的同时，获得自身发展中的又一个春天。

作者简介：陈秉正，男，清华大学经济管理学院教授、中国保险与风险管理研究中心主任；兼任 The Journal of Risk Finance 编委、Insurance：Mathematics and Economics 编委、亚太风险与保险学会（APRIA）副会长、中国保险学会常务理事、中国风险管理标准专家委员会委员；2010 年至 2016 年，担任中国保险与风险管理国际年会主席。

继续深化保险公司改革

姜　洪

继续深化保险公司改革,是《中国保险业发展"十三五"规划纲要》(以下简称《纲要》)中关于深化改革、增强保险行业可持续发展动力的重要内容。《纲要》牢牢把握深化保险公司改革的核心,围绕完善公司治理结构,就股权结构、董事会职能、内控风险体系、保险集团和上市并购重组等方面作出规划,为深化保险公司改革指明了方向。

一、整体把握完善公司治理结构的要求

现代企业制度是指以市场经济为基础,以企业法人制度为主体,以有限责任制度为核心,以产权清晰、权责明确、管理科学为条件的新型企业制度。而保险公司的治理结构,则是指保险公司建立的股东大会、董事会、监事会、管理层等责任明确、相互制衡的组织架构,以及一系列维护股东、被保险人等相关利益者利益的内外部机制。

治理结构是保险公司改革的中心环节,完善治理结构,有利于从源头上化解风险。保险业作为现代金融业的重要支柱,负债经营是其基本特征。保险作为一种服务商品,其有形载体仅是一份保险合同,相对于一般商品而言,具有无形性、长期性、广泛的社会性、高度的专业性等特点。因此,信用是保险业发展的基本前提。保险业的特点决定了保险公司治理结构的特殊性:既要维护股东利益,实现股东利益最大化,又要充分保护被保险人利益,

并高度关注其社会责任；既要追求公司的效益，获得投资回报，更要充分保障其偿付能力，防范和化解各类风险，维护社会稳定。

完善治理结构是保险公司建立现代企业制度的核心。保险公司要实现资本充足、内控严密、运营安全、服务和效益良好的目标，完善治理结构是关键。首先，有效的公司治理结构是企业取得投资者信赖的基石。投资者在作投资决策时，不仅会考虑企业的发展前景，也会考虑企业的素质、企业内部的运营水平。因此，完善治理结构有利于保险公司募集资本，达到资本充足的目标。其次，完善公司治理结构有利于加强内控，实现运营安全。最后，完善公司治理结构，不仅可以强化股东的监督制约作用，而且有利于推动保险公司改善服务、提高效率。

完善治理结构是提高保险业整体竞争力的前提。在当前经济全球化和金融一体化的新形势下，企业之间的竞争越来越表现为企业制度之间的竞争。治理结构是公司制度的核心，是公司制度发挥作用的基础。因而，良好的公司治理不仅成为现代公司制度中最重要的架构，也是企业增强竞争力和提高经营效益的必要条件。提高我国保险业的整体竞争能力，利用国际国内两个市场拓宽发展空间，必须抓住公司治理结构这个关键环节。

从国际经验上看，公司治理结构无固定模式，有效的治理结构是与自身股权结构特性相适应的。随着经济发展、行业竞争加速和全球经济一体化，不同的公司治理结构模式不断演进、交流和融合。各国加强保险公司治理结构建设和监管往往采取如下措施：一是明确董事会的核心作用；二是严格实行高管问责制；三是健全信息披露制度；四是严把关键岗位关，加强内控；五是重视独立董事的作用，防范内部人控制。

由于我国公司治理起步晚，基础薄弱，同时受体制机制、文化传统等多方面因素制约，我国保险公司治理由"形似"到"神至"，真正实现保护保险消费者等利益相关人利益和防范风险的目标，还有很多工作要做。保险机构公司治理存在如下问题。

第一，缺乏对保险公司实际控制人的监管。保险公司实际控制人对公司相关保险资产的安全负有重要责任。如果对其监管不充分，一旦保险公司的控股股东、实际控制人或内部人,采取挪用、关联交易、担保等方式,非法转移保险资产,或者将保险公司作为融资工具甚至"提款机",用以满足其所控制的其他业务链条的资金需求,则给保险公司乃至整个保险行业带来巨大的风险。

第二,董事会职能有待加强。目前,部分保险公司的董事会未能发挥应有的作用,从而产生相关风险。一是公司僵局的风险,主要指股东之间或者股东与管理层之间,因争夺控制权或其他重大利益分歧,出现股东大会或董事会会议无法正常召开,董事会也无法正常换届,偿付能力问题无法及时解决等严重损害公司业务和声誉的风险。二是高管人员舞弊的风险,主要指公司的董事高管利用非法手段掩盖亏损,虚增利润,抬高股价,欺骗公众投资者,而自己则从中获取巨额利益。

第三,内控体系改革有待深化。内控体系不健全将产生公司管控薄弱的风险,包括两个层面:在决策层面,公司领导个人独断、决策随意、缺乏制衡,董事会对管理层无法有效监控,股东对经营状况不知情,内部人控制严重等。在执行层面,公司决策得不到有效执行,约束和问责机制缺乏,风险管理体系不健全,审计、合规和风险管理等职能不到位等。

第四,保险集团治理结构不完善。治理结构的不完善常常使保险集团的资源整合效应和战略协同效应不能充分发挥,甚至导致风险具有在保险集团内部传递的可能性。

第五,上市和并购重组机制不成熟。上市和并购重组路径不畅通,则保险公司难以充分利用公司上市健全现代企业制度,实现公司治理、内控建设和信息披露等方面的根本性突破,难以充分保护中小股东的权益,并建立良好的激励约束机制;也无法利用并购重组有效扩大业务规模,提高经营效率,为保险业引入新的活力。

二、切实优化保险公司股权结构

继续深化保险公司改革的出发点和落脚点在于提高保险行业经营效

率,为经济社会的发展发挥更大的作用。保险公司作为现代企业,股权结构至关重要,股东主导着保险公司的经营方向,实际控制人和控股股东的经营理念对保险公司乃至整个保险行业具有深刻影响。《纲要》提出,鼓励保险公司引入合格的战略投资者,优化保险公司股权,加强对保险公司实际控制人的监管,防范化解内部人控制和控股股东损害保险公司利益的风险。

投资者委托管理人管理着企业运营的各项事务,企业本质上是一种契约关系。战略投资者通过董事会影响企业的战略经营,对企业的运营具有话语权。好的战略投资者秉承对于保险公司长久发展的负责任的态度参与保险公司治理,有利于保险公司的长期稳定以及保险行业的整体发展。以谋取短期利益为目标而伤害保险行业长期发展的现象,以及单纯以保险业务作为融资工具、无视保险业务自身运营规律的经营策略,对于保险公司的经营和长期发展都是不利的。

中国保监会就优化保险公司股权结构制定了《保险公司股权管理办法》《保险公司控股股东管理办法》,严格股东资质审查,规范控股股东行为,规范股权流转,建立股权质押、涉讼等事项的报告制度。应继续深化保险公司改革。优化保险公司股权结构不仅需要中国保监会从外部加以监管和规范,更需要发挥保险公司内部治理结构的作用。一家健康发展并具有强大生命力的保险公司,离不开完善的公司治理结构;优化保险公司股权结构,与强化董事会职能、加强内控体系是相辅相成的。防范内部人控制和控股股东损害保险公司利益的风险,离不开董事会的监督职能和内控体系的问责职能。而优秀的战略投资者从公司长期稳定发展的角度,也会要求保险公司完善自身治理结构,充分发挥股东、董事会和内控体系之间的制衡作用,共同促进保险公司的发展。

三、强化董事会职能

董事由股东大会选举产生,董事会则代表股东的利益从公司战略决策等方面行使对公司的管理;同时,董事会也是公司股东、管理层和外部环境的沟通桥梁。董事会决策和沟通的效率,决定了保险公司经营管理的效率。《纲要》提出持续强化董事会职能,充分发挥董事会秘书的作用,提高独立董事的独立性,健全董事监管问责机制。保险公司应在中国保监会文件《保险公司董事会运作指引》等的要求下,建立独立董事和专业委员会制度,明确董事会对公司的内控、合规和风险管理的责任等,这是完善公司治理结构的基础。继续深化保险公司改革,则要求保险公司从根本上充分认识董事会职能对于保险公司的重要性,着力继续强化董事会职能。

一是充分发挥董事会秘书的作用。董事会秘书由董事会聘任并对董事会负责,对内职权广泛,涉及公司内部的程序性和辅助性事务。这种集中行使的权力改变了公司权力分散于单个机关或个人行使的不利局面,公司信息沟通和决策执行的渠道更为畅通,同时形成对公司经营管理人员的有效制约,从而保护股东权益,提高公司的经营效率。董事会秘书对外负责公司信息披露、投资者关系管理,实现社会对公司经营的监督和股东对公司经营的参与,增强公司运营效率。

二是提高独立董事的独立性。保险公司独立董事的职责在于维护中小股东和被保险人的权益,确保公司战略决策的科学合理性。独立董事的独立性体现为在人格、经济利益、产生程序、行权等方面独立,不受控股股东和公司管理层的限制,这是履行独立董事职责的基础。提高独立董事的独立性,要求保险公司聘请敢作为、有担当的专业人员或专家学者等高素质人才担任独立董事,并提高董事会中独立董事的比例,在董事会决策中充分发挥独立董事的作用;还应监督独立董事的尽职情况,由独立董事就其过错承担相应的法律责任。

三是健全董事监管问责机制。董事代表股东的利益监督、管理保险公司的经营,能够有效降低股东和管理人员的委托代理成本。董事的不尽职,很有可能导致管理人员作出危害股东利益、降低保险公司经营效率的行为。为了使董事会真正关心和了解公司运作,督促管理层改进工作,董事会要审议公司偿付能力报告、公司治理报告等一系列重大报告,要对公司的内控、合规和风险管理负最终责任。

四、加强内控风险体系

保险公司在经营过程中，面临着包括市场风险、业务风险、信用风险、操作性风险、政策风险等等在内的诸多风险。而内控风险体系的建立，则保证了保险公司每一项经营活动的决策、执行和监督的各个阶段、层级，都符合经营活动的效益性、财务报告的可靠性和法律法规的遵循性等原则。《纲要》提出，深化内部审计体制改革，完善内审制度建设，健全风险管控体系。目前，中国保监会文件《保险公司内部审计指引》《保险公司风险管理指引》《保险公司合规管理指引》《保险公司内部控制基本准则》等形成了保险公司内控风险体系的框架。继续深化保险公司改革，要求深入贯彻内控风险体系的精神，确保保险公司整体风险可控，风险承担的效益最大化。

一是完善公司章程。公司章程是公司架构和管理体系的纲领性文件，是公司治理和内控的制度基础。应从制度引导和审批把关两方面入手，规范公司章程。中国保监会制定了《关于规范保险公司章程的意见》，明确要求保险公司规范授权程序，理顺主要职权行使规则，对主要内控制度作原则规定，防止出现个人专断或权力过于集中等问题。在公司章程的审批过程中，除了严格合规性审查之外，对其中不合理的内容，也通过沟通等方式，建议保险公司主动改正，治理并消除内控的风险隐患。

二是深化内部审计体制改革。内部审计是保险公司对经营中的各类业务及其控制环节进行独立评价的过程，以确定是否遵循公认的方针和程序、是否符合规定和标准、是否有效和经济地使用了资源、是否与企业目标相符。深化内部审计体制改革，要求保险公司提高内部审计的独立性，实行内部审计集中化或者垂直化管理，对重大疑点实施监控，并且及时向董事会提交审计报告，为董事会进行相关决策提供依据；同时建立问责机制，因工作疏忽未能发现内控重大缺陷的，内部审计要承担相应责任。

三是健全风险管控体系。中国保监会已相继发布了《保险公司风险管理指引》《保险公司合规管理指引》《寿险公司总精算师管理办法》等配套制度,明确了保险公司的不同风险控制职能,建立了较为科学的工作机制和清晰的报告路线,保险公司应严格遵循和执行。

四是建立和完善关联交易审查制度。保险公司应秉承资产安全监管的理念,把对于不正当关联交易的防范作为风险控制的重要内容之一。根据《保险公司关联交易管理办法》,应把建立严格的公司内部审查机制作为切入点,要求重大关联交易须提交董事会乃至股东大会审议,关联股东和关联董事在审议时要回避表决,独立董事要发表书面意见,保险公司要定期对关联交易进行专项审计等。

五、推进保险集团治理

保险控股(集团)公司是保险集团的一种存在形式,是被跨国保险公司普遍采用的一种组织形式。它以资本为纽带,通过股权关系而非行政关系或契约关系将母子公司联结在一起。从长期来看,能够提供银行、证券、保险等全面服务的金融服务控股公司将成为主流。在此背景下,《纲要》提出,研究推进集团公司治理,加强资源整合,促进战略协同和防范风险传递,提升保险集团综合竞争力,支持保险公司稳步开展金融综合经营。

保险集团充分发挥集团优势,充分利用客户资源,实现交叉销售,为客户提供一整套的金融服务,同时降低业务开展成本和信息管理成本,从而实现规模效应。保险集团销售的不同金融产品之间存在交叉领域,多样化的经营业务可以实现风险最优分配,从而实现协同效应。

保险集团应加强资源整合、战略协同和风险传递等方面的应对措施。在资源整合上,保险集团应推动建立资源共享平台,充分整合集团各类资源,发挥集团的经营优势;建立适应集团化综合经营要求的组织架构和运营流程,减少中间管理层,扁平化组织结构,从而提高集团运营效率。在战略协同上,保险集团应提高整个集团的经营战略和子公司的具体目标的契合度,制定总体经营战略后,应进一步形成可执行的细化的阶段性目标,为集团内部的专业子公司和专业部门明确行动方向,形成集团的发展合力。在风险管控上，应建立集团层面的风险管控机制，防范风险传递，提高机构的经营稳健性。

六、完善上市和并购重组机制

保险公司通过境内外上市和并购重组实现了行业资源的扩张和配置，股权结构发生变更，同时也是深化保险公司改革、完善保险公司治理结构的方略和契机。《纲要》提出，支持符合条件的保险机构在境内外上市和挂牌"新三板"，规范保险公司并购重组。

保险机构在境内外上市和挂牌"新三板"，有利于保险公司健全现代企业制度。首先，资本市场对上市公司的公司治理、内控建设和信息披露等方面有更加完备的要求，将督促保险公司进一步完善法人治理结构，提高内部治理水平。其次，保险机构上市后，投资者关系更加丰富，中小股东进入保险公司股权结构，对于保险公司在治理结构中保护中小股东的权益提出了新的要求。最后，保险公司的经营情况将直接在保险公司的股价当中反映，促使保险公司更加关注经营业绩，不断采取措施推动业务发展，改进经营管理，进一步转变经营理念和发展模式；同时，有利于针对管理人员建立科学、规范、合理的激励约束机制。

并购重组作为存量市场资源的再配置方式，涉及保险公司股权结构变动，对于完善保险市场的准入机制和退出机制均具有重要意义。保险公司应在中国保监会《保险公司收购合并管理办法》的指引下开展并购重组，以保护保险消费者权益、维护保险市场公平秩序为基本前提，坚持市场化、法治化原则，着眼于促进保险业的结构优化和竞争力提升。保险公司通过定向增发、并购基金等股权、债权融资方式，发起并购重组，并购对象可包括同业公司和非同业公司。保险公司开展同业并购，能够有效扩大业务规模，实现保险资源的优化配置，有利于提高被收购方的经营效率，从而提升保险行业整体的经营水平。保险公司开展非同业并购，以长期股权投资的方式进行保险资金运作，直接对接实体经济资金需求，在国有企业加速并购重组的背景下标的丰富、可配置规模充足,符合保险资金的长期性特点,有助于保险资金穿越低利率周期。非保险公司以并购重组的方式进入保险业,可以实现现有公司控制人的退出,同时为保险业引入新的活力。

作者简介:姜洪,男,北京保险研究院执行院长、教授、博士生导师;北京市政府参事,享受国务院政府特殊津贴专家,中国保险学会副会长,北京大学中国金融研究中心副理事长,对外经贸大学兼职教授,华东师范大学紫江讲座教授;主持和参与多项国家和部委重点课题,发表论文百余篇,独著、合著、译著、主编学术著作20余部;题为《200年的中国》的研究报告获国家科技进步奖一等奖。

加快发展再保险市场

田　玲

再保险市场是一国保险业及社会经济稳定发展的坚实基础和重要支撑力量,对提升保险业服务能级、促进保险业创新转型、防范化解重大风险、推动保险业对外开放具有重大作用。2016 年 3 月发布的《中华人民共和国国民经济和社会发展第十三个五年规划纲要》,立足"十三五"时期国际国内发展环境的基本特征,继"新国十条"之后再次明确提出"加快发展再保险市场",为我国再保险业在更高层面、更广领域和更深层次服务"十三五"期间国家经济社会全局,开创了重大战略机遇和全新发展契机。

一、充分认识加快发展再保险市场的重大意义

(一)加快发展再保险市场是提升保险服务能级的必要举措

推进再保险市场持续快速发展,是大力提升保险服务经济社会全局能级的必要举措。"十三五"期间是我国实现由保险大国向保险强国转变的关键期。作为保险业的"稳定器"和"助推器",再保险与直接保险相互依存、相辅相成,可以通过整合本国及全球承保能力、提供风险保障和技术支持服务、引导保险业产品创新方向,极大优化保险市场资源配置,加快拓宽保险产品及服务领域,有效推动保险行业创新转型,助力打造保险市场产品丰富、渠道多元、服务优良的生动局面,全面提升保险业完善国家治理、维护社会稳定、促进经济提质增效升级、改善民生保障的服务能级。

（二）加快发展再保险市场是维护保险业稳定的重要保障

作为"保险的保险"，再保险具备资金融通、风险管理和技术传导三大核心功能，在促进保险市场安全稳健运行方面具有"安全阀"和"调控器"的独特作用。一是可直接改善直保公司偿付能力状况，防范化解偿付能力风险，有效缓解资本约束。尤其是在发生重大事故或重大自然灾害后，再保险人可及时预付部分现金，帮助受损农户、企业迅速恢复生产生活，大大减轻保险公司的现金流压力，确保保险业服务民生保障及社会经济的作用得到充分发挥。二是可充分利用在风险管理方面的优势，督促保险公司加强承保理赔管理，优化承保条件和调整业务结构，降低经营风险，实现有效规范经营。三是可为直保公司提供产品创新、定价技术、核保核赔等全方位服务，推动保险业技术与服务水平不断提高。

（三）加快发展再保险市场是推进我国保险业对外开放、全面提升保险市场发展水平的有力抓手

再保险市场具有高度国际化的特点，可促进全球范围内再保险人的相互合作不断走向深入。现阶段，我国再保险市场的开放程度日益提高，越来越多的国际再保险人致力于在中国市场长远发展，本土再保险企业积极推进国际化战略。加快发展再保险市场，是将先进保险经营理念、前沿技术、优秀专业人才引入我国的重要切入点，也是助力我国保险企业"走出去"、对接国际国内保险市场的重要渠道，将全面推进保险业对外开放、提升我国保险市场发展水平。

二、准确把握我国再保险市场建设现状

"十二五"期间，我国宏观经济稳定发展，国民经济保持中高速增长，国家政策对保险业的支持力度不断加大，保险业的功能进一步发挥与放大，经济全球化及人民币国际化加速、保险市场日益国际化等多重利好均为我国

再保险市场的发展打开广阔发展空间。准确把握我国再保险市场建设现状,深刻认识再保险市场当前面临的机遇和挑战,将为勾勒"十三五"时期再保险业的发展蓝图提供必要思考与指导。

(一)再保险市场发展迅猛,发展潜力巨大

近年来,中国再保险市场规模快速增长,发展势头强劲。中国保监会发布的《2015 中国保险市场年报》表明,2014 年,再保险市场发展成绩斐然:第一,直保公司的再保险分出规模持续增长。直保公司总分出保费1737.8 亿元,同比增长 52%。其中,产险公司总分出保费 929.4 亿元,同比增长 7.7%;寿险公司总分出保费 808.4 亿元,同比增长 188.6%。第二,再保险公司继续保持稳健发展。全国再保险公司总分保费收入为 1518.5 亿元,同比增长55.7%,共实现承保利润 11.7 亿元;总分保赔款支出达 393 亿元,同比增长11.2%。第三,拓展海外市场的步伐加快。跨境人民币结算再保险业务分保费收入为 95.4 亿元,经营主体发展到 7 家,业务来源扩展至中国香港、中国澳门、新加坡、中国台湾 4 个市场。而随着我国成为全球第三大保险市场和最重要的新兴保险市场,再保险市场的良好发展势头将继续发酵。主流投行依据"新国十条"的目标推算,2020 年,我国再保险市场空间将达到 3365 亿元,相较 2014 年年底,将有至少 2.3 倍的发展空间,发展潜力巨大。

(二)再保险市场体系初步确立,多元化格局进一步深入

目前,我国已初步形成了以中资再保险公司为主、外资再保险分公司为辅、离岸再保险人为补充的再保险市场体系。截至 2015 年,我国内地注册的专业再保险公司有 11 家,其中中资公司 5 家、外资公司 6 家,以离岸交易的形式接受国内保险公司分保业务的境外保险公司超过 200 家,多元化市场格局进一步深入。"新国十条"的发布以及"偿二代"的实施,为境内再保险法人提供了前所未有的发展机遇和空间。2014 年以来,多家大型保险企业均有意设立专业再保险公司,多家离岸再保险公司积极谋求在中国

境内设立分支机构,社会资本亦通过新设、并购方式不断涌入再保险领域,中资再保险主体不断扩围,未来市场将进一步提速扩容,迎来全新的竞争格局。

(三)再保险功能进一步增强,服务领域不断拓宽

保险业全面服务现代金融、社会保障、农业保障、防灾防损、社会管理五大体系的战略定位,不断推动我国再保险业在更广服务领域内发挥功能作用。近年来,再保险业在有效分担风险、改善直保偿付能力、参与保险市场基础设施建设、促进保险市场安全稳健运行等方面发挥了日益重要的作用。在一系列重大事故及自然灾害中,再保险均积极参与赔付。例如 2013 年,无锡市海力士半导体厂火灾总估损金额约 9 亿美元,黑龙江洪涝灾害中农业保险总赔款金额约 27 亿元人民币,再保险人分别承担了97.2%和26.4%的损失,为保险市场和经济社会的平稳发展有效保驾护航。另外,再保险业积极探索通过提供稳定承保能力和向全球分散风险,为农业、石油、卫星、煤矿、水利、航空航天及其他大型工程项目面临的大型风险、特殊风险提供有效保障。目前,成功运作的典型代表为中国核保险共同体和中国农业保险再保险共同体。其中,截至 2014 年,于 1999 年由原中国再保险公司、中国人民保险公司、中国太平洋保险公司和中国平安保险公司发起的中国核保险共同体已有 25 家成员公司,集中了国内保险市场 90%以上的承保能力,以再保险的形式与全球 20 多个国家和地区的核共体建立了业务合作关系,接受了境外超过 70%的相关核保险业务。2014 年 11 月,23 家具有农业保险经营资质的保险公司和中国财产再保险有限责任公司共同发起组建的中国农业保险再保险共同体,通过整合国内行业资源,为农业保险提供了持续稳定的再保险保障,有效提升了农业保险的整体风险管理水平。

(四)再保险监管专业化体系进一步完善

再保险市场监管是再保险发展的有力保障。2005 年,我国颁布实施世界上第一部专业的再保险业务监管规章——《再保险业务管理规定》。接

着，我国又相继颁布实施《再保险公司设立规定》《外资保险公司再保险关联交易的审批规章》。这些法规制度建立了外资再保险关联交易信息披露制度，规范了再保险业务流程，开辟了专业化的再保险监督管理道路。2015年3月，中国保监会正式发布《关于实施再保险登记管理有关事项的通知》，决定对离岸再保险机构的信用风险进行有效监管。2015年4月，为适应经济发展新常态下保险业外部环境和发展模式的深刻变革，贯彻落实国务院简政放权精神，中国保监会取消了对外资保险公司关联交易的审批项目，继而发布《关于加强保险公司再保险关联交易信息披露工作的通知》，进一步完善了再保险专业化监管体系。

（五）再保险市场发展中存在的问题

不可否认的是，当前我国再保险市场仍存在一些问题。一是我国再保险市场与原保险市场相比，呈现出市场规模小、市场主体相对匮乏的特点。目前，我国专业再保险机构再保费收入仅占全球再保险市场的2%左右，再保险总分保费收入只占原保险保费总收入的3.5%左右，与发达国家20%的平均水平差距较大。二是由于再保险主体技术薄弱、承保能力有限等问题，我国再保险业务大量外流。如今，境内外资公司和境外公司的分保业务，已占到了我国再保险市场份额的六成以上。三是我国再保险产品创新和服务能力不足。目前，国内再保险产品形式单一，以低端传统财产再保险产品为主，险种集中在车险、财产险等分保项目。合同形式以传统比例分保为主，技术含量较高的超额分保和临时分保业务规模较小。对于新兴或特殊风险领域业务的支持力度不足，尚未建立农业和巨灾再保险体系。总体而言，不能满足直保市场对再保险产品和服务多样化的需求。四是我国再保险中介市场发育不良，尚未形成专业化再保险中介机构。当前，外资保险经纪巨头凭借其长期积累的渠道、信息和人才优势，几乎垄断了国内再保险经纪业务。而2015年12月，我国才成立首家再保险经纪公司——江泰再保险经纪公司，实现再保险经纪公司"零"的突破。此外，对新兴机构、产品、业务的监管均尚处于摸索阶段，专业人才相对匮乏，信息化建设较为滞后。缺乏合理业务结构和地域结构等问题,也都是加快再保险市场发展亟须关注的痛点。

三、加快建设再保险市场的具体实施路径

国务院颁布的"新国十条"和保险业"十三五"规划纲要,指明了"十三五"时期我国再保险业的发展方向及重点突破口。未来时期,我国保险业将从以下几个方面着力,探索加快建设再保险市场的具体实施路径。

(一)完善再保险产业链,建立健全再保险市场体系

完善再保险产业链,构建主体多元、结构丰富的再保险市场体系。培育和发展再保险主体,适度增加主体数量。鼓励保险集团或社会资本投资设立专业再保险公司。以上海自贸区、深圳前海等区域性再保险中心为切入点,吸引资本实力雄厚、技术优势明显的国际再保险公司来华设立再保险机构,引导现有外资再保险机构加大在华公司的投入,培育一批具有国际竞争力的再保险巨头企业,发展一批专业化的中小型再保险机构。鼓励直接再保险公司兼营再保险业务。鼓励设立自保公司、相互制保险公司等新型保险组织。完善再保险中介服务。引入或设立为再保险业发展提供配套服务的再保险经纪、风险评估、损失理算、法律咨询等专业性再保险服务机构。最终形成以专业再保险公司为主导,再保险集团、兼营再保险的直接保险公司、从事再保险业务的专业中介机构、自保公司及特殊风险保险联合体等多层次、多类型、多功能主体并存,中外资再保险公司公平竞争、共同发展的再保险市场格局。

(二)发展区域性再保险中心,提高国际话语权、定价权

积极发展区域性再保险中心,促进再保险人才、技术等资源要素汇集,提升我国在全球再保险市场的定价权、话语权。区域性再保险中心的建立,需依托于强大的本土再保险市场。目前,全球再保险市场上主要的区

域性再保险中心有伦敦、百慕大、新加坡、苏黎世。依托这些强大再保险市场成长起来的慕尼黑再、瑞士再、汉诺威再等世界前十大再保险机构，累计拥有超过 80% 以上的全球市场份额。这些地区和机构占据了全球保险业的主要定价权、话语权和影响力，成为全球保险市场价格波动和发展的风向标。

通过在我国大力推动区域性再保险中心建设，创新市场转入机制和业务模式、合理安排配套政策，吸引国际再保险市场主体集聚，增加我国再保险市场主体。鼓励再保险创新产品及业务先试先行，集聚区域内乃至国际再保险高端人才，增强我国再保险市场的产品和技术创新能力。积极促进离岸再保险业务发展，支持大力开展跨境人民币再保险和全球保单分入业务，为我国海外企业以及周边国家和地区的保险机构提供再保险服务，突破本土保险市场地域的限制，拓展我国再保险市场的发展空间。加强基础数据收集和分析工作，充分借鉴国际先进的再保险技术和经验，不断提高再保险定价能力、增强产品创新能力、提升风险管理水平，逐步形成我国再保险市场的核心竞争力，促进保险和再保险市场的繁荣发展。加快研发服务我国风险特点的巨灾模式和定价工具，积极探索巨灾保险金融工具创新，打造巨灾保险创新载体。

（三）大力推动再保险产品服务创新，拓宽保障领域

随着近年来大数据、云计算、物联网、移动互联网等技术的广泛应用，保险需求碎片化、保险消费情景化趋势加剧，保险业经营模式及产品创新形态正在发生深刻变革，对我国再保险产品和技术的创新能力提出了更高要求。在制度设计和监管导向层面，鼓励再保险主体为新型保险需求提供个性化、创造性再保险解决方案，给予适当的创新试错空间。充分借鉴国外巨灾债券、新型非传统风险转移工具等创新型产品，丰富再保险风险管理手段。

拓宽再保险服务领域，加大对农业、交通、能源、化工、水利、地铁、航空航天、核电及国家其他重点项目的大型风险、特殊风险的保险保障力度。积极开拓"一带一路"相关工程保险、国家战略储备财产保险等特殊领域临分

业务,加大对"一带一路"战略及企业"走出去"的服务力度。

(四)鼓励再保险公司与直保公司开展深度合作

鼓励再保险公司与直保公司在产品开发、服务网络、数据共享等方面开展深度合作,实现协同、创新发展,扩大我国保险市场承保能力。支持再保险人充分发挥在承保定价、数据积累、模型技术等方面的优势,前移服务节点,协助保险人进行产品研发、费率厘定及制定核保策略。强化再保险人对保险人的风险管理支持,协助制定风险管理方案,优化业务风险组合。鼓励再保险人协助保险人准确把握市场需求变化趋势,主动推介国际产品设计的新理念、新动向、新成果,灵活调整创新业务费率和承保条件,及时跟进再保险整体服务方案,推动保险人努力拓展在经济转型升级、社会保障、灾难救助等更宽广领域的产品和服务创新。借助二者战略合作,加大对网络安全等新兴风险的保障力度,满足市场多元化需求,扩大保险市场承保能力。

(五)建立和完善农业再保险体系和巨灾风险再保险体系

建立和完善财政支持的农业再保险体系和巨灾风险再保险体系,构建多层次风险转移分担机制。积极发展农业专业再保险市场,创新设立专业化农业再保险组织。充分利用国内和国际再保险市场,抵御和化解农业保险风险。进一步推进农业保险再保险共同体建设,为农业保险发展提供稳定的承保能力。

推动再保险积极参与各地开展的巨灾保险试点,推进全国性的巨灾风险再保险体系建设,增强再保险分散自然灾害风险的能力。加强再保险国际合作,将巨灾风险在国际范围内进行分散。鼓励再保险机构参与建立巨灾数据库,研发切合我国国情的巨灾风险模型,推动巨灾风险定价及灾后评估技术发展,提高风险管理水平。支持有条件的再保险公司积极探索新型巨灾风险分散工具,努力推动巨灾债券等新型风险转移工具的运用,促进再保险市场、直保市场和资本市场的良性互动,丰富自然灾害管理手段。

（六）鼓励再保险业服务行业基础设施建设

支持再保险参与行业数据平台、灾害管理、风险管理服务体系等基础设施建设，以多种形式推动行业数据经验分析和全球分保协调。鼓励再保险机构配合监管机关和行业协会，加快行业风险曲线、特定标的风险信息库、重大疾病发生率表等行业标准的制定，积极参与农业保险、巨灾风险等国家风险保障体系建设，推动全行业技术进步和服务水平全面提升。

（七）全面推进专业化监管，健全风险防范机制

完善再保险登记制度，丰富再保险接受人信息库。对境内外再保险人建立差异化的偿付能力监管制度，形成境内和离岸有别、法人和分公司有别、有保证金和无保证金有别的再保险人信用风险监管体系。着力研究制定离岸再保险人保证金制度，降低离岸再保险人信用风险。构筑国际再保险交易风险防控体系，防范、化解金融风险通过再保险业务跨境传递。加强对新型风险转移工具的监管，推动创新产品的合理运用。完善再保险公司准入退出机制，研究制定再保险公司等专业性保险公司的准入管理办法，加快区域性市场退出实践。

作者简介：田玲，女，武汉大学经济与管理学院保险与精算系主任，教授、博士生导师；兼任中国保险学会副秘书长、民政部灾害评估与风险防范重点实验室副主任；发表论文30余篇，出版专著两部，主持并完成国家社会科学基金重大招标项目、国家自然科学基金项目等多项研究。

稳步推进保险中介市场发展

刘冬姣

中国保险业"十三五"规划纲要将"新国十条"的精神贯彻在未来5年保险业发展的各个层面,明确指出要稳步推进保险中介市场发展。正确认识稳步推进保险中介市场发展的现实背景及其意义,准确把握稳步推进保险中介市场发展的具体内涵,统一思想,协调行动,对保险中介自身的发展,对保险业转变发展方式,对发挥现代保险服务业在我国社会经济中的作用,具有重大而深远的历史意义和现实意义。

一、稳步推进保险中介市场发展的背景及意义

"十三五"时期,保险业面临全新的发展背景。基于保险中介发展的现实基础,稳步推进保险中介发展,是我国保险业发展的重要战略举措。

(一)稳步推进保险中介市场发展,具有坚实的行业基础

我国保险业经历了快速发展阶段,目前呈现出稳中有进、稳中向好的发展态势。保险业务高速增长,业务结构不断优化,经营效率大幅提升,行业实力不断壮大,保险规模跃上新台阶。"十二五"期间,全国总保费从2010年的1.3万亿元增长至2015年的2.4万亿元,保险业总资产翻番,行业利润增加了2.4倍,保险市场规模先后赶超德、法、英,全球排名从第6位上升至第3位,正在由保险大国向保险强国迈进。保险行业的发展,为"十三

五"期间稳步推进保险中介的发展奠定了坚实基础。

伴随我国保险业的发展，保险中介从无到有，从不规范到逐步规范，现在已初步形成包括保险代理、保险经纪和保险公估在内的完整的保险中介体系。截至 2015 年年底，全国共有保险营销员 600 多万人、兼业代理机构网点 21 万余家、专业中介机构 2500 多家。"十二五"期间，保险中介渠道实现的保险费收入占总保险费收入的 80% 以上，保险中介已经成为保险产品销售的主渠道。与此同时，保险中介还积极发挥专业优势，参与保险产品开发和风险管理活动，在保险服务的改善、保险纠纷的化解、保险市场效率的提升、保险知识的宣传等方面发挥了重要作用，有力促进了保险产业链的完善、保险资源配置效率的提升和保险业的创新发展。

（二）稳步推进保险中介市场发展，是补齐保险业发展短板的内在要求

保险中介是保险产业链的重要环节，是保险市场的重要组成部分。发达国家保险发展的经验表明，保险业越发达，保险中介就越重要。在我国保险发展中，保险中介发挥了重要作用，但保险中介产业链不能完全满足保险产业化发展要求的问题日益突出，保险中介已经成为我国保险业发展的短板，主要表现在：一是保险中介服务体系不完备。就保险产品销售来看，保险兼业代理、保险营销员成为保险销售的绝对主力军，其收取的保险费占总保险费的 70% 以上，在销售中不乏误导甚至欺骗事件；而保险代理公司和保险经纪公司销售保险产品的保险费，占总保险费的比例不足 8%。此外，保险中介提供的风险管理等专业化服务相对不足。二是保险中介市场体系不完善。价值规律、供求规律、竞争规律在保险中介市场上无法充分发挥作用，保险中介机构的经营管理不规范，市场短期行为、违规行为给保险市场带来严重的负面影响。三是保险中介服务的专业化水平不高。服务内容单一，服务能力较弱，最能体现专业化水平的保险专业中介机构发展相对不足。四是保险中介的基础建设薄弱。绝大多数专业中介机构经营管理粗放，内控制度不完善，专业人才匮乏，风险隐患大。营销员和兼业代理机构

规模庞大,管理难度高。为此,在"十三五"时期补齐保险中介短板是保险业发展的内在要求。

(三)稳步推进保险中介市场发展,有助于实现保险行业的转型升级

我国保险业的发展已由行业意愿上升为国家意志,保险业将在新常态的背景下发展。世界经济在调整中曲折复苏,我国正面临经济结构优化、发展动力转换、发展方式加快转变的全新局面,经济发展方式正从规模速度型粗放增长转向质量效率型集约增长,经济结构正从增量扩能为主转向调整存量、做优增量并存的深度调整。认识新常态、适应新常态、引领新常态,是当前和今后一个时期我国经济发展的大逻辑,也是保险业发展的大逻辑。在我国经济正向形态更高级、分工更复杂、结构更合理的阶段演进过程中,我国保险产业化发展相对滞后,保险业内部分工不够缜密,保险中介产业链不完备,保险经营集约化程度不高,亟待进行转型升级。稳步推进保险中介市场发展,鼓励和引导保险中介参与保险产业分工,对保险公司发挥自身优势、加强核心竞争力,促进保险业转变发展方式,具有现实意义;加快保险代理、保险经纪、保险公估等中介的发展,形成相互补充的中介运行机制,对优化保险公司与中介的社会分工、提高保险经营集约化程度、实现保险资源优化配置、减少交易成本,具有不可替代的作用;充分发挥保险中介在保险产品开发、销售和服务创新中的积极作用,对提高保险市场运行效率、实现保险业创新发展,具有重大意义。

(四)稳步推进保险中介市场发展,有助于提升保险业的服务能力

"新国十条"已将保险业定位于现代保险服务业,是现代经济的重要产业和风险管理的基本手段。保险服务包括服务于社会治理体系的建设、服务于社会经济的提质增效升级、服务于社会保障体系的建设等。目前,我国经济社会正处于发展的关键时期,各行业、各领域的风险也日益突显。现代保险服务业在加快自身现代化的同时,应努力提升为现代社会经济发展服务的能力,充分发挥经济"助推器"和社会"稳定器"的作用,围绕促进国家

经济社会持续健康发展，为全面建成小康社会服务，为国家治理体系和治理能力现代化服务。保险中介作为连接保险公司与社会的纽带，他们了解保险市场的真实需求和保险产品的特点，既可以为保险公司开发保险产品提供信息，又可以为保险消费者提供增值服务。他们在保险销售服务、风险顾问、防灾防损、损失评估、理赔服务等方面具有独特的优势，是保险服务的重要提供者。稳步推进保险中介市场发展，努力发挥各类保险中介在保险服务中的积极作用，有利于提升保险业的服务能力。

二、建立多层次、多成分、多形式的保险中介服务体系

"十三五"时期，应稳步推进保险中介市场发展，建立多层次、多成分、多形式的保险中介服务体系。

（一）培育具有专业特色和国际竞争力的龙头型保险中介机构

具有专业特色和国际竞争力的龙头型保险中介机构是保险中介服务体系的核心，也是引领保险中介发展的重要力量。它们遵循现代企业发展理念，致力于在全球范围内整合资源，提供风险定价、防灾防损、风险顾问、损失评估、理赔服务等专业服务。从总体上看，目前我国保险专业中介机构经营管理较为粗放，专业化水平低，主要服务于保险产品销售，但对总保费的贡献率不足8%。保险中介机构的专业优势没有得到有效发挥，专业技能和服务水平亟待提升。通过培育专业特色突出、竞争优势明显的龙头型保险中介机构，可以有力带动其他保险中介机构健康发展。由此可见，"十三五"期间着力培育有专业特色和国际竞争力的龙头型保险中介机构，是对市场规律充分把握的体现。

（二）发展小微型、社区化和门店化经营的区域性专业代理机构

小微型、社区化和门店化经营的区域性专业代理机构，是保险中介服务体系的基础。这类区域性代理机构一般是以社区为基础，以区域需求为导

向,提供多样化、有针对性的便捷服务,能有效解决保险消费者对保险的信任问题。美、日等发达国家都建立起了区域性专业代理机构。近年来,美国区域性独立代理商代理的财产险保费收入逐年递增,并于2010年超过全国性代理商居于首位。日本财险市场共有20多万家代理店,占据92%以上的市场份额。目前,我国保险中介行业同质化竞争严重、服务满意度较低,这既不利于保险中介机构自身发展,也难以适应保险市场发展的要求。为此,应积极探索发展小微型、社区化和门店化经营的区域性专业代理机构,通过组织社区活动,提高其在区域内的知名度;针对消费者需求提供特色化的产品和服务,并将业务范围拓展到金融领域,建设综合性的保险金融服务平台,促进保险营销渠道的变革和创新。

(三)探索独立个人代理人制度

建立独立个人代理人制度的目的,是要打造一个自主创新、自我负责、体现"大众创业、万众创新"精神的独立个人代理人群体,并构成我国多层次、多成分、多形式的保险中介服务体系的重要部分。相对于传统营销制度,独立个人代理人可直接对接保险公司,管理层级少,有利于优秀个人代理人的职业化发展。我国保险业自恢复国内业务以来,个人代理人制度对推动保险费收入的快速增长发挥了极其重要的作用,但随着社会经济形势的变化,现行保险营销体制存在的问题也日益突出,迫切需要深入推进营销体制改革。在现有的600多万个人保险代理人中,已有一部分具备独立于保险公司、独自从事保险业务的能力。在"互联网+"时代,打造独立个人代理人群体,无疑是我国保险营销体制改革的有益探索,必将成为我国现行保险营销制度的有益补充。

三、进一步完善保险中介市场准入和退出管理

完善的保险中介市场体系,必须建立科学的市场准入、退出机制,促进要素有序、自由流动。

（一）改进准入、退出管理

科学的准入和退出机制是保险中介市场体系优化的保证。针对当前我国保险中介市场准入门槛低等问题，"十三五"期间，将以提高保险中介市场效率和促进保险中介市场转型升级为目标，进一步改进准入和退出管理。改进准入管理，应分别从专业中介机构、兼业代理机构和个人代理人三个层面入手：对专业中介机构的管理，应"放开放活前端、管住管好后端"，科学确定准入条件和注册资本标准，并将准入管理作为全面修订保险代理、保险经纪、保险公估三部监管规章的重要内容；对兼业代理机构的准入管理，应坚持商业企业性、窗口便利性、业务兼营性和主业相关性准入标准，实施行业准入清单和代理险种目录，实行法人机构申报资格、法人机构持证、营业网点统一登记制度。对个人代理人，重在完善执业登记制度。改进退出管理，应建立自主退出和监管强制退出有机结合的退出机制。一方面，科学确定保险中介市场退出条件，简化退出程序，丰富市场退出政策工具，开展经营连续性审查，强化退出标准的硬约束；另一方面，加快建设风险预警机制，通过硬约束机制督促中介机构稳健经营。

（二）引导保险中介市场要素有序、自由流动

保险中介市场要素有序、自由流动，是提高资源配置效率的保证。我国经济将进一步深度融入世界经济。作为世界第三大保险体，我国保险业已经成为世界保险市场的重要组成部分，保险中介资源的全球流动成为必然趋势。"十三五"期间引导保险中介市场要素有序、自由流动，一方面需要通过"引进来"促进优质中介要素的流入，并将"引进来"的重点放在专业化、精细化上，着力引进发达国家大型保险中介机构，提高国内保险中介市场的服务能力；另一方面，需要更加主动地"走出去"，推动国内保险中介机构积极拓展海外市场，支持保险专业中介机构在境外设立机构，积极开展国家对外经贸战略服务和企业海外项目的风险管理与保险服务。

（三）鼓励保险专业中介机构兼并重组

目前，保险业发达的国家都建立了要素有序、自由流动的保险中介市场，人员、资本、技术等要素在兼并重组中得以整合，保险中介机构趋于规模化、集团化、专业化。我国现有的 2500 多家保险中介机构，其中不少是规模小、专业能力较低、展业行为不规范、内控制度不完善的中小保险中介机构。"十三五"期间，将逐步消除兼并重组过程中的体制性障碍，推动保险专业中介机构兼并重组，引导保险中介机构通过兼并重组、上市融资等方式扩大规模，支持有发展空间和发展潜力的保险中介机构通过兼并重组来完善服务网络，吸引高素质人才加入中介行业，逐步将现有保险中介机构培育成优势互补的专业保险中介集团，以此促进专业保险中介机构的服务水平和专业化程度进一步提高。

四、不断提升保险中介机构的专业技术能力

专业技术能力是保险中介机构的立业之本。不断提升保险中介机构的专业技术能力，是发挥保险中介机构在保险中介市场中作用的重要保障，是保险中介机构为消费者提供增值服务的重要保障，也是提升我国保险中介机构国际竞争力的重要保证。如今，我国大多数保险中介仍停留在保险产品销售服务上，风险管理、售后服务等服务能力较弱，服务附加值和内含价值较低，全面提升保险中介机构的专业技术能力迫在眉睫。

（一）提升保险中介机构的风险定价能力和产品开发能力

保险中介作为保险买卖双方的桥梁，不仅可以利用专业知识帮助客户获得更合理的保险价格，同时也可以利用其畅通的询价渠道和风险识别途径，为保险公司提供风险定价服务。保险中介机构参与风险定价，充分利用其信息优势和资源优势参与保险产品开发，可直接对接保险需求和供给，有利于降低市场交易成本，有助于建立科学的价格形成机制和竞争机制。提

升保险中介机构的风险定价能力和产品开发能力，应从夯实基础入手，加强保险中介机构风险数据的积累和专业人才的储备，探索有助于发挥其作用的保险产品研发机制。

（二）提升保险中介机构的防灾防损、理赔服务与反欺诈能力

保险中介机构直接接触投保人和保险标的，提升其防灾防损能力与反欺诈能力，有助于从源头控制风险，及时发现风险隐患，降低风险发生概率。与此同时，保险中介机构利用专业知识和丰富的经验，协助客户处理赔案，争取及时、快捷、公平、合理的赔偿，有利于化解理赔纠纷，维护消费者利益。保险中介机构应将防灾防损、理赔服务与反欺诈，作为其提供增值服务的重要内容。

（三）提升保险中介机构的销售创新能力

当前，我国保险中介是保险销售的主要渠道，但保险中介机构的销售贡献率只有8%左右。在目前我国保险销售呈现多元化趋势，交叉销售、电话销售和互联网销售等新渠道不断开拓的背景下，保险中介机构应以消费者需求为导向提升其销售创新能力：一方面，应探索"互联网+保险中介"的形式，借助互联网开发形成新的业务平台；另一方面，应按照线上线下监管一致性原则的要求，规范保险中介的服务行为。与此同时，在保险公司正在进行的保险销售创新中，保险中介机构还应利用其丰富的专业知识和技能，协助保险公司做好销售渠道和模式的创新工作。

五、进一步加强保险中介市场基础建设

保险中介市场基础的完善，是稳步推进保险中介市场发展的保障。"十三五"期间，我国应从保险中介自律管理、保险中介市场风险管理体系建设、保险中介信息披露、保险中介的业务管理与监管等方面，强化保险中介市场的基础建设。

（一）进一步强化保险中介市场的自律

行业的发展离不开强有力的自律管理。保险中介行业自律的目标就是规范保险中介行业行为，协调同行利益关系，维护行业间的公平竞争和正当利益，促进保险中介行业健康发展。鉴于当前我国已有多家地方性保险中介行业协会并发挥着重要作用，"十三五"期间，将进一步引导有条件、有意愿的地区成立地方性保险中介行业组织，成立中国保险中介行业协会；建立分类、分层次的保险中介从业人员测试制度，开展继续教育与培训，完善全行业统一的执业登记体系；构建保险中介机构服务评价体系和独立个人代理人综合评级制度，健全完善保险中介机构和从业人员诚信记录及失信惩戒机制；推动行业组织搭建平台，建立重大风险项目和行业人才信息平台。

（二）构筑市场化的保险中介职业责任和风险承担体系

保险中介业务直接连接保险公司和投保人，保险中介市场的风险一旦发生，必然严重影响保险公司和投保人的切身利益。近年来，保险中介机构面临的跨市场、跨领域传递的风险隐患不断增加。一些保险专业中介机构在开展的互联网业务和综合经营的探索中，其规范经营意识、内部管控水平并未相应提高，风险因素在逐渐积聚。与此同时，保险中介机构自身的风险承担能力相对较弱，构筑市场化的保险中介职业责任和风险承担体系尤为重要。职业责任保险制度和保证金制度，是保险专业中介机构风险保障机制的两项制度安排。随着保险中介市场的不断发展，"十三五"期间，应根据保险中介市场风险因素的变化，进一步完善职业责任保险制度和保证金制度，强化保险中介机构的风险承受能力。

（三）加强保险中介信息披露

保险市场存在典型的信息不对称，保险中介的加入可能进一步强化信息不对称性，这必然影响保险资源配置的效率。为此，加强保险中介信息披露，建立多元化的信息披露渠道和平台，发挥社会监督的作用尤为必要。

"十三五"期间,应围绕以下重点领域加强保险中介信息披露:建立健全保险中介机构对自身概况、行业信息、行政许可等基本信息的定期披露和行政处罚、业务变更等重大事项信息的不定期披露制度,加强产品销售、理赔服务等各环节的信息披露,推动保险中介机构与保险公司的业务、财务管理系统对接和数据自动校验,加强保险公司中介业务全流程信息系统管控;积极完善保险中介人员和保险中介机构信用信息平台建设,强化保险中介从业人员从业过程中的信息告知义务;建立向客户公开经纪机构佣金收取方式和比例制度,保护消费者的知情权,降低信息不对称性,减少行业欺诈行为。

(四)强化保险中介机构的内控制度建设和保险中介业务管理

强化保险专业中介机构内控治理,落实法人机构和高管人员的管理责任。目前,我国保险中介机构中,绝大部分公司的内控制度建设滞后,从内控治理入手强化其自我管理尤为必要。"十三五"期间,对全国性大型保险中介机构,应立足于建成行业引领者的目标,建立结构完整、权责明确、运转有效的管控架构;对于规模小的区域性保险中介机构,要引领其规范运作,逐步建立治理机制和内控制度。与此同时,建立保险中介内控管理责任体系以及责任追究制度,强化法人机构以及高管人员对风险防范的主体责任。

加强兼业代理机构保险业务管理,建立保险业务责任人制度。当前,兼业代理机构是我国保费收入的重要渠道,近年来的保费贡献率高达35%以上。兼业代理极易出现与保险公司合谋抬高手续费,欺诈和误导消费者的行为。"十三五"期间,应着力建立兼业代理机构代理保险业务的内控制度和管控机制指引,明确法人的主体责任,实行书面合规承诺和合规责任人制度,鼓励保险公司与兼业代理机构建立长期稳定的合作关系。

规范保险公司中介业务管理,促进保险中介业务的规范运作。各类保险中介业务最终都会对接保险公司。以保险公司的中介业务管理为切入点,是强化保险中介业务管理的有效路径。近年来,保险公司与专业中介机构和兼业代理机构之间的业务关系存在不合法、不真实、不透明等问题,弄虚作假、虚增成本、非法套取资金等问题尤为突出。因此,"十三五"期间要进一步加强保险公司中介业务的管理,进一步明晰保险公司落实中介业务管控责任的监管标准和要求,推动保险公司自上而下完善中介业务的组织架构和规章制度。

(五)加强行政监管,提升行政效能

行政监管是保险中介监管机制的重要构成部分。在我国加快转变政府职能的背景下,"十三五"期间,保险监管部门要简政放权,放管结合,在放开前端的同时,严格管控后端,进一步提升行政效能。对保险中介的监管将立足电子化、互联网、大数据、云计算的时代背景,搭建新型监管信息平台,完善保险中介基础数据库,实时监控保险中介市场的业务情况及其资源的流动,实现监管部门、保险公司、保险中介机构、从业人员的有效对接,确保非现场监督的高效运作。保险中介监管将不断完善监管规定,不断创新监管手段,守住防范系统性区域性风险的底线,构建更加完备和成熟的监管制度,推进保险中介监管体系和监管能力的现代化。

作者简介:刘冬姣,女,中南财经政法大学金融学院副院长,教授、博士生导师;兼任全国保险专业学位研究生教学指导委员会委员,中国保险学会常务理事,湖北省保险学会副会长,湖北省政协常委,武汉市政府参事;先后主持国家社会科学基金、中国保监会等国家级和省部级课题多项,发表论文数十篇,出版《保险中介制度研究》《人身保险》等多本著作和教材;多项成果获得湖北省、武汉市社科优秀成果奖。

全面推进保险费率市场化

郭金龙

　　《中共中央关于制定国民经济和社会发展第十三个五年规划的建议》提出："健全使市场在资源配置中起决定性作用和更好发挥政府作用的制度体系，以经济体制改革为重点，加快完善各方面体制机制，破除一切不利于科学发展的体制机制障碍，为发展提供持续动力。"《国务院关于加快发展现代保险服务业的若干意见》要求："改革创新、扩大开放、健全市场、优化环境、完善政策，建设有市场竞争力、富有创造力和充满活力的现代保险服务业"。保险业"十三五"规划纲要强调的"全面推进保险费率市场化"，是将保险产品定价权交还市场主体、保险监管更多地从事前监管转向事中事后监管、金融改革向纵深发展的必然选择，也是保险业优化供给、创新发展和全面落实简政放权、转变职能要求的重要体现。

一、全面推开商业车险条款费率管理制度改革

　　自 2010 年 6 月发布《关于在深圳开展商业车险定价机制改革试点的通知》起，中国保监会先后在深圳、北京和厦门进行了商业车险费率市场化改革试点。2015 年 6 月，商业车险条款费率改革（以下简称"商车费改"）试点在 6 省市正式实施。在此之前，保险行业上下都进行了精心准备，多家保险公司向中国保监会申报了新的商业车险条款费率。2016 年 1 月，试点地区扩大

到18个。在总结前期试点改革经验的基础上,2016年7月,在全国范围内实施商车费改。

按照先条款后费率、先统一后差异的原则,此次商车费改包括三项主要内容:一是建立健全商业车险条款形成机制,包括行业示范条款制度和创新型条款形成机制;二是建立健全商业车险费率形成机制,包括建立行业基准纯风险保费的形成、调整机制,逐步扩大保险公司的费率厘定自主权;三是加强和改善商业车险条款费率监管,主要包括建立对条款费率的动态监管机制和完善偿付能力监管制度。商车费改最终实现符合条件的保险公司根据自有数据开发商业车险条款费率。

商车费改能够促进行业增长和保持稳定。一是改革前车险的一个重要问题是对风险因素考虑不够,各家保险公司的车险费率标准仅与座位数、车龄、新车购置价等因素相关,频繁出险的车辆与长期不出险车辆间的费率差异不大。此次改革方案纳入了车型风险因素,同时给予保险公司更大的费率制定权。因此改革后,各家保险公司可以更科学地设定车险条款费率,为不同消费者提供与其偏好和风险状况相适宜的产品,减少逆向选择和不同消费者之间的交叉补贴。二是中国保险行业协会基于全国大数据制定的行业费率比较精确,引入渠道因子便于遏制渠道上的不规范、不理性行为。并且,相对于10年前的上一轮改革,保险公司过于重视规模、速度而不计成本的经营理念已有很大改善,如今的偿付能力和公司治理监管已有很大改进。因而改革后,保险公司之间不会出现大范围的非理性竞争,不会威胁行业的偿付能力。三是车辆保险信息共享平台于2006年7月开始建设,运行良好。2013年7月,中国保险信息技术管理有限责任公司(以下简称"中保信")注册成立。该平台和中保信通过计算机网络和远程信息系统,实现了公安交通管理部门、保险监管机构、保险行业协会及各省级保险公司之间的车辆保险动态数据信息互联共享。因此,车险差异化定价的数据支持条件基本具备。

商车费改将在多个方面改善消费者权益。一是增加保险责任。比如,将被保险人家庭成员和允许的驾驶人家庭成员的人身伤亡纳入第三者范围，更清晰地界定了车上人员范畴；将冰雹、台风、暴雨等自然灾害，以及所载货物、车上人员意外撞击导致的车辆损失纳入承保责任。二是车损险引入了代位求偿的索赔方式，出险后，被保险人可以选择向责任方索赔或向责任方的保险公司索赔和代位求偿。三是改革前，商业车险的经营惯例是"次日零时生效"，而改革后，允许投保人在"零时起保"或者"即时生效"之间作出选择，允许有条件的保险公司自行设计投保单；遵循契约自由原则，删除了常见的"次日零时生效"的规定。四是市场竞争和产品差异化会提高消费者的投保率，提高消费者剩余。

商车费改还会产生一系列的"外部"效果。一是作为改革的一部分，保险行业协会将建立商业车险损失数据的收集、测算和调整机制，动态发布商业车险基准纯风险保费表；保险监管机构将建立商业车险费率厘定和使用情况的回溯分析机制。这些举措将促进保险行业协会和保险监管机构的数据积累和信息化管理，对于其他保险业务的发展也是有益的。二是改革后，车主的保险费率与上一年或上两三年的出险情况紧密挂钩，通过保险费率的激励惩罚机制改善驾驶习惯，减少机动车事故。三是此次改革将推动互联网和保险业的融合。例如，推动整个车联网的发展，促进第三方车险比价机构的发展，以及消费者通过互联网渠道购买车险产品。

在推开商车费改的过程中应当注意如下事项：一是把握好放开两个费率浮动系数、条款开发自主权等，加强财产保险产品管理制度建设，实施备案产品自主注册改革，建立产品注册平台和数据库。二是根据德国、韩国、日本、中国台湾地区以及美国很多州的经验，车险费率改革后，整个车险的综合成本率将上升、市场集中度将提升。在此过程中，必然有一些保险公司陷入经营困境，甚至扭亏无望，这需要加快建设中国保险市场的退出机制。三是改革后的纯风险定价将引入车型定价，而汽车维修零配件价格目前仍然不透明。因而，保险业、汽车业和消费者应当共同努力，增强各种车型的零配件价格的透明度。

二、推进"交强险"制度改革

设立"交强险"（机动车交通事故责任强制保险）是为了解决受害人因道路交通事故而面临的经济困境，为其提供及时、有效的经济救助，发挥维护社会稳定的职能。《机动车交通事故责任强制保险条例》规定："机动车交通事故责任强制保险实行统一的保险条款和基础保险费率。保监会按照机动车交通事故责任强制保险业务总体上不盈利不亏损的原则审批保险费率。"

不同地区的自然地理、社会和道路交通状况以及驾驶员资质不同，而"交强险"在全国各个地区采用统一费率，这与我国经济体制的市场化改革方向不符。一是区域统一定价而赔付率的地区差异明显。东部地区车辆保有量较大，交通拥堵程度较高，人伤赔付金额较高，拥有更多的赔付率高而保费较低的营业客车、营业货车、拖挂车和拖拉机等，所以"交强险"业务亏损严重，而西部地区的赔付率较低。因此，经济社会发展较为落后的西部地区一直在补贴较为发达的东部地区，有失社会公平原则。二是实行全国统一的赔付限额，但不同经济社会发展水平的地区对"交强险"的赔付需求不同。三是风险分类不够细致。"交强险"制度推行时间较长的国家一般都有完善的风险分级，风险系数就有几十种，每一种还细分了等级，因而其"交强险"费率厘定更为科学、细致。我国推行"交强险"的历史较短，而且相对缺乏拟定费率的必要数据，"交强险"采用差别费率的技术条件也不足。

推进"交强险"制度改革应当注意以下方面：第一，完善"交强险"费率调整机制。一是综合考虑各省区市经济发展程度、交通状况及司法环境等因素，分地区制定"交强险"费率。二是明确费率调整的触发条件、调整程序、调整频度和调整主体等，及时调整地区及车型费率，逐步实现整体不盈不亏。三是仿照商业车险模式建立保费调节系数，综合考虑交通违章、驾驶人情况等风险因素，使消费者支付与其自身风险状况相匹配的价格。第二，优化"交强险"经营核算规则。监管部门应严格规范和监督各保险公司"交强险"的经营核算情况,使保险公司调整不合理的管理费用和理赔费用分摊规则,让核算结果更准确地体现"交强险"实际经营情况,为下一步市场化定价改革积累充足、准确、有效的数据。第三,做好"交强险"市场化定价改革的前期准备工作。特别是在全国推广商车费改的基础上,积累车险产品市场化定价和经营经验。第四,调查研究取消"交强险"的财产损失赔偿限额,提高人身伤害赔偿限额,以反映"交强险"的产品定位和制度设计目标。

表1 "交强险"经营情况

	2009 年	2010 年	2011 年	2012 年	2013 年	2014 年	2015 年
承保车辆数(万辆次)	8502	10141	11375	12905	14655	16496	18435
保费收入(亿元)	668	841	983	1114	1259	1418	1571
赔付(亿元)	472	621	749	821	880	983	1081
增提未到期责任准备金(亿元)	63	86	69	56	53	75	21
综合赔付率(%)	78.02	82.25	81.95	77.60	72.97	73.19	69.74
经营费用(亿元)	186	231	277	320	369	407	489
营业税(亿元)	37	46	55	62	71	79	
救助基金提取(亿元)		17	20	21	20	21	
综合费用率(%)	30.74	30.60	30.31	30.25	30.60	30.31	31.55
综合成本率(%)	108.76	112.85	112.25	107.84	9103.57	103.50	101.29
投资收益(亿元)	24	25	20	29	45	63	93
责任限额(亿元)	103421	123386	138465	156187	178287	200784	
赔案件数(万件)	1500	1535	1579	1886	2253	2447	2694
案均赔款(元)	3146	5121	5101	4642	4464	4401	4411

数据来源:根据中国保监会关于"交强险"业务情况的公告、中国保险行业协会相关资料整理。

三、全面深化寿险费率市场化改革,完善配套制度

1996 年至 1999 年,中国一年期定存利率从 10.98%降至 2.25%,而

当时中国寿险业的资产集中投资于银行协议存款和国债,所以,随着银行利率下调,寿险业承受了巨大的"利差损"压力,影响到了公司的偿付能力。1999年6月10日,中国保监会发布通知,要求人身保险产品的预定利率不得超过2.5%,同时禁止销售利差返还型产品。随着保险行业的快速发展,过低、过死的预定利率越来越成为削弱寿险保障功能、抑制寿险产品需求的因素。

2013年8月,普通型人身险费率改革启动,该类产品的预定利率改由保险公司按照审慎原则自行决定;明确法定责任准备金评估利息标准,规定改革后新签发的普通型人身保险保单,其法定责任准备金评估利率不得高于保单预定利率和3.5%当中的最小者。同时,允许养老年金等业务的准备金评估利率最高上浮15%,以促进养老保险业务发展;适当降低长期人身保险业务中与风险保额相关的最低资本要求,鼓励和支持发展风险保障业务;由保险公司自主确定佣金水平,优化费用支付结构;加强人身保险条款和费率的管理,将偿付能力状况作为保险条款和费率审批、备案的重要依据,并根据预定利率是否高于规定的评估利率上限,分别采取审批、备案方式进行管理。

2015年2月,万能型人身险费率改革启动,取消万能保险不超过2.5%的最低保证利率限制,同时,要求最低保证利率更高的产品计提更高的准备金,将最低风险保额与保单账户价值的比例提高3倍。改革后,普通型人身险主流产品价格平均下降20%左右,万能型产品价格在保障程度提高的前提下保持平稳,消费者从改革中获得实惠。2014年,普通型人身险保费收入同比增长265%。2015年3—6月,普通型人身险保费收入已占人身险保费收入的34%,超过改革前约25个百分点;万能型人身险保费收入同比增长66%,占人身险保费收入的22%,较改革前提升5个百分点。

2015年9月,分红型人身险费率改革启动,放开分红型人身险的预定利率限制,要求分红保险死亡保险金额提高至已交保费的120%,最低保障要求与万能险持平;首年最低现金价值较原来普遍提高20%以上。至此,按照普通型、万能型、分红型分三步走的中国人身险费率形成机制已建立,寿险产品的定价行为更加市场化。费率市场化降低了人身险产品价格，促进了行业差异化竞争，提高了对保险公司投资能力的要求，有助于发挥人身险的风险管理、经济补偿和长期储蓄功能，保护消费者合法权益和促进保险行业持续稳定健康发展。

全面深化寿险费率市场化改革，机遇和挑战并存。在改革的机遇方面，一是增强保险公司的自主经营活力。将保险产品最核心的权利——定价权还给公司、交给市场，由市场主体根据供求关系自主确定，让公司完全掌控自主经营权，充分调动公司搞好自主经营的主观能动性。二是提升保险公司的改革创新动力。费率管制抑制了保险公司的创新动力，引发业务增长乏力、销售误导、社会形象不佳等问题。而费率市场化改革，促进保险公司设计符合自身经营策略和适销对路的产品，促进行业有序竞争。三是激发保险公司结构调整的潜力。实施费率改革，将倒逼保险公司加强经营管理，提升保险产品和服务的竞争力，促进风险保障和长期储蓄业务发展，改善保险行业盈利状况。

在改革的挑战方面，一是面临存量业务的退保风险。费率改革实施后，一些消费者会退掉原有保单再重新投保。二是面临增量业务的利差损风险。费率管制放开，公司自主定价，管理能力较差的保险公司可能会因预定利率偏高、实际投资收益不佳等原因出现利差损。三是面临恶性竞争与误导宣传的风险。改革实施后，不排除个别保险公司恶性竞争，在销售时过分解读费率改革政策，甚至利用费率改革政策进行恶意炒作。

表2 人身保险主要险种保费收入和占比

（单位：亿元）

	2008 年	2009 年	2010 年	2011 年	2012 年	2013 年	2014 年
普通寿险	825 （12.65%）	821 （11.46%）	854 （10.51%）	825 （9.62%）	850 （9.65%）	1090 （11.68%）	4191 （38.72%）
分红寿险	3805 （58.37%）	5246 （73.20%）	7179 （88.36%）	7667 （89.42%）	7859 （89.18%）	8136 （87.21%）	6510 （60.14%）
投连寿险	425 （6.52%）	112 （1.57%）	6 （0.07%）	5 （0.05%）	4 （0.05%）	4 （0.05%）	9 （0.08%）
万能寿险	1458 （22.37%）	987 （13.77%）	87 （1.07%）	77 （0.90%）	99 （1.12%）	90 （0.97%）	114 （1.06%）

续表

	2008 年	2009 年	2010 年	2011 年	2012 年	2013 年	2014 年
意外伤害险	131 （2.01%）	156 （2.18%）	190 （2.33%）	229 （2.67%）	259 （2.94%）	311 （3.33%）	370 （3.42%）
健康险	520 （7.98%）	514 （7.18%）	473 （5.81%）	618 （7.21%）	771 （8.74%）	983 （10.54%）	1399 （12.92%）

数据来源:《中国保险年鉴》(各年)。

四、探索开展意外险定价机制改革

意外险在中国起步较早,现已逐步形成航意险、学平险、建意险、旅意险等险种,经营主体较多。几年前《人身意外伤害保险业务经营标准》的制定和实施,规范了意外险业务的开展,但是,意外险产品的定价仍然比较粗放,基础不足。当前,要进行的意外险定价机制改革主要包括如下内容。

第一,加强与意外险相关的保险基础建设。一是编制行业意外险事故发生率表。意外险事故发生率是意外险科学定价的基础,而目前保险企业的意外险定价对风险因素的考虑不充分。生命表的修订、首套重大疾病经验发生率表的编制完成,促进了寿险和健康险的合理定价,而车险标准化数据的建立也促进了车险改革发展,因此,应当集合行业力量编制意外险事故发生率表。二是启动意外险保单登记平台建设。意外险由于投保渠道分散、单位保单的保费收入较低、续期业务相对不稳定、逆向选择和道德风险问题相对较低,其保单登记平台建设较为滞后。车险信息共享平台的运行促进了车险发展;而要推动意外险的精细化发展,需要建设意外险保单登记平台。

第二,探索建立意外险赔付率调节机制和定价回溯制度。意外险定价市场化改革试点后,保险公司应当每隔一个时期对费率方案与实际经营结果的偏差进行回溯分析,并向中国保监会提交费率回溯分析报告。这样,能及时验证意外险费率厘定的精算假设的合理性、责任准备金提取的合规性以及财务业务数据的真实性。最终,防范由意外险费率厘定不科学、不公平、不合理带来的风险隐患,包括因费率过高而损害社会公众利益,因费率过低而造成不正当竞争、扰乱市场经营秩序。

第三,加强其他应当注意的制度建设。一是加强意外险赔付率和费用率的信息披露。产险业务的综合成本率由赔付率和费用率构成,有些意外险的赔付率较低而费用率较高,引起消费者和社会的关注。通过规范信息披露制度,为消费者提供客观、公正、准确、及时的意外险资讯与信息,增强公众对保险业的信任和信心,同时优化意外险的承保理赔程序。二是规范意外险经营和销售行为。意外险经营中较多地存在着过于依靠高费用、高手续费的竞争行为,以及虚列中介手续费、虚列营业费用、虚假电销以及不当利益输送等问题,并且意外险涉及大量的大众消费者,因此,更要完善市场行为监管,营造公平有序的市场环境。

五、加快保险产品监管体制改革和配套措施建设

发挥市场在保险资源配置中的决定性作用,事前监管应当更多地转向事中事后监管。监管机构要在不断健全完善规则、提高制度执行力的基础上,主要明确保险公司市场主体的定位和责任,引导保险公司立足消费者保险保障真实需求、自身经营和市场实际,科学合理地开发、设计、销售保险产品。

伴随着我国经济社会不断发展,不同区域、不同收入人群、不同社会阶层对保险的需求也不断扩大,新的保险需求不断涌现,保险需求的个性化特征日益突出。鼓励保险公司提供个性化、定制化产品服务,引导保险公司走创新发展之路,根据客户的风险偏好、职业规划和行业特点等设计个性化、定制化、多层次的产品,提升客户满意度和忠诚度。支持保险公司积极运用网络、云计算、大数据、移动互联网等新技术,促进保险业销售渠道和服务模式创新。同时,强化保险公司在产品开发使用方面的责任,加大产品监管处罚力度;对于问题产品,加强问责力度,及时采取整改措施。

推动保险公司在投保时通过区别对待、浮动费率措施,鼓励投保人和被保险人主动采取安全防范措施,强化事前的风险防范,预防和控制公众安全隐患,降低风险发生概率。加强保险信用信息基础设施建设,扩大信用记录覆盖面,构建信用信息共享机制。完善保险从业人员信用档案制度、保险机构信用评价体系和失信惩戒机制。

推进保险行业的产品条款通俗化和服务标准化,在逻辑清晰、表述准确的前提下,能让客户快速地了解到该保险的保险责任、免除责任和如何退保等重要信息。让保险条款更易懂,以帮助消费者更好地从自身保险需求出发,选择购买适合的保险产品。完善保险产品信息披露制度,使得消费者能够清楚、明白地选择保险产品。完善全行业信息化建设规划和具体信息标准,构建开放型的保险业信息网以及完善的保险监管信息系统,从而及时披露保险机构的业务经营情况和风险状况。

我们认为,以利率市场化、汇率市场化和费率市场化为主的价格体制改革是中国金融改革的核心部分。而评估某个领域市场化改革的效果,有两个重要标准。一是改革是否促进了该产品或行业的增长,让更多的消费者愿意购买并且能够消费该产品,主要是通过平均价格的降低和产品多样化来实现的。这可以称为"效率"目标。二是改革是否维持了该行业的稳定,而不是造成行业中大量企业亏损破产,甚至诱发系统性区域性风险。这可以称为"安全"目标。如果市场化改革提升了效率并且维护了安全,那么,改革是好的和可行的。全面推进保险费率市场化,需要根据客观条件来设计制度去追求和权衡这两个目标。

总体来看,保险费率改革将全面深入,改革范围将逐步扩大。在改革过程中,需要保险机构与监管部门积极互动:既需要保险公司推进自身经营体制机制改革,改进理念、创新模式、优化流程、提升服务;又需要监管部门完善监管、提高效能、争取政策、营造环境,充分激发和释放市场活力,同时又要坚决守住风险底线。保险费率改革是一项系统性工程,保险业应不断总结经验、反思不足,持续优化和改进改革方案,继续推出改革配套措施,确保全行业在深化改革中健康稳定发展。

作者简介：郭金龙，男，中国社会科学院金融研究所保险研究室主任，研究员、博士生导师，保险与经济发展研究中心秘书长；兼任中国保险学会常务理事；承担省部级以上课题数十项；出版专著、合著和译著 10 多部，在《管理世界》《国际金融研究》《中国人口科学》《数量经济技术经济研究》《金融评论》《财贸经济》《保险研究》等发表论文 100 多篇。

保险业支持经济转型升级

李晓林

支持经济转型升级,是《中国保险业发展"十三五"规划纲要》(以下简称《纲要》)作出的关于开拓保险创新、提高保险服务经济社会发展能力的重要部署,是切实发挥保险业在我国"十三五"期间重要作用的途径,是提升行业地位、进一步谋求保险业发展的必然要求。保险业支持经济转型升级,要以服务经济结构调整为目标,以推动高端制造装备与科技企业研发生产、支持小微企业发展、促进第三产业发展和服务消费增长和升级为重点。

一、推动高端制造装备与科技企业研发生产创新

(一)为高端制造装备研发提供全方位保障

目前,全球正处于新一轮科技革命和产业革命变革的关键时期,发达国家纷纷掀起"再工业化"浪潮,一些发展中国家以更低的成本优势进入制造业中低端,发展格局正在发生深刻变化。中国制造业在面临"前后夹击"危机的同时,也迎来了赶超的重要机遇窗口期。国务院印发的《中国制造2025》牢牢把握当前国情与世界制造业形势,为我国制造业发展指明了方向。高端制造装备是我国制造业的突破口。尽管经过30多年的发展,我国在高端制造装备方面取得了重大成就,但仍与国际先进水平存在较大差距,在前沿领域还存在空白,高端领域明显落后,核心部件受制于人。

保险业服务于高端制造装备研发生产,通过提供全方位保障,降低研发

生产中的不确定性，识别研发生产中可能存在的风险，提供风险管理服务，能够保障研发生产的顺利进行。高端制造装备研发生产中的风险涉及多个方面，关键人员伤亡、关键财产损失、专利知识泄密等风险将严重影响高端制造装备研发生产的效率和成果。保险业与相关工业企业展开深入合作，全面发现并深刻认识高端制造装备研发生产中的各类风险，提出全面、系统的风险管理框架及开展相关服务，是大力开展高端制造装备研发生产对保险业提出的新要求。

（二）助力高端制造装备开拓市场

国产高端制造装备的市场需求是制约我国高端制造装备研发生产的一大要素，对于未取得市场业绩的重大技术装备［首台（套）重大技术装备］，用户尤其是决策者的顾虑较多，担心其设计制造达不到技术要求，使用时影响正常生产，甚至受到责任追究。为助力高端制造装备开拓市场，降低用户在使用首台（套）重大技术装备过程中的风险，中国保监会于 2011 年组织保险公司成立共保体，在中关村国家自主创新示范区启动了首台（套）重大技术装备保险工作。在深入调查了解企业风险需求的基础上，指导保险公司开发设计了首台（套）重大技术装备质量保证保险、装备产品责任保险、装备运输保险、关键技术知识产权抵押贷款保证保险和专利执行保险等 7 个专项险种。几年来，积累了一定经验，取得了较好效果。

在保险补偿模式方面，首台（套）重大技术装备保险补偿机制采取生产方投保、购买方受益的做法，保险公司直接将赔款补偿给首台（套）重大技术装备购买方。此种补偿方式将有力增强设备购买方的信心，推动首台（套）重大技术装备的推广和应用。首台（套）重大技术装备具有价值高、风险大、标的少的特点，难以按照传统的保险大数法则承保，需要建立专项保险机制，在安全性、有效性方面给予保障，推动装备制造企业开展科技创新及装备产业化。《纲要》提出健全首台（套）重大技术装备保险风险补偿机制，保险业应在已有经验的基础上，发掘潜在风险，明确保险赔付条件，使得风险补偿机制切实满足装备购买方的需求。

（三）合理设定保费，降低高端制造装备研发生产和相关资源配置的成本

2015 年 2 月 2 日，财政部、工业和信息化部、中国保监会联合印发《关于开展首台（套）重大技术装备保险补偿机制试点工作的通知》。这是中央财政首次对工业领域实行保费补贴，也是继农业保险之后，中央财政采取保费补贴方式支持的第二大类保险险种。该项保险由保险公司针对重大技术装备特殊风险定制综合险，装备制造企业投保，中央财政适当补贴投保企业保费，利用财政资金的杠杆作用，发挥保险功能，降低用户风险，加快重大技术装备推广应用。

保险业为高端制造装备研发生产提供风险保障，应适度降低保费，根据中央财政补贴的原则，降低高端制造装备研发生产成本。《纲要》提出通过差别化费率政策，服务工业经济结构调整，将差异化保费政策上升为调整工业经济结构的重要工具。这是保费政策实现其资源配置职能的标志性事件之一。保险费率的差异对工业经济结构的资源配置具有引导作用，对高端制造装备及其他新兴工业领域采取低保费策略，同时对落后工业领域采取高保费策略，能够在一定程度上改变不同工业领域的利润格局和资源占有格局，实现工业经济结构调整。这是"十三五"期间，保险由风险治理职能和价值创造职能向资源配置职能突破的又一次飞跃。

（四）服务科技企业

当前世界范围内的新一轮科技革命和产业变革蓄势待发，信息技术、生物技术、材料技术、能源技术等日益突飞猛进，对国际政治、经济、军事、安全、外交等领域产生深刻影响，成为重塑世界经济结构和竞争格局的关键。在此背景下，《纲要》提出加快发展科技保险，推进专利保险试点，为科技企业自主创新、融资、并购等提供全方位的保险服务。中国保监会在成立专项小组、启动科技保险试点多年的基础上，于 2010 年全面开展了服务领域广泛的科技保险。

目前,已形成覆盖科技企业产品研发、知识产权保护、贷款保证、关键研发人员健康和意外等领域的 20 余个险种。其中,科技型中小企业贷款保证保险,有效解决了中小企业融资难的问题;创新开发的关键技术知识产权抵押贷款保证和专利执行等险种,有效保护了科技企业知识产权。明确科技保险保费支出可以纳入企业技术开发费用,享受国家规定的税收优惠政策,在企业所得税税前按 150% 加计扣除。同时,地方财政出台了不同的支持政策,科技企业可以享受最高 90% 的科技保险保费补贴,对参加科技保险的企业申报的科技项目优先安排立项。人保财险苏州科技支公司,作为全国第一家科技保险专营机构,专门经营和管理苏州地区的科技保险业务及科技金融产品创新工作。另外,阳光财险公司、太平财险公司等 6 家保险机构联合交通银行苏州分行,成立全国第一个科技型中小企业贷款保证保险共保体,推动了科技保险的专业化经营与管理,促进了保险与金融的集成服务。保险业积极鼓励和引导保险资金支持国家重点领域和重点项目建设,通过股权和债权计划投资国家高新区,支持科技创新。

我国保险业在科技保险领域尽管已取得不少成果,但科技保险在我国还属新生事物,配套支持政策有限,各地发展状况不均衡,保险种类有待完善。积极落实专利保险试点,向投保人为专利维权而支出的调查费用和法律费用进行赔偿,切实保护科技企业的知识产权仍是重中之重。同时,把握科技企业对保险的切实需求,大力发展那些为科技企业自主创新、融资、并购等领域中的财务风险和操作性风险等,提供全方位风险保障服务的险种。

二、支持小微企业发展

李克强总理在 2015 年《政府工作报告》中指出,打造大众创业、万众创新和增加公共产品、公共服务,成为推动中国经济发展调速不减势、量增质更优,实现中国经济提质增效升级的"双引擎"。大众创业、万众创新,离不开对于小微企业的扶持。小微企业是国民经济的生力军,在稳定经济、扩大就业、发展创新、繁荣市场和促进社会主义和谐社会建设等方面发挥着重要作用,但小微企业也是国民经济的薄弱环节之一。近年来,广大小微企业面临的信用问题十分突出,直接导致了企业订单不足、需求萎缩、融资困难、成本上升等问题,影响到小微企业的平稳健康发展。《纲要》提出加强对小微企业发展的支持,积极扩大小额贷款保证保险业务,探索发展债券信用保险,继续加强与银行机构合作,为大众创业、万众创新提供融资增信服务。

保险业支持小微企业发展,除承保小微企业经营中的相关风险外,更重要的是通过信用保险和保证保险帮助小微企业拓展市场、顺利融资。开展信用保险,由小微企业投保,则能够减轻小微企业的坏账风险,扩大信用销售规模,增强财务稳定性,提高产品服务的市场竞争力;由交易方投保,则能够间接提升小微企业的资信水平,扩大信用交易规模,从而缓解资金链压力,顺利进行生产经营。通过小额贷款保证保险,在小微企业无法偿还贷款时,保险公司承担向银行偿还的责任,从而提升银行的贷款意愿,解决小微企业的融资问题。保险业积极参与小微企业保险,积累行业数据,能够提高识别小微企业风险的能力,提高保险业的服务水平。

保险业应积极开展债权信用保险,支持小微企业通过债券市场进行融资。通过债权信用保险,保险公司为债券发行人提供信用担保。当债券发行人不能履行债券还本付息义务时,保险人承担赔偿责任。事实上,通过债权信用保险可以极大地减少债券市场主体间的信息不对称。保险公司作为提供债权信用保险服务的主体,通过对发债主体的严格筛选,以及对其财务能力的监控和甚至干预,管理并且担保发债主体的信用。由此,一方面减少债券投资者、公司股东及高管之间的信息不对称;另一方面,起到了信用增级的作用,提高发债主体的债券信用级别,降低债券的违约风险,增加债券的吸引力,并有助于降低发债成本。债权信用保险所发挥的缓释信用风险作用,对债券市场的健康发展具有重要意义,也直接支持了小微企业的融资活动。

三、促进第三产业发展

（一）发挥保险对其他产业的辐射作用

《纲要》提出发挥保险对咨询、法律、会计、评估、审计等产业的辐射作用，这种辐射作用是由保险行业的特点所决定的。首先，保险业是个典型的信息不对称行业，存在投保人的逆选择与道德风险。第三方专业机构能够通过评估保险费率，核定和评估风险，在保险公司和投保人之间形成有效的信息传递机制，降低交易成本。其次，保险合同具有专业性、附和性等特征，投保人很难准确把握保险合同条款的内容，需要专业的风险咨询服务。最后，保险合同的执行具有不确定性、长期性和复杂性，投保人往往处于弱势地位，需要具有法律和风险管理优势的第三方专业机构参与保险机构合同执行，保障保险消费者的利益。因此，保险同咨询、法律、会计、评估、审计等产业联系紧密。充分发挥保险的辐射作用，对相关产业以及保险业自身都有着重要的意义。

发挥保险行业的产业辐射作用，需要做好以下几个方面的工作：一是充分挖掘保险产业辐射的市场潜力。在深入分析保险产业价值链的基础上，由政府、保险公司以及第三方专业机构三方合作，共同挖掘市场潜力，更好地发挥第三方专业机构的服务功能和监督功能，实现保险公司与第三方机构、监管部门与第三方机构的合作共赢，共同提升保险行业经营的专业化水平。二是发展高水准的保险第三方专业机构。加强政策引导，鼓励保险中介公司等第三方专业机构走规范化经营、专业化管理的道路，培育一批达到国际水准、具备高素质人才队伍的第三方专业机构。三是完善对保险第三方服务的监管制度。加紧出台相关监管法规，提高监管效能，防止第三方专业机构对被保险人利益的侵害，维护良好的市场环境。

（二）发展与第三产业相关的新兴保险业务

近年来，第三产业迅速发展，在国民经济中的地位越来越重要。2013

年,全国第三产业增加值 26 万亿元,增长 8.3%,比第二产业增加值高 1.25 万亿元,增加值首次超过第二产业,占国内生产总值的比重达到 46.1%。保险业在支持第三产业发展方面,具有独特优势,能够通过产品创新、服务创新、制度创新,为第三产业提供风险管理服务和资金技术支持。

文化保险。保险业把服务文化体育事业作为一项重点工作,深入结合文化体育事业的特点,探索服务文化体育事业发展的新模式。一是积极推动文化保险,支持文化产业发展。2010 年 12 月,中国保监会与文化部联合印发了《关于保险业支持文化产业发展有关工作的通知》,推动保险和文化产业的合作进入快车道。据不完全统计,2011 年至 2013 年,仅人保财险就为 1.6 万多家文化企事业单位提供了超过 2.8 万亿元的风险保障,实现保费 8.1 亿元,服务领域涵盖艺术品、演艺、动漫、文化旅游、影视等领域。二是为重大文化体育活动提供风险管理服务。近几年,保险业先后为北京奥运会、上海世博会、广州亚运会等国家重大文化体育活动,提供包括赛事运行、举办方责任、参与方人身财产安全、医疗救助等风险在内的综合性保险服务,为上述活动的成功举办作出了贡献。三是积极为文化体育事业发展提供资金支持。截至目前,投资文化体育类上市公司超过 20 亿元。随着保险资金的快速积累,以及保险业与文化体育产业合作的加深,在这个方面还有很大的发展空间。

物流保险。目前,保险业开发的物流保险产品主要有物流货物保险和物流责任保险。物流货物保险综合传统货运保险和财产保险的责任,保险人承保物流货物在运输、储存、加工包装、配送过程中,由于自然灾害或列明的意外事故造成的损失和相关费用。物流责任保险主要基于承运人对承运货物的法定责任,承保被保险人在经营物流业务过程中,由于列明原因造成的物流货物的损失。依法应由被保险人承担赔偿责任的,保险人根据保险合同的约定负责赔偿。

演艺保险。演艺保险是针对演艺活动过程中的可保风险开发的保险,包括演艺活动财产保险、演艺活动公众责任保险、演艺活动取消保险、演艺人员意外和健康保险等。

会展完工责任保险。如今,我国尚无专门针对会展活动开发的完工责任保险，与之类似的是产品及完工作业责任保险。该产品保险的责任范围为：在保险期间或追溯期内，被保险人的产品/完工作业造成第三者人身伤亡或财产损失，被保险人按照条款要求在保险期间或延长报告期（如适用）内向保险人报告后，对于被保险人应承担的经济赔偿责任，以及由此引发的抗辩费用，保险人依照保险合同的约定负责赔偿。

（三）发展互联网保险

2015年，李克强总理在《政府工作报告》中提出，制定"互联网+"行动计划，推动移动互联网、云计算、大数据、物联网等与现代制造业结合，促进电子商务、工业互联网和互联网金融健康发展，引导互联网企业拓展国际市场。《纲要》提出积极落实"互联网+"行动，促进互联网保险健康发展，为互联网与经济社会各领域融合提供风险保障服务。

保险业作为数据密集型与技术密集型行业，借助互联网、云计算、大数据和移动互联网等信息科技新技术的快速发展和广泛应用，可以不断开拓新的销售渠道和服务模式，进一步推动保险业创新发展。在"互联网+"行动下，保险业应积极利用互联网平台降低交易成本与消除信息不对称，运用云计算、大数据和移动互联网等技术，采集用户数据，分析客户消费特征和生活习性，完成由"销售导向"朝"需求导向"的经营思路转变。

互联网在促进经济社会各领域变革的同时，也酝酿了互联网特有的风险，如信息泄露风险、网络诈骗风险、网络盗窃风险、系统故障风险等等。这就要求保险业积极培育和引进人才，进一步提高引导和管理互联网保险的水平，把握互联网脉动，掌握互联网风险，实现合理的保险设计与定价，为投保人实现风险的规避与转移。

四、服务消费增长和升级

（一）满足风险保障需求，促进即期消费

《中共中央关于制定国民经济和社会发展第十三个五年规划的建议》

提出,发挥消费对增长的基础作用,着力扩大居民消费。《纲要》提出创新保险产品和服务,满足人民群众的风险保障需求,稳定消费预期,促进即期消费。2015 年,我国最终消费对经济增长的贡献率达到 66.4%,成为经济增长的第一驱动力。中国成功地实现了经济增长由投资和外贸拉动为主,向由内需特别是消费为主的重大转型。

与我国城乡居民消费的巨大潜力相比,城乡居民的消费需求仍然不足,一个重要原因是城乡居民的医疗、养老等方面的保障能力不足。进一步完善保险保障机制,有利于消除人们的后顾之忧,建立扩大消费需求的长效机制。保险机制具有很强的市场针对性和灵活性,能够满足经济社会发展不平衡情况下多层次、多样化的保障需求。要大力发展保障型人身保险产品,做好大病保险试点工作,推进个人税延型养老保险试点,稳定居民收入预期,增强居民消费意愿。

(二)发展消费相关领域的保险

《纲要》提出稳步发展住房、汽车、教育、旅游等领域相关保险,促进服务消费增长和升级。在消费增长和升级的过程中,消费者面临愈来愈多的风险,不确定性的增大成为阻碍消费者消费的力量。保险业在住房、汽车、教育、旅游等领域开展相关保险,能够有效管理相关风险,促进消费增长和升级。

在各消费领域中,个人消费贷款保证保险能够促进消费贷款的发放,提高个人消费能力。个人消费贷款保证保险通常是指由借款人作为投保人与保险人约定,当投保人不能按时缴纳贷款时,由保险人负责向被保险人赔偿未偿还的贷款本金及利息。积极发展个人消费贷款保证保险,对于促进消费,以及转移风险都有着重要的作用。随着经济的不断发展,越来越多的个人消费可以通过贷款来实现,一方面起到了促进消费、刺激经济的作用,另一方面可以让消费者更早地实现消费需求。而随着信用经济的不断发展,信用风险也在不断增加。比如购买价值较大的机动车、房屋等,如果贷款人不能及时偿还贷款,放款人的损失将非常巨大。因此,个人消费贷款保证保险既满足了个人消费和生活的需要，又将提供贷款一方的风险转移给了保险人，使得商业银行等放贷机构得以分散风险、平稳运行。

　　保险业除了在贷款方面拉动消费增长外，在各领域开展相关保险业务，能够降低持有使用中的风险。在住房领域，保险业开展家庭财产保险等保险业务。在汽车领域，保险业开展"交强险"、车辆损失险、第三者责任险等保险业务，降低消费者持有汽车的不确定性，提高车辆消费需求。在教育领域，保险业开展以教育为目的的年金保险、校园保险等保险业务，降低消费者教育资金的不确定性，防范保障校园生活风险。在旅游领域，消费者面临意外伤害、财产损失、第三者责任、医疗费用等风险。保险业开展旅游综合保险，为消费者提供全面风险保障，能够提高消费者的旅游需求。保险业深入挖掘其他民生相关领域的保险需求，在促进行业发展的同时，拉动大众消费需求。

　　作者简介：李晓林，男，中央财经大学保险学院院长，教授、博士研究生导师；兼任北京保险研究院首席研究员、学术委员会主任，中国保险学会常务理事，中国精算师协会理事、正会员；为教育部人文社会科学重点研究基地——中央财经大学中国精算研究院的创建者，曾担任第一任院长、第一任基地主任；4次获得每4年一度的北京市普通高校优秀教学成果奖。

保险业服务社会治理创新

魏华林

服务国家治理体系和治理能力现代化,是"十三五"时期我国保险业发展的立足点和落脚点。虽然保险业"十三五"规划纲要在"服务社会治理创新"章节里对其文字表述有限,但保险业服务国家治理体系和治理能力现代化的内容很丰富,既包含参与世界经济治理体系的内容,也包含服务中国社会治理体系的内容。它像一根主线贯穿于保险业"十三五"规划纲要的全过程,覆盖于保险发展的全领域。了解保险业服务社会治理创新的背景,熟悉保险业服务社会治理创新的内容,找到保险业服务社会治理创新的领域和路径,对于落实保险业"十三五"规划纲要具有重要的意义。

一、保险业服务社会治理创新的背景

(一)社会治理创新的提出

国家治理问题是以习近平同志为核心的党中央执政的重要理念。党的十八届三中全会通过了《中共中央关于全面深化改革若干重大问题的决定》(以下简称《决定》)。推进国家治理体系和治理能力现代化,是《决定》所确立的全面深化改革的目标之一。党的十八届三中全会指出,全面深化改革的总目标是完善和发展中国特色社会主义制度,推进国家治理体系和治理能力现代化。围绕这一总目标,在经济建设方面,使市场在资源配置中起决定性作用的同时,更好地发挥政府的作用;在政治建设方面,要加快推进社会主义民主政治制度化、规范化、程序化，建设社会主义法治国家；在社会建设方面，一个最大的亮点是提出创新社会治理，加快形成科学、有效的社会治理体制。《决定》有 24 次提到治理问题，其中包括国家治理、政府治理、社会治理、小区治理、治理体系、治理能力、治理体制、治理结构、治理方式、系统治理、依法治理、综合治理、源头治理、第三方治理等提法。这些提法，有的是从宏观层面提出，有的是从微观层面提出；有的具有执政理念上的意义，有的具有工作方法上的意义。尽管用词有所不同，但其本质要义基本一致。也许是这个原因，我们暂且没有将社会治理与国家治理、政府治理区别开来。同时，我们也注意到，习近平在阐述这个问题时，比较多地使用了"国家治理"概念。

如何理解社会治理创新？这个问题可以通过比较党执政的三个发展阶段找到答案。第一阶段是 1949 年至 1978 年，可以称之为国家管治的阶段。在这一阶段里，中国共产党建立了国家政权，领导了从新民主主义到社会主义的过渡，进行对资本主义私有制的改造，并于 1956 年建立了社会主义制度。国家进入社会主义时期后，毛泽东认为需要抓阶级斗争。由于过分夸大阶级斗争，过分强调无产阶级专政，过于强化无产阶级统治，当时的中国呈现出一种国家管治的形态。第二阶段是 1978 年后的改革开放时期，可以称之为国家管理的阶段。在这一阶段里，邓小平领导全党实现了党的工作重心的转移，放弃了"阶级斗争为纲"，转向以经济建设为中心，使国家走上了建设社会主义各项事业和实现管理科学化的道路。第三阶段始于 2013 年的中国共产党十八届三中全会，党和国家的执政理念出现转变，从此进入国家治理的阶段。习近平领导全党开启了当代中国国家治理的全新阶段。国家治理不仅是一个举国上下的战略目标任务，而且是各级干部必须掌握的工作方式方法。

如果说从国家管治过渡到国家管理是一个重大的历史转折，那么，从国家管理过渡到国家治理，则是一个重大的历史飞跃。习近平于 2014 年 1 月 1 日在《人民日报》发表题为《切实把思想统一到党的十八届三中全会精神上来》的文章，提出："怎样治理社会主义社会这样全新的社会，在以往的世界社会主义中没有解决得很好。马克思、恩格斯没有遇到全面治理一个社会主义国家的实践,他们关于未来社会的原理很多是预测性的;列宁在俄国十月革命后不久就过世了,没来得及深入探索这个问题;苏联在这个问题上进行了探索,取得了一些实践经验,但也犯下了严重错误,没有解决这个问题。我们党在全国执政以后,不断探索这个问题"。习近平关于国家治理的论述有两层含义:一是不能割断与本国历史文化的联系,国家治理既包含过往的国家统治和国家管理的合理因素,又包含那些业已成熟、行之有效的法规制度;二是对于国外的社会治理理论和治理方式,既不能生搬硬套,也不能排斥拒绝。西方国家在 20 世纪 80 年代末兴起的社会治理理论,主张从国家统管过渡到多方合作,提倡国家、市场、社会、公民之间的互动,具有重要的现实意义。加强和创新社会治理,是我国社会主义社会发展规律的客观要求,是人民安居乐业、社会安定有序、国家长治久安的重要保障。

(二)社会治理创新的核心

党的十八届三中全会用社会治理代替社会管理,将社会治理与深化改革的总目标结合在一起,明确指出"全面深化改革的总目标是完善和发展中国特色社会主义制度,推进国家治理体系和治理能力现代化"。从社会管理到社会治理,尽管只有一字之差,执政理念的境界却发生了实质性变化,不仅重新确认了国家与社会的关系,而且为社会经济的体制改革指明了方向。具体地说,在社会治理的体制下,国家或政府不再是唯一的社会管理主体,社会组织和商业机构也可以作为权力主体参与其间。由此可以得出一个结论:社会治理的核心是社会治理体制,社会治理创新的核心是社会治理体制的创新。社会治理体制创新包括三个方面的任务,一是转变政府职能,二是培育社会组织,三是发挥市场作用。

关于政府职能的转变。政府职能的转变既涉及政府应该管什么、不该管什么,又涉及应该怎样管、不该怎样管。什么是政府应该管的事情?世界银行《1997 年世界发展报告》提出了政府"五项核心使命",即"确立法律基础、保持非扭曲性的政策环境、投资于基本的社会服务与基础设施、保护承

受力差的阶层以及保护环境"。具体说来,政府的使命可以分为两类:一是
政府责无旁贷的事情,包括与国家的社会安全、社会稳定相关的事宜,例如
立法和司法保障、社会治安、食品药品安全、安全生产、网络安全、社会秩序
及突发事件的应急处理等。二是涉及社会公平正义、民生实践、社会服务,
包括教育、就业、养老、医疗卫生、文化生活、社会保障、社会救济、公共产品
供给和行政类别的服务等。这类事情可以在政府主导下,通过市场机制或
道德激励,激发社会参与合作,既能最大限度地满足社会需求,解决政府失
灵的问题,又能使政府从包揽一切的财政和事务重负中解脱出来。至于政
府不该管的事情,不必凡事都要政府自己动手。

关于培育社会组织。从政府身上"卸"下来的事务需要培育社会组织
承担。培育社会组织,首先是尊重社会组织在社会治理中的主体地位,切实
加强对社会组织的社会参与权利的法律保护。其次是建立政府与社会组织
的合作治理关系,为社会组织的治理运作提供有效的政策保障,完成向服务
型政府的过渡。最后是能够为社会组织的成长提供资源供给,包括政府职
能外包与购买公共服务等。

（三）社会治理创新的目标

社会治理创新的目标,简单地说,一是构建全民共建共享的社会治理格
局,二是逐步实现国家治理能力现代化。新建的社会治理格局应当由四大
体系构成,即社会治理体系、社会信用体系、公共安全体系和国家安全体系。
构建全民共建共享的社会治理格局,是时代变化的一种客观要求。工业时
代的特点是分工。互联网时代的特点是融合,即信息互通、资源共享、社会
合作。确立合作、互通、共享理念,打造社会治理人人有责、人人尽责的命运
共同体,迎合时代变化的需要。

国家治理能力现代化意味着以治理主体为轴心,实现"四有"状态,即
社会主体有位、个人主体有利、市场竞争有序、市场调控有度的经济社会状
态。"有位"意味着各种社会组织能找到自己的位置,活力得到发挥。"有
利"意味着自主创业者能够通过自身的努力获得成功。"有序"意味着市场

主体竞争要形成一个统一开放、竞争有序的市场体系。"有度"意味着调控主体已经建立了以保持经济总量平衡、减缓经济周期波动影响为主要内容的宏观调控体系,提高相机抉择水平,使市场主体能够在政府的调控中获得最大化的发展空间。

二、保险业服务社会治理创新的缘由

保险作为一种发现风险、分散风险的市场机制,具有两种核心功能:一是提供风险损失补偿,二是提供风险管理服务。保险业提供风险管理服务的过程,就是参与风险治理的过程。风险治理是社会治理创新不可缺少的组成部分。

从社会治理主体的角度看,人类社会至今已经有过三种基本的治理形式:第一种是自治,第二种是官治,第三种是共治。在国家和政府产生之前,人类实行的是原始自治。在国家产生之后的很长时间中,人类实行的是官治。进入现代社会以后,官治逐渐让位于共治。共治有多种形式,官民共治是其中的一种,它是共治的最高形式。党的十八届三中全会提出创新社会治理体制,用现代的社会治理代替原来的社会管理,是一个历史性的转变。发生这种转变的原因是中国社会的转型。按照中央的顶层设计规划,在"两个一百年"奋斗目标实现之际,中国将进入中等发达的现代社会。中国过去、现在和将来所进行的改革和发展,都是为了实现现代社会这个梦想。

什么叫现代社会?在某种意义上说,现代社会就是风险社会。现代社会的建设期,既是黄金发展期,又是风险爆发期。社会管理之所以要向社会治理转变,是因为社会环境发生了变化,由传统社会变成了风险社会。风险社会的特征是,不确定性的普遍存在成为社会生活的新常态。风险社会的性质决定了社会管理模式的转变。

如何进行社会治理?按照习近平的要求,社会治理需要做到"四个治理":一是系统治理,二是依法治理,三是综合治理,四是源头治理。什么是源头治理?从社会治理的对象上看,治理中的"治",就是治"乱"。这里的

"乱"字，就是在日常生活中所说的"问题"。"乱"也好，"问题"也罢，其存在都是有原因的。所以，源头治理就是对导致问题存在的原因的治理。

社会问题的存在原因是什么？在这个问题上可以有很多不同的回答，但是，如果我们将社会问题还原为"社会事件"，再将社会事件还原为"风险事件"，那么，所有的风险事件都会有一个或几个"风险源"。在专业术语中，风险源就是"风险因素"。简而言之，社会治理中所说的源头治理，就是对风险因素的治理。只有将风险源问题解决了，才能达到社会治理的最佳效果。从这种意义上说，社会治理，说到底就是对风险的治理，就是对风险源的治理。

保险业服务社会治理创新决定于保险的性质。保险与社会治理创新的关系体现在以下五个方面。

第一，保险业是完善金融体系的支柱力量。保险与银行、证券一同构成金融业的三大支柱，在国家安全体系中发挥着重要作用。国家安全的基础是经济安全，经济安全的基础是金融安全，金融安全的基础是内部结构。当前，我国金融领域存在一些结构性问题，其表现，一是市场结构不合理，银行资本"独大"，保险资本比重偏小。保险业增加值在金融业中的占比约为7%，而发达国家达到30%左右。二是融资结构不合理，直接融资相对于间接融资明显滞后。三是资产负债期限结构不合理，"借短用长""借长用短"较为普遍。保险业的发展壮大对于建立结构合理、运行稳健的现代金融体系具有重要意义。

第二，保险业是改善民生保障的有力支撑。我国要跨越中等收入陷阱，建设公平、高效、可持续的社会保障体系至关重要。建立可持续发展的社会保障制度是全球面临的共同课题。世界各国社保制度改革总的趋势是：降低第一支柱在养老金中的比重，发挥第二和第三支柱的作用；将市场机制引入第一支柱，提高社会保障的运行效率；政府通过税收优惠等政策支持商业保险发展，提高社会保障的整体水平。我国保险业参与社会保障体系建设，一方面可以减轻政府的财政压力，另一方面可以为民生提供范围更广、水平更高的保障。

第三,保险业是创新社会管理的有效机制。通过引入保险机制参与社会管理创新,对于有效化解社会矛盾和纠纷、促进社会和谐具有重要作用。通过发展责任保险,用商业手段解决责任赔偿等方面的法律纠纷,有利于分担政府责任、降低社会诉讼成本、提高解决纠纷的效率。通过在公共安全领域建立保险制度,发展公众责任、安全生产责任、环境污染责任等保险,由保险公司承担事故赔偿责任,可以减轻政府的社会管理压力。

第四,保险业是促进经济提质增效升级的高效引擎。保险是现代经济的重要产业,集生产性和生活性服务业于一身,兼具资本密集型、技术密集型和劳动密集型的产业特征,在我国经济发展换挡升级中,能够发挥独特作用。一是稳定经济增长。目前,我国保险业增加值对国内生产总值的贡献率约为0.4%,大大低于美国2.8%的水平。保险业本身就有很大的发展空间。二是促进增加就业。在发达国家,保险是吸纳就业的重要产业,在金融业中就业人数最多。美国和德国的保险就业人数占总人口的比重接近0.7%,占总就业人口的比重接近1.5%;而我国仅为0.27%和0.48%,在这方面还有很大潜力。三是推动调整产业结构。我国正处于工业化中期。2015年,我国第三产业占国内生产总值的比重是56.9%,远低于发达国家70%的平均水平。保险业是现代服务业发展的重点,同时,对健康、养老、法律、咨询、审计、评估、会计、汽车销售等高端服务业发展具有明显的带动作用,产业辐射范围大。加快发展保险业,有利于优化产业结构,能让服务业对经济的带动力更为强劲。四是促进长期投资。保险业是长期储蓄和长期投资的天然桥梁,与银行等金融中介相比,在引导长期资金用于经济建设的长期投资上,有着独特的优势。保险资金期限长,能够在一定程度上穿越经济周期。五是支持对外贸易。通过发展出口信用保险,在企业增信、账款追收、信贷融资等方面为出口企业和小微企业提供支持,能够有力服务我国出口战略。

第五,保险业是转变政府职能的重要抓手。长期以来,我国形成了"大政府、小社会"的传统,公共服务主要由政府直接提供。党的十八届三中全会的《决定》强调,要加大政府购买公共服务的力度。商业保险作为市场化的风险管理手段,正是承接政府转移公共服务的一种重要机制和途径。对于政府而言,商业保险的好处是惠而不费,既可以创新公共服务、满足社会公众的相关需求,又能够减轻政府的管理负担、提高管理效率。

三、保险业服务社会治理创新的举措

(一)服务社会治理创新的领域

保险业服务社会治理创新的首要问题是,找到服务的切入点或服务领域。保险业的服务领域服从于社会治理的创新领域,要了解保险业的服务领域,首先要弄清楚社会治理的创新领域。社会治理的创新领域就是保险业的服务领域。

根据党的十八届三中全会的《决定》,社会治理创新除了理念创新以外,主要是社会治理方式上的创新。社会治理方式创新具体表现在以下四个方面。

1. 改进社会治理方式

坚持系统治理,加强党委领导,发挥政府主导作用,鼓励和支持社会各方面参与,实现政府治理和社会自我调节、居民自治良性互动。坚持依法治理,加强法治保障,运用法治思维和法治方式化解社会矛盾。坚持综合治理,强化道德约束,规范社会行为,调节利益关系,协调社会关系,解决社会问题。坚持源头治理,标本兼治、重在治本,以网格化管理、社会化服务为方向,健全基层综合服务管理平台,及时反映和协调人民群众各方面、各层次的利益诉求。

2. 激发社会组织活力

正确处理政府和社会的关系,加快实施政社分开,推进社会组织明确权责、依法自治、发挥作用。适合由社会组织提供的公共服务和解决的事项,交由社会组织承担。支持和发展志愿服务组织。限期实现行业协会商会与行政机关真正脱钩,重点培育和优先发展行业协会商会类、科技类、公益慈善类、城乡社区服务类社会组织,成立时直接依法申请登记。加强对社会组织和在华境外非政府组织的管理,引导它们依法开展活动。

3. 创新有效预防和化解社会矛盾的体制

健全重大决策社会稳定风险评估机制。建立畅通有序的诉求表达、心理干预、矛盾调处、权益保障机制,使群众的问题能反映、矛盾能化解、权益有保障。改革行政复议体制,健全行政复议案件审理机制,纠正违法或不当行政行为。完善人民调解、行政调解、司法调解联动工作体系,建立调处化解矛盾纠纷综合机制。改革信访工作制度,实行网上受理信访制度,健全及时就地解决群众合理诉求机制。把涉法涉诉信访纳入法治轨道解决,建立涉法涉诉信访依法终结制度。

4. 健全公共安全体系

完善统一权威的食品药品安全监管机构,建立最严格的、覆盖全过程的监管制度,建立食品原产地可追溯制度和质量标识制度,保障食品药品安全。深化安全生产管理体制改革,建立隐患排查治理体系和安全预防控制体系,遏制重特大安全事故。健全防灾减灾救灾体制。加强社会治安综合治理,创新立体化社会治安防控体系,依法严密防范和惩治各类违法犯罪活动。坚持积极利用、科学发展、依法管理、确保安全的方针,加大依法管理网络力度,加快完善互联网管理领导体制,确保国家网络和信息安全。设立国家安全委员会,完善国家安全体制和国家安全战略,确保国家安全。

(二)服务社会治理创新的路径

1. 确立市场在社会治理创新中的地位

社会治理创新体制机制的关键,在于正确处理政府、市场、社会三者之间的关系。创新社会治理体制,首先需要设计社会治理的主体结构。社会治理的主体结构到底是个什么样子? 在很多人看来,也许这是一个不是问题的问题。然而,现实中的一些模糊现象,值得我们去关注。在社会治理新政出台之前,人们看重的是国家行政的作用。社会治理新政出台之后,人们开始关注社会组织的作用。有人从理论上将社会治理定义为国家与社会的协同治理。这样的表述,虽然没有错误,但不够全面。第一,它不符合中国社会发展的实际情况；第二，它忽视了市场在社会治理中的作用。改革开放以来，我国社会发生了深刻的结构性变化，出现了三个相对独立的社会子系统。第一个子系统是以党和政府官员为代表、以党政组织为基础的国家系统，我们将之称为政治社会；第二个子系统是以企业家为代表、以企业组织为基础的市场系统，我们将之称为经济社会；第三个子系统是以公民为代表、以民间组织或社会组织为基础的社会系统，我们将之称为公民社会。这三个子系统的客观存在，构成了社会治理的现实基础。社会治理主体结构的搭建，不能离开中国社会发生的结构性变化现实。完整的社会治理主体结构，不仅包括国家系统和社会系统，而且包括市场系统。只有这样，社会治理才能取得最佳效果。另外，在改革开放后30多年的社会变迁进程中，我们可以明显地看到，市场系统的力量正在迅速成长，市场系统对国家的社会政治生活正在产生日益重要的影响。党的十八大以来，媒体上提得最多的一个词是深化改革。从近年来的改革实践看，深化改革主要体现在两个方面：一个是让市场在资源配置中发挥作用，另一个是从国务院到地方政府简政放权。所谓简政放权，简单地说，就是还政于民众、还权于社会。创新社会治理体制的目的，主要是为了还政于民众、还权于社会。

但是，如何还政于民众、还权于社会？如果我们将权力视为一种资源，那么，这种资源的分配也需要通过市场来进行。没有市场力量的参与，社会治理结构是一种有缺陷的结构；一个存在缺陷的社会治理结构，是难于完成其历史使命的。从这种意义上说，实现党和国家提出的创新社会治理的要求，关键在于正确处理好政府、市场、社会三者之间的关系。只有承认市场在社会治理创新中的地位，保险业才能够充分发挥服务社会治理的作用。

2. 选择服务社会治理创新的路径

保险是市场经济的基础性制度安排，也是社会治理的重要市场化手段之一。保险业服务于社会治理创新的路径可以作出如下选择。

(1)选择重点领域，探索强制责任保险。对于一些涉及面较广、危害程度较大、容易造成社会动荡和影响公共安全的风险，由于政府管理的成本高、效率低，很难完全覆盖到位，需要通过立法方式，借助市场机制进行统一管理。从世界范围看,大部分国家都在不同领域建立了强制保险制度,其中最为普遍的,就是机动车交通事故责任强制保险。在我国,可以考虑在与社会民生关系密切的责任保险领域积极探索开展强制责任保险,比如食品安全、医疗事故、安全生产、环境污染等重点领域。在这些重点领域积极探索强制责任保险的方式,可以更好地保护潜在受害人的权益,维护社会的公共利益,化解已有的社会矛盾,保障社会安定和谐。

(2)运用保险机制,提供公共服务方式。保险作为市场化的风险转移机制、社会互助机制和社会管理机制,是推进社会治理创新、完善社会治理体系的有效金融工具,在公共领域具有重要作用。党的十八届三中全会提出要"推广政府购买服务,凡属于事务性管理服务,原则上都要引进竞争机制,通过合同、委托等方式向社会购买",这为保险业参与社会管理、推动转变政府职能、提高政府行政效能提供了广阔的空间。

运用保险为社会治理提供公共服务的方式,可以围绕创新社会治理格局需要的四大体系开展起来。

第一,围绕社会治理体系,开展综合保险,例如社区综合保险。社区综合保险对维护社区安定的重要意义在于:一是切实为社区居民的人身和财产安全提供了风险保障。二是建立起了社区风险的管理体系,通过保险公司积极开展防灾防损工作、普及减灾防损知识,实现减少事故发生率以及降低事故损失程度的目的。三是促进了社会公共安全事件应急机制的建立与完善。投保社区综合保险后,当事故发生时,可以借助保险公司专业化的事故处置机制以及高效率的损害赔偿处理程序,及时处置事故、化解矛盾,实现公共安全事件的优化处理。四是放大了政府有限的救助资金的效用,分担了政府的保障压力。社区综合保险搭建了全面的社区保障网络,通过对社区财产损失风险、责任风险和意外伤害风险的保障,拓展了以社会保险、社会救助、社会福利为基础的社会保障体系的保障范围,完善了社区基层保障体系。

第二,围绕社会信用体系,开展责任保险,包括职业责任保险、产品责任保险、公众责任保险等。

第三，围绕公共安全体系，开展意外保险，包括食品安全责任保险、环境污染责任保险、医疗责任保险、校园安全责任保险、旅行社责任保险等。

第四，围绕国家安全体系，开展专项保险，比如治安保险等。治安保险对推进社会治理创新有着重要的意义。一是有效地保护了群众的人身和财产安全，为他们提供了风险保障，从而提高了群众的安全感以及满意度。二是使得基层治安秩序实现了好转。通过动员群众参加治安保险，并将一部分经费用作加强治安管理基础建设，可有效降低可防性案件的发生，维护基层社会的平安和谐。三是促进了基层群防群治队伍建设。有些地区以通过治安保险组建的综治巡防队伍为基础，成立了平安志愿者协会等社会团体组织，从而有效调动了各个方面的积极性，共同维护基层社会的平安稳定。可以说，治安保险的开展，进一步严密了社会治安防控网络，使得群众更加安心，同时也提高了群众的社会治安风险防控意识以及保险意识。

（3）完善保险机制，提供风险治理服务。保险作为发现风险、分散风险的一种市场机制，与社会治理的目标不谋而合，具有异曲同工之妙。中国的改革，就其动机而言，无非是建立两种机制：一是经济动力机制，二是社会稳定机制。经过30多年的改革实践，第一个机制取得成效，第二个机制尚在路上。近年来，先后发生的上海外滩踩踏事件、天津滨海新区爆炸事件、深圳光明新区山体滑坡事件、山东疫苗事件，无不属于重大风险事件。这些事件的发生，从一个侧面暴露出政府管理工作存在漏洞，社会稳定机制不够健全。根据英国劳合社首次发布的全球"城市风险指数"报告，在列入其中的38个中国城市中，70%以上城市的地区生产总值风险指数均在10%以上。这就意味着，在未来5—10年期间，中国每年因风险造成的国内生产总值损失将达到6万亿至10万亿元人民币。为此，落实中央提出的创新社会治理要求，构建以事前防范、事中处置、事后安排为一体的风险治理体系，实现"以事件为中心"的传统安全管理方式向"以风险为中心"的现代安全治理方式转变，是今后一个时期国家社会治理工作不得不面对的问题。保险凭借其特有的风险管理的行业优势，在社会治理创新中具有不可替代的作用。

作者简介：魏华林，男，武汉大学风险研究中心主任，教授、博士生导师；获国家级有突出贡献中青年专家称号，享受国务院政府特殊津贴；兼任中国保监会重大决策专家咨询委员会委员、中国金融学会常务理事暨学术委员会委员；先后主持完成国家和省部级研究课题20余项，出版学术论著10余部，发表学术论文百余篇；代表性成果有《保险学》《中国城市风险治理研究》《中国综合自然灾害风险转移体系》《中国养老大趋势》《中国农民保险发展研究》等；10余项研究成果获奖，其中国家级奖3项、省部级奖6项。

参与国家灾害救助体系建设

刘　波

《国务院关于加快发展现代保险服务业的若干意见》指出"将保险纳入灾害事故防范救助体系",同时明确了保险业发挥灾害事故防范救助功能的努力方向。与之相配合,中国保监会印发的《中国保险业发展"十三五"规划纲要》立足于服务国家治理体系和治理能力现代化,主动适应经济发展新常态的形势和要求,以供给侧结构性改革为主线,提出了关于保险业参与国家灾害救助体系建设的一系列重要举措。

一、将保险纳入灾害事故防范救助体系

自然灾害是指,由于自然异常变化造成的人员伤亡、财产损失、社会失稳、资源破坏等现象或一系列事件。它以自然环境的异变为诱因,以人身、财产、资源为客体。我国是世界上自然灾害种类最多的国家之一,我国政府将自然灾害分为七大类:气象灾害、海洋灾害、洪水灾害、地质灾害、地震灾害、农作物生物灾害以及森林生物灾害与森林火灾。除了现代火山活动之外,几乎所有自然灾害都在中国出现过。我国 70% 以上的城市、50% 以上的人口分布在气象、地震、地质、海洋等自然灾害严重的地区,2/3 以上的国土面积受到洪涝灾害的威胁,各省区市均发生过 5 级以上的地震。尤其是 20 世纪 90 年代以来,我国进入了新的灾害多发期,地震、洪涝、干旱、台风等自然灾害发生频繁,所造成的损失呈明显上升趋势。自然灾害不仅直接破坏

生产力,影响经济的发展,而且影响社会的安定,甚至引起社会的动乱,阻碍社会的进步与发展。

我国正处在城市化高速发展的阶段,城市数量已经由 1949 年的 136 个,发展到目前的 600 多个;城市人口占总人口的比重也由 1949 年的不足 10%,发展到目前接近 56%的水平;北京、上海、天津、重庆、广州、深圳、武汉 7 座城市符合超大型城市标准,成都、南京、香港等 10 座城市符合特大城市标准。从 2004 年起,我国人均国内生产总值达到 1000 美元。而国际经验表明,一个国家人均国内生产总值达到 1000 美元,其经济社会结构将发生重大变化。在经济社会转型的过程中,公共安全特别是城市安全将面临着十分严峻的挑战。当前,我国每年因安全事故、自然灾害以及社会治安等城市公共安全造成的国内生产总值损失高达 6%,并有约 20 万人被夺去生命。近年来,除了台风、地震、洪水等自然灾害频频光顾之外,矿难、有害气体泄漏、飞机失事、火灾等安全事故接连不断,严重影响城市可持续发展和社会稳定。

保险是风险管理的一个重要组成部分。保险业除了具有基本的损失赔偿职能外,还可以借助损害事故处理的专业技术和实践经验,在灾害预防、灾害救助、灾后救助等方面发挥其独特作用。

将保险纳入灾害事故防范救助体系和特大型城市公共安全管理体系,具有重要意义。一方面,可以丰富和完善灾前、灾中、灾后全覆盖的灾害管理体系。运用保险的力量,加强对各类防灾减灾资源的整合,把经济补偿与风险控制有效地结合起来,增强防范和抵御风险的能力。另一方面,可以减轻政府财政压力,平滑因灾害引起的政府财政波动。因此,将保险纳入灾害事故防范救助体系和特大型城市公共安全管理体系,是缓解经济社会发展过程中面临的各种利益冲突的必然要求,能够为实现我国经济社会的可持续发展保驾护航。

二、建立巨灾保险制度的必要性和可行性

保险业参与国家灾害救助体系建设的一个重要举措,是建立巨灾保险

制度。巨灾是指对人民生命财产造成特别巨大的破坏损失，对区域或国家经济社会产生严重影响的自然灾害事件。巨灾具有发生概率低、造成损失巨大、对国民经济和人民生命财产安全造成重要影响的特点。巨灾保险制度是指，对由于巨灾事故造成的财产损失和人身伤亡给予切实保障的风险分散制度。

建立巨灾保险制度极为必要。从全球范围来看，巨灾保险已成为各国综合灾害防范和救助体系的重要组成部分，在灾害防范、灾害应急处理以及灾后恢复重建等方面发挥了积极作用。近些年来，全球保险业的巨灾损失赔付率都在两位数以上，有的年份甚至超过了 40%。而在我国，保险作为分散风险的制度安排，在灾难救助方面所起到的作用显著不足。如 2008 年发生的雨雪冰冻灾害，保险公司的赔偿金额不足损失总额的 4%，远低于相近年份全球保险赔付的平均水平。巨灾保险制度的缺失严重制约了我国巨灾风险的分散以及灾后损失的补偿，使保险业所承载的损失补偿和社会管理功能无法充分发挥，因而，建立我国完备的巨灾保险制度显得尤为迫切。

建立巨灾保险制度具有可行性。首先，我国保险业对分散巨灾风险和承受巨灾保险损失有一定的基础条件和充足的能力。我国保险市场的主要份额由全国性保险公司来控制，这些公司的分支机构遍布全国各地，其优势在于局部的巨灾风险损失可以在全国的投保人之间来分摊，进而实现风险损失的分散目的，从而使保险公司的资金保持稳定而不受冲击。其次，我国保险市场已经有一定的规模基础，保险公司之间可以通过合作分担巨灾风险，从而降低每家保险公司承担的风险。另外，保险公司拓展投资业务，增加投资收益，既可以降低为消费者需要承担的高额保费，也能使巨灾保险的风险压力得到缓解。

目前，我国建立巨灾保险制度已经具备了一些基本条件。一是政府的重视。2006 年国务院颁布的《关于保险业改革发展的若干意见》、2007 年全国人大通过的《突发事件应对法》以及 2009 年颁布的《防震减灾法（修订）》，都强调国家对巨灾的财政支持。二是日本、美国、新西兰等国家的巨灾保险实践，为我国建立巨灾保险制度提供了经验借鉴。三是随着经济的发展,金融期货、期权、证券化等金融技术创新可以在分散巨灾风险方面发挥重大作用。四是保险教育促使公众的投保意识逐步提高。五是我国保险业积累了较为成熟的防灾减灾、灾前预警、灾后评估等实践经验。

三、推进巨灾保险制度建设的对策措施

(一)推动出台《地震巨灾保险条例》,落实《建立城乡居民住宅地震巨灾保险制度实施方案》

从国外的发展模式来看,相关法律法规是发展巨灾保险的重要制度保障。美国、日本、新西兰等巨灾保险较为成功的国家,其相关的法律法规较为完善。以美国和日本为例,美国国会早在 1956 年就通过了《联邦洪水保险法》,并依据该法创立了联邦洪水保险制度。美国国会又在 1968 年颁布了《全国洪水保险法》,并在 1973 年颁布了《洪水灾害防御法》。日本依据 1966 年颁布的《地震保险法》建立了地震保险制度,随后,又相继颁布了《地震保险相关法律》和《有关地震保险法律施行令》等法律文件。这些国家将巨灾保险的发展模式、保险人和被保险人的权利义务等在法律中加以明确,从而极大地推动了巨灾保险的发展。而我国迄今为止还没有制定出专门的关于巨灾保险的法律法规,仅在个别法律中提到国家对于巨灾保险的开展持积极态度,例如《防震减灾法》中关于地震保险只有一条原则性的规定:"国家鼓励单位和个人参加地震灾害保险",只是明确了巨灾保险的法律地位,但是至于如何实施、由谁实施,尚未在法律上作出具体规定。

综合其他国家和地区的巨灾保险制度,我国在地震保险立法上需要考虑以下几个方面:一是借鉴发达国家和地区的成功经验,推行政府支持下的商业运行模式。二是产品设计原则上明确保险金额的上限标准和免赔额标准,以减少道德风险,鼓励投保人做好相应的防灾减灾事前准备工作。三是实施政府兜底、分层次的巨灾风险保障体系。四是明确巨灾保险的强制或非强制属性。五是明确政府在巨灾保险制度启动阶段的资金投入。六是明确政府在巨灾风险分散体系当中的角色和地位。七是为巨灾保险提供税收优惠待遇。

（二）研究建立地震巨灾保险基金

地震巨灾保险基金是通过资金的跨期积累和跨期统筹，实现应对地震巨灾的资金储备，在重特大地震灾害发生之后支付保险赔款的制度设计。地震巨灾保险基金的目的是实现风险在时间和空间上的分散平衡，是国际上较为通行的巨灾风险管理制度安排，也是建立我国巨灾保险制度的核心。现阶段的工作重点，一是建立相应的法律规范。二是建立地震巨灾保险基金核心机构，主要负责地震保险范围的设定、费率厘定以及地震巨灾保险基金的建立及收付，实现地震巨灾保险基金的保值增值。三是加强地震巨灾保险基金的有效运作。充分发挥商业保险、政府财政以及资本市场的作用，以拓宽巨灾保险基金的资金来源渠道。借助自主经营、自主投资或委托专业投资机构的方式进行投资运营。在损失分摊方式上，可以考虑实施投保人自留、保险公司自留、保险基金自留、资本市场分摊、政府兜底的多元模式。四是从内部和外部双管齐下，切实实施对地震巨灾保险基金的监管。

（三）完善中国城乡居民住宅地震巨灾保险共同体运行机制

中国城乡居民住宅地震巨灾保险共同体是巨灾保险制度的重要组成部分，承担了提供地震保险服务、参与灾害损失分担的重要职能，具有改善居民保险保障需求、提升保险业协同运营管理能力、增进国家灾害综合管理水平的重要作用，对于巨灾保险制度最终的运行效果具有重要意义。该共同体必须通过产品创新、合理竞争和专业管理，提高巨灾保障质量，降低保障成本，切实让广大人民群众享受到利益和实惠。借助这个平台，逐步形成一套体系完善、流程顺畅、科学可行的制度安排，充分整合行业资源，发挥协同优势，健全和完善巨灾保险服务功能，更好地服务社会经济、改善民生保障。

（四）探索符合我国国情的巨灾指数保险试点

巨灾指数保险是指基于自然巨灾事件的物理参数或参数组合而触发赔

付的保险产品,在保险期间,一旦发生的巨灾达到保险合同约定的受灾阈值(触发值),就由保险公司给予赔付。巨灾指数保险具有风险高度聚焦性、交易结构透明性、交易成本可靠性、道德风险和逆向选择易控性、赔付触发机制标准化等特点,其最大的好处在于理赔迅速。在探索符合我国国情的巨灾指数保险试点过程中,一是要注意设计科学合理的触发机制。例如,针对地震风险的指数设计,涉及地震风险区域的划分,由对潜在可能损失的大小和频率的判断来决定什么时候赔付以及赔付多少。二是要注意避免道德风险,触发条件必须由第三方报告。比如地震发生后,由地震局发布地震的烈度信息。

(五)推动巨灾债券的应用

巨灾债券是一种新型的巨灾风险管理工具,由保险公司或再保险公司或大型企业发行,债券未来本金及利息的偿还与巨灾触发事件的发生情况相挂钩。保险公司或企业通过发行巨灾债券,将巨灾风险转移到资本市场。巨灾债券的触发机制是巨灾损失是否发生以及发生的程度。我国首只巨灾债券在境外发行,标志着我国开始了对巨灾债券的探索。目前全球金融一体化的趋势和国外发展的成功经验,都将为我国的巨灾债券发展铺平道路。我国巨灾债券的开展还存在着许多问题,这要求从国家到投资者等各相关主体制定有针对性的解决措施,并逐步推进。首先,需要弥补法律上存在的缺陷,完善与巨灾债券相关的法律条款,并给予巨灾债券足够的税收优惠和政策支持,加快推进混业经营模式,给予保险行业乃至整个资本市场投资的自由度。其次,使个人投资者和机构投资者有意识地培养成熟的投资观念,提高保险意识和风险意识。最后,引导保险业完善服务体系,提高自身行业素质,培养精算人才,建立并完善巨灾数据库,在学术上深入研究巨灾债券发行中的难点,在实践中大量进行巨灾债券的尝试。

(六)推动建立核保险巨灾责任准备金制度

我国是核电大国,运行和建设中的核电项目较多,处于核电快速发展

期。截至 2014 年年底，我国大陆投入运行的核电机组有 20 台，总装机容量
1800 万千瓦，在建核电机组 28 台，装机容量 3068 万千瓦，无论是运营增量
还是在建规模，均居全球首位。核风险的特点决定了重大核事故发生概率
很低，但是后果极其严重。"中国核共体"是当前保险业服务我国核电发展
的主要平台，经过多年探索与实践，为我国核能的和平开发与利用提供了强
有力的保险支持。

为了有效防范核风险，单独建立核保险巨灾责任准备金制度可以提高
保险业的风险抵御能力，巩固和提升核保险对国家核电发展的保障作用，更
好地保障国家和人民的生命财产安全。核保险巨灾准备金是指保险机构根
据有关法律法规，在经营核保险业务过程中，为增强风险抵御能力、应对核
保险巨灾损失而专门计提的准备金。核保险巨灾准备金的管理，必须遵循
独立运作、统筹使用的原则。

建立核保险巨灾责任准备金制度，首先要求建立核损失赔偿机制，并与
核安全法合并立法，实现政府主导下的准备金管理。其次，从技术层面解决
准备金计提基础无法反映承保风险、准备金计提基础不合理和准备金积累
不足的问题。借助该制度的建立与完善，保险业方能逐步扩大核保险的承
保范围和保障深度，使之与经济发展和国际标准相匹配，以减轻政府的财政
补助负担。

（七）研究建立巨灾风险管理数据库

虽然保险业拥有精确分析巨灾风险的现代化技术，但这些技术发挥作
用的前提是拥有大量可靠、有效的历史损失数据和其他相关数据。我国巨
灾保险制度之所以迟迟没有建立，一个重要原因在于全国性、系统性巨灾损
失数据库的缺乏，导致政府部门在制定发展规划及拟定相关法律时缺乏足
够的依据，保险公司在评估巨灾损失和拟定巨灾保险费率时缺乏可靠的参
考。因此，政府亟待建立我国的巨灾损失数据库，为巨灾保险的开展奠定
基础。

建立巨灾风险管理数据库是一项基础性工作，该数据库可以包括灾害

物流数据、社会经济类数据,保险损失类数据等。建立巨灾风险管理数据库,首先有利于积累、分析和运用国家巨灾信息数据,有效地支持巨灾风险评估和巨灾保险产品定价,提高公众和企业对巨灾风险的认知,改善费率的合理性和准确性。其次,有利于为灾害防治、灾害预警、灾害救助、灾害补偿和灾后重建等工作提供决策基础。最后,有利于实现政府各部门、商业机构、社会团体和公众居民的灾害信息共享。

如今的当务之急是加强国际合作,借鉴发达国家的先进经验,设计更具科学性和客观性的统计指标,建立我国巨灾风险数据的采集规范。在全国范围内开展减灾能力普查或调查,通过实施灾害风险综合评估与制图等重大项目,摸清各地区减灾能力现状,进而更加有效地研究灾害发生规律及其损失分布情况。

作者简介:刘波,男,中国东北财经大学金融学院副院长,教授;兼任中国保险学会理事,全国保险专业学位研究生教育指导委员会委员,辽宁省金融学类教学指导委员会秘书长;主持省部级课题 10 余项,出版专著 2 部、译著 4 部,在国内外学术期刊上发表论文 30 余篇,获得国家级和省级教学及科研成果奖 6 项。

创新保险支农惠农方式

冯文丽

农业保险是我国农业支持政策的一项重要内容,对化解农业自然风险、保护农民利益、促进农业发展具有重要作用。近年来,我国农业保险快速发展,制度框架初步建立,保险覆盖面不断扩大,在维护国家粮食安全、促进农业转方式调结构、支农惠农等方面发挥的重要作用,日益被政府、保险监管部门及社会公众所认可和重视。

《国务院关于加快发展现代保险服务业的若干意见》明确提出,大力发展"三农"保险,创新支农惠农方式。2016年中央一号文件《关于落实发展新理念加快农业现代化,实现全面小康目标的若干意见》提出,把农业保险作为支持农业的重要手段,扩大农业保险覆盖面、增加保险品种、提高风险保障水平。2016年8月底发布的《中国保险业发展"十三五"规划纲要》对农业保险的法律制度、支持政策、巨灾风险分散、产品创新、服务体系和信息平台等方面,均提出了具体的建设要求。

一、深刻认识保险支农惠农的独特优势

(一)保险支农惠农符合国际规则

世贸组织把农业国内支持政策分为三类:对贸易无扭曲或最小扭曲的支持政策被纳入"绿箱",免除削减承诺;最具扭曲效应的支持政策被称为"黄箱"政策,需要分阶段削减;在限产计划下给予的直接支付通常被称为

"蓝箱"政策,扭曲程度介于前两者之间。

农业保险补贴属于"绿箱"政策范围,主要体现在收入保险与安全网计划和自然灾害救济支付这两项中。另外,世贸组织"绿箱"政策中一般农业服务的病虫害控制等措施,也可以与农业保险结合起来,作为农业保险的防灾减损部分开展支持,由政府给予补贴。与其他类型的农业补贴不同,农业保险补贴并不存在支出上限。因此,许多世贸组织成员国正在充分利用这一"绿箱"政策,通过支持农业保险的方式来支持农业,而不用担心被国际社会指责"扭曲市场"。例如 2014 年,美国推出了《2014 年食物、农场及就业法案》,取消了实施近 18 年、每年耗资近 50 亿美元的农业直接补贴,同时在未来 10 年新增 70 亿美元左右的预算,来扩大农业保险覆盖范围和补贴额度。这意味着美国的农业支持政策逐步由直接补贴向农业保险转变。

(二)保险支农惠农具有杠杆效应

保险支农惠农具有得天独厚的杠杆效应,即政府拿出少量的保费补贴,当出现保险合同约定的保险事故时,保险公司就为受灾农户支付数十倍、数百倍的保险赔偿金,可以使政府"花小钱,办大事"。例如 2015 年,中央财政保费补贴约 147 亿元,撬动风险保障 1.96 万亿元,杠杆效应达 130 多倍,即政府花 1 元钱的保费补贴,为农户购买了 130 多元的风险保障。农业保险"稳定器"和"助推器"的作用得到了充分体现。

(三)保险支农惠农具有确定性

当农民遭遇较大灾害时,与灾害救济和社会捐助等支农方式相比,保险支农具有较强的确定性。保险是一种事前、有偿的风险管理,政府或农民缴纳少量的保险费,出险后就可以获得保险合同事先确定的保险赔偿金,可以有效降低农民进行农业投资的风险预期。而灾害救济和社会捐助则是政府和社会公众对遭灾农户提供的一种事后、免费的道义救济,受灾农户能否获得以及获得多少都不确定,无法达到降低农民风险预期和减除风险恐惧的目的。

二、保险不适应现代农业发展的方面

自 2007 年中央政府实行保费补贴试点政策以来，我国农业保险仅用 9 年时间，就走过了发达国家几十年乃至上百年走过的道路，跃居全球第二、亚洲第一，得到国际保险业的高度关注，被誉为"世界农业保险典型模式之一"。

2015 年，农业保险实现保费收入 374.72 亿元，同比增长 15.15%，业务规模在财产保险各险种中居第三位；参保农户 2.29 亿户次，提供风险保障 1.96 万亿元，同比增长 20.42%，约占农业总产值的 32.27%；赔款支出 260.08 亿元，同比增长 21.24%，约占农作物直接经济损失的 9.64%。

但总体而言，我国农业保险起步晚、底子薄，与发展现代农业和满足广大农民日益增长的保险需求相比，还存在一些不适应的方面，主要表现在：

（一）保障程度难以满足农户需求

基于国家财力和农民收入等多方面因素，我国农业保险采取"低保费、低保障、广覆盖"的原则，主要承保农作物的直接物化成本。截至 2015 年年底，三大口粮作物的保险保障程度约占直接物化成本的 84%，但仅占全部生产成本的 33%。随着农村经济发展，劳动力成本和土地成本上升较快，部分地方已超过物化成本。农业保险的保障程度较低，对农户特别是新型农业经营主体遭受的灾害损失，难以给予充分保障，从而影响了参保积极性。

（二）保险机构服务能力不足

我国"三农"基础信息管理不完善，例如二轮土地承包信息不准确、生猪耳标佩戴率低等，保险机构难以准确定位承保农作物的位置和面积，导致了一些承保、理赔信息不真实。同时，我国农业生产点多、面广、分散，逐户收取保费、查勘定损和支付赔款成本较高，农时因素也令承保理赔期限较为集中。出于成本控制和经营绩效考虑,保险机构基层投入力度相对不高,基层网点和专业力量严重不足。大部分保险机构通过委托村委会或农林基层组织协助办理农业保险业务,但是,双方的责、权、利不清晰,监管要求难以落实。

(三) 大灾风险分散机制不健全

农业保险因干旱、洪水等灾害造成系统性风险的概率,远大于普通保险。目前,保险机构主要通过再保险和大灾风险准备金制度来转移分散风险,主要依靠公司自身的力量,缺少国家层面的制度支撑。大灾风险分散机制不健全问题,在一定程度上影响了农业保险覆盖面的进一步扩大和保障程度的进一步提高,一旦发生区域性或大面积巨灾,现有的农业保险体系可能难以为继。

三、创新保险支农惠农方式的举措

《中华人民共和国国民经济和社会发展第十三个五年规划纲要》(以下简称国家"十三五"规划)指出,农业是全面建成小康社会和实现现代化的基础。这是对农业基础性、战略性地位的一个新的重大表述和战略定位。保险业要牢牢把握这条主线,通过提标、增品、扩面等方式,加快农业保险的供给侧结构性改革创新,实现农业保险从基础的经济补偿,向支农惠农、防灾减灾、社会管理、扶贫开发、担保增信和辅助市场调控等综合功能拓展,充分发挥其"稳定器"和"助推器"的作用。

(一) 落实《农业保险条例》,完善农业保险制度体系

2012 年 10 月 24 日,国务院第 629 号令公布了《农业保险条例》。这是我国第一部针对农业保险的行政法规,对农业保险的概念、农业保险机构、财政补贴、赔付程序、经营规则和法律责任等作了规定。《农业保险条例》的颁布实施结束了我国农业保险无法可依的时代,农业保险的经营和运作

进入到法制化和规范化发展的新时期。

但与农业保险比较发达的国家相比，我国农业保险的法律法规和制度建设还需进一步完善。《农业保险条例》对很多方面只是作了原则性规定，一些具体的实施细则还需进一步制定。例如，《农业保险条例》第四条规定："国务院财政、农业、林业、发展改革、税务、民政等有关部门按照各自的职责，负责农业保险推进、管理的相关工作"，但至今没有相关文件对这些部门的具体职责进行明确界定，也没有建立中央政府层面的农业保险协调机构。再如，《农业保险条例》第八条规定："国家建立财政支持的农业保险大灾风险分散机制，具体办法由国务院财政部门会同国务院有关部门制定"，但该办法至今也尚未出台。因而，有关部门应根据《农业保险条例》的相关规定，尽快完善农业保险制度体系，出台农业保险补贴、农业保险税收优惠政策、农业保险大灾风险分散机制、农业保险信息共享机制和农业保险协调推进机制等方面的实施细则，为农业保险的进一步发展营造良好的制度环境。

（二）加快产量保险、价格保险和收入保险创新，提高保障水平

国家"十三五"规划提出："推动实现多种形式的农业适度规模经营"，"扶持发展种养大户和家庭农场"，"培育壮大农业产业化龙头企业，大力培养新型职业农民，打造高素质现代农业生产经营者队伍"。随着农业生产经营的集约化、规模化水平日趋提高，新型农业生产经营组织对农业保险提出了更高的风险保障需求，要求由保成本向保产量、保价格、保收入转变。

1. 产量保险创新

农作物产量保险是以农民的农作物产量损失作为保险标的的保险。当农作物的实际产量低于合同约定的产量时，保险人就赔偿产量差额部分的损失。例如 2013 年，中航安盟财产保险有限公司在陕西省杨凌高新技术开发区试点推行玉米产量保险，以当地前 5 年的平均产量作为保障水平，当实际产量低于保障水平时，保险公司负责赔偿产量差额部分的损失。在当地，玉米成本保险的保险金额是每亩 280 元，而产量保险的保险金额则是 840

元,大大提高了保障水平,调动了农户的投保积极性。

2. 价格保险创新

农产品价格保险分农产品目标价格保险和价格指数保险两种。价格保险创新的好处有:第一,可以将各种因素导致的农产品价格波动风险纳入保险责任,将保障范围从传统的自然风险向市场风险延伸,给予农户更充分的风险保障,有利于保障农户的收入预期,稳定农产品供给,解决"谷贱伤农、谷贵伤民"的困境。第二,价格保险是完善我国农产品价格调控机制的重要手段之一,属于世贸组织规则允许的"绿箱"政策,对转变农产品价格和市场调控方式、充分发挥价格调节农产品供求作用、维护国家粮食安全有着重要意义。

(1)目标价格保险。目标价格保险是指以约定的农产品目标价格作为理赔触发点,当保险期间农产品的实际价格达到理赔标准时,保险人对被保险人因实际价格同目标价格的差价而造成的经济损失,按约定承担赔偿责任的保险业务。例如2015年,安信农业保险公司推出了鸡蛋价格保险。该保险公司在考虑蛋鸡养殖直接物化成本基础上,合理设定目标价格线,当未来市场价格低于目标价格时,发起保险理赔;当未来市场价格高于目标价格时,保证农户养殖蛋鸡的超额收益。同时,安信农业保险公司与期货公司签订了以约定价格为触发值的鸡蛋价格保险风险管理合作协议,填补了国内保险公司利用期货及其衍生品对冲价格保险风险这一全新领域的空白。

(2)价格指数保险。价格指数保险是对农业生产经营者因市场价格大幅波动、农产品价格低于目标价格指数造成的损失,给予经济补偿的一种制度安排。由于价格指数保险是以某种公开、透明、客观的"指数"为保险赔偿依据,所以,能够在一定程度上解决农业保险实际工作中交易成本高、逆选择和道德风险严重等问题。例如2011年,上海市农委和安信农业保险公司在全国率先推出了蔬菜价格指数保险,将农业保险的承保范围从生产风险扩展到市场风险,受到了社会各界的关注与好评。随后,其他保险公司纷纷研究和试点价格指数保险,相继推出了玉米、生猪和糖料蔗等价格指数保险。

3. 收入保险创新

由于价格风险具有系统性,单靠保险手段很难对系统性的价格风险进行分散,因此,国外很少有专门对农产品价格风险进行承保的农业保险产品。大都将价格风险和产量风险结合在一起进行承保,即农作物收入保险。

农作物收入保险,是同时为产量的不确定性和价格的不确定性提供风险保障的保险。农作物收入保险最初出现于1996年美国的联邦农作物保险计划,从推出之日起,就以能同时为价格风险和产量风险提供风险保障的优点受到美国农民的欢迎,很快发展成为美国农业保险保费规模占比最大的险种。在未来,农作物收入保险也应成为我国农业保险创新的趋势。

2012年,中华联合保险公司在甘肃首家试点马铃薯产值保险,其最大特点是在产量保险的基础上引入了价格因素,理赔方式易于被农户理解和接受。以2012年马铃薯每亩保险金额350元计算,如果因灾全损,保险公司对农户每亩赔付350元;如果农户的马铃薯收入因灾低于每亩350元,保险公司赔付差额;假如农户遭灾,但收入仍在每亩350元以上,则不予赔付。

(三)探索天气指数保险创新,降低经营难度

天气指数保险是指,把一个或几个气候条件(例如气温、降水、风速等)对农作物的损害程度指数化,每个指数都有对应的农作物产量和损益。保险合同以这种指数为基础,当指数达到一定水平并对农产品造成一定影响时,投保人就可以获得相应标准的赔偿。例如,某保险公司研发的小麦天气指数保险,包括干旱指数、倒春寒指数、干热风指数和阴雨指数。其中,干旱指数条款规定,自3月11日至4月30日期间日降雨量的累计值,记为干旱指数。当干旱指数≤5毫米时,每亩赔付公式为(35毫米-干旱指数)×3.5元/亩;当5毫米<干旱指数≤15毫米时,每亩赔付公式为(35毫米-干旱指数)×3元/亩;当15毫米<干旱指数<35毫米时,每亩赔付公式为(35毫米-干旱指数)×2.5元/亩;当干旱指数≥35毫米时,不赔付。

与传统农业保险相比,天气指数保险的最大特点是标准化。同一风险

区划内的投保人以相同费率投保,能否赔款以及获得多少赔款取决于实际指数与约定指数的偏差,而实际指数又依据独立客观的气象部门的数据计算,与个别投保人的产量无关。所以,同一风险区划内的所有投保人获得相同额度的赔款。

天气指数保险的标准化特点,衍生了很多传统保单难以比拟的优势:一是赔款与个别投保人的产量无关,可以有效解决道德风险和逆选择问题;二是在承保和理赔时不需要对保险标的进行实地查勘,能够有效降低经营成本、简化理赔流程;三是标准化合同容易实现二级市场流通,可以充分利用资本市场分散农业风险;四是标准化合同容易实现"天气指数保险+互联网"型产品创新;五是可以为渔业、水产养殖等传统观念中难以管控的业务提供支持,扩大我国农业保险覆盖面。

我国最早的天气指数保险,是2007年由安信农业保险公司推出的西甜瓜梅雨强度指数保险。目前,国内积极研发和试点天气指数保险的地区有安徽、海南、江西、北京、福建、大连和山东等省市,主要集中在中东部,涉及的灾害包括梅雨、内涝、旱灾、水灾、台风、冻灾、风灾和秋季低温,测量指数涵盖累计降雨量指数、台风指数、气温指数、风力指数、低温指数,保障范围涵盖西瓜、水稻、小麦、大豆、玉米、蜜橘、烟草、橡胶等种植业和蜂群、水产等养殖业,参与的保险公司有安信、国元、人保财险、国寿财险、平安产险、阳光农险和中煤保险等。

（四）积极开发地方特色险种,增加保险品种

我国地域辽阔,各地农作物品种千差万别,面临的风险保障需求也各不相同。当前,各地按照中央关于发展现代农业的要求,因地制宜,结合本地实际,提出了本地区现代农业发展的产业政策和支持方向,对于保障地方特色主导产业发展的风险需求非常迫切。特别是随着农业生产集约化、规模化水平日趋提高,一些家庭农场、农业合作社、龙头企业等新型农业生产经营组织希望有更多的保险品种。因此,各地需要根据财政实力,在中央财政补贴险种以外,选择种植面积大、专业化程度高、有利于增加农民收入的特

色农业,因地制宜,因地开发地方特色险种,不断增加农业保险品种,满足农民多样化的保险需求。

例如,浙江省的政策性地方特色险种,涵盖了草莓、水蜜桃、梨、甘蔗、糖果蔗、香菇、黑木耳、蘑菇、茶叶、杨梅、芦笋、高山蔬菜、大棚瓜果、蚕、湖羊、青蟹、鳖等 28 个品种,包括价格保险、气象指数保险和收益保险等新型险种。

(五)扩大农业保险覆盖面,延伸农业保险辐射领域

稳步扩大渔业保险、森林保险、农房保险、农机具保险、农村小额信贷保险和农村小额人身保险等的覆盖范围,延伸农业保险辐射领域,充分发挥保险在支农惠农方面的重要作用。

1. 渔业保险

我国是渔业大国,拥有世界 1/4 的渔船、1/3 的世界水产品产量、1/6 的世界水产品捕捞量,水产养殖量约占世界水产养殖量的 70%。渔业的快速发展不仅满足了国民对优质蛋白的需求,对保障国家粮食安全也发挥着重要作用。渔业保险对稳定渔业生产、增进粮食安全、及时补偿受灾渔民的损失、减轻政府灾后施救的压力,具有重要作用。

2. 森林保险

森林是重要的经济资源、生态资源和战略资源,有较强的社会性和公益性。发展森林保险可以有效提高林农抵御各类自然风险的能力,对灾害造成的森林损失给予经济补偿,可以有效帮助森林的恢复和重建,对于提高我国森林覆盖率、保护物种多样性、促进生态环境建设都有重要的意义。近年来,我国森林保险发展迅速,目前业务规模已居全球第一。

3. 农房保险

我国农村地区人均收入水平较低,抗风险能力弱,一旦发生房屋损坏,会给农民生活造成严重影响。发展农房保险可以提高广大农户抵御自然灾害的能力,创新政府减灾救灾模式,有效发挥保险机制的经济补偿、资金融通和协助社会管理等功能。

4.农机具保险

随着我国农业机械化水平的不断提高,农机保有量快速增长,因农机事故造成的经济损失和人身伤害不断加重,给广大农民的生命财产安全构成严重威胁。发展农机保险可以提高投保农户的抗风险能力,减轻各类事故给被保险人造成的经济损失;有益于化解农村社会矛盾,使受损方得到一定的补偿,促进农村地区和谐发展;有利于提高我国农业生产中专业机械的普及率,促进农业生产机械化和现代化水平提升。

5.农村小额信贷保险

如今,农村小额信贷保险主要开展的险种包括农村小额贷款保证保险、农村小额贷款借款人意外伤害保险等,通常旨在确保农户的还款能力。农村小额信贷保险可以帮助农信社等金融机构有效转移信贷风险,降低农信社的贷款风险,扩大其贷款额度,从而缓解农户贷款难问题,对服务"三农"具有重要意义。

6.农村小额人身保险

小额人身保险是一类面向低收入人群提供的人身保险产品的总称,具有保费低廉、保障适度、保单通俗、核保理赔简单等特点。小额人身保险是小额金融的重要组成部分,也是一种有效的金融扶贫手段,有利于维护农民家庭稳定,有利于维护农村社会稳定,有利于提升农民的金融意识,有利于服务"三农"。例如,河北省阜平县以农业保险为依托,向全县推广农户平安综合保险(人身意外险保额 5 万元,家庭财产险保额 1.85 万元,每户 25 元的保费由县财政全额承担)和"一元民生保险"(保险金额为每人 10 万元,保费 1 元钱,由县政府全额承担全县 22.8 万元的保费),防止农户因意外致贫、因意外返贫,提高了农户的风险管理意识和保险意识。

(六)加强农业保险技术创新,提高服务水平

针对我国农业保险机构服务能力不足问题,建议各机构不断提高精细化、专业化、信息化管理水平,加强经营技术创新,降低经营成本,提高服务水平。

1. 承保技术创新

目前，很多农业保险机构试点多人或集体承保模式，即推行由一个村、一个乡乃至一个县作为一个投保人进行统一投保，提高承保效率。此外，在承保环节也可以探索"农业保险+互联网"式的技术创新。

2. 查勘技术创新

由于我国农业保险标的分散，采用传统的人工手段查勘到户效率低、成本高，几乎是不可能完成的任务。因此，一些保险公司开始在农业保险查勘中使用无人机等技术，克服传统查勘手段的诸多缺陷，提升查勘效率和准确性。2011年，中国民用航空局向安华农业保险公司颁发了中国第一张民用无人机特许飞行证书，授予安华农业保险公司无人机勘查飞行资格。

3. 理赔技术创新

平安财险开发了电子签名模式，即客户可以通过移动数据终端，进行电子签名，确认理赔金额和理赔方式后，保险公司的数据中心会自动核实该签名与承保时签名是否一致。当确认一致后，系统会自动将赔款金额拨付到农民的银行卡上，减轻了理赔人员的工作压力。安信农业保险公司通过无人机巡航摄像的方式，来实时记录承保区域内保险标的作物的生长情况，在风险发生后第一时间对受损区域进行航拍摄像，记录受损面积和受损规模，使得农业保险理赔更加科学、准确，提高了理赔效率。

（七）探索农业互助合作保险，提高经营效率

互助合作保险是指有相同风险保障需求的投保人，在平等自愿、民主管理的基础上，以互相帮助、共摊风险为目的，为自己办理保险的保险活动。

与股份制保险相比，互助合作保险具有以下优势：一是投保人和保险人利益一致，通过参保会员的自主管理和相互监督，能够有效防范道德风险；二是不以商业盈利为目的，经营费用较低，核灾定损准确度较高，可以用相对较低的成本为会员提供保险保障；三是可以在不追求短期商业利润的情况下，发展有利于被保险人长期利益的险种，更好地保护被保险人利益；四是可以根据会员群体的风险保障需求，灵活地设计条款、调整费率，具有较

强的灵活性和适应性,能够应用于商业保险难以覆盖的低收入人群和高风险领域。

2010 年,安信农业保险公司试点南美白对虾养殖互助保险。每个地区由二三十家合作社形成一个互助保险单元,各单元有自己独立的资金池,托管在安信农业保险公司,结余留存归以后大灾之年使用。在查勘定损时,互助保险单元中的其他成员都会在场监督,一家合作社超赔会直接影响整个资金池,也影响各个成员的利益。于是,赔付率大大降低,从试点前的283%降低到了60%以下。安信淡水养殖保费规模迅速增加到6000多万元,排全国第一。

（八）积极争取税收优惠政策,加大财政补贴力度

当前,中央财政提供农业保险保费补贴的品种包括种植业、养殖业和森林 3 大类,共 16 个品种,覆盖了水稻、小麦、玉米等主要粮食作物以及棉花、糖料作物、畜产品等。各级财政对保费累计补贴达到 75% 以上,地方财政还对部分特色农业保险给予保费补贴,构建了"中央支持保基本,地方支持保特色"的多层次农业保险保费补贴体系。2016 年,在财政资金比较紧张的情况下,中央财政对农业保险保费的补贴预算达 180 亿元,比 2015 年增长 7%。2015 年,还出台了提高产粮大县补贴比例的政策。国家对农业保险业务,也有免征印花税和部分所得税的税收优惠政策。

但与美国等农业保险发达国家相比,我国农业保险的财政支持政策还存在税收优惠幅度低、补贴方式少、补贴总量小等问题。因而,我国需要进一步完善农业保险的财政支持政策,具体措施有:一是增加农业保险补贴方式,例如增加资本金支持、经营管理费用补贴、农业巨灾风险基金支持等方式;二是扩大农业保险补贴规模,通过提标、增品、扩面,提高农业保险补贴规模;三是减少农业保险补贴层级,逐渐减少或取消产粮大县县级保费补贴,最终实现由中央和省区市两级政府进行补贴;四是实行差异化农业保险补贴政策,例如提高中西部经济欠发达地区和产粮大省的中央财政保费补贴比例。

（九）建立财政支持的农业大灾风险分散机制

为了保证农业保险机构对大灾风险损失具有充足的偿付能力，建议在一般责任准备金基础上，建立财政支持的农业大灾风险分散体系。具体来说，包括保险公司、省级政府、中央政府和资本市场四级大灾风险承担主体。

第一层次：保险公司建立农业大灾风险准备金，为赔付率在150%以下的大灾损失赔偿提供资金保障。2013年12月8日，财政部发布《农业保险大灾风险准备金管理办法》，要求经营政策性农业保险的保险机构都要建立大灾风险准备金，按照农业保险保费收入和超额承保利润的一定比例，计提大灾准备金，逐年滚存，专项用于弥补农业大灾风险损失。当农业保险机构的赔付率超过规定阈值时，即可动用保费准备金；保费准备金不足以支付赔款的，保险机构可以动用利润准备金；仍不足的，可以统筹其他机构的大灾风险准备金。建立这种企业级大灾风险准备金，在一定程度上提高了农业保险经营机构的偿付能力，为农业保险的大灾风险分散提供了有力保障。

第二层次：省级政府建立农业巨灾风险基金，为赔付率在150%—300%之间的大灾损失赔偿提供资金保障。省级农业巨灾风险基金的资金来源可以有三种思路：第一种完全由各省级政府筹集，比如北京，从上一年农业总产值中提取1‰形成农业巨灾风险基金；第二种是政府和保险公司共同筹资，政府每年拿出一定财政拨款，各家保险公司再贡献一定比例的赔付结余，共同形成基金，例如内蒙古自治区设计的是各保险公司贡献每年结余的5%；第三种是完全由保险公司筹集，即从保费中提取一定比例，提取的具体比例由各省区市主管部门和保险公司协商确定。

第三层次：中央政府设立农业巨灾风险基金，是为赔付率在300%—500%之间的大灾损失赔偿提供资金保障。中央政府设立的农业巨灾风险基金的资金筹集，需要考虑两个问题。第一，出资人及出资比例。中央级农业巨灾风险基金的出资人应是中央政府和地方政府，但出资比例需要进一步深入研究。出资比例应主要依据财力来确定，例如对农业大省和中西部贫困省份，中央政府可以多承担一些。第二，资金来源。中央政府设立的农业巨灾风险基金的资金来源,可包括财政拨款、农业保险公司税收减免部分及财政部委托专门机构发行农业巨灾彩票等等。

第四层次:资本市场或其他融资。对于上述三层次资金还不能满足的大灾损失,可由保险公司或再保险公司通过在资本市场上发行巨灾债券、向政策性金融机构借款等方式筹集资金。

(十)健全保险经营机构与灾害预报部门、农业主管部门的合作机制

农业保险承保的动植物都是有生命的物体,有不同的生长规律,农业保险工作具有独特性。因此,农业保险经营机构在宣传发动、组织投保、查验标的、收取保费、签发保单、理赔报案、现场勘查、核定损失、张榜公布、纠纷处理等各个环节,都离不开农业、林业、气象等相关部门的支持与合作。通过协助开展农险业务、建立信息共享机制等合作方式,这些部门和保险经营机构可以积累农业生产、农户信息、气象灾害、农险经营、农险服务机构队伍等基础信息,使得承保理赔过程更为公开、公平,有效防止虚假投保或夸大损失骗保等行为,逐步建立农业灾害、农户投保与农险费率联动机制,促进农业保险稳健持续发展。此外,保险机构可以与相关部门合作,开展气象灾害预警、人工降雨、人工防雹、动物防疫等多种合作,为农民提供防灾减灾等增值型服务,提高农业的风险抗御能力。

作者简介:冯文丽,女,河北经贸大学农业保险研究所所长、教授,主要研究农业保险;主持世界银行、国家社会科学基金等项目40多项,发表论文70多篇,获得省级优秀研究成果一、二、三等奖5项,获得河北省三三三人才工程(第一层次)、享受河北省政府特殊津贴专家、河北省四个一批人才、河北省优秀教育工作者、河北省百名青年风尚人物等称号。

提高保险服务创新能力

陈冬梅

国民经济和社会发展第十三个五年规划的精髓,就是要树立和贯彻落实创新、协调、绿色、开放、共享的发展理念。创新也是保险业发展的第一动力。面向未来,保险业要取得更大的发展和进步还是要靠改革创新。特别是面对经济大调整、社会大变革、技术大创新、市场大竞争的发展趋势,改革创新仍然是推动保险业提升核心竞争力的根本途径。

一、提高保险服务创新能力的重要意义

(一)经济提质增效升级需要提高保险服务创新能力

经济提质增效升级,必须摒弃依靠自然资源和要素投入驱动的传统经济发展模式,以提高资源配置效率和开展各类创新活动来推动经济发展,实现由传统经济发展方式到现代经济发展方式的转变,使得经济发展与民众幸福共同提升,经济、社会、环境协调发展。我国经济和金融在不断的变革和发展,在此过程中对保险业提出了更高的要求。而目前保险业的实际发展状况仍然无法完全匹配社会需求,不能完全满足完善社会保障体系和农业保障体系的需要,在完善防灾减灾体系和应急风险管理中发挥的功能不足,责任保险发展落后,无法对减轻政府的社会管理压力提供充分支持。

中国经济改革发展已经进入了深水区,面临增长速度换挡期、结构调整阵痛期、前期刺激政策消化期三期叠加的现实挑战,需要适应新常态,通过

产业升级、结构调整、模式转变等方式推动社会经济再次起航。保险是经济社会发展的"稳定器"和"助推器"。在这一过程中,特别需要发挥保险的功能作用。一是发挥保险的风险保障功能,为实体经济创新保驾护航。二是发挥保险的社会管理服务功能,助力实体经济产业升级。保险业可结合国家产业升级战略,提供配套的保险产品服务,尤其是对新兴产业可以提供支持性产品服务,为科技企业、小微企业发展提供支持。三是发挥保险资金的作用,为经济社会建设提供资金支持。在这个过程中,都需要保险产品与服务创新。

(二)科技发展推动保险服务创新能力提高

创新是从根本上打开增长之锁的钥匙。2016 年 9 月,习近平在二十国集团工商峰会开幕式上演讲时指出:"以互联网为核心的新一轮科技和产业革命蓄势待发,人工智能、虚拟现实等新技术日新月异,虚拟经济与实体经济的结合,将给人们的生产方式和生活方式带来革命性变化。"科技创新和互联网经济的快速发展,为保险业创新发展开辟了新的渠道空间并注入新的动力。

科技的突破有利于保险产品的营销或流程创新。利用移动通信、遥感和定位技术,保险公司可以实时观察承保标的物的位置和状况,采集更多的客户信息,实现产品和服务的更新。不仅如此,新科技还会影响现有保险产品的设计。例如,基于里程定价的汽车保险要依赖于导航技术或其他车载设备,获得有关驾驶行为的相关信息。通过整合与分析,保险公司可以更精细地划分现有及潜在客户。更准确评估风险的技术和建模能力,也有赖于技术的不断进步和提高。科技也能够推动保险公司与保险消费者新的互动方式。例如,一些寿险公司正制订计划,奖励健康的生活方式和活动,从而提高客户参与度。

(三)保险强国的跨越式发展亟须提高保险服务创新能力

毫无疑问,我国已从无到有地打造了一个新兴保险大国,保费规模在国际上举足轻重，保险资产规模增速加快，但与一线发达国家相比仍然存在差距。中国的经济总量已经跃居世界第二位，作为世界第二大经济体，保费收入和资产规模与实际的经济发展要求不相匹配。从保险深度、保险密度等其他衡量保险业发展的指标来看，我国与世界主要发达经济体乃至世界平均水平相比，均有较大差距。保险业作为中国经济的新兴产业，尚未充分显现出蕴含的巨大潜力。中国保险市场仍是一个正在发展中的市场，还需要一个不断成熟的过程。

实现从保险大国到保险强国的转变，不仅意味着到 2020 年，实现保险深度达到 5%、保险密度达到 3500 元/人的发展目标，更主要的，意味着"保险成为政府、企业、居民风险管理和财富管理的基本手段，成为提高保障水平和保障质量的重要渠道，成为政府改进公共服务、加强社会管理的有效工具"。对比这些要求，不论是保险业的服务水平、风险管理技术，还是从业人员素质，都还有不小的距离。

要实现从量的扩张到质的转变，实现从保险大国向保险强国的转变，首先要实现跨越式发展。实现跨越式发展的关键是创新。通过产品、服务创新，激发出中国保险市场的后发优势。随着保险深度扩展、保险密度增加，以及保费收入占居民储蓄余额的比例增加、每百万人拥有的保险公司数量增加、保险渗透率提高等一系列衡量保险发展水平的指标，与经济发展和社会发展相匹配、与发达国家相匹敌，中国保险业的影响和地位将不可估量。

二、保险服务创新的现状及问题

随着我国保险市场的发展速度不断加快，竞争日趋激烈，这种竞争尤其体现在保险产品的创新上。事实上，保险经营者要取得竞争优势，一个非常重要的前提就是不断开发与创新保险产品。险种的快速推出，顺应了市场的要求，提高了保险公司的市场竞争力。同时，及时推出新险种，也是合理配置保险资源、提高产业素质、扩大保险服务领域、增强保险吸引力的必然要求。

与发达国家相比,我国保险产品的创新仍然比较落后,保险产品品种比较单一、同质化,创新不足。例如就寿险市场而言,新产品较多,但差异性不大;结构不合理,真正的纯保障类产品种类单一;养老保险、医疗保险领域存在较大的市场空缺,健康险、团体寿险明显供给不足,保险的保障功能体现不够。非寿险领域险种单一更为突出,市场仍然以传统的机动车辆保险为主;险种条款、费率规章和实务操作手续,多年来基本上没有什么变化;险种结构不合理,车险、企财险、货运险三大业务占主要市场份额,我国经济转型急需的责任保险、保证和信用保险等险类发展严重滞后。此外,一些保险公司市场调查不充分,缺乏准确的市场定位,产品与市场需求脱节;或在开发全国性产品时,对地区经济发展差异考虑不周全等。

此外,应用互联网和大数据的能力还不强。保险业对互联网的使用主要还是作为销售渠道,深度挖掘、使用数据较少,保险的数据和精算优势没有充分发挥。

总体而言,整个保险行业创新能力不强,创新机制不完善,创新人才缺乏,在重点领域、关键环节、核心技术方面的创新少。

保险服务创新动力不足,既有外部影响因素,也有内生原因。影响保险产品创新的内在因素可归为:制约行业发展的体制机制瓶颈还没有根除,行业粗放式发展方式仍在延续;相当时期以来,保险业发展重规模轻效益、重销售轻产品,也就不可能把产品创新提到应有高度;保险企业的经营能力和技术能力难以支持保险产品创新,缺少进行产品创新的资源和动力。

现阶段,在保险知识产权保护上缺乏法律约束,导致某家保险企业开发的新险种被其他保险企业克隆的事件层出不穷,保险企业花大价钱开发的产品难以收到预期的效果,市场份额被抢占,最终使得保险企业缺乏险种创新的动力。此外,险种和服务创新需要大量的经验数据和市场调研资料做支撑。我国保险业起步较晚,在行业历史数据的获取上有一定的障碍。同时,开发新产品要投入大量的资金、人力、物力,这也是很多保险企业权衡利弊后选择维持销售原有保险产品的原因。

三、推进保险服务创新的主要思路

保险业"十三五"规划纲要提出，充分运用新理念、新思维、新技术，积极探索新产品、新渠道、新模式，加快形成以创新为主的保险业发展新业态、新动力。据此，"十三五"时期推进保险服务创新的具体思路主要有如下四点。

（一）保险技术手段创新

一方面，保险公司寻求通过简单、透明的互动网站以及简明的购买流程鼓励在线销售；另一方面，更重要的是，保险公司运用物联网、大数据等手段，将保险产品融入到跨界合作、与衣食住行紧密相连的互联网生态中。大数据对保险的改良作用体现在价值链的各个环节，其中最重要的作用发生在风险评估和定价、交叉销售、防止客户流失、欺诈检测、索赔预防和缓解五个环节。

另外，研究网络消费习惯，积极发展网络保险。互联网保险既是一个营销的渠道，也是未来保险业态创新发展、转型升级的新型商业模式。从全球的范围来看，2017 年，互联网用户将达到 33 亿；到 2018 年，智能手机用户将达到 23 亿；社交网站渗透率基本达到 73%；计算成本和宽带通信成本不断下降，过去 20 年基本是以每年 30% 左右的速度下降。截至 2016 年 6 月，中国网民规模达 7.1 亿人，其中互联网保险用户更是达到了 3.3 亿。2015 年，中国互联网保险保费收入已达 2223 亿元，比 2011 年增长近 69 倍；互联网保险保费在总保费收入中的占比，也从 2011 年的 0.2% 上升到 2015 年的 9.2%。2016 年上半年，互联网保险市场的发展更是迅猛，累计实现保费收入 1431.1 亿元，是 2015 年同期的 1.75 倍，与 2015 年互联网人身保险全年保费水平接近，占行业总保费的比例上升至 5.2%，在各渠道业务中的地位进一步提升。其中，2016 年上半年，互联网人身保险累计保费规模达 1133.9 亿元，为 2015 年同期的 2.5 倍。

（二）保险服务方式创新

不断创新服务方式，丰富保险服务的内涵，把服务渗透到保险消费的各个环节。大力推进条款通俗化和服务标准化。保险产品在设计的时候，首先明确目标市场、细分客户，充分发挥出保险产品的保障功能，使产品满足人们的不断变化和个性化的需求。此外，还应该针对不同地区开发出区域性保险产品，改变传统的一个险种卖遍全国的状况。

借力当前迅速发展的互联网和信息技术，利用用户移动终端、大数据、物联网等新技术，帮助用户实现咨询、投保、缴费、理赔等全流程的电子化、远程化操作。全流程推动保险机构全面加强和改进保险服务，推动保险服务网络向基层和薄弱地区延伸、倾斜，推动保险机构为消费者提供更便捷、更贴心、更全面的保险保障。

（三）保险产品创新

创新能力是保险业保持长期成功的必要和关键因素。产品创新是保险公司的首要任务。通过向企业和个人提供更多分担风险并减少收入和支出波动性的方式，保险业产品创新可以促进金融流动，提高资本积累，分散风险，并最终增加经济效益。

1. 驱动保险产品创新的因素

全新的风险因素决定保险产品创新计划，因为风险是保险存在的前提，保险产品创新是对风险环境改变的直接回应。总体而言，风险环境的变化非常缓慢，17 世纪进行的产品创新在今天仍然是重要的保险业务。而市场上总出现创新的保险产品，主要源于外部环境的变化。譬如，法律环境的频繁变化使得责任风险变化，责任险出现创新需求。另外，人们逐渐了解到更多的非实体风险暴露，针对无形风险开发保险产品是创新的一大趋势。

保险监管与保险产品创新既有一致性，又有矛盾性。如果保险监管部门制定有利于保险产品创新的政策，实现监管方式的市场化和监管对象的差异化，则可以为保险产品的创新提供有力的监管环境。

保险产品的创新还受到承保周期的影响。当市场处于坚挺期，保险公司更倾向于开展传统业务；而市场处于疲软期，保险公司往往更重视保险业务的增长，从而促进保险产品的创新。当然，假如此时市场竞争加剧，也可能造成创新的障碍。

税收等政府政策也会影响到保险产品创新。如果我国推出遗产税，寿险将会成为避税的良好渠道，对寿险的大量需求将推动人寿保险产品的创新。

2. 保险产品创新的路径

保险产品创新包括险种的创新、产品的组合、产品结构的优化。险种的创新既包括根据市场需求，创造出过去没有的全新产品类型；也包括将已有的产品在设计方面进行改进，使之更适合市场需求。产品的组合可以是完全集合多种险种为一体，或是一揽子产品的组合，经过组合后可以组合定价，使得保险产品功能丰富并且价格更优惠。产品结构的优化是指，销售的保险产品在各种类型险种的占比和期限结构要合理化，主要险种要具有较高的内涵价值，能为保险公司创造价值，带来保险市场的可持续发展。

保险产品的创新路径可以分为主动式创新与被动式创新。主动式创新是保险公司自身为管理风险或者促使收益最大化，进行的一系列新产品开发或者服务提升；被动式创新，则是由投保人或者被保险人促使保险公司进行的创新。从创新程度上说，可以是渐进式创新，即对原有保险产品进行服务与功能的改进；也可以是变革式创新，即产品与服务的全新创造，从根本上改变产品或竞争格局。二者之间是演进式创新，这种创新将现有技术引进新市场，将新技术引入现有市场，或是改变提供产品或服务的方式。

传统保险市场的大多数产品创新，往往都是建立在现有知识和基础设施之上的渐进式创新或演进式创新。例如，保险业"十三五"规划纲要提出完善企业财产保险、家庭财产保险、货运保险、意外伤害保险等险种的风险保障功能，增强全社会抵御风险的能力。保险公司可以扩大保障范围，或对现有保单条款进行添加或修改。通过保险产品的不断演变，现有保险公司能保持并提高它们的市场地位,而且不会因为风险定价偏低而面临索赔失控。

在商业车险方面,从目前改革试点情况来看,消费者获得的保障扩大,平均保费下降,保险公司取得的经济效益和社会效益同步提升。未来将稳步推进商业车险市场化进程,不断丰富商业车险示范产品体系,完善商业车险创新型产品形成机制,提高服务精准化、精细化水平,巩固和扩大商业车险改革成果,让市场配置资源的决定性作用得到有效发挥。例如,保险公司根据不同类型车辆的历史事故资料对车险定价,以此鼓励消费者选择不易出事故的车辆,鼓励厂商改进技术,提高其车辆的安全性。保险支持防火、职业健康与安全、工业损失预防、减轻汽车损毁、盗窃和人身伤害,以及其他众多损失控制活动和方案。这些方案和活动降低了个人和企业的直接损失和间接损失,形成良好的风险管理方式。企业和个人据此减少高风险的行为或者建立缓解风险的激励机制,从而带来经济效率的提高。

保险产品创新还应结合我国国情,完善保险的市场化风险转移机制、社会互助机制和社会管理机制,在提高公共服务供给能力、提升公共服务资源配置效能和社会管理效率上发挥作用。例如,鼓励保险公司开发具备资产保值增值、财富传承等不同功能的创新型产品,满足消费者日益增长的多元化需求。

(四)优化保险业创新环境,建立健全保险产品和服务创新保护机制

应当运用法律手段对保险公司的产品创新过程进行保护,以维护整个保险行业的公平竞争并培育良好的创新精神。例如,针对保险公司之间的"搭便车"行为——相互抄袭保险产品的行为,除了鼓励保险公司以"靶向产品"优化保险供给外,《著作权法》可以对新险种进行形式上的保护。保险公司可以使用注册商标保护新险种的服务品牌,进而间接实现保护新险种的目的。为保证产品的实用性及经济效益,保险产品及服务内容与条款要向社会公开,但保险产品设计中的统计分析资料与市场调查资料、设计方

案、核保方法等技术信息，均属于受保护的商业秘密的范围，受到《反不正当竞争法》的保护，进而实现对新险种的兜底保护。

保险业作为契约密集型产业，需要维护契约执行的法制环境。以司法裁判的形式发挥司法能动性，积极弥补金融保险领域成文法的局限性，鼓励各类保险创新活动，而不是因法律没有明确具体的规定就简单否定保险产品创新的合法性，以金融保险司法为保险产品创新提供足够的成长空间。

中央提出的五大发展理念是保险事业发展的核心指引，大力推进改革创新是保险事业发展的强劲动力。保险业"十三五"规划纲要多次提到保险创新。保险服务创新的内容涉及方方面面。确实，就保险的服务属性来说，几乎没有保险不能参与的事业。"十三五"时期，应聚焦保险产品服务创新关键领域和重要环节，重点在五大体系中发挥作用，成为现代金融体系、社会保障体系、灾害救助体系、社会风险管理体系、农业保障体系的重要支柱。坚定不移实施创新驱动发展战略，释放更强增长动力，从而建设一个创新驱动、充满活力、具有较强核心竞争力的现代保险服务业。

作者简介：陈冬梅，女，复旦大学风险管理与保险学系常务副主任、副教授；兼任上海市保险学会副会长；出版著作3部、教材2部，承担教育部、上海市哲学社科办、中国保监会、中国保险学会等多项课题项目；入选上海"浦江人才计划"（2009年）；获得上海市育才奖（2016年）、瑞士再保险奖教金（2007年）、教育部高校人文社会科学优秀成果奖（2003年）等。

拓展养老保险服务

何文炯

自从 1982 年恢复人身保险业务以来,我国商业性养老保险业务有很大的发展。但从最近 10 多年的情况看,与人们的预期相比,商业性养老保险的发展并不如人意。这种预期,是人身保险从业者的理想,是学者们基于学理和国际经验所形成的判断。事实上,理想与现实总是有一定距离。为了使今后的现实与理想更为接近,我们在寄希望于环境改善的同时,更需要脚踏实地,寻找新的需求,拓展新的领域,设计新的产品,提供新的服务。

一、商业保险与养老保障体系

从老年人的需求出发,广义的养老保障体系包括居住保障、生活保障、健康保障、照护服务①和精神慰藉等方面。在政府主导并承担财政兜底责任的社会保障体系中,对此都有相应的制度安排:老年人的居住保障主要通过住房保障制度和无障碍设施建设来实现,生活保障主要通过基本养老保险制度和最低生活保障制度等提供,健康保障主要通过基本医疗保险制度、医疗救助制度和公共卫生制度提供,照护服务主要通过基本照护保障制度提供,精神慰藉则是在基本保障基础上通过相应的基本公共服务来实现。然而,根据社会保障原理和制度设计目标,这些制度只提供基本保障而非充

---

① 需要说明的是,这里的照护服务不包括医疗过程中的护理服务,医疗护理服务可以纳入健康保障范畴。

分保障。对经济收入相对较高的社会群体而言，他们对老年生活质量有更高的预期，因而需要有基本保障之外的补充性保障，比较典型的有职业年金（含企业年金）①、商业保险和互助合作性保险等。

商业保险是补充性养老保障的重要提供者之一。保险企业可以社会保障制度为基础，针对老年人更高的保障需求，设计相应的保险产品，通过向被保险人给付保险金，使老年人能够改善居住环境，购买更优的生活资料、健康服务、照护服务和娱乐服务等等，从而实现美好晚年生活的愿望。如果老年人所需都能够在市场上购买，那么，老年人只要有足够的资金，就可以过上美好的生活，于是仅有养老保险一类险种足矣。然而事实上，市场并不能完全满足老年人所需，例如有些服务，市场上买不到。因而，家庭、政府和社会需要做更多的准备。保险企业则可以开发更多以养老为目的的保险产品，除了养老保险，还可以设计健康保险产品以弥补基本医疗保险之不足，设计照护保险产品以弥补基本照护保障制度之不足，如此等等。

由此可见，在养老保障体系中，社会保障处于第一层次，属于基础层，承担基本保障之责，其保障程度由国家法律规定，提供的是"雪中送炭"式的保障；商业保险处于第二层次，属于补充性保障，其保障程度根据被保险人的需求和购买能力由保险双方协商确定，所提供的是"锦上添花"式的保障。一般地说，如果社会保障能够有效贯彻"保基本"的原则，则随着经济发展、富裕群体扩大、富裕程度提高，补充性保障的需求会相应增加，商业保险的机会就更多。当然，这不仅仅是保险企业的商机，也是老百姓的需要、用人单位的需要。所以绝大多数国家重视多层次的养老保障体系建设，重视商业保险在其中的作用。

就一般社会成员而言，需要充分了解国家所提供社会保障的项目及其保障待遇，知晓用人单位为自己提供的职业年金，根据自己的身体状况、家

---

① 职业年金是国际通行的说法。在我国大陆，有"企业年金"一词，专指适用于企业的职业年金保险产品，而把国家机关和事业单位的职业年金保险产品称为"职业年金"。如此用词具有明显的缺陷，例如社会团体、非营利性机构的职业年金保险产品，用什么词呢？因此，本书按照国际惯例，用"职业年金"一词统括这类年金保险产品。

庭情况和经济社会发展趋势,预期自己的老年生活,并分析未来的风险,从而制定自己的老年保障计划,再根据自己对社会保险的缴费义务,预算自己的缴费能力,再决定是否购买商业保险、购买何种养老保险及其保障程度。

就用人单位而言,在依法参加包括基本养老保险在内的各项社会保险之后,通常需要据情为员工办理适度水平的补充性养老保险,其目的是吸引人才、留住人才。补充性养老保险属于团体人寿保险的范畴,由用人单位与保险机构通过订立保险合同来组织实施。但在用人单位内部,补充性养老保险属于职工福利范畴,用人单位与职工之间需要就其保障水平、出资比例和出资方式等事宜进行谈判,并符合国家的规范。补充性养老保险属于养老保险体系的重要组成部分,而且涉及税惠政策,因而,各国对用人单位的补充性养老保险都有具体的规则。必须指出,职业年金是补充性养老保险的一种类型,用人单位在参加社会保险、办理职业年金之后,还可以据情为自己的员工购买商业保险。

就保险企业而言,根据需求设计、销售保险产品,为被保险人提供相应的服务。需求分析是基础,只有清楚地了解老年人的风险和他们已有的保障情况,才能设计出符合老年人补充性保障需要的保险产品。服务质量是关键,只有良好的服务,才能使老年人达成幸福生活的目标,保险业务才能持续进行,保险业者才能实现经营的目标。

就政府而言,为了建设多层次的养老保障体系,对商业保险一般有扶持性政策。从国际经验看,这种政策的力度虽然不及社会保险,也不及职业年金,却是很重要的。这里包括对保险购买者的支持政策和对保险经营者的支持政策。

二、社会保险改革探索与商业养老保险受制

在我国,保险是一种舶来品,从黎民百姓到政府官员,对于如何运用保险这一机制有效地处理风险并不熟练。最近 20 多年,在新的养老保障体系建设过程中,社会保险制度改革探索取得了重要进展,然而若干项目的定位

偏差和制度设计缺陷，在一定程度上影响着商业性养老保险的发展。

1951 年，国家颁布《劳动保险条例》和公职人员的社会保障政策，为工薪劳动者建立了一套完整的社会保障制度，其中包括退休后的各项政策，使得国家机关工作人员、企业和事业单位职工有良好的养老保障，但毕竟这是一个规模较小的人群。广大的农民主要依靠家庭和集体经济提供养老保障和其他风险保障，例如农村合作医疗制度。20 世纪 80 年代中期，开始进行改革探索，旨在建立与社会主义市场经济体制相适应的新型社会保障制度。20 世纪 90 年代后期以来，先后建立职工基本养老保险制度、城乡居民基本养老保险制度、职工基本医疗保险制度和城乡居民基本医疗保险制度，且保障对象范围不断扩大，保障待遇持续提高。相对而言，以养老保障为目的的商业保险业务发展缓慢，在整个养老保障体系中的重要性有所下降。

从 20 世纪 80 年代初到 90 年代中期的 10 多年，商业保险处于恢复发展时期，而社会保障（特别是社会保险）正在改革探索初期。当时，农村合作医疗瓦解，农民没有基本的养老保险，大量新兴的民营企业（包括乡镇企业、街道企业等）、民间非营利组织和个体劳动者没有参加社会保险，而且，许多用人单位没有规范的职工福利制度。保险企业利用这一机会，通过发展团体保险业务，为这些用人单位的职工提供与养老相关的保险服务；通过发展个人保险业务，为自由职业者、个体劳动者、先富起来的农民和收入较高的工薪劳动者提供保险服务。尤其是 20 世纪 90 年代引入个人营销方式之后，含有养老保障责任的保险业务迅速增长。保险企业因此得到发展，并且在一定程度上，弥补了因社会保险覆盖面狭窄所造成的社会成员老龄风险保障不足之缺陷。然而，到 20 世纪 90 年代末，国家重新确立了政府在国民风险保障领域的职责，新的社会保险制度框架基本形成，政府所提供的社会保险服务大幅度增加。此后，又增设了若干社会救助和社会福利项目，扩大了社会保险的覆盖范围，特别是基本养老保险和基本医疗保险，其保障对象从工薪劳动者扩展到全体国民。于是，保险企业相当数量的"客户"转到社会保险部门，他们在参加社会保险之后，不再购买保险企业的保险产品。这就是社会保险对于商业保险的"挤出效应"。为什么商业保险会被挤出？

因为从被保险人的保障需求看,这类业务中有相当部分并非"补充"而是带有"基本"的色彩。事实上,让全民拥有社会保险,符合学理,符合法律,符合方向;因而,保险企业"让"出这一市场,将这部分保险业务"还"给社会保险部门,是应该的。

令人困惑的是,已经参加社会保险的人群中,似乎应该有相当数量的人会通过职业年金、购买商业保险或者参加互助合作保险取得补充性保障,但从最近10多年的情况看,实际取得补充性保险的人数与人们所期待的差距甚远,无论是职业年金(含企业年金),还是个人购买的养老保险、医疗保险。学界和业界对此现象有多种解释。有人认为,这是因为政府的扶持政策不到位,所以,有关部门专注于向中央政府争取优惠政策;有人认为,这是因为商业保险基金投资回报率低,缺乏吸引力;也有人认为,这是用人单位内部劳资力量不均衡所致,因而建议工会加强为会员争取养老福利的力度。这些观点都有道理,但还有一点更值得重视——社会保险尤其是基本养老保险的保障待遇。

从理论上讲,真正承担"补充"职责的商业保险,其参加者应当是已经获得社会保险之保障、希望得到更高保障且有缴费能力的那部分社会成员。因此,我们需要寻找这个人群在哪里。

经过近30年的改革探索,我国现行基本养老保险制度有三个:职工基本养老保险制度,适用于公职人员以外的城镇所有工薪劳动者和相应的退休人员,以企业职工、民办非企业单位职工和个体劳动者为主体;城乡居民基本养老保险制度,适用于农民和城镇非工薪劳动者;机关事业单位工作人员养老保险制度,适用于机关事业单位正式在编职工和退休人员。据初步估算[1],近年这三项制度的保障待遇分别为:第一项制度的平均月养老金约为2300元,第二项制度的平均月养老金约为120元,第三项制度的平均月养老金约为6000元。根据目前的基本生活水平,就保障需求而言,城乡居民的基本保障待遇低,因而需要有补充性养老保险,但这个人群的大部分自

---

[1] 由于官方没有公布这类数据,本书以《2015年度人力资源和社会保障事业发展统计公报》为基础,结合相关信息估算。

身缺乏缴费能力。事实上，他们参加的基本养老保险所需资金很大部分来自于财政。机关事业单位工作人员的基本养老金不低，而且政府明确还要为其建立职业年金，所以，他们对于其他补充性养老保险已经基本上没有新的需求了。处于中间的是职工基本养老保险参保人群，2300 元的月养老金，保障基本生活绰绰有余，但与"幸福生活"还有距离。他们希望有更多的养老金，而用人单位和自己的缴费能力都不够。事实上，如今用人单位参加职工基本养老保险的缴费负担已比较沉重。于是，补充性养老保险领域呈现出严重的结构性矛盾：买得起的人不想买，想买的人买不起。

为什么会出现这样的局面？主要是社会养老保险制度改革探索过程中，缺乏长远和系统考虑，基本养老保险制度定位不准。尤其是最近 10 多年，职工基本养老保险和机关事业单位工作人员养老保险已经出现偏离"保基本"原则的趋势，基本养老金给付标准增长过快（连续 11 年，每年增加 10% 以上），不仅导致基本养老保险基金潜伏支付危机、基本养老金待遇在各群体间的差距不断扩大，而且严重地制约着商业保险的发展。众所周知，任何一种保险，保障待遇高，则所需筹资就多；保障待遇低，则所需筹资就少。上述两个人群基本养老金待遇的持续高速增长，必然导致用人单位的缴费负担加重，他们参加补充性养老保险的动机和缴费能力均被扼杀。

三、商业保险创新与养老保障拓展

根据前面的分析，商业保险在养老保障领域的发展受多种因素的影响，其中之一是因为社会保险的某些项目偏离了"保基本"的原则。因而，人们寄希望于社会保险回归"保基本"。经过多年的理论探索和改革实践，国家确定了社会保障体系建设的方针："全覆盖、保基本、多层次、可持续"，其中"保基本"是最关键的一条。因为只有保基本，才能全覆盖；只有保基本，才能可持续；只有保基本，才能建立起多层次的风险保障体系①。但是，社会

---

① 何文炯：《社会保险需要把握两个适度》，《中国社会保障》2008 年第 11 期。

保险回归"保基本",需要一个过程。在这一阶段,商业保险要从实际出发,积极探索,开发更多更适宜的养老保险产品,满足中高收入各类群体的养老保障需求,以优质服务为多层次养老保障体系建设作出贡献,并在作贡献的过程中获得自身的更大发展。

(一)争取养老保险税惠政策

养老保险是商业保险领域的传统核心业务。保险业能不能在多层次养老保障体系中发挥重要作用,主要看养老保险业务的发展情况。就当前的情况而言,需要通过三条渠道共同发力:一是积极建议政府部门深化基本养老保险制度改革,促进该项制度回归"保基本",为商业性养老保险发展留出空间;二是设计更有吸引力的养老保险产品,努力提高保险基金投资回报率,并提供更优质的服务;三是积极争取促进养老保险业务发展的税惠政策。随着基本养老保险深化改革,人们对于基本养老金的预期将会下降。为了获得更好的养老保障,中高收入阶层购买商业性养老保险的动机将会增加,如果在税收方面有一定的优惠政策,那么,其购买动机将会进一步提高。所以,保险界需要加强与政府部门的沟通,积极争取税收优惠政策,例如个人所得税递延等。与之相应,也可以发展便携、透明的个人税延养老保险账户,并不断丰富这类产品。

(二)承担职业年金管理服务

职业年金(含企业年金)是补充性养老保险的重要一类。从国际上看,商业保险是办理这类养老保险业务的主力军。从我国现行规制[1]看,用人单位和符合条件的保险企业以及银行、证券公司都可以经办职业年金。从理论上讲,这些机构中,保险企业在经办职业年金方面具有天然的优势,因为这是一类团体人身保险业务。因此,保险监管部门需要与有关部门沟通,放开对于保险企业办理职业年金的限制。当然,需要注意到,最近 20 多年

---

[1] 《企业年金试行办法》(中华人民共和国劳动和社会保障部令第 20 号),2003 年 12 月。

来，各家寿险公司因引入个人营销制，做个人业务的能力不断提高，而做团体业务的能力提高不快，甚至有所下降。因此，需要加快培养人才，尤其是熟悉风险管理理论和计划书编制、社会保障理论和政策的经营管理人才。与此同时，还可以拓展与职业年金相关的保险业务，例如将原计划一次性领取的职业年金转化为年金方式领取，以实现普通养老保险产品与职业年金产品的有机衔接。

（三）实施特殊群体保险服务计划

在关注养老保险、职业年金这两个重点的同时，还需要关注某些特殊的领域，设计保险产品，实施相应的保险服务计划。一是关注老年人住房反向抵押养老保险。前些年搞过一些试点，需要进一步总结经验，改进设计，适时扩大试点范围。二是关注独生子女家庭的风险保障。我国从 1971 年开始实行人口计划生育政策，20 世纪 80 年代初开始实行以独生子女政策为核心的计划生育新政策，导致家庭人口风险大幅度增加，尤其是独生子女家庭的老龄风险，构成严重的社会问题。而现行社会保障制度和政策对于这一问题还没有特殊的风险保障计划，保险界可以积极参与这一风险保障计划的实施，设计适宜的保险产品，为独生子女家庭和无子女家庭提供养老保障服务。

（四）代理基本养老保险相关服务

基本养老保险是由政府依法举办的社会保险项目，在养老保障体系中占有重要地位。从世界各国经验看，基本养老保险一般由政府直属机构或者政府指定的机构经办。在政府职能转变的背景之下，可以探索政府委托商业保险机构代理基本养老保险和其他社会保险业务，这是政府购买保险企业经办服务的一种方式。例如，保险企业参与基本养老保险基金的投资管理，参与全国社会保障基金理事会所管理资金的投资活动，也可以受托代理基本养老保险经办服务。

（五）参与养老服务产业

保险企业的核心业务是风险保障服务,但也可以在一定条件下从事投资活动。随着人口老龄化、高龄化和家庭小型化,社会化的养老服务需求不断增长。因而,养老服务是一个需要加快发展的产业。保险企业所从事的养老保险业务,可以积累大量的资金,将其投资于养老服务业,是一个重要的选择。这也是保险业与实业有机结合的一条渠道。因此,保险监管部门支持保险机构以投资新建、参股、并购、租赁、托管等方式兴办养老社区等服务机构,增加社会养老资源供给,促进保险业与养老服务产业的共同发展。需要注意的是,如果保险企业仅仅是投资于养老服务业,则事情比较简单,重点是关注养老服务业的投资回报率。从当前情况和现行规制看,近期这一领域的投资回报率并不高。假如保险企业不仅仅是投资,而且还是直接参与养老服务经营,那么就需要考虑其专业性了,毕竟是跨到一个新的行业。

我们的国家正在崛起,我们的人民正在富裕起来。人民群众向往美好的生活,而幸福的老年生活则是重中之重。养老保障是长寿风险管理的基本方法,保险行业在其中有责任、有机会,也有条件,我们期待着。

作者简介:何文炯,男,数学博士、经济学教授,浙江大学风险管理与社会保障研究所所长,中国保险学会副会长,中国社会保障学会副会长,中国残疾人事业发展研究会副会长,浙江省政府咨询委员会委员;主持国家自然科学基金重大项目课题1项、国家社会科学基金重大项目1项,发表学术论文90余篇,科研成果获得省部级一等奖3项;若干政策建议引起全国人大和国务院主要领导重视,部分成果直接服务于国家立法和国务院文件制定,曾作为核心成员全程参与2部国家规划编制。

发展多元化健康保险

朱铭来

一、发展商业健康保险的历史新机遇

2014 年 11 月,国务院办公厅发布《关于加快发展商业健康保险的若干意见》(以下简称《意见》),这是新时期促进健康保险行业发展的纲领性文件。《意见》提出:"充分发挥市场机制作用和商业健康保险专业优势,扩大健康保险产品供给,丰富健康保险服务,使商业健康保险在深化医药卫生体制改革、发展健康服务业、促进经济提质增效升级中发挥'生力军'作用。"同时指出,加快发展商业健康保险的目标是:到 2020 年,基本建立市场体系完备、产品形态丰富、经营诚信规范的现代商业健康保险服务业,实现商业健康保险运行机制较为完善、服务能力明显提升、服务领域更加广泛、投保人数大幅增加,以及商业健康保险赔付支出占卫生总费用的比重显著提高。2015 年 11 月,《中共中央关于制定国民经济和社会发展第十三个五年规划的建议》再次重申,鼓励发展补充医疗保险和商业健康保险,鼓励商业保险机构参与医保经办。

近年来,商业健康保险在我国得到快速发展。商业健康保险原保费收入自 2000 年的 28 亿元增至 2014 年的 1587.49 亿元,增长了 56 倍,平均增长率约为 33.43%,为人身保险同期保费增速最高的险种。2015 年,健康险业务原保费收入 2410.47 亿元,同比增长 51.87%。商业健康保险在人身保险中所占份额逐步提升,由 2009 年的 6.95% 增至 2015 年的 14.8%。由此可见,商业健康保险市场需求旺盛,发展潜力巨大。

"十二五"期间,我国健康险保费收入占卫生费用的总比重持续上升,由 2011 年的 2.84% 上升到 2014 年的 4.49%,年均增长 0.56 个百分点。鉴于商业健康险的快速发展,我们将"十三五"期间商业健康险占卫生总支出的比重增长率,分别设为低值 0.5%、中值 1% 和高值 1.5%。考虑到我国当前处于中等收入国家水平,如果经济增速保持在 6.5% 以上,到 2020 年,人均国内生产总值将达到 1.2 万美元,依据世界银行的标准接近高收入国家水平。世界各国发展经验表明,一国由中等收入国家迈入高收入国家的这个时期是该国医疗卫生总支出上升较快的时期。因此,"十三五"期间,除了政府对于医疗卫生事业不断加大投入外,家庭对于医疗保健的支出和需求也将不断上升,加之人口老龄化和城镇化步伐加快,我国健康险的潜在需求巨大。综合上述因素,我们认为采用商业健康险占比的高值较为合理。因而,"十三五"期间商业健康险保费收入比较合理的范围是在 8000 亿—1.1 万亿元之间,成为与财产险、寿险并驾齐驱的三大业务种类之一。

为促进商业健康保险发展,2015 年 5 月 6 日召开的国务院常务会议决定,借鉴国际经验,开展个人所得税优惠政策试点,鼓励购买适合大众的综合性商业健康保险。对个人购买这类保险的支出,允许在当年按年均2400 元的限额予以税前扣除。未来税收优惠政策对商业健康保险需求的激励效应,主要通过以下两个路径实现:一是税收优惠政策的避税效应。商业健康保险保费税前列支,可获得部分税收优惠,间接降低了商业健康保险价格,进而在价格弹性作用下增加商业健康保险需求。二是税收优惠政策的示范效应。政策宣传和政府行为能够提高民众对商业健康保险的了解和认知,通过对税收优惠型商业健康保险产品和服务的严格监管,树立商业健康保险在公众心中的良好形象和公信力度,进而拉动包括没有避税动机的群体在内的所有商业健康保险潜在需求者的购买意愿。

二、商业健康保险在医疗保障体系中的地位

必须看到,在商业健康保险保持较快发展的同时,目前市场上也存在着诸多问题。首先,商业健康保险市场规模有限,其在医疗保障体系中的作用发挥得不够充分。其次,商业健康保险专业化经营战略定位不明,供给不能及时满足需求。最后,商业健康险参与医改的力度不足,对医疗风险的控制能力有待提高。

自 2009 年"新医改"政策实施以来,我国基本医疗保障水平有较大幅度提升,覆盖人群不断扩大,全民医疗保障体系已经初步形成。但是在目前的国力条件下,特别是在新常态经济发展模式下,"政府主导"的边界不是无限的。我国的历史数据显示:就是在医疗资源有限、价格严格管制的计划经济时期,医疗费用的增长速度也远高于国家财政收入的增长速度。发达国家的经验也表明,单纯依靠政府财政投入来负担医疗费用增长是难以为继的。当政府财政支出不足以保证提高全覆盖的社会医保水平时,政府会陷入欲罢不能的尴尬境地,对政府声誉和执政能力有极大负面影响。

因此,医疗保障制度的发展与完善,必须遵循福利刚性和财政支出的可持续性原则;基本医疗保障应依据经济增长、人口老龄化、医疗科技进步等因素,建立费率的长期精算制度和财政预算制度,以确保财务的稳定性。这也充分表明,基本医疗保障的"基本"二字的特性任何时候都不容忽视,它不可能成为"包治百病"的灵丹妙药,商业健康保险在我国医疗保障体系构建中不可或缺。鼓励发展商业健康保险,不仅能满足群众多元化、多层次的健康保障需求,同时也是进一步优化我们卫生总费用筹资结构,实现医疗保障体系科学、高效和可持续发展的必要手段。

社会医疗保险和商业健康保险的产品属性不同,决定了两者在医疗保障体系中应该分担不同的保障范畴。准公共产品的属性固化了社会医疗保险的保障能力,促使其只能保证基本的医疗保障;私人产品的属性赋予了商业健康保险相对于社会医疗保险更灵活和多样的特性,加上专业化和精算

化使得商业健康保险能够承担除"基本"外的保障范围。然而,当前基本和非基本的模糊界定,限制了商业健康保险在医疗保障体系中灵活、多样、专业等优势的发挥。进一步厘清基本和非基本的边界,不仅有利于打破商业健康保险承担相应责任和义务受到限制的困境,更有利于市场对医疗资源的有效配置和政府对医疗资源分配的监管。

三、商业健康保险的发展战略:"四个明确"

(一)明确专业化经营模式

商业健康保险专业化经营,一般是指由专业的健康保险公司或在保险公司内设独立经营的健康保险事业部,利用专业的人才、技术、信息管理系统等经营健康险,并对其进行单独核算。在欧美很多发达国家,健康险一般实行专业化经营。而在我国,除了专业健康险公司以外,财险公司和寿险公司原则上都可以经营健康保险业务。大多数寿险公司、财险公司将健康保险同其主营保险业务捆绑在一起经营,专业人才匮乏,目标市场定位不清晰,赢利能力低下,直接影响了健康保险的进一步发展。

专业化经营实质是市场的要求所致。商业健康保险的发展需要在医疗保障体系的整体框架下考虑,首先需要有一个明确的定位,厘清它在整个医保体系中所处的位置、功能及作用。不同于社会保险,商业健康保险应该定位于满足非基本、多层次、更高服务需求的市场。相对于基本医保而言,商业健康保险的特点在于报销额度更高,能够提供更好的服务体验,比如更加快捷和更高层次的就诊服务,避免人们将时间浪费在医院排队等候上。因而,商业健康保险应该把服务的目标群体定位为中产阶级及以上人群,把门诊、住院与商业健康保险结合起来,用良好的产品和服务将这部分人群市场吸引过来,将公众最基本的医疗服务需求留给基本医疗保险来承担。

市场的定位客观上要求保险公司必须专业化经营健康保险,才能发挥其核心竞争力和服务优势。保险公司应从以下三个方面提高专业化经营水平：一是组织变革。保险公司应设立专门的健康保险部门或者成立专业健康保险公司，构建专业化的组织结构。二是建立专业化经营体系。根据健康保险的市场定位和目标人群，开发有针对性的产品，建立专业化的精算定价、营销渠道、核保核赔和风险控制等经营体系。三是培养专业化的复合型人才队伍。保险公司应吸引一批既掌握保险技术又懂医学知识的复合型人才，或者通过建立专业化的人才建设和教育培训体系，逐步培养一批专业化的健康保险人才队伍。

监管部门和行业协会要引导保险公司树立健康保险专业化经营的理念，指导其设立健康保险专业化经营的组织架构，创造条件探索专业健康保险公司，促进保险公司之间、保险公司与医疗机构之间的合作，建立起健康保险数据资料的信息网络，形成商业健康保险专业化的监管体系。

（二）明确行业监管模式

商业健康保险的专业监管，是指针对商业健康保险业务的专业性和复杂性构建有效的监管体系、运用有效的技术手段等来规范各市场主体的经营行为，保护保险消费者的合法权益，从而促进商业健康保险的发展。就目前我国商业健康保险市场的状况而言，有必要强化对商业健康保险的监管。其原因在于，其一，国家近年来非常重视商业健康保险的发展并通过相关政策加以引导扶持，这要求商业健康保险必须承担一定的社会保障功能。某些核心产品，特别是未来享受税收优惠政策的产品，必须兼顾商业性和政策性的双重作用，定价不再是单纯的市场行为。其二，长期以来，健康保险产品保障功能缺失，存在销售误导，定价的不合理性导致市场需求不足。因此，需要制定合理的费率标准，推动健康保险市场规范化经营，实现良性竞争，真正发挥健康保险区别于其他险种的功能优势。其三，健康保险未来长期发展战略要求保险公司提升专业化经营能力，越来越强调对医疗费用赔付的科学测算和有效管控。而严格的费率与条款监管制度，是专业能力建设和提升的必要条件。

(三)明确赢利模式

21世纪是人类大健康的时代,健康的新观念越来越被人们所接受,追求心理、生理、社会、环境的完全健康是新世纪的时尚。商业健康保险公司在机遇面前应积极行动,赢得主动,积极打造健康产业链。健康产业链是指从健康管理产业分工与合作的关联角度出发,深化医疗合作关系,以加强与医疗服务者的业务合作为手段,以增加健康险附加值服务为内容,构建由健康体检、医疗服务、药品供应、健康管理、护理养老等多产业组成的健康服务链和利益共享链。保险业从传统的简单的损失补偿单项职能,到今天的投资与保障的"双轮"驱动模式,再到未来的产业链条建设模式,应当说将是质的飞跃。

建立健康产业链后,专业健康保险公司能有效控制风险,并提供除健康保险产品本身之外的增值服务。例如健康管理,它包括两方面:一方面是对没有得病的人群,即健康人群或者亚健康人群,设计一些预防性的健康管理服务的保险产品。它们能够引导社会大众提高健康意识,通过预防性的健康咨询、健康教育、健康提示等来预防一些疾病的发生。另一方面,对已经生病的人群提供就医、诊疗的服务,以及患者愈后的相关服务。

此外,保险公司纷纷在做医疗投资,尝试建立新的商业化营利性或非营利性的医院,通过商业健康保险构成一个内循环。保险资金投资医疗机构具有两大优势:一方面,保险资金长期稳定,有利于优化公立医院治理结构和稳定经营;另一方面,保险公司还能为医院提供稳定的客户资源,控制医疗费用的高速增长。因而,要在"风险分担,利益共享"的前提下,建立专业化健康保险公司与医疗机构的合作机制。优先支持专业健康保险公司投资健康、医疗、养老护理机构,并制定相关实施细则。商业健康保险公司应积极探索投资、参股医疗机构的实现途径和操作方案,适时充分抓住技术水平高、社会声誉好、经营效益佳的大型医院和专科医院新建、扩建、转轨、改制等有利时机,有效参与这些医院的重大决策和经营管理活动,建立紧密的利益共同体,从而既可获得稳定的投资回报,还可有效控制过度医疗行为,减少不合理费用的支付，从源头上降低公司的整体赔付率。

（四）明确参与社保管理模式

对于基本医保是否能够由商业保险公司经办的问题，目前社会各界的认识尚不统一，但政府购买社会医疗保险服务，已被实践证明可节省经办成本，提高服务效率，可实现社会与商业保险公司的双赢。根据国内外的实践经验，商业健康保险的服务领域主要有三大方面：第一方面是政府委托业务；第二方面是商业健康保险业务，即纯商业性的业务；第三方面是健康管理业务。很多大型专业健康保险公司的业务收入中，经办政府公共医疗保障计划的部分超过一半比重。在我国，商业保险经办基本医保，一是改进了公共服务的提供方式，强化了经办机构的管控职责，提高了基本医保基金的使用效率；二是直接利用了商业健康保险公司的管理平台和网点，减轻增设相关经办机构和人员的压力，降低管理成本，从而减少财政支出；三是发挥了保险业在风险管理、精算技术等方面的优势，能够协助政府对医疗保障方案的设计进行改进，同时还可以结合现有的保障制度，开发与其相衔接的医疗保险产品，以此来满足人民群众不同的保障需求。

现阶段，在我国社会主义市场经济体制进一步确立以及政府简政放权与职能转变步伐加快的过程中，面对医疗保险全覆盖以及公众对医保服务不断上升的需求，医疗保险公共服务的工作量将与日俱增，医疗保险业务委托商业保险经办成为必然的选择。商业保险提供经办管理服务，意义不仅在于减少政府事务性负担，更在于厘清政府职能和责任、提升政府公共管理和社会服务水平。政府直接承担涉及公众利益的公共事务，或行政化管理服务，政府自身将同时扮演责任主体和利益相关人角色，形成政府与公众的利益博弈和矛盾关系。大力推进公共事务去行政化，积极探索政府购买服务，更重要的意义在于将政府拉回到与公共利益一致性的角色上来，更好地履行管理监督和利益协调职能。中国医疗保障经办市场化在未来应该是大的趋势，商业健康保险不能说是唯一的参与方，但最起码是一支重要的参与力量。从这个角度来看待商业健康保险，在未来中国医疗保障管理体系整体改革与完善过程中,它将发挥无法替代的作用。

四、商业健康保险的市场定位

为了扶持商业健康保险的发展,政府应考虑进一步明晰基本医疗保险的边界,对于基本医疗保险以外的保障项目,应当充分发挥市场机制的作用,鼓励通过灵活多样的商业健康保险予以解决。

在基本和非基本边界明晰的前提下,保险公司在经营模式和业务战略上要加强市场分析,准确定位目标市场。商业健康保险应区别于基本医疗保险,将目标市场定位为具有更高医疗服务需求的人群,在基本医保的基础上提供更高层次、更多样化的保障。另外,要不断完善商业健康保险产品结构,坚持以医疗费用补偿为核心职能,强化保障型产品的作用,进一步完善和拓展疾病保险、护理保险等险种的保障内容。提供健康管理、预防保险服务,减少个人和团体在基本医疗保障之外的医疗费用,减轻其疾病损失费用和护理保健费用的负担,满足多样化的健康保障需求。

"十三五"期间,保险公司应对照市场需求和自身服务能力,制定产品开发和改造计划。加大产品服务创新力度,及时更新换代,扩大保障责任和覆盖人群,提高保障程度,合理设计短期保障与长期保障产品构成,有效融合健康保险与健康服务责任组合,不断满足目标市场需求。

一是开办与社保相衔接的补充医疗业务,解决社保制度规定的限额内个人自付额部分、超限额部分、超药品目录及治疗项目部分的保障问题。二是开办各类特定疾病保险等长期保障、住院津贴保险、保证续保的医疗保险等业务,解决患者因病收入减少、支出加大的经济补偿问题,提供长期稳定的保险保障。三是积极探究未来前景广阔的长期护理保险、失能收入损失保险等产品的开发。四是向客户提供与健康保险保障相关的健康服务,如健康咨询、诊疗服务、预防保健、慢病管理等。五是向社保基金和企业团体提供健康保障委托管理等服务,发挥保险公司的专业优势,提高健康保障基金的利用效益。

在风险管理战略上,要从多个方面完善风险控制体系。首先,从医疗服务供给者的角度出发,医疗费用风险与医疗服务提供者的行为密切相关。因此,要建立医疗服务提供者合作网络,完善医疗服务提供者的付费方法,应用专业化医疗管理手段等方法控制风险。其次,保险公司作为健康服务提供者,应通过提供全程健康风险管理服务以降低客户的疾病发生率和损失率;实施客户品质管理,防范客户的逆选择和道德风险。

作者简介:朱铭来,男,南开大学卫生经济与医疗保障研究中心主任,教授、博士生导师;主持国务院医改办、人力资源和社会保障部、中国保监会、国家老龄委、教育部等部委委托的研究课题 20 余项,主要包括"十三五"期间医疗保障制度提质增效研究、城镇居民大病保险保障效率与基金风险预测分析、商业健康保险发展路径研究、建立老年人长期护理保障制度的可行性研究、人身保险市场发展与监管研究等;发表论文 80 余篇,出版学术专著(译著)和教材多部。

探索建立长期护理保险制度

申曙光

我国的长期护理问题已经成为必须解决的社会问题。在我国,建立长期护理保险制度已显得十分必要和紧迫,应该建立统一的失能评定体系和独立的社会保险制度,提供基础水平的长期护理保险服务。在此基础上,充分发挥市场机制特别是商业保险的作用,有效解决长期护理问题。

一、建立长期护理保险制度的必要性和紧迫性

2007年1月,《中共中央国务院关于全面加强人口和计划生育工作统筹解决人口问题的决定》明确提出,要"探索建立长期护理保险等社会化服务制度"。《国民经济和社会发展第十三个五年规划纲要》再次提出:"探索建立长期护理保险制度,开展长期护理保险试点。"长期护理保险旨在对被保险人因为年老或严重慢性疾病、意外伤残等导致身体上的某些功能全部或部分丧失,生活无法自理,需要入住长期护理机构接受长期的康复和支持护理,或在家中接受他人护理时支付的各种费用给予补偿。当前,我国的老龄化趋势日趋严峻,家庭规模大大缩减。与此同时,我国的医疗服务费用逐年上涨,现有的社会保险对老年群体长期护理服务的保障则十分有限。老龄化及重疾、残障护理问题已经不仅仅是某个个体、某个家庭的个案,而逐渐蔓延成为影响无数家庭基本生活和社会和谐稳定发展的重大民生问题。这要求我国尽快建立起长期护理保险制度。

（一）我国的老龄化趋势日趋严峻,整个社会对护理服务的客观需求急剧增加

自 2000 年起,我国进入老龄化社会,而我国的老龄化具有发展快、老年人绝对数规模大、"未富先老"和地区差异大等特点。2015 年 11 月 1 日全国 1% 人口抽样调查显示,我国 60 岁及以上人口为 22182 万人,占 16.15%;其中,65 岁及以上人口为 14374 万人,占 10.47%。而到本世纪中叶,60 岁以上老年人口将达到 4 亿左右,约占总人口的 1/4。人口衰老及健康变化的一般规律表明,老年群体对医疗护理服务有长期、大量的需求,护理服务甚至会成为老年群体日常消费的重要组成部分。根据 2011 年全国老龄工作委员会办公室发表的《全国城乡失能老年人状况研究》,2010 年年末,全国城乡部分失能和完全失能老年人约 3300 万,占总体老年人口的 19.0%。其中,完全失能老年人 1080 万,占总体老年人口的 6.23%。该研究当时预测,2015 年,即"十二五"期末,我国部分失能和完全失能老年人将达 4000 万人,占总体老年人口的 19.5%;其中,完全失能老年人达 1240 万人左右,占总体老年人口的 6.05%。由此可见,我国的护理服务需求几年来一直在持续快速增长。

（二）计划生育政策缩减了我国的家庭规模,子女难以长期、持续地为年长的父母提供护理和照顾

计划生育这一基本国策实行 30 多年来,我国家庭逐渐由原来的数口甚至十几口人的大家庭缩减为 3 人左右的小户家庭,家庭户平均人数由 1973 年的 4.81 人降到 2010 年的 3.10 人。相应的,"四二一""四二二"的家庭结构开始出现。这使得现今的中年人处在照顾年老的父母和年幼的孩子双重责任之间,不仅承受着前所未有的精神压力,而且也不得不承担起较重的经济支出。目前,家庭护理的不足或缺失,对我国老年群体的居家养老提出了前所未有的挑战。尽管二胎政策逐渐放宽,但对长期护理问题的改善程

度有限。实际上,在不实行计划生育甚至鼓励生育的国家,长期护理问题也是必须考虑的社会问题。

(三)我国的长期护理费用快速增长,但现有的社会保险对医疗护理服务的保障十分有限,消费护理服务的老年群体不得不承受沉重的经济负担

一方面,医疗服务费用的上涨促使长期护理费用随之增长;另一方面,由于我国的长期护理行业还处于萌芽阶段,长期护理需求的迅速膨胀也导致护理费用急剧上升。然而,老年人对长期医疗服务往往具有刚性需求。据测算,我国18%的老年人将占用80%的医药费,60岁以上老年人的医药费用将会占用一生医药费的80%以上,而一生医疗费用的最大开支集中在人生最后6个月。当前,我国多数老年人的收入来源主要依赖于基本养老保险提供的基本养老金;并且,我国基本医疗保险的报销范围几乎不包含长期护理服务。因此,老年人依靠自己或家属的财务状况来支付高昂的长期护理费用显然是捉襟见肘的,我国在保障老年人的长期护理需求方面存在严重的制度缺失。

(四)多数发达国家都已建立起老年护理保险制度,并已形成精细化的老年护理保险制度体系

世界上已经有80多个国家建立了长期照护制度。自20世纪下半叶以来,发达国家就已经面临人口老龄化问题,而且随着老年人生活方式的改变,在独居老年人口不断增加的同时,老年人的长期护理费用也居高不下。作为解决老龄化问题的一项重要措施,国外老年护理保险制度应运而生。尤其是德国、日本,为目前世界上护理保险发展最有特色和经验的国家。随着近20年来老年护理保险制度的不断发展,发达国家已形成精细化的老年护理保险制度体系,实施效果十分明显。其一,有效地解决了老年病残人士的护理问题,使老年人的生命质量得到提高。其二,减轻了政府和个人的经济负担。一方面,有效缓解了因普遍性住院护理带来的医疗保险基金支出

压力，并且遏制了医疗费用的快速上涨；另一方面，老年护理保险费用的征收，使护理费用有了稳定的收入来源，从而减轻了接受护理者个人及其家庭的经济负担。其三，推动了护理行业的发展，增加了护理行业的就业机会，对缓解就业压力发挥了积极的作用。

二、建立护理保险制度之利

纵观国内外多种长期护理制度的经验教训，通过建立保险制度满足长期护理需求是最好的方式。单纯依靠财政支付的长期护理津贴制度模式，或单纯以个人"掏腰包"自付的长期护理商业保险制度模式，都不符合中国国情。护理保险制度遵循大数法则的保险原理，不仅能够分散参保人的护理需求风险，为个人、家庭、社会的医疗、护理和养老等问题的解决发挥积极作用，而且还能促进我国医疗护理行业的规范化、专业化和产业化。

（一）护理保险制度有助于为老年人消费护理服务免除后顾之忧

构建长期护理保险制度，能够有效地应对护理风险的发生。在这之前，抵御长期护理风险必须依靠个人或家庭的力量，往往造成个人和家庭巨大的经济负担。无论是社会养老保险、医疗保险还是社会救助制度，其对长期护理需求的保障都十分有限。长期护理保险制度利用保险的大数原理为长期护理费用筹集基金，实现了个人、单位和政府对护理费用的合理分担。护理需求者只需缴纳少量的保险费，以相对较低的负担，即可享受适足而及时的护理给付，达到应对个人长期护理风险的目的。

（二）护理保险制度有助于鼓励市场机制和民营资本参与社会保障

长期护理保险制度引入护理服务供应商市场竞争机制，为护理服务的供给和护理产业的发展提供制度化保障及良好的运作环境。例如，德国在长期护理保险制度推行之前，长期护理服务的供应商主要由非营利性慈善机构主导，但整体服务质量不高。引入长期护理服务供应商之间的市场化竞争机制后,长期护理保险基金作为服务的付款方,积极与大量存在竞争的服务供应商进行谈判,努力实现服务受益可能的最低费率,并向基金成员提供供应商的价格表以方便比较,鼓励成员选择最具竞争力的护理机构,实现在规定的成员受益框架内尽可能降低基金成本,使其控制在基金预算之内。我国除了可借鉴服务供应商之间的市场竞争机制外,还可考虑学习德国引入长期护理保险基金之间的市场竞争。允许受益人进行每年一次的基金转换,意味着引入基金之间的市场竞争,促使长期护理保险基金必须持续加强成本管理能力和偿付保障能力。

（三）护理保险制度有助于促进我国护理行业的规范化、专业化和产业化

护理服务的规范化、专业化和产业化,是护理保险制度可持续发展的重要前提。首先,建立统一的护理保险制度有助于规范护理行业的发展,加强对护理行业准入、运营、管理、服务等各个环节的监督,创造公平、健康、有序的护理服务发展环境。例如,德国政府将在医疗保险体系中适用的多数质量保证原则运用于长期护理保险体系,在长期护理保险体系中引入新的质量监督条款,并定期对长期护理服务进行质量评估,以保证护理服务质量。其次,护理保险制度体系有助于提供新的与护理行业相关的就业机会,促进护理行业人才队伍建设,建立相关行业标准,全面提升护理服务的职业化、专业化水平。比如,德国长期护理保险体系的推行,对缓解德国社会的就业压力发挥了积极的作用。最后,护理保险制度有助于带动护理产业发展,通过发挥政府与市场机制的作用,合理配置养老、医疗资源,提供更高水平、更多层次的护理服务,以满足老年人多样化的需求。

（四）护理保险制度有助于减轻社会医疗保险基金的偿付压力

长期护理服务实际上将原来属于医疗范畴的一部分服务划分出来,归为社会服务的范畴,而社会服务的经济成本和机会成本都大大低于医疗服务。独立运作的长期护理保险制度,减轻了为医疗服务筹措资金的医疗保

险制度的沉重负担。目前，我国如北京、山东青岛等地已经相继推出长期护理保险实施办法，将医院的部分医疗服务转移到长期护理服务机构，并以护理保险基金支付参保人的长期护理服务费用。试点的结果表明，护理保险制度确实减少了医疗保险基金的支出。可以预见，未来我国将有更多的地方尝试建立长期护理保险制度。

（五）护理保险制度有助于维系和促进我国的家庭保障和居家养老

在家庭结构多元化的现在及未来社会，长期护理制度化发展能够给护理需求者提供多元而富有弹性的选择，让护理需求者能够选择居家养老或机构养老等不同的养老方式。再进一步，长期护理保险制度可以使护理需求者摆脱对家庭的完全依赖，在只需缴纳少量保险费的条件下，有机会选择费用较高的社区、养老院护理。即便选择居家养老、家人照顾，长期护理保险制度也能够采取资助家人的有利政策。例如，德国给予护理需求者家人一定的现金补助，实施有酬化护理老人，从而更好地发挥家庭互济功能。因此，长期护理保险制度能够使长期护理需求者的主观偏好与客观的家庭意愿相结合，主观不愿意或者客观不允许居家护理者，也有机会选择其他长期护理方式，实现长期护理供给主体的多元化选择。

三、国外长期护理保险制度综述

当前，国外长期护理保险制度可以归纳为两种方式：社会保险和商业保险。实行社会护理保险的国家主要有以色列（1986 年）、德国（1995 年）、日本（2000 年）以及韩国（2008 年），法国、美国则于 20 世纪 70 年代推行了长期护理商业保险。

总体来看，国外长期护理保险制度有以下特点：一是参保、投保面较大。德国的护理保险制度几乎覆盖了全体国民，而日本的国民护理保险覆盖率也在 50% 以上。二是护理服务全面。各国无论是政府还是非政府组织提供的长期护理,服务内容都比较全面。服务内容既有专业护理也有非专业护理,服务时间既有规定时长也有全天候 24 小时,服务机构既有专业护理院也有居家护理等。三是合理利用资源。比如,德国实施三级护理等级,日本的居家护理由原来的六个等级增加为现在的七个等级,不同的等级规定不同的服务时间和服务方式。另外,日本的护理保险还规定每半年审核一次护理对象,就是为了避免健康好转者不降低等级和康复者仍占用资源的现象出现。四是重视居家护理和社区护理。几乎所有实施长期护理服务的国家都很重视这个做法。它既适应了老年人离不开熟悉环境的心理需求,也便利了老年人的护理场所,还避免了住院和护理机构的高昂费用问题。例如,美国的护理业相当发达,但仅有 1/5 的老人住进专业机构护理,另 4/5 的被保险老人则是在家中或社区接受各种护理服务。五是给付方式以服务为主。各国护理保险的津贴给付方式处于辅助地位。比如,日本严格禁止现金给付,仅边远或山区等服务难以到达地区的保险者才可以获得现金。事实上,正是这种服务为主的给付方式刺激了各国护理服务业的迅速发展。六是注重公平性。护理保险先行各国都注重对低收入老人的保障,实行免费护理服务。

讨论制度设计必须考虑制度的生成和演化条件。结合各国经验和学界研究,我国长期护理保险制度设计应当重点吸取德国和日本的经验。在人群覆盖方面,德国几乎覆盖所有国民,而日本的覆盖门槛为 40 岁以上。在保障资格审查上,不进行收入审查。接受家庭成员照顾不影响长期护理保险服务,但接受长期护理保险制度提供的服务,需要进行失能程度审查以确定服务等级。在保障方式上,都主要提供长期护理服务,在难以提供服务的边远地区或山区提供现金给付,以防止长期护理保险受益面流失。

德国法律规定了护理保险跟从医疗保险的原则,即所有医疗保险的投保人都要参加护理保险。国家官员、法官和职业军人由国家负责,他们患病和需要护理时,有专门人员负责并承担有关费用。除此之外的所有公民,则纳入法定护理保险体系。

德国的护理保险资金由政府、企业、个人和医疗保险机构四方负担。政府承担 1/3 以上；企业与个人负担较小，护理保险税按照投保人的收入计算，税率为 1.7%，一半由投保人支付，另一半由雇主支付。在日本的护理保险制度中，被保险者所缴纳的保险费占保险费用的 50%，另外由公费负担 50%。公费中，中央政府占 25%（其中 5% 将作为调整补助金，交付给那些高龄老年人或低收入老年人多的市町村），都道府县和市町村各占12.5%。德国、日本两国都将老年护理服务划分为不同等级，德国为三类，日本为六类，由专业护理机构提供服务。但日本的护理服务划分得更为细致，并设立详细的申请、审查和半年周期再审查制度。

德国护理保险法规定，除少数人外，所有参加医疗保险的公民都要投保长期护理保险。提供护理保险的保险公司有义务对任何参加私人医疗保险的人承保，而不得以风险较高或风险异常为由拒绝；男性和女性支付的保险税额相同，儿童不必另交保险税而在承保之列；义务私人护理保险的最大保险税额，不得高于社会长期保险税额；无收入或收入微薄的配偶，只支付50% 税额便可被承保；义务私人护理保险的给付与社会护理保险一样。德国的企业与个人承担投保人收入的 1.7% 税率，并且由企业与个人各承担一半。其余的由政府和医疗保险机构负担。而根据日本法律，实施长期护理保险的主体为市町村和特别区，被保险者是在该市町村有住所的 40 岁以上的国民；其中，65 岁及以上的国民为第一号保险者，40—64 岁的医疗保险加入者为第二号保险者。第一号保险者只要有护理需求，保险权自然产生；而第二号保险者的护理需求，则限制在痴呆等 15 种疾病范围之内。

四、我国的长期护理保险制度设计

我国的长期护理保险制度，应坚持政府主导的强制性公共长期护理保险制度。在制度安排上，通过法律法规确立，长期护理保险制度成为独立的社会保险制度，提供基础水平的长期护理服务，在此基础上充分利用市场机制，特别是要发挥保险公司等市场主体的作用，为需求者提供更多层次、更宽领域、更高水平的护理服务。

（一）长期护理保险制度应当是强制性、独立的社会保险制度

1. 长期护理保险制度应当是强制性的社会保险制度

德国、日本的"社会保险+商业保险"制度,建立在与我国类似的社会制度和文化基础上。这种制度安排也有利于降低路径依赖下的制度修正成本,为长期护理保险制度提供良好的政策环境、秩序规范和探索空间。国外经验表明,在长期护理保险制度的建立和完善过程中存在较强的路径依赖。例如,法国近期的长期护理保险制度改革进程,表明了其在 20 世纪 90 年代出台的最初政策选择模式影响的重要性。这些改革措施增强了法国长期护理保险制度的路径依赖,从而难以推行社会化长期护理保险制度。

2. 长期护理保险制度应当是独立的社会保险制度,而非依附于医疗保险制度

如此,有几个方面的好处。一是有利于促进专款专用,提高资金使用效率。由于老年长期护理保险给付对象的选定方法实际上是如何测量护理需求的问题,不是单纯衡量护理对象的身体功能或残疾程度,而是进一步测量因身体功能障碍而需要得到帮助的程度;因此,建立强制性制度有利于避免目标收益面的流失,提高资金使用效率。二是有利于避免长期护理保险医疗化,减少社会性住院和医保基金负担。而日、韩的经验表明,在实施独立的政府主导的公共长期护理保险制度后,社保基金的压力明显减轻。三是有利于因地制宜,探索适合当地的具体模式。根据日、韩的经验,只依靠中央政府的力量,难以在错综复杂的地方形势下实行高效的长期护理保险。必须在中央的统一引导和支持下,鼓励地方政府探索符合中央政策框架、符合长期护理保险制度安排的特色护理保险模式。四是有利于刺激长期护理服务供给侧的发展、完善,形成更多层次、更宽领域、更高水平的长期护理服务市场供给结构,以满足社会性长期护理服务需求。

3. 长期护理保险作为强制性社会保险时,应当坚持服务为主、现金津贴和救助为辅

为规范长期护理保险制度的建立,应当允许参保人选择政府提供的、基

础水平的长期护理保险服务。对于选择更高水平的商业长期护理保险的参保人，政府予以一定的折价补贴。对于参加政府提供的、基础水平的长期护理保险服务，但由于住在偏远山区或其他客观原因导致难以提供长期护理服务的，应当予以现金补贴。对于受家庭经济水平限制、无法参保的，应当免除或补助参保费用，将之纳入长期护理保险制度中。

（二）社会长期护理保险提供基础水平的保障

在监管体系、制度安排上，探索建立相应的实施保障措施和长期护理保险配套制度。根据试点经验，在全国范围内推行因地制宜的长期护理保险制度。例如，青岛市、长春市在医保基金富余的情况下通过从基本医保参保人的个人账户中划转、从基本医保统筹基金中配套划拨 1.4 亿元、从福彩公益金每年划拨 2000 万元等方式，实行长期医疗护理保险等长期医疗附加险模式。北京市海淀区则面向户籍人口，建立强制性的长期护理保险制度，采取政府补贴和个人缴纳的运营模式，至少缴纳 15 年，在 65 岁以后可以享受相应的护理服务，并允许趸缴。

（三）建立专业的失能评定体系，确认并评估保障对象

建立科学合理的长期护理需求评估体系是长期护理保险制度发展的基础，各国的失能评定体系是提供护理保险产品和护理服务的基础。相比之下，我国的情况更加复杂，为了发展长期护理保险制度，应当建设合理完备的长期护理需求评定体系。

从国外经验来看，日本政府为了研究护理对象认定体系，从 1995 年开始进行大规模的调查。调查对象是护理者、护理福利师、社会工作者、家庭成员。调查内容是提供某种护理服务，需要提供多长时间护理，最后把 323 个护理行为，分为直接生活改善、间接生活改善、运动和平衡、认知行为、问题行为、功能训练、医疗及照护等服务领域。

我国应当组织专家建立长期护理对象评级标准，差别化满足长期护理需求，形成差异化长期护理保险给付。参照国际经验，制定和建设对长期护

理需求评定体系,使用统一的工具衡量失能程度,使用分级制度对长期护理需求进行分流满足,可将不同护理等级的长期护理需求者分流至专业护理机构、社区护理机构和家庭互济护理,从而实现针对性保障,减少长期护理保险体系的运行成本。

（四）在资质审查基础上,最大限度发挥市场机制特别是商业保险的作用

政府提供的长期护理保险仅仅保障最基础水平的长期护理服务需求,而不可否认的是,在不同的收入群体和长期护理需求群体中,必然存在多层次的护理服务需求。因此,建立长期护理保险制度要求最大限度地发挥市场机制的作用。由于现阶段我国的长期护理服务机构发展不充分,为避免出现"有制度,无服务;有软件,无硬件"的局面,应当充分利用市场供给侧力量,通过长期护理保险给付和长期护理需求增长,刺激长期护理保险服务供给。

目前,我国的长期护理服务机构和长期护理专业人才处于绝对不足状态,为保障长期护理保险制度的实际落地,必须大力培育长期护理保险服务。培育路径上,应当采取建立标准、自由发展的发展思路。建立标准是指在长期护理服务需求评级体系、长期护理服务水平国际标准的基础上,组织专家队伍建立长期护理服务标准,引导长期护理服务行业协会的成立,促进行业标准实施和落地。自由发展是指政府鼓励符合条件的长期护理服务机构发展,比如保险公司或其他长期护理服务组织在符合行业标准和监管标准的基础上稳定发展,培育大量合格的长期护理专业人才,满足日益增长的长期护理需求。

长期护理保险服务供给方,应采用多种方式进行市场化运营。第一,可引入 PPP 模式,在政府监管下,已通过相关资质审查的长期护理服务提供者,参考定点医院、定点药店模式,成为长期护理服务政府供给有限情况下的选择之一。第二,充分发挥保险公司的能量。在操作层面上,鼓励社保与商业保险公司合作,刺激商业保险公司的积极性,间接推动服务提供机构的发展。

五、商业保险公司的作用和市场机会

从社会长远发展，尤其是市场经济发展形成的要求来看，保险业在社会风险的管理方面应当发挥更大的作用，特别是在长期护理服务等基础民生领域。充分发挥商业保险公司的作用，有助于刺激长期护理服务市场化供给、长期护理保险层次水平的提升，是政府主导的长期护理保险制度不可缺少的补充。

根据中国保险行业协会的统计，不区分团体与个人，相比于在售的1000 余种重大疾病保险，在售护理保险产品仅有 96 种。纵观现有商业保险公司的长期护理险种，由于缺乏护理险的行业标准，商业保险公司对护理险的投入相对较大而收益较小，而未来政策的不确定性压抑了商业护理保险的消费需求，导致长期护理保险的市场化发展处于无序的缓慢萌芽状态。

通过建立统一的失能评定体系和长期护理行业标准，商业保险公司面临的多方面的巨大市场机会集中体现为：(1)政府政策支持商业性长期护理保险发展；(2)直接提供长期护理服务；(3)提供基础水平以上的更高水平、更多层次、更宽领域的长期护理保险产品；(4)取得海量"一手"数据，提升产品开发水平和客户黏性。

（一）政府政策支持商业性长期护理保险发展

近年来，国家不断出台保险行业政策，支持保险机构发展长期护理保险产品，提供长期护理服务，营造了良好的政策环境。例如，2014 年 8 月 13 日发布的《国务院关于加快发展现代保险服务业的若干意见》明确提出：发展养老机构综合责任保险，支持保险机构投资养老服务产业。鼓励商业健康险产品与基本医疗保险相衔接，发展商业性长期护理保险，提供与商业健康保险产品相结合的疾病预防、健康维护、慢性病管理等健康管理服务，都将成为新趋势。同时，还会支持保险机构参与健康服务业产业链整合、设立医疗机构和参与公立医院改制。要求各级政府在土地利用总体规划中统筹考虑养老产业、健康服务业的发展需要,扩大养老服务行业设施、健康服务业用地供给,优先保障供应。

2015 年 11 月 20 日,国家卫生计生委、民政部、国家发展改革委等 9 部门制定的《关于推进医疗卫生与养老服务相结合的指导意见》明确提出,要进一步开发包括长期商业护理保险在内的多种老年护理保险产品,鼓励有条件的地方探索建立长期护理保险制度,积极探索多元化的保险筹资模式,保障老年人长期护理服务需求,鼓励老年人投保长期护理保险产品。

(二)直接提供长期护理服务

对于保险公司而言,长期护理保险业务的设计有望成为打通健康管理的切入口,形成"保险+护理+医疗+养老+财富管理"的一揽子解决方案。长期护理保险产品的赢利模式不仅仅包括费差和利差,由于护理服务行业的利润空间较大,相比直接对接第三方长期护理服务机构,可以通过提供健康险产品增值服务、长期护理保险产品赔付服务获得补偿。

(三)提供社保水平以上的长期护理保险产品

由于公共长期护理保险仅提供基础水平的长期护理服务,保险公司在提供长期护理保险产品的同时,可以通过增值服务有效地提高产品附加值。比如配套居家养老的相关服务,将护理保险和养老护理服务有机结合,作为保险产品的附加服务提供给被投保人。被投保人的护理质量得到提升,保险公司获得更高的附加值回报。

以长期护理保险为基础,贯通保险产品,并通过增值护理服务、养老服务,提高保险产品附加值、提升保险服务质量。投保人在购买长期护理保险的同时,购买相关的保险产品,例如意外险、寿险,从而完成对终身生命健康的一系列保障投资,提升保险产品的系列化和精细化水平。

(四)取得海量"一手"数据,提升产品开发水平

以往,保险公司利用的数据往往是在风险事件发生后的"二手"数据,

而贴身护理服务带来了海量的风险事件"一手"数据。保险公司可以借由长期护理保险的服务过程，尤其是贴身护理服务，获得个人大量可靠的健康和生活数据，这为保险公司测算未来的疾病患病概率、恶化概率提供了数据支持。保险公司有可能在风险可控的情况下，实现带病投保。已经有企业开始初步运用这一方法，这片新兴的广阔市场可以借由长期护理保险的落地推行而打开。

基于长期护理保险产品和服务，掌握更多、更准确的客户资源和客户数据，提升客户黏性，保险机构就能更有效、更快速地整合上下游产业链的资源，从而实现在健康管理乃至生命管理的产业链上占据绝对优势。

总体而言，从行业宏观发展看，商业保险公司的长期护理保险业务发展应当集中在两个方向：一是明确政策导向和制度安排，成立长期护理保险行业协会，在长期护理需求评级的基础上，制定长期护理服务标准和长期护理保险行业标准；二是明确长期护理保险产品的监管法规，确保商业保险公司在行业标准、费率精算、服务水平等方面合规，促进商业长期护理保险行业的健康发展。

从保险公司个体运营角度看，产品设计方面，设计组合型的保险产品，把保障失能风险、长期护理服务和保险金增值结合起来，立足护理服务，打通多种保险产品；产品运营策略方面，应当坚持产品立足服务、服务促进产品的策略，既要保证保险金给付，也要发展居家型照护服务和住养型照护服务；业务策略方面，应该实现长期护理保险与服务渠道下沉策略，与长期护理保险产品配套的服务必须深入到社区、家庭，服务到每一个受益者。

作者简介：申曙光，男，中山大学岭南学院、政治与公共管理学院双聘教授，博士生导师；中山大学国家治理研究院副院长、社会保障研究中心主任、风险管理与保险学系主任，中国精算师资格考试中心主任；中国社会保障学会副会长，中国保险学会常务理事，国务院医改领导小组专家咨询委员会委员，国家减灾委专家委员会委员，人力资源和社会保障部专家咨询委员会委员。主持完成包括国家社会科学基金重大项目在内的科研项目100余项，发表学术论文100余篇；近5年来，向中央最高层提交研究成果及政策建议共6份并获得批示。

促进大病保险稳健运行

陈　滔

一、城乡居民大病保险的推行及其重要意义

我国自 2009 年实施"新医改"以来,中国特色的基本医疗保险制度体系建设取得了重大进展,全民基本医疗保险制度的框架已经建立并覆盖 13 亿多人口,参保率超过了 95%,织起了世界上最大的基本医疗保险网,广大人民群众向"病有所医"的目标迈出了关键性的一步。但是,全民医疗保险体系建设存在的显著问题仍是大病保障这块短板,因病致贫、因病返贫的现象时有发生。对此,国务院医改办会同相关部门经过充分调研,于 2012 年 8 月 30 日,由国家 6 部委(包括国家发展改革委、卫生部、财政部、人力资源和社会保障部、民政部、中国保监会)下发了《关于开展城乡居民大病保险工作的指导意见》,要求各地利用部分新型农村合作医疗(以下简称"新农合")与城镇居民基本医疗保险(以下简称"城居保")基金向商业保险机构购买大病保险,在参合(保)群众患大病发生高额医疗费用的情况下,对新农合或城居保补偿后需个人负担的合规医疗费用给予补偿。

因此,城乡居民大病保险(以下简称"大病保险")是在城乡居民基本医疗保险基础上,对大病患者发生的高额医疗费用给予进一步补偿的一项制度安排,是基本医疗保险制度的拓展和延伸,是对城乡居民基本医疗保险制度的有益补充。大病保险的目的是解决群众反映强烈的因病致贫、因病返贫问题,使绝大部分人不会再因疾病陷入经济困境,实质上是对城居保和新

农合参保人进行二次报销,也是现阶段政府履职尽责、努力实现人人享有基本卫生服务目标的具体举措。而作为大病保险的承办主体,广大保险从业人员也应深刻理解推行大病保险的重大意义。

大病风险有一个共同特征,其损失分布都有"厚尾"的特点,即大病风险发生的概率不会随着损失额的扩大而大幅降低。鉴于大病风险的特性,保险公司开发大病保险产品时,考虑到赢利目的及自身偿付能力的需要,所收保费一般会较高。这样,即便保险公司开发出了大病保险产品,个人投保人也会因为无力承担高昂的保险费而无法达成承保协议。如果大病保险完全由市场来提供,就不会形成有效的市场均衡。因而,现行的大病保险由政府补贴大部分保费,私人只需缴纳少部分保费并采取团体投保的方式,虽由保险公司负责产品开发和运行,但仍属一种准公共产品。多数人认为,大病保险不是一种纯粹的商业医疗保险,仍然属于基本医疗保险的范畴。

大病保险的推行,对政府、个人和保险公司都具有积极意义。从政府的角度来说,既可以节省人力和财力方面的专项投入,减小工作压力;也可以充分利用保险公司的专业优势,提高大病保险的管理效率,降低其运作风险和成本。从个人的角度来说,参保居民在城居保和新农合基础上只需要缴纳一小笔钱甚至不交钱,就能获得较以往高出一倍甚至数倍的保险赔付,大大提高了其医疗费用的风险保障水平;同时,大病保险支付方式明确规定不需要参保人先行垫付,大大简化了报销流程。从保险公司的角度来说,有利于开拓城乡保险市场并提高市场影响力,增强在健康保险产品开发及核保核赔等方面的业务能力;有利于在政府的授权下监督医院的医疗行为,从而逐步积累起对医院的约束力,这对于抑制医疗费用的非正常上涨必然大有裨益。

全面实施大病保险是我国解决医改这一世界性难题的创新之举,大病保险将社会保障与商业保险相结合,拓展和延伸了基本医疗保险制度,开创了一条富有中国特色的医改新道路。同时,全面实施大病保险也是我国政府在医疗卫生领域推进国家治理体系和治理能力现代化的重要探索,通过引入商业保险,提升了医疗风险的管控水平,也提高了基本医疗保险的经办效率。

二、大病保险的全面实施及成效

自 2012 年 8 月国家 6 部委印发《关于开展城乡居民大病保险工作的指导意见》以来，在党中央的正确领导下，中国保监会组织保险行业认真贯彻落实国务院领导批示精神和文件要求，积极推进试点，主动参与各地大病保险政策制定和方案设计等工作，大力促进大病保险试点工作有序开展，形成了闻名的"湛江模式""新乡模式""江阴模式"以及"番禺模式"等。2015 年 7 月 28 日，经国务院常务会议审议，国务院办公厅印发《关于全面实施城乡居民大病保险制度的意见》（以下简称《意见》），明确提出 2015 年内全面实施大病保险。《中共中央关于制定国民经济和社会发展第十三个五年规划的建议》再次强调："全面实施城乡居民大病保险制度。"截至 2015 年年底，保险业共有 16 家保险公司在全国 31 个省区市开办大病保险业务，覆盖人口 9.2 亿。大病保险保费收入 252.4 亿元，赔付人数 345 万人，赔付支出 214 亿元，提取用于已发生医疗费用但尚未支付的未决赔款准备金 35.84 亿元。目前，大病保险已经基本覆盖了 10.5 亿城乡居民；其中，保险业承保了 9.2 亿，基本医疗保险经办机构承保了约 1.3 亿。

大病保险的全面实施，大幅提高了城乡居民的健康保障水平。各地大病患者医疗费用的实际报销水平普遍提高了 10 — 15 个百分点，全国最高赔付达 116 万元，人均赔付 6203 元，切实减轻了老百姓的经济负担。保险公司还通过提供预付赔款、开通绿色通道、上门快速理赔等方式，让大病保险成为部分困难群众的"救急钱"。城乡居民因大病致贫返贫问题得到有效缓解，尤其是对困难家庭雪中送炭，对于兜实社会保障底线、安定民心发挥了积极作用。除此之外，承办大病保险的保险公司通过加强对医疗服务行为的管控，还在一定程度上缓解了部分地区医疗费用过快上涨及医疗监督方式落后等问题，查出的不合理医疗费用占大病保险实际赔付总额的比例，在广东江门为 8.2%，在四川巴中为 14%，在江苏太仓为 20.1%等。部分地区大病保险制度的实施，还对基本医疗保险制度的深化与整合起到了一定的推动作用。比如广西百色等地为加快推进大病保险,将原来分属不同部门管理的新农合与城居保交由同一部门管理,并将统筹层次提升到地市级。西安等地在城镇居民保险和新农合分别运行的情况下,将这两个基金筹集到的大病保险资金统一管理,基金运行更加平稳。

可以看出,大病保险从制度推行到全面展开,到目前为止只有不到4年的时间。国家对这一制度的重视由此可见一斑,同时也反映出保险公司在承接国家任务上非常积极,努力尽到了参与社会管理的保险职能。因此,大病保险制度的推行和完善,靠的不仅是国家政策的力推,也是保险业共同努力的结果。与此同时,全面实施大病保险是商业健康保险跨越式发展的重大机遇。首先,由于大病保险是中国特色社会主义医疗保障体系的重要组成部分,改变了保险业在我国医疗保障体系中"补充""辅助"的角色定位,杠杆撬动效果明显,极大地促进了商业健康保险的快速发展。2014年,全国商业健康保险保费收入1587亿元,同比增长41%,比保险业保费收入增速高出近24个百分点。同时,商业保险机构通过承办大病保险取得了政府的信任,获得了其他医保经办业务。截至2015年9月底,有7家保险公司经办了277个基本医疗保险项目,管理基本医疗保险基金70.6亿元。其次,大病保险的全面实施解决了商业健康保险发展的瓶颈问题。我国商业健康保险起步晚、发展慢,主要瓶颈在于基础数据匮乏和医疗风险管控能力不足。全面实施大病保险,商业保险机构获得了大量城乡居民参保、就诊和理赔方面的信息,为开发商业健康保险产品积累了宝贵的基础数据。商业保险机构通过参与医院巡查、费用审核,既锻炼了专业队伍,又与医院建立了合作关系,有利于提升保险业对于医疗风险的管控能力。此外,全面实施大病保险还为保险业提供了在全国人民面前展示服务能力和专业水平的机会。大病保险是一项惠民工程,各级党委和政府、社会公众、新闻媒体等各方总体上对大病保险的评价是积极的、正面的。"十三五"期间,如果能充分发挥自身优势,进一步做好大病保险的管理服务,保险行业的形象和社会影响力还将得到极大提升,将会让广大社会公众更加了解保险、支持保险,真正实现保险让生活更美好。

三、大病保险的未来发展及问题

大病保险从试点到全面实施，承载了党中央、国务院的殷切期待，既是国家深化医疗卫生体制改革的重要举措，也为保险业提供了难得的发展机遇。然而，大病保险在推行和全面实施过程中暴露出的一系列深层次矛盾和问题，也是其在未来发展，特别是"十三五"期间必须深入思考和面对的。因而，如何认真解决好以下几方面的问题，是进一步健全和完善大病保险制度的关键。

第一，大病保险存在筹资渠道单一、筹资水平较低的问题。如今，多数地区都是通过从新农合与城居保基金中分拨一部分资金的方式建立大病保险基金，这一比例大概在5%—10%。2015年，大病保险人均筹资27.4元，筹资标准最低为10元，最高为50元；多数地区大病保险的保障范围在基本医疗保险3个报销目录以内，起付线介于2000—8万元，封顶线最低为6万元，约有一半的项目不设封顶线。从目前的承办情况来看，大多数承办公司在这一业务上都处于亏损状态。加之大多数城居保基金自身都面临收不抵支的压力，长此以往，保险业的亏损恐怕难以避免，这无疑会严重影响大病保险的可持续运行。未来实践中，如果通过精算发现，该地区现行的筹资水平无法维持长期资金池的盈余，在现行保本微利、自负盈亏的指导思想之外，还应考虑适当提高城居保和新农合的筹资水平或是开拓其他的筹资渠道。

第二，"大病"的界定方式值得商榷。对于大病的界定本身有两种方法。一种是按照费用界定，其特点是操作性强、简便易行，而且避免了对于大病病种的模糊争议，具有较好的公平性。但以费用界定大病的成本—效果作用较差，很有可能将资源用于难以治愈的疾病或者疾病终末期治疗上，无法实现卫生资源的优化配置和控制医疗费用恶性增长。另一种是按照病种界定，优点是可以主动选择明确有效的治疗手段、预后较好的疾病，取得较好的成本—效果，也可以体现对弱势群体的优先照顾。但是，由于对病种的界定和分组都是相当困难的工程,如果因为资源效率问题而将大量慢性病和疑难病患者排除在外,对于同样加入城居保或新农合的参保人显然也是有悖于公平的。考虑到大病保险的社会保障属性,采取按医疗费用界定的方式似乎更好。

第三,大病保险的统筹层次需要进一步提高。当前,在保险业承办的517个统筹项目中,省级统筹项目16个,地市级统筹项目296个,县区级统筹项目205个,覆盖333个地市(含新疆生产建设兵团14个师)的2623个县区(含新疆生产建设兵团175个团场)。可以看出,目前我国新农合与城居保的基金统筹层次主要还在地区,部分地方甚至还是县级统筹,大部分地区的医保信息系统与域外医疗机构还没有对接。这给需要在域外或省级医疗机构进行治疗的重大疾病患者造成了极大的困难,对于经办大病保险的保险公司也增加了在信息衔接上的技术难度,导致多数大病保险经办公司不仅未体现出在保险精算和专业管理上的优势,反而产生效率低下的现象。另外,由于缺乏有效的管理、沟通途径,上一级的医疗保险机构难以有效地监管域内统筹基金的流转和使用状况,监管缺位更容易导致资金的滥用和效率的低下。保险是通过大数法则和风险聚集来实现风险分散的,保险基金的资金池越大,抗风险能力和保值增值能力就越强。统筹层次过低,会导致各个地区的资金池过小而面临基金断裂的风险。

第四,大病保险制度保本微利的政策标准要进一步明确。大病保险采取的是由政府主导、商业保险机构承办的方式。商业保险机构在这项利民政策中起着举足轻重的作用,其优势主要体现在专业性、抗风险性、节约成本和提高效率等方面。《意见》要求保险公司达成保本微利的目标,实现大病保险基金的持续运作。然而,对保本微利该如何理解?赢利边界应当如何界定?当发生亏损时,又应由谁来承担兜底责任?至今,尚未建立一套明确的商业保险经办机构准入、评价和监管制度。在实际操作中,由于前文提到的统筹层次低以及对大病保险基金系统操作不熟悉,部分商业保险机构并未展现出资源配置方面的高效率。甚至有人认为,这样实际上还高于政府自办自管的成本。

第五,保险公司要认真做好大病保险中的医疗风险管控工作。有效控制医疗服务成本,是各国医改都普遍面临的难题。医疗卫生领域的新技术发明和新药问世在不断推动医疗价格的抬升,加上医患合谋等道德风险带来的需求上涨,医疗费用的不断攀升最终会吞噬医保基金对医疗费用支出的补偿作用。将大病保险从基本医疗保险中独立出来,实行差异化的报销政策和制度方案,使得保险公司在医疗费用控制方面面临诸多困难。

四、健全长效机制，提升大病保险服务水平

大病保险制度的持续推行和健康发展,对完善我国国民健康保障体系意义重大。在这一背景下,基于以上对大病保险制度运行过程中存在问题的深入思考,有必要从以下几方面着手不断健全大病保险发展的长效机制,以提升其服务国家经济社会发展的水平。

第一,需要进一步健全大病保险制度体系,即在大病保险全面实施基础上,推动大病保险制度进一步完善,通过优化政策制定和方案设计,不断提高保障水平和效率,以保证大病保险在"十三五"期间的稳健运行和可持续发展。以完善制度为关键点,中国保监会未来将协同其他部门共同制定大病保险的配套实施细则,包括大病保险投标管理、财务核算管理、风险调节机制、承办服务规范、市场准入退出等相关规范,进一步夯实大病保险运行与监管的制度基础;同时,积极指导各地实践,确保相关制度和政策落地见效。

第二,需要不断提升大病保险的统筹层次和筹资水平,提高其抗风险能力。中国保监会将和保险行业一道,积极与各级政府协商,积极推进市(地)级统筹,鼓励省级统筹或全省区市统一政策、统一组织实施,以提高抗风险能力。当然,考虑到大病保险筹资渠道单一和筹资水平较低的情况,为确保这一制度的持续运营,有必要促使社保机构积极拓展筹资渠道,适度提高筹资水平。

第三,需要不断提高保险公司医疗保险业务的经办能力。首先,保险公

司应当简化报销手续,优化服务流程,努力提供一站式大病保险服务,不断提升服务社会管理的能力。其次,要积极提供即时结算和异地结算服务。对外要实现大病保险系统与医疗机构、医保系统的有效连接,对内要实现大病保险系统与保险公司核心业务系统、财务系统的无缝对接。既要做到应赔尽赔,又要确保医疗保障制度可持续发展。为促使保险公司切实练好内功,努力提升大病保险的服务能力,中国保监会将出台大病保险服务规范,对大病保险的服务网点、专业队伍及服务流程等进行明确和规范。

第四,坚持以医疗风险管控为发力点,做好成本控制工作。保险公司应积极与卫生、基本医疗保险管理等部门合作,发挥第三方的制约作用,采取医院驻点、医疗巡查、网上审查、适时监控、智能审核等方式参与医疗服务监督,规范医疗服务行为,加强医疗费用审核,剔除不合理的医疗费用,切实发挥第三方作用,推进支付方式改革,以提高大病保险资金的使用效率。

第五,加强对承接大病保险业务的各家保险公司的监管,确保大病保险规范运行,保障消费者的合法权益。各级监管部门应当持续开展对大病保险定期和不定期检查,严格查处各种违法违规行为,确保保险公司严守合规底线,保证大病保险制度有序运行,使消费者享受的大病保险权益不受侵犯。

作者简介:陈滔,男,西南财经大学保险学院执行院长,教授、博士生导师,中国精算师协会正会员,中国保险学会理事、副秘书长;主持、主研完成省部级课题 10 项,主持完成国家自然科学基金和国家社会科学基金课题各 1 项,公开发表论文 30 多篇,独立完成专著 2 本、教材 2 本,参编专著、译著、教材 10 多本;获得四川省科技进步奖、四川省哲学社会科学优秀成果奖等多项奖励,以及中国"金融教育先进工作者"、"四川省优秀青年经济人物"等多项荣誉称号。

发挥保险资金支持经济建设的作用

孙　健

　　保险资金是指,保险集团(控股)公司、保险公司以本外币计价的资本金、公积金、未分配利润、各项准备金及其他资金。保险资金的特性主要是期限较长,通常有最低收益要求,对利率变动较敏感。保险资金的特性决定了保险资金长期投资的独特优势。一是资本性。保险资金适合为经济社会发展提供急需的资本性投资,增加企业股本及资本金,可以在一定程度上缓解我国实体经济负债率高等问题。二是长期性。保险资金是长期资金,通常规模较大且收益要求合理,适合对接资金需求大、投资回收期长的国家重大建设项目和民生项目。三是稳定性。保险资金注重安全稳健,追求长期稳定的投资收益,适合为实体经济发展提供长期稳定的资金支持。从发达国家的经验看,保险资金通常是促进实体经济发展所需资金的重要提供方。

　　截至 2015 年年底,保险业总资产达 12.4 万亿元,全行业净资产 1.6 万亿元,保险资金运用实现收益 7803.6 亿元,同比增长 45.6%,平均收益率 7.56%,创 2008 年国际金融危机以来最好水平。根据现行监管政策,保险资金可以通过债权和股权等多种方式参与基础设施项目建设,投资标的涵盖交通、资源、能源、市政、环保、通信、土地储备和保障房等行业,投资比例可达到保险公司上季末总资产的 30%。目前,基础设施项目已经成为保险资金投资的重要领域。根据研究机构的统计,在美国,保险公司提供了美国基础设施建设所需资金总量的 9%。保险资金还是美国市政债券的最主要持有者之一,截至 2015 年年底,占比达到 12.8%。在我国,保险机构累计发起设立各类债权、股权和项目资产支持计划 499 项,用于投资基础设施项目等,合计备案注册规模 1.3 万亿元。可以预计,随着我国保险业的快速发展和资金的不断积累,保险资金支持经济建设的作用将日益突出。

国家"十三五"规划纲要提出了经济保持中高速增长,创新驱动发展成效显著,发展协调性明显增强,人民生活水平和质量普遍提高,国民素质和社会文明程度显著提高,生态环境质量总体改善,各方面制度更加成熟、更加定型的经济发展目标。新的目标,要求现代保险服务业以全新的定位融入新时期国家发展战略之中,成为完善金融体系的支柱力量,改善民生保障的有力支撑、创新社会管理的有效机制、促进经济提质增效升级的高效引擎和转变政府职能的重要抓手。发展现代保险服务业,要以完善保险经济补偿机制、强化风险管理核心功能和提高保险资金配置效率为方向。保险业是长期储蓄和长期投资的天然桥梁,与银行等金融中介相比,在引导长期资金用于经济建设的长期投资方面,有着独特的优势。要发挥保险资金长期投资的独特优势,不断扩大投资领域,进一步改革创新资金运用方式,优化保险资金配置,强化保险资金运用的风险管控,提高保险资金服务实体经济的效率。

一、拓宽保险资金服务领域

发达国家的保险机构投资渠道宽泛,资金使用率高,通过投资股票、债券、房地产、抵押或担保贷款等多种投资组合方式,实现分散风险和获得较高收益,保险资金运用已成为其保险业得以生存发展的重要支柱。我国保险资金运用起步较晚,资本市场也在逐步完善的过程中。近年来,保险资金的投资渠道、范围和领域不断放开,配置空间已由银行存款、股票、国债等传统金融领域扩展到私募基金、金融衍生品等现代金融领域,由资本市场扩展到实体经济,由境内投资市场扩展到国际投资市场。

发挥保险资金支持经济建设的作用,要不断扩大投资领域,积极支持保险资金更好地服务实体经济发展和经济转型升级。鼓励保险资金利用债权投资计划、股权投资计划、资产支持计划等方式,支持重大基础设施建设、棚户区改造、城镇化建设等民生工程和国家重大工程。支持保险资金以债权、股权、股债结合、创投基金、私募基金等方式,向高新技术产业、战略性新兴产业、现代制造业、现代农业等提供长期稳定的资金,助力我国新技术、新业态和新产业发展。积极推进保险资金服务"一带一路"战略,进一步规范保险资金的境外投资运作行为,支持符合资质的保险机构开展境外投资业务。

（一）支持民生工程与国家重大工程

保险公司可以采取股权、基金、债权、资产支持计划等多种形式,为重大基础设施、城市基础设施、保障型安居工程等民生建设和重点工程提供长期资金支持。债权投资计划,是指保险资产管理公司等专业管理机构作为受托人,根据相关法律法规,面向委托人发行受益凭证募集资金,以债权方式投资基础设施及不动产项目,按照约定支付预期收益并兑付本金的金融产品。股权投资计划,是指保险资产管理公司等专业管理机构作为受托人,按照信托原理,面向保险公司等委托人发行受益凭证募集资金,以受托人的名义通过股权方式投资于确定标的,由受托人按照约定向委托人支付投资收益并兑付本金的金融产品。资产支持计划,是指保险资产管理公司等专业管理机构作为受托人,根据相关法律法规,面向委托人发行受益凭证募集资金,以原始权益人受让或者其他方式获得基础资产,以基础资产产生的现金流作为偿付支持的金融产品。

2014年,中国保监会印发《保险业服务新型城镇化发展的指导意见》,明确加大保险资金投资基础设施建设和运营的力度。发挥保险资金的优势,积极支持铁路、地下管网、污水和生活垃圾处理、公共交通系统、城市配电网等基础设施建设,提高城市综合承载能力。在风险可控的前提下,完善对基础设施项目主体资质和增信措施的政策要求。加大基础设施债权投资计划发展力度,探索项目资产支持计划、公用事业收益权证券化、优先股以及股债结合、夹层基金等新型投资工具和方式,满足基础设施建设多元化的融资需求。同时,鼓励保险资金支持民生项目建设。引导保险机构完善投资保障性住房项目、棚户区改造的有效商业模式。探索保险资金投资市政债券等新型融资工具,支持建立多元、可持续的新型城镇化建设资金保障机制。

(二)促进科技型企业及战略性新兴产业等发展

促进科技型企业及战略性新兴产业等发展,是推进我国经济转型升级的重要基础。在合理管控风险的前提下,支持保险资金服务科技型企业、小微企业和战略性新兴产业等,既有利于促进科技创新,推动经济结构调整和产业升级;又有利于促进小微企业发展,服务实体经济;还有利于激发新兴市场、新兴业态的市场活力,扩大社会就业和促进社会稳定。国际经验表明,保险资金是促进国家经济提质增效升级的重要资金来源。

创业投资基金是投资于创建期、创业期或成长初期未上市企业股权的私募投资基金,所投项目主要为创新型、创业型企业和高科技、高成长企业。保险资金通过投资创业投资基金支持新技术、新业态和新产业发展,对实体经济和保险行业都有重要的现实意义。对实体经济而言,有利于发挥保险资金体量大、期限长、稳定性较高的优势,缓解当前创业企业和中小微企业融资难、融资贵、融资期限短的问题,减轻创业企业的发展压力;有利于发挥机构投资者的导向作用,引导创业投资基金切实落实国家产业政策和改革发展战略,规范运作,更好地发挥作用。对保险业而言,支持保险资金投资创业投资基金,有利于拓宽资金运用渠道,扩大资产配置空间,分享经济转型升级成果,改善投资效益;有利于创新投资中小微企业的方式,分散投资风险,提升资金运用效率。

当前,支持保险资金投资创业投资基金的条件和时机已经较为成熟。2010年,中国保监会发布了《保险资金股权投资管理办法》,支持保险公司稳步开展成长期、成熟期未上市企业股权和股权基金投资。几年来,保险业逐步完善投资管理体制,储备了一批专业人才,积累了一定投资经验,运作总体规范,没有发生大的风险。同时,创业投资市场不断成熟,相关规则逐步完善。目前,保险资金投资创业投资基金,已经具备较好的理论基础、政策基础和市场基础。中国保监会正在积极制定具体政策,支持保险机构规范开展相关投资运作。

(三)拓展保险资金境外投资范围

2012年,为优化保险资产配置,充分利用境内境外两个市场和两种资源,中国保监会顺应金融改革创新需要,发布了《保险资金境外投资管理办法实施细则》,将保险资金境外可投资市场拓展至45个国家和地区,其中发达市场25个、新兴市场20个,可投资品种拓宽至货币市场类、固定收益类、权益类以及不动产等品种,涵盖公开市场的股票、债券、基金等,以及非公开市场的股权、股权投资基金和不动产等。保险资金境外投资范围大幅放宽,有效提升了保险资金自主配置境外资产的空间。在风险管控方面,本着积极审慎的原则,稳步开放部分衍生品。保险机构可以运用期货、期权等金融衍生产品进行风险对冲,但不能用于投机或放大交易,为防范境外投资风险提供了有效的管理手段,也为保险机构了解和运用衍生品创造了便利条件。

下一步,拟对相关政策进行调整和完善,进一步放宽境外投资范围,扩大企业的自主运作空间。例如,拓宽保险资产管理机构受托集团内资金的投资范围,由香港市场,拓宽至《保险资金境外投资管理办法实施细则》允许的所有国家和地区;拓宽债券投资范围,将债券信用评级最低要求下调至BBB-。

二、创新保险资金运用方式

高效对接实体经济,是进一步创新保险资金运用方式的出发点和落脚点。要不断深化保险资金运用市场化改革,把更多的投资选择权和风险责任赋予市场主体,激发市场活力和创新动力,促进保险市场与货币市场、资本市场协调发展,进一步发挥保险公司的机构投资者作用,为股票市场和债券市场长期稳定发展提供有力支持。鼓励设立不动产、基础设施、养老等专业保险资产管理机构,允许专业保险资产管理机构设立夹层基金、并购基金、不动产基金等。稳步推进保险公司设立基金管理公司试点。探索保险资金开展抵押贷款,支持保险资金参与资产证券化业务。积极培育另类投资市场,建立保险资产交易机制,推动保险资产集中登记交易平台建设,盘活保险资产存量,做大做强保险资产池。

(一)发展专业保险资产管理机构

如今,我国已经建立起由总公司集中管理、统一调度、统一划拨、统一运作的保险资金集中管理模式,以及以保险资产管理公司、保险公司资产管理部为主体的专业化投资管理体制,建立起委托投资和自主投资相结合的运作机制,建立起委托、受托、托管的运作模式,以及管理规范、相对透明、第三方托管、内部控制与外部监督相结合的监督机制,初步探索了保险资金运用市场化模式,基本形成了一套适应保险资产管理行业发展要求的政策法规制度和监管体系。

鼓励设立不动产、基础设施、养老等专业保险资产管理机构。设立不动产专业投资管理机构,可以发挥机构投资者的作用,提供相关金融产品,以及投资咨询、投资顾问等全方位服务,有利于保险公司依托不动产专业化投资平台,合理配置保险资金,促进行业持续、稳定、健康发展;设立专业的基础设施保险资产管理机构,通过搭建合理的组织架构,设计专业化运作流程,积聚行业人才和资源,实现专业化运作,有效提升投资管理能力和风险管理水平;设立养老专业保险资产管理机构,有助于进一步推动保险行业发展,通过机制创新、经营管理创新和产品服务创新,开展专业化投资运营,延伸保险机构的经营范围,提高保险机构的社会影响力,有利于推动养老保障专业化、规范化、集约化发展,促进养老保障资产规模及收益稳定增长,进一步发挥保险的社会保障作用。

允许专业保险资产管理机构设立夹层基金、并购基金、不动产基金等。允许专业保险资产管理机构设立夹层基金和并购基金,有利于扩大夹层基金和并购基金的市场规模,提升市场的规范化水平,提高保险资金的投资效率,防范保险资金运用风险。专业保险资产管理机构设立不动产基金,是进一步贯彻落实党的十八大和十八届三中全会提出的发挥市场配置资源决定性作用要求的体现,也是满足保险资产管理行业发展和业务创新需求的举措,有利于进一步切实改善投资收益、提高资金运用效率、丰富保险资金的资产配置空间、提升保险行业的资产管理能力。

(二)推进保险公司设立基金管理公司试点

当前,推进保险公司设立基金管理公司试点的条件已经比较成熟。经过多年的实践和发展,保险机构已经逐步建立了一支经验较为丰富、分工较为明确、能力相对突出的投资团队,建立了比较完善的业务制度体系和操作流程,具备了设立基金管理公司的基础条件。

推进保险公司设立基金管理公司试点,能够在细分市场过程中提供更加多样化的金融产品和更加专业化的金融服务,推动保险业由传统负债管理为主转向资产负债的协调发展,使保险机构向综合金融服务机构转变,有助于基金管理公司建立符合保险资金特点的基金类型,使基金的投资目标能更好地适应保险资金的风险收益要求,对促进金融产品创新、完善我国资本市场体系、推动我国资本市场发展,具有较强的现实意义。

(三)保险资金参与资产证券化业务

资产证券化业务,是指对特定基础资产或资产组合产生的现金流进行结构化设计。积极稳妥地发展资产证券化业务,有利于盘活存量金融资源,降低企业资产负债率,丰富金融市场投资品种,提升金融体系服务实体经济的能力。鉴于保险资产管理机构的公司治理结构及风险控制体系较为完备,在资产管理产品的研究、设计、运作和风控等方面具备一定的专业能力,随着大资管时代的到来,保险机构可以探索发起设立资产证券化产品。成为资产证券化产品的发起者和投资者,有利于进一步增强保险机构的竞争力。

（四）建立保险资产交易市场

目前来看,保险资金要在较大的范围和空间内自主进行多元化配置,分散投资风险,关键就是要积极发展另类投资业务,打造保险的长端资产池。近年来,保险资金积极开展债权、股权、不动产等另类资产投资并取得较好效果,有效提高了保险资金的投资收益率,同时也有力支持了实体经济发展,提高了保险业对国民经济的影响力和渗透力。

由于另类资产个性化特征较强,信息披露不足,流动性较低,缺乏市场化定价估值机制,亟须建立相应的另类投资市场基础设施。这包括:建立或选择好相关资产交易场所;要有专门机构进行产品登记和确权,建立登记中心和行业管理平台;强化信息披露制度对相关利益主体的约束力,不断提高信息披露的时效性、连续性、全面性。组建保险行业的保险资产交易平台,有利于增加保险资产的流动性,促进保险资产的公平定价,增强保险业另类投资的风险管理水平。

当前,保险资产交易还处于起步探索阶段,下一步应将组建保险资产交易平台作为加强保险业基础设施建设的一项重点工作狠抓落实,要对保险资产交易平台的定位、功能作用、运作模式、风险管控等问题开展广泛调研和深入研究,出台可行性方案,尽快启动保险资产交易平台的建设工作。

三、加强保险资金运用风险管控

进一步健全和完善保险资金运用的政策法规和监管制度,积极构建现代化、多层次的保险资金运用监管体系,加强保险资金运用非现场监管体系建设,完善风险监测和预警机制,强化保险资金运用的事中事后监管,充分运用好信息披露、内部控制、分类监管、资产负债匹配和资产托管等监管工具。落实风险责任人机制,加大现场检查力度。加强保险机构资产负债匹配管理,建立资产负债匹配监管的长效机制,按照期限、收益率、风险匹配等要求,完善承保业务和投资业务匹配管理,促进保险资产负债管理由软约束向硬约束转变，实现安全性、流动性和收益性的统一。不断完善保险资金运用监管信息系统等建设，提升监管信息化水平。研究推进保险资金运用属地监管，加强保险资产管理行业自律。

（一）完善保险资金运用风险监测预警机制

建立全面覆盖、全程管理、全员参与的风险监测预警机制，对于保险资金运用的规范运作、风险防控具有积极意义。完善这一机制，既要加强监管层面的工作，也要强化保险公司的自身建设。

监管层面，一是抓好制度建设，进一步完善风险监测的相关法规制度，促进风险监测预警的制度化、常态化、规范化。二是做好系统建设，研究开发符合保险资金运用发展趋势的风险监测预警系统，促进风险监测预警工作的信息化、科学化，提高风险监测预警的技术水平。三是合理设计风险监测预警指标体系，通过对市场风险、信用风险、流动性风险等指标的科学设计，进一步丰富风险监测预警方法和方式，提升风险预警能力。四是加强对风险公司的监督检查，基于风险监测预警情况，加大对风险公司的监管力度，督促风险公司进行整改，使得风险监测和风险监管形成一套有效的闭环系统，切实保障风险监测预警工作的效力。

公司层面，一是要构建科学有效、职责清晰的风险管理组织架构，董事会、监事会、管理层依法履行职责，形成高效运转、有效制衡的监督约束机制，保证风险管理的贯彻执行。二是设置独立的风险管理职能部门，建立有效的风险管理系统和配备足够的专业人员。三是建立覆盖保险公司各业务部门的风险管理制度，细化业务流程和评估指标。保险公司各业务部门应当执行风险管理的各项制度、流程，定期对本部门的风险进行评估。四是引入先进的风险管理技术，定期或不定期对风险进行定性和定量评估，不断改进和完善风险管理方法、技术和模型，确保风险预算、风险识别、风险测量、风险控制、风险报告等环节紧密衔接。五是大力推进建立保险公司的风险管理文化，制定并实施严格的职业道德操守规则，确保风险管理制度在资金运用的各层次、各环节得到有效执行。

（二）提高保险资金运用风险的处置能力

提高保险资金运用风险的处置能力，有利于防范、控制和化解各类风险，确保保险资金的安全性、流动性。

一方面，加强事前风险识别和防范。一是强化保险资金运用的风险识别和评估，采取有效的风险管理措施，规避或缓释风险。二是规范制度安排，科学设计交易结构，既能有效防范风险，同时也为风险处置提供便利，具体措施包括加强投资计划管理，实施资产托管、资产保全等制度；通过跟踪、评估、审计等方式方法，加强对担保人、项目方及项目的监测和监督，实现对相关主体及突发事件的有效监控。三是根据保险资金运用面临的各类风险，建立科学、有效的风险预警指标和风险等级计量标准，建立健全风险预警系统，提升风险预警的及时性、准确性、全面性。

另一方面，完善事后风险处置预案，在风险事件发生时能迅速响应，并有效避免或减少损失。一是明确风险处置原则，坚持以风险预警、实时监测、报告及时、依法合规、审慎稳妥的原则处置保险资金运用风险事件。二是完善风险处置的组织架构，明确各职能部门的职责分工。按照统一指挥、部门联动的原则组织实施，并根据不同风险类型采取相应的实施方案，严格风险处置程序，依法、快速、高效、稳妥地处置风险和突发事件。三是明确报告程序及风险处置流程，风险监测预警部门需及时将风险事件报告相关决策机构，风险处置决策机构需及时确定处置方针和总体方案，风险处置职能部门需根据各自职责分工，评估、制定详细的风险处置方案及具体执行等规范。四是风险处置后，要及时跟进总结评估，包括对事件成因、处置结果等进行全面剖析，检讨风险识别及应急处置的方法、程序，并提出整改意见或建议等。

（三）加快建立保险资金运用各类风险数据库

建立保险资金运用风险数据库，是做好保险资金运用风险监测的前提，是完善保险资金运用监管体系、管住后端的重要环节。总体设想是，以中国保监会统计信息系统有关数据为基础，以偿付能力监管系统有关投资资产信息为主，以保险资产管理监管信息系统数据为补充，建立一个覆盖信用风险、市场风险、流动性风险等在内的保险资金运用风险数据库。重点推进以下工作：一是完善保险资产管理监管信息系统现有的数据。2011年，中国保监会开发上线保险资产管理监管信息系统，采集了银行存款、债券、股票、基金等投资品种的基础数据，建立了相关风险指标。下一步，要按照保险资金运用新政的要求，以及风险影响因素的变化，修改和完善相关指标，进一步提高数据质量和风险监测的有效性。二是完善保险资管产品集中登记系统的数据，开发另类投资的风险监测指标。2013年，中国保监会开发使用保险资管产品集中登记系统，采集了股权、不动产、信托、资管产品等另类投资的基础数据。下一步，将继续完善该系统的功能，开发另类投资品种的风险指标，更好地监测保险业的另类投资风险。三是建立保险资金运用风险监测体系。建立保险公司资金运用总体风险，以及流动性风险、信用风险、市场风险和可持续投资能力风险等分类风险的监测体系，充分运用和挖掘中国保监会统计信息系统、偿付能力监管信息系统和保险资产管理监管信息系统的数据，提高风险监测的针对性和有效性，力争对保险资金运用风险做到早发现、早预警、早处置。

作者简介：孙健，男，对外经济贸易大学保险学院院长，教授、博士生导师；兼任中国保险学会常务理事、中国企业研究会常务理事、北京保险学会副会长、全国保险专业学位研究生教育指导委员会委员；主持国家自然科学基金等国家级课题5项，出版专著15部，发表论文200余篇，获省部级奖励6次。

健全现代保险监管体系

郝演苏

我国保险业将在"十三五"时期进入供给侧结构性改革的关键阶段。面对党中央提出的在 2020 年全面建成小康社会的发展目标,保险监管体系必须从提高保险产品供给质量和供给水平的角度,推进保险产品与服务的结构调整,矫正要素配置扭曲,不断扩大保险产品与服务的有效供给,提高全行业的供给结构对需求变化的适应性和灵活性,提高保险业的全要素生产率,更好地满足社会对于保险产品与服务的需要,为经济社会的和谐发展贡献力量。因此,要进一步健全现代保险监管体系,服务经济社会发展大局,通过创新供给结构,引导需求结构的调整与升级,实现保险产品与服务结构、发展动力结构和发展方式结构的重大调整。

一、保险监管体系的主要内容

保险监管体系有广义和狭义之分。狭义的保险监管主要为政府机构,即保险监管部门;广义的保险监管,包括政府保险监管部门、保险行业自律组织和保险评级机构;被监管者即监管对象,则包括保险人和保险中介。从服务现代保险市场发展的需要出发,现代保险监管体系的基本框架表现为三个方面,即政府对保险的监管是保险监管的基础,保险行业自律是保险监管的补充,保险信用评级是保险监管有效的辅助工具。

(一)政府保险监管

从全球保险实践看,保险监管职能主要由依法设立的保险监管部门行使。由于各国保险监管历史进程的差异,由政府的哪一个部门作为保险监管部门,不同的国家各不相同。

英国通过金融服务局实施保险监管,由金融服务局颁发保险营业许可证,监管保险公司的偿付能力,管理保险公司的资金事务。美国通过各州政府设立的保险监理署实施保险监管;联邦政府设立全国保险监督官协会,负责协调各州保险立法与监管行动,并有权对保险公司进行检查。

从我国保险实践看,1993 年国务院作出关于金融体制改革的决定及1998 年中国保监会正式成立,是保险监管体系建设和发展的标志,中国保险监管迈入专业化、规范化、法治化的新阶段。这一时期,保险监管体制改革不断深化,制度建设不断完善,保险市场行为监管、偿付能力监管和保险公司治理结构监管的现代保险监管"三支柱"框架逐步建立,防范风险五道防线基本确立,现代保险监管体系初步形成。随着我国保险市场的迅速发展,推进保险监管框架由保险业发展初期的以保险市场行为监管为主,过渡到市场行为和偿付能力监管并重,再发展到以偿付能力、保险公司治理结构和保险市场行为监管为主要内容的"三支柱"保险监管框架,进一步加强了对防范化解保险风险、强化保险公司履行赔偿和给付义务能力的监管;督促保险公司建立并完善公司内部风险管理制度,形成合理高效的股权结构、符合保险发展规律的经营理念,以及适度分权、相互制约的内控机制;规范保险公司的市场行为,鼓励并维护诚信合法经营,形成规范有序而又充满活力的市场竞争氛围。

防范风险是保险业健康发展的生命线。我国在"三支柱"保险监管框架内,构筑以公司治理和内控为基础、以偿付能力监管为核心、以现场检查为重要手段、以资金运用监管为关键环节、以保险保障基金为屏障的防范风险的五道防线,旨在建立全过程、立体化的,事前防范、事中控制和事后化解相结合的风险防控长效机制。五道防线环环相扣、互为依托,通过强化公司治理和内控机制,将绝大多数风险扼杀在萌芽之中,增强了风险防范效率。通过加强偿付能力、现场检查和资金运用监管,及时纠正和化解保险市场的不正常和不健康因素,确保保险市场平稳运行。通过科学规范运营保险保障基金,探索符合市场经济发展规律的保险风险自救机制,在市场主体退出时最大限度保护被保险人利益,确保保险市场长期稳定健康发展。

(二)保险行业自律

以保险同业公会或保险行业协会形式出现的保险行业自律组织,是保险人或保险中介人自己的社团组织,具有非官方性。保险行业自律组织对规范保险市场,发挥着政府监管机构不具备的横向协调作用。良好、健全的保险行业自律机制,不仅可以通过营造行业内控环境直接促进保险机构加强内控,维护保险市场正常竞争秩序,还可以为政府监管提供支持和补充。我国《保险法》第一百八十条规定:"保险公司应当加入保险行业协会。保险代理人、保险经纪人、保险公估机构可以加入保险行业协会。保险行业协会是保险业的自律性组织,是社会团体法人。"

(三)保险信用评级

保险信用评级是由独立的社会信用评级机构,采用一定的评级办法,对保险人的信用等级进行评定,并用一定的符号予以表示。保险信用评级具有非官方性。信用评级的优势在于,将保险人复杂的业务与财务信息,转变成既反映其经济实力又通俗易懂的符号或级别。信用评级机构通过提供评级信息,来影响保险监管部门、保险行业本身和保险消费者。现实生活中,保险消费者一般都选择信用等级最好或很好的保险公司投保。在当今信息发达的社会里,信用评级进一步增强了保险行业的透明度,对保险行业的监督作用也更加明显。

二、我国保险监管体系的结构

（一）《保险法》

《保险法》承担统领保险监管、维护保险市场秩序、规范保险合同行为的基本法作用。2002 年修订的《保险法》，增加了维护社会经济秩序和社会公共利益的条款，扩展了保险的社会功能，深化了监管内涵，进一步明确了保险监管机构的偿付能力监管职能。2014 年，我国再次开始启动修订《保险法》，为健全现代保险监管体系奠定法律基础。

（二）部门管理规章制度

2002 年以来，中国保监会先后颁布出台 300 余项部门规章和规范性文件。仅 2015 年，中国保监会就出台各项规章制度 77 项，积极推动保险市场依法经营和监管机构依法监管，有力改善了保险行业供给侧结构性改革的环境，为保险行业的长期、可持续健康发展奠定了监管基础。

（三）保险监管指标体系

保险监管指标体系，包括偿付能力编报规则及实务指南、制定新生命表、建立非寿险精算制度等。

保险监管体系这三个层次的法律规范相互作用、互为补充，形成结构分明、逻辑严谨的保险监管法律体系，极大丰富和完善了保险监管的内涵和外延，为保险业快速、可持续发展提供了重要的制度保障。

三、"十二五"时期保险监管体系的发展

（一）加快推进《保险法》修订

保险监管体系建设是保险行业进步的重要标志，承担着推动我国保险业发展的任务。在发达市场经济国家的保险法律法规和国际保险监管组织

的文件中,对保险监管目标的表述虽然不尽一致,但基本上包括三方面,即:维护被保险人的合法权益,维护公平竞争的市场秩序,维护保险体系的整体安全与稳定。一些新兴市场经济国家的保险监管机构除了履行法定监管职责之外,还承担着推动本国保险业发展的任务。中国的保险监管机构就拥有这两方面的职能。全面落实简政放权、转变职能要求,进一步简化审批程序,实施负面清单模式下的监管制度。按照放开前端、管住后端的要求,正确处理市场与政府的关系,推动保险资源依据市场规则、市场价格、市场竞争实现效率最优化,营造公平竞争的市场环境,规范市场行为,维护市场稳定。

自 2002 年修订《保险法》之后,中国保险市场快速发展,原有的相关监管规则开始作出调整,以适应保险监管体系的科学运行。2014 年 7 月,我国再次启动《保险法》修订工作,充分体现放开前端、管住后端的监管思路,充分保护保险消费者利益,促进保险市场稳健发展。2015 年 2 月以来,中国保监会就《关于修改〈中华人民共和国保险法〉的决定(建议稿)》的修改工作征求各方意见,并且就重要问题开展研究论证。

(二)建成并发布中国风险导向的偿付能力体系

2014 年,中国保监会深入贯彻落实党的十八届三中、四中全会精神和《国务院关于加快发展现代保险服务业的若干意见》,按照放开前端、管住后端的监管思路,大力推进偿付能力监管改革,完成了中国风险导向的偿付能力体系(以下简称"偿二代")主干技术标准的研发工作。同时,强化资本约束,拓宽资本补充渠道,严守不发生系统性区域性风险的底线,有效防范和化解了各类偿付能力风险,保险业的偿付能力稳步提升。

"偿二代"在我国保险业风险分层模型基础上,构建了保险业审慎监管的"三支柱"框架。与银行业巴塞尔资本协议和欧盟偿付能力 II 所采用的"三支柱"框架相比,"偿二代"的"三支柱"框架既不同,又可比。第一支柱是定量监管要求,即主要防范能够用资本量化的保险风险、市场风险和信用风险,通过科学地识别和量化上述风险,要求保险公司具备与其风险暴露相适应的资本，具体包括最低资本要求、实际资本评估标准、资本分级、压力测试、监管措施五大监管工具。第二支柱是定性监管要求，即在第一支柱基础上，防范难以用资本量化的操作风险、战略风险、声誉风险和流动性风险，具体包括风险综合评级、偿付能力风险管理要求与评估、流动性风险监管、监管检查与分析、监管措施五大监管工具。第三支柱是市场约束机制，即在第一支柱和第二支柱基础上，通过公开信息披露、提高透明度等手段，发挥市场的监督约束作用，防范依靠常规监管工具难以防范的风险，具体包括保险公司偿付能力信息公开披露、监管部门与市场相关方的偿付能力信息交流、信用评级三大监管工具。

"偿二代"具有风险导向、行业实际和国际可比三个显著特征。风险导向是"偿二代"区别于现行偿付能力监管制度的本质特征。"偿二代"的风险覆盖更加全面、风险计量更加科学、风险反应更加敏感，能够及时监测市场行为和市场风险的变化，助力市场化改革。行业实际是"偿二代"有别于欧美监管制度的本质区别。针对新兴市场发展速度快、风险变化快、金融体系不健全、风险管理意识弱等特点，"偿二代"建立了可操作性强、实施成本低的风险和资本计量标准。各项技术参数和标准，都是基于我国保险业近20年的实际数据测算得出的，真实反映了我国保险业的风险状况，体现了新规则对中国市场的适用性。国际可比即"偿二代"符合国际资本监管的改革方向，与国际上其他的偿付能力监管模式可对话、可比较、可互认。"偿二代"以风险为导向的监管理念，与国际上其他金融监管体系完全一致；"偿二代"采用的"三支柱"框架，符合国际资本监管的改革趋势；"偿二代"在监管标准制定中，采用的风险计量方法、资本分级模式、信息披露要求等，充分吸收了国际监管的成熟经验，体现了发展趋势。

"偿二代"的建成，标志着我国偿付能力监管步入新的历史阶段，是我国保险监管的重大改革和升级换代，有利于推动保险业转型升级和提质增效，有利于引导保险公司持续提升风险管理能力，有利于增强保险业对资本的吸引力，有利于提升我国保险业的国际影响力，将对保险市场发展产生积极而深远的影响。目前，我国保险业处于快速发展阶段和市场化改革的关键时期,风险具有多样化、复杂化和变化快的特点。中国保监会根据行业发展和风险变化,及时调整监管标准,采取监管措施,防范公司层面和行业层面的偿付能力风险,提高偿付能力监管的刚性约束,维护广大消费者权益。

(三)完善保险资本管理制度

按照"资本约束管住管好,资本补充放宽放活"的原则,2014 年,中国保监会在强化资本约束的同时,不断完善行业资本补充机制,拓宽行业资本补充渠道。起草《保险公司资本补充管理办法(征求意见稿)》,建立由资本分级、资本工具、公司资本管理、监督检查组成的行业资本补充机制,规定了普通股、优先股、资本公积、留存收益、债务性资本工具、应急资本、保单责任证券化产品、财务再保险八大类资本补充渠道,丰富了保险公司的融资渠道,打开了保险公司资本工具的创新空间。

建立资本分级制度。借鉴国际通行做法,"偿二代"建立了保险公司资本分级制度,将保险公司的资本分为核心一级资本、核心二级资本、附属一级资本和附属二级资本四类,明确各级资本的属性、标准和额度,既优化了资本结构,又为保险公司的资本工具创新打开了空间。

创新保险公司的资本补充工具。中国保监会积极与有关部委沟通,开拓新的资本补充渠道。一是与中国人民银行联合发布了《中国人民银行中国保险监督管理委员会公告》(【2015】第 3 号),允许保险公司在全国银行间债券市场发行资本补充债券。二是研究保险公司发行优先股事宜,发布了《中国保监会关于保险公司发行优先股有关事项的通知》。三是积极鼓励保险公司在海外发行资本工具,并取得阶段性进展,进一步打开了资本补充的空间。

四、"十三五"时期保险监管体系的建设与发展

保险监管体系的建设与发展是一项复杂的系统工程,必须立足中国国情,借鉴国际经验,深化改革理念,加强顶层设计,坚持机构监管与功能监管

相统一、宏观审慎监管与微观审慎监管相统一、风险防范与消费者权益保护并重,完善公司治理、偿付能力和市场行为"三支柱"监管制度,建立全面风险管理体系,牢牢守住不发生系统性区域性风险的底线,为我国保险业在"十三五"时期实现新的伟大跨越奠定基础。

(一)健全现代保险监管体系

按照放开前端、管住后端的要求,正确处理市场与政府的关系,全面落实简政放权、转变职能的要求,进一步简化审批程序,实施负面清单模式下的监管制度。进一步加强保险集团监管,建立全集团风险监管框架,深化并表监管和非保险子公司监管,有效防范保险集团经营风险。推进保险监管组织体系现代化,完善中国保监会机关各部门与派出机构之间的纵向联动机制,加强统筹协调、沟通会商和信息共享。建立健全监管绩效评价机制,促进监管统一规范。加强与党政部门、司法机关、其他金融监管机构等的沟通合作,推动社团组织发挥自律、维权、协调等作用,支持新闻媒体、会计审计、评级机构、消费者等发挥监督作用,形成专业监管、部门协作、行业规范、社会监督的现代监管体系。

加强保险公司治理和内控监管。有效的公司治理和内部控制,是维护金融稳定的重要基石,也是防范化解保险风险的第一道防线。全面提升公司治理的监管水平,强化市场主体自我激励约束的这一内生机制,夯实保险业持续健康发展的基础制度保障。

首先,强化董事会在公司治理中的核心地位。落实董事会的全面与首要责任及履职要求,加强董事资格审查,完善董事培训机制,建立健全董事会及其成员的履职评价与问责机制,增强董事的尽责履职能力,提高董事会的专业、高效、勤勉水平。其次,强化内部控制在公司治理中的基础地位。制定保险公司内部控制评价办法,引导保险公司加强内控制度建设,完善内部控制机制,提高内控执行力。强化保险总公司对分支机构的管控责任。再次,强化集团监管在公司治理中的突出地位。完善保险集团的防火墙制度,规范保险集团的内部资源整合与关联交易。制定保险集团并表监管办法。建立保险集团风险控制标准。强化系统重要性保险机构监管。最后，强化高管和关键岗位人员在公司治理中的关键地位。健全保险机构高管人员任职资格管理和关键岗位专业人员资质管理制度。加强董事会秘书管理，强化总精算师、合规责任人、审计责任人等关键岗位的职责，增强经营管理层的执行力。加强对公司高管层的稳健薪酬和执业行为监管。

加强基层保险监管工作、加强监管自身建设，是提高监管科学性、有效性的内在要求。要进一步加强监管组织、机制和队伍等建设，提高监管能力，提升监管质量与效率。修订《派出机构监管职责规定》，进一步明确派出机构的监管职责，完善派出机构内设部门设置。坚持机构监管与功能监管相统一，完善中国保监会机关内部的协作机制，促进监管的统筹协调、沟通会商和信息共享。完善中国保监会机关各部门与派出机构之间的纵向联动机制，促进监管的统一规范、协作有力。逐步扩大法人机构属地监管试点，有序推进属地监管常态化。建立健全监管绩效评价机制，积极探索因地制宜的差异化监管。

行业自律是实现金融稳定的重要力量。要加强各级保险行业协会建设，发挥自律、维权、协调、交流、宣传等功能作用，防范化解保险风险，提升服务、协调和专业能力。建立覆盖保险行业的自律体系，增强自律公约的约束力，依法维护行业合法权益，维护市场公开、公平、公正，促进行业科学发展。

(二)完善保险"三支柱"监管制度

全面实施中国风险导向的偿付能力体系，建立"偿二代"监管信息系统，出台具体配套规则。完善保险公司的资本补充机制，拓宽资本补充渠道，创新资本工具，优化资本结构，加强资本管理。健全具有较高国际水准、符合中国特色、引领国际监管规则的公司治理监管体系。围绕内审内控、关联交易、独立董事、薪酬管理、信息披露等关键环节，增强公司治理监管的刚性约束。建立并完善公司治理监管信息系统，搭建公司治理风险模型，实现公司治理风险的实时监测、预警和管理。加强市场行为监管，加大保险市场秩序整顿规范力度，统一行政执法行为标准，完善现场检查、非现场检查和行政处罚工作机制。严厉查处违法违规经营行为，建立与相关职能部门的联动执法检查制度，强化监管效能，营造公平竞争的市场环境。

建设以风险为导向、符合我国实际、具有国际可比性的第二代偿付能力监管制度，提升保险业的风险管理能力，是加强和改进保险监管的重要任务。首先，完善资本约束机制。科学把握我国保险公司的实际风险状况，按照共同而有差别的原则，建立与风险紧密挂钩的资本要求。建立定量风险和定性风险相结合的综合评级机制，科学评价操作风险、战略风险、声誉风险、流动性风险，全面反映保险公司的风险状况。完善逆周期资本监管制度。其次，强化全过程风险监管。充分运用定量监管、定性监管和市场约束等手段，形成对风险的事前、事中和事后全过程监管。建立和完善保险公司流动性风险监管体系。完善偿付能力压力测试体系，健全偿付能力预测分析和风险预警系统。再次，完善资本补充机制。建立健全多层次和多元化的资本补充机制，支持保险公司创新和丰富资本补充工具，拓宽资本补充渠道，利用国内外金融市场和各种社会资本，增强保险业资本实力。最后，完善保险法律法规体系。法规制度具有长远性和根本性的特征。

完善保险监管法律法规制度，必须抓好三项工作。一是做好"一法两条例"的相关工作。积极推动《保险法》和《机动车交通事故责任强制保险条例》的修订，加快研究制定《巨灾保险条例》。二是加快相关制度的废改立工作。本着急用先建的原则，加快建立健全市场准入退出机制、治理理赔难和销售误导以及网络保险、资金运用等关键监管环节的规章制定工作。探索负面清单模式下的监管方式，拟定保险业进一步扩大开放的方案。三是推动相关领域保险立法工作。加强保险宣传和沟通协调，推动相关立法工作，进一步明确商业保险在国家治理体系和治理能力现代化进程中的地位和作用，健全商业保险参与现代金融、社会保障、农业保障、防灾减灾、社会管理五大体系建设的制度安排。

（三）构建防范化解风险的长效机制

加强风险动态监测和预警,不断完善风险动态监测工具,提高风险识别和预判能力。建立保险风险定期排查制度,加强风险监测和分类研究,防范偿付能力不足风险、满期给付风险、退保风险、流动性风险等,完善应急预案。搭建国内系统重要性保险机构监管体系,提高应对和处置危机的能力,切实防范系统性金融风险,维护保险市场安全稳定。加强创新型业务监管,防范交叉性金融产品风险和金融风险跨境跨市场传递。加强信息系统风险监测和外部渗透性测试工作的力度,进一步提升保险机构网络与信息安全风险防范能力。修订与保险保障基金制度相关的法律法规,加强保险保障基金的专业化管理,推进基金筹集方式改革,进一步明确基金救济范围和标准,丰富风险处置工具,优化风险处置流程,健全风险处置和救助机制。

加大信息化建设投入,加快构建"两地三中心"的数据管理架构。完善信息化建设标准体系,搭建一体化的保险信息监管应用平台。推进保险信息共享平台的公司化、专业化运营,深化保险数据开发利用,建设全国统一规范的行业运行和风险数据采集研究中心,构建一站式、智能化的保险监管信息公共服务系统。研究探索保单登记、通赔通付、第三方支付、数据托管等服务领域,不断开发数据衍生应用领域。探索保险业首席信息官制度。加强监管政策引导和制度约束,从维护金融安全稳定的战略高度,提升保险业信息安全意识,抓住信息设备购置、软件应用、维护维修、日常保障等重点领域,全面加强网络和信息安全管理。

（四）加强保险消费者权益保护

加大保险产品条款费率公平性、合理性审查,探索开展第三方评估的机制。着力解决销售误导、理赔难等消费者普遍反映的突出问题,建立和完善销售、承保、回访、保全和理赔给付等各环节的服务标准。加强"12378"热线和投诉管理系统建设,健全保险纠纷诉调对接机制。完善保险消费者教育机制,加强风险提示工作,培养消费者的依法维权意识,引导消费者合法、高效行使维权权利。研究设立中国保险消费者权益保护中心和保险消费者保护基金。加强信息披露,严格要求保险机构及时披露与消费者权益相关的产品和服务信息。加强透明度监管,开展保险公司服务质量评价、投诉处理考评、消费者满意度和消费者信心指数测评,并将评价和测评结果向社会公布。

作者简介:郝演苏,男,中央财经大学教授、博士生导师;兼任全国保险专业研究生教育指导委员会副主任,曾长期担任中央财经大学保险学院院长;1987年,主持《保险大辞典》编撰项目,动员200余位专家历时两年完成了150万字、14项分类、5800个条目的保险工具书,此书于1989年正式出版;主要荣誉为:北京市优秀教师、北京市高校优秀共产党员、北京市教学名师。

完善保险"三支柱"监管制度

郑 伟

《中国保险业发展"十三五"规划纲要》提出:"坚持机构监管与功能监管相统一,宏观审慎监管与微观审慎监管相统一,风险防范与消费者权益保护并重,完善公司治理、偿付能力和市场行为'三支柱'监管制度,建立全面风险管理体系,牢牢守住不发生系统性区域性风险底线。"

2005 年以来,为了更好地防范风险,中国保监会从我国保险监管实际出发,借鉴国际先进经验,确立了公司治理监管、偿付能力监管和市场行为监管并行的"三支柱"监管框架。公司治理监管是保险监管的重要基础,偿付能力监管是保险监管的关键核心,市场行为监管是保险监管的有效利器。这三大支柱既各司其职,又相辅相成,共同构成一个完整的现代保险监管体系。

一、健全保险公司治理监管体系

"十三五"时期,我国保险公司治理监管制度建设的目标是:健全具有较高国际水准、符合中国特色、引领国际监管规则的公司治理监管体系。

(一)保险公司治理监管的含义

保险公司治理监管,是指对保险公司治理进行监督和管理。保险公司治理,是指保险公司建立的股东大会、董事会、监事会、管理层等责任明确、相互制衡的组织架构，以及一系列维护股东、被保险人等利益相关者利益的内外部机制。公司治理的本质是通过董事会建设、股东与经理人员之间的契约关系等制度性安排，界定公司相关利益集团（包括管理人员、员工、客户等）之间的关系，解决各方之间，特别是所有者和经营管理人员之间的利益冲突问题，实现利益各方的激励相容，实现公司的经营目标。

保险公司不断完善治理机制，有利于从根本上防范经营风险，提高保险监管的效率。除了保险公司自身不断完善治理机制外，还需要强调保险监管部门的外部推动，对保险公司治理的监管是现代保险监管体系的关键组成部分。

（二）保险公司治理监管的基本原则

通常，保险公司治理监管坚持公众公司、资产安全以及强制性和指导性相结合三项基本原则。

一是公众公司原则。保险合约的长期性和社会性特点，决定了保险经营成果和广大被保险人的利益息息相关。保险公司治理监管要比照公众公司的标准，强调透明、合规。

二是资产安全原则。保险公司的资产绝大部分是投保人的保费，很多是百姓的养老钱和救命钱。保险公司治理监管的底线是，通过建立严格的内部监督制衡机制，防止控制人非法侵占、转移保险资产。

三是强制性和指导性相结合原则。基于公司治理的复杂性和不同公司显著的个体差异，监管标准注重包容性和可行性，监管技术操作坚持灵活性，允许创新和特色。

（三）保险公司治理监管的主要成绩

2006年，中国保监会发布《关于规范保险公司治理结构的指导意见》，明确提出推进保险公司治理改革，引导建立规范、高效的公司治理结构。以此为纲领和规划，中国保监会围绕股东股权监管、董事会建设、内控体系和激励约束机制，开展了以下几个方面的重点工作。

一是强化股东股权监管,主要是按照关系清晰、资质优良、结构合理、流转有序、行为规范的标准,对持股比例较大的主要股东和控股股东实施严格监管。制定《保险公司股权管理办法》《保险公司控股股东管理办法》,严格股东资质审查,规范控股股东行为,规范股权流转,建立股权质押、涉讼等事项的报告制度。

二是加强董事会建设,通过完善董事会架构、强化董事会职能、规范董事会运作,发挥董事会在公司治理中的核心作用。发布《保险公司董事会运作指引》,要求保险公司建立独立董事和专业委员会制度,明确董事会对公司的内控、合规和风险管理的责任。要求保险公司设立总精算师、合规负责人、审计负责人等关键岗位。规范董事会会议流程,建立监管人员列席公司会议制度和会议报告制度。

三是完善内控体系,通过规范公司章程,强化风险管理、合规管理和关联交易管理,加强内部控制和内部审计等多种手段,防范化解治理风险。制定《关于规范保险公司章程的意见》《保险公司风险管理指引》《保险公司合规管理指引》《保险公司关联交易管理暂行办法》《保险公司内部控制基本准则》《保险机构内部审计工作规范》等制度,明确公司风险管理和内部控制职能。

四是完善激励约束机制,规范公司薪酬管理,落实监督问责机制。要求保险公司在董事会下设立提名薪酬委员会,发布《保险公司薪酬管理规范指引》《保险机构案件责任追究指导意见》,规范薪酬管理,建立约束机制。

这一阶段,《公司法》和《保险法》的修订,对保险公司治理监管产生了重要影响。特别是2009年,《保险法》在第二次修订中新增了对保险公司董事、监事、高级管理人员任职资质等内容的明确规定,强化了保险公司治理监管的法律效力。

经过多年的努力,我国初步构建了具有中国特色的保险公司治理监管制度体系,被世界银行和国际货币基金组织评价为"发展中国家的典范"。

（四）保险公司治理监管的主要问题

虽然我国保险公司治理监管取得了显著的成绩，但由于这项工作起步较晚、基础薄弱，同时受体制机制、文化传统等多方面因素制约，我国保险公司治理由形似到神至，保险公司治理监管由形式规范到治理实效，真正实现保护保险消费者等利益相关人利益和防范风险的目标，还有很长的距离。保险公司治理监管存在如下问题。

第一，治理机制特别是外部治理机制的缺失或失灵，这是当前最突出的问题。完善的治理结构是保险公司治理的基础，而实现治理目标还有赖于市场选择或内外部治理机制约束经理人行为、控制代理成本。完善的市场机制是保险公司治理制度有效运行的必要条件，特别是完善的产品市场、经理人市场、资本市场和控制权市场。在国内保险市场约束力有限、外部治理效能较弱的情况下，保险监管机构应加快推动完善法律、市场环境以及创造外部治理机制发挥作用的条件，逐步改善内外部治理失衡的状况。

第二，国内保险公司治理及监管的法律法规建设问题。当前，《保险法》中没有保险公司治理监管这一概念，也没有明确对存在重大公司治理风险的保险公司的监管措施。相关法规的约束力、针对性和可操作性都需要进一步提高。特别是应注重形成法律法规之间的有效衔接，重视保单持有人及股东的诉讼权等问题。

第三，保护保单持有人利益和中小股东利益不足问题。保护保单持有人利益和中小股东利益，是各国保险监管机构普遍奉行的保险公司治理监管目标。中国保监会也将保护被保险人、投资人和其他利益相关者的合法权益，确立为保险公司治理监管的首要目标和根本出发点。但是，实现途径有限，相关规定的可操作性和约束力较弱。相关规定对被保险人（保单持有人）和股东作为委托人的权利以及董事的受托义务和责任缺乏清晰界定，难以形成对董事行为的有效约束。保单持有人和中小股东的信息知情权并未得到保证。同时，保单持有人和中小股东的补偿制度尚未建立，导致其利益受损时，维权存在困难。

第四,监管方式和手段不足问题。保险公司治理报告制度、治理评价机制和自查制度,应成为重点手段和方式。目前,国内保险公司治理评价市场尚未建立,应进一步探索适合国内情况的治理评价标准和方法,将保险监管机构的现场和非现场检查与保险公司的自评、自查结合起来,将评价结果作为差异化监管的依据,发挥治理监管的预警机制作用,防范保险公司的治理漏洞升级为治理危机和系统性风险。

(五)保险公司治理监管的新进展

为进一步提升保险公司治理水平和监管针对性,2015 年 12 月,中国保监会发布《保险法人机构公司治理评价办法(试行)》(以下简称《办法》)。《办法》重点关注保险法人机构在公司治理方面的问题和风险点,建立科学、系统的评价指标体系,对保险法人机构的公司治理实施动态评价。

《办法》对保险法人机构公司治理的评价机制、内容和方法、结果运用等方面作了全面、系统的规定。第一,在评价机制上,采取公司自评和监管评价相结合的方式,分级赋值,将保险公司分为优质、合格、重点关注、不合格四级,并进行动态调整。第二,在评价内容上,公司自评每年一次,涵盖职责边界、胜任能力、运行控制、考核激励、监督问责五个方面;监管评价每季度一次,注重合法合规性评价,将指标分为约束性、遵循性及调节性三类,基本涵盖公司治理相关规章制度要求。第三,在结果运用上,建立红、黄牌警告制度,督促整改,并根据整改情况采取相应监管措施。对涉及公司治理内容的行政许可审核,例如保险公司分支机构市场准入、保险资金运用创新等方面,将评价结果作为行政许可审核的依据之一。公司治理评价结果作为分类监管的重要依据,是保险公司综合评价体系的重要组成部分。《办法》的发布是深化行业公司治理改革、加强公司治理监管的具体体现,将进一步提高行业公司治理水平,增强行业核心竞争力。

近年来,在监管机构的推动下,我国保险业的公司治理水平不断提升。《办法》作为首个由新兴国家制定的保险法人机构公司治理量化评价指标体系,引领了新兴市场保险法人机构公司治理监管新趋势,将进一步提升中国在制定国际保险监管标准中的影响力和话语权。

下一阶段,在保险公司治理监管方面,还将重点关注以下几项工作,以切实防范公司治理风险:一是完善公司治理监管制度,推进保险公司混合所有制改革,规范股权质押和代持等行为。二是加快公司治理信息化建设,建立关联交易数据库,完善公司治理问题数据库。三是开展公司治理综合量化评价,对保险法人机构治理实施分类评级和差异化监管。四是建立全面覆盖治理架构、运行效果、关联交易、内控内审的公司治理检查监督体系。

二、全面实施第二代偿付能力监管制度

"十三五"时期,我国保险偿付能力监管制度建设的目标是:全面实施中国风险导向的偿付能力监管制度体系,建立"偿二代"监管信息系统,出台具体配套规则。

(一)保险偿付能力监管的含义

偿付能力即公司偿还债务的能力,具体表现为保险公司是否有足够的资产来匹配其负债,特别是履行其给付保险金或赔款的义务。偿付能力是反映保险公司清偿能力和风险状况的核心指标。只有保险公司具备充足的偿付能力,才能切实保障被保险人的利益,增强社会对保险业的信心。从这个角度看,尽管不同国家和地区、不同时期保险监管的侧重点、方式各有差异,但最终都可以归纳为对保险公司偿付能力的监管。

偿付能力监管是现代保险监管的核心。偿付能力监管的重心,在于防范保险公司无法履行保单责任的风险。一是保证保险公司在未来发生各种可能的风险损失时,持有足够的资本来吸收风险损失,保持充足的偿付能力;二是提高保险公司的风险管理能力,保证保险公司有能力应对各种风险,降低保险公司发生风险损失的概率,达到保护保险消费者利益的目的。

(二)保险偿付能力监管的国际格局与中国选择

与银行业统一遵守巴塞尔协议不同,当前,保险业尚未建立全球统一的偿付能力监管规则。虽然美国的风险资本制度和欧盟的偿付能力监管体系作为两种代表性的监管模式,其他国家或向美国或向欧盟靠近,而在具体监管标准上,各国之间仍存在较大差异。

各国的偿付能力监管模式各异,发达保险市场之间、发达保险市场与新兴保险市场之间的监管标准均有所不同,一些不发达保险市场甚至尚未实施偿付能力监管。总结起来,现行偿付能力监管主要有两种模式:欧盟体系(偿付能力Ⅰ、Ⅱ)和美国的风险资本制度(RBC)。其他国家大都借鉴了欧盟或美国的监管模式。还有一些国家,比如加拿大、澳大利亚、瑞士等,在欧美模式的基础上进行了探索和创新,具有较鲜明的自身特点,但其国际影响力不如欧美模式。

1. 欧盟的偿付能力体系

欧盟的偿付能力体系,实际上包括了偿付能力Ⅰ和偿付能力Ⅱ两个差异较大的监管模式。欧盟的偿付能力Ⅰ模式可追溯到20世纪70年代的资本监管标准,其特点是资本要求主要与业务规模挂钩,计算简单,易于操作,但不能全面反映公司风险。目前,欧盟、中国香港、墨西哥、印度等国家和地区都在采用这一模式。2000年之后,欧盟开始酝酿启动偿付能力Ⅱ工程,目标是在欧盟内建立一套协调一致、以风险度量为基础的偿付能力监管体制。其主要特点是基于经济资本的理念,采用市场一致性原则,全面反映保险公司的风险,并强调对保险公司风险管理能力的定性评估。欧盟偿付能力Ⅱ模式于2016年1月开始实施,以取代原有的偿付能力Ⅰ模式。

2. 美国的风险资本制度

风险资本制度由美国保险监督官协会(NAIC)于20世纪90年代建立,其特点是通过保守的法定会计原则对保险公司的资产和负债进行评估,保险公司的资本要通过操作简便的风险因子与几个大类的风险挂钩,注重监管模型的风险预警能力。当前,美国、日本、韩国、泰国、新加坡、中国台湾、马来西亚等国家和地区采用风险资本制度。美国在 2008 年启动偿付能力现代化工程(SMI),完善风险资本制度,并于 2013 年 8 月发布了相关报告。

3. 中国偿付能力监管的制度选择

中国原有的第一代偿付能力监管制度体系已经滞后于保险业的发展,基于业务规模、赔付、准备金情况的资本监管标准,不能科学、准确地反映保险公司和行业的风险状况,不能满足保险业防范风险和发展改革的需要,与国际主流的风险导向型资本监管制度存在较大差距,迫切需要改革。

中国偿付能力监管的改革方向和路径,一直都是理论界和实务界研究的热点问题。一种观点认为,欧盟的偿付能力 II 模式理论先进、体系严密,中国偿付能力监管应当走欧盟的道路;另一种观点认为,美国的风险资本制度经历了十几年的实践检验,简单易行,中国应当采用美国模式。但是,这两种观点都不够准确,美欧的偿付能力监管制度并不适合中国,原因在于:其一,欧盟和美国的偿付能力监管制度还在发展过程之中,尚未完全成熟定型;其二,欧盟的偿付能力 II 模式和美国风险资本制度都存在不足;其三,美欧的偿付能力监管制度不适合新兴市场。

因此,中国既不能走欧盟的道路,也不能走美国的道路,而是要建立一套适合自身保险市场特征的偿付能力监管模式。这既是国内保险市场发展和国际金融格局的客观要求,也是维护国际金融市场和新兴市场稳定发展的客观要求。经过改革开放 30 多年的发展,我国完全有能力发展一套科学的偿付能力监管制度。这一新的偿付能力监管体系,在更好地促进我国保险业防范风险和科学发展的同时,有望逐渐成为新兴市场偿付能力监管的代表,成为与欧美并列的、在国际上具有代表性的监管模式。届时,中国将在构建公正公平的国际保险监管秩序、维护国际金融保险市场稳定方面,发挥更大的作用。

(三)中国"偿二代"建设

在上述大背景下,中国第二代偿付能力监管制度体系(以下简称"偿二代")建设工程,自 2012 年年初正式启动以来,一直在"蹄疾步稳"地推进。在"偿二代"建设过程中,中国保监会始终坚持风险导向、中国实际和国际可比三个基本原则,致力于构建符合国际金融监管改革大趋势、具有自主知识产权的新的偿付能力监管制度体系。

2012 年 3 月,《中国第二代偿付能力监管制度体系建设规划》发布,提出"用三至五年时间,形成一套既与国际接轨又与我国保险业发展阶段相适应的偿付能力监管制度"。2013 年 5 月,《中国第二代偿付能力监管制度体系整体框架》发布,明确了体系名称、总体目标、整体框架构成、技术原则等内容。2014 年,"偿二代"主干技术标准共 17 项监管规则,经过至少 4 轮定量测试(样本测试、方案测试、参数测试、校准测试)。2015 年 2 月,中国保监会发布《保险公司偿付能力监管规则(1—17 号)》和《关于中国风险导向的偿付能力体系过渡期有关事项的通知》,决定自发文之日起,进入"偿二代"过渡期。

2016 年 1 月,经国务院同意,中国保监会发布《关于中国风险导向的偿付能力体系正式实施有关事项的通知》,决定结束保险业偿付能力监管体系的过渡期,正式切换为"偿二代"。自 2016 年第一季度起,保险公司只向中国保监会报送"偿二代"报告,停止报送"偿一代"报告。

"偿二代"是第一个基于中国国情设计的偿付能力监管体系,它对于中国保险业的改革与发展具有里程碑意义。"偿二代"的正式实施,将进一步增强我国保险业抵御风险的能力,促进保险公司转变发展方式,引导保险业转型升级,更好地服务实体经济;同时,将进一步深化保险监管改革,通过管好后端,推动前端进一步放开,为人身保险费率和商业车险条款费率市场化、拓宽保险资金运用渠道等改革创新提供制度保障。

下一阶段,中国保监会将稳妥有序地组织"偿二代"实施,不断完善保险监管。一是按照保险业"十三五"规划纲要,完善保险业的审慎监管体系。二是跟踪完善"偿二代"标准,发布"偿二代"配套标准,通过监管升级推动保险业转型升级,服务经济社会新常态发展。三是继续做好保险公司偿付能力状况的监测、分析、预警等工作,做好风险防范,守住风险底线。四是运用"偿二代"的国际影响力，积极参与国际保险监管规则的讨论和制定，为我国参与全球经济治理贡献力量。

（四）"偿二代"的基本框架

"偿二代"采用"三支柱"的基本框架：第一支柱是定量资本要求，第二支柱是定性监管要求，第三支柱是市场约束机制。这三个支柱的作用各不相同，在防范风险方面各有侧重、相互配合、相互补充，成为完整的风险识别、分类和防范体系。

1.第一支柱：定量资本要求

第一支柱——定量资本要求主要包括五部分内容：一是量化资本要求，具体包括：保险风险资本要求；市场风险资本要求；信用风险资本要求；宏观审慎监管资本要求，即对顺周期风险、系统重要性机构风险等提出的资本要求；调控性资本要求，即根据行业发展、市场调控和特定保险公司风险管理水平的需要，对部分业务、部分公司提出一定期限的资本调整要求。二是实际资本评估标准，即保险公司资产和负债的评估标准和认可标准。三是资本分级，即对保险公司的实际资本进行分级，明确各类资本的标准和特点。四是动态偿付能力测试，即保险公司在基本情景和各种不利情景下，对未来一段时间内的偿付能力状况进行预测和评价。五是监管措施，即监管机构对不满足定量资本要求的保险公司，区分不同情形，可采取的监管干预措施。

2.第二支柱：定性监管要求

第二支柱——定性监管要求是在第一支柱的基础上，进一步防范难以量化的风险，比如操作风险、战略风险、声誉风险、流动性风险等。第二支柱共包括四部分内容：一是风险综合评级，即监管部门综合第一支柱对能够量化的风险的定量评价，以及第二支柱对难以量化的风险（包括操作风险、战略风险、声誉风险和流动性风险等）的定性评价，对保险公司总体的偿付能力风险水平进行全面评价。二是保险公司风险管理要求与评估，即监管部门对保险公司的风险管理提出具体监管要求，比如治理结构、内部控制、管理架构和流程等，并对保险公司的风险管理能力和风险状况进行评估。三是监管检查和分析,即对保险公司的偿付能力状况进行现场检查和非现场分析。四是监管措施,即监管机构对不满足定性监管要求的保险公司,区分不同情形,可采取的监管干预措施。

3. 第三支柱:市场约束机制

第三支柱——市场约束机制主要包括两部分内容:一是通过对外信息披露手段,包括要求保险公司公开披露信息和保险监管部门公开披露信息,充分利用市场力量,对保险公司进行约束;二是监管部门通过多种手段,完善市场约束机制,优化市场环境,促进评级机构等市场力量,更好地发挥对保险公司风险管理和价值评估的约束作用。

(五)"偿二代"的主要特征

"偿二代"以风险为导向,国际可比又具有中国特色,主要体现了以下特征。

1. 统一监管

中国保监会根据国务院授权,履行行政管理职能,依照法律法规统一监督管理全国保险市场,包括对全国所有保险公司的偿付能力实施统一监督和管理。

统一监管不同于部分国家和地区的分散监管模式,充分体现了我国偿付能力监管的特点,发挥了统一监管效率高、执行力强、执行成本低的优势。

2. 新兴市场

我国保险市场仍处于发展的初级阶段,属于新兴保险市场,在市场规模、发展速度、产品特征、风险管理能力、人才储备、国际活跃度等方面,与成熟保险市场存在一定差异。

基于新兴市场特征,与成熟的偿付能力监管制度相比,"偿二代"应当更加注重保险公司的资本成本,提高资本使用效益;更加注重定性监管,充分发挥定性监管对定量监管的协同作用;更加注重制度建设的市场适应性和动态性,以满足市场快速发展的需要;更加注重监管政策的执行力和约束力,及时识别和化解各类风险;更加注重各项制度的可操作性,提高制度的执行效果。

3. 风险导向,兼顾价值

防范风险是偿付能力监管的永恒主题,是保险监管的基本职责。"偿二代"的资产负债评估,要能适时、恰当地反映保险公司面临的实际风险状况及变动;资本要求要更加全面、准确地反映保险公司的各类风险;监管措施要更加具有风险针对性。

对风险的防范,要具有底线思维。守住不发生区域性系统性风险的底线,科学计量潜在的风险损失,在此基础上,科学确定所需要的监管资本底线,降低保险公司经营的资本占用,提高保险业的资本使用效率和效益,提升保险公司的个体价值和整个保险业的整体价值。

在技术目标层面,既不能将"偿二代"简单化为只是为市场中的保险公司画出一条及格线或风险预警线,也不能将其复杂化为对保险公司进行完美而理想的经济价值评估。基于新兴市场的"偿二代",需要在风险预警目标和价值评估目标之间,寻求平衡与和谐。

(六)完善保险公司资本补充机制

资本补充与资本约束一样,属于偿付能力监管的重要内容。资本补充是指,保险公司通过股东投入、盈利积累,以及发行债务性资本工具、保单责任证券化产品等方式增加实际资本,改善偿付能力的行为。它对于提升保险公司资本质量、防范和化解风险,都有着重要意义。

中国保监会主要从以下几个方面,完善保险业资本补充机制。

一是建立资本分级制度。根据资本属性强弱、吸收损失能力的大小,将资本分为核心资本和附属资本;并根据存在性、永续性、次级性和非强制性等特征,确定各类资本的标准。

二是拓宽资本补充渠道。鼓励保险公司创新资本补充渠道,采取多种方式补充实际资本、改善偿付能力。保险公司的资本补充工具包括:普通股、优先股、资本公积、留存收益、债务性资本工具、应急资本、保单责任证券化产品、财务再保险等。

三是督促保险公司加强资本管理。保险公司应当建立资本补充机制,合理规划和安排资本补充方式,优化资本结构,保证资本质量,提高资本效率。保险公司应当制定与自身经营战略、业务发展、风险特点相适应的资本规划和资本补充方案,加强对各类资本工具的管理。保险公司应当加强经营管理,提高赢利能力,注重依靠内部积累改善偿付能力。

四是加强监督管理。中国保监会将加强对保险公司资本补充行为的监督管理,规范各类资本工具的发行、管理、信息披露等标准,防范相关风险。

三、加强保险市场行为监管

"十三五"时期,我国保险市场行为监管制度建设的目标是:加强市场行为监管,加大保险市场秩序整顿规范力度,强化监管效能,营造公平竞争的市场环境。

(一)保险市场行为监管的含义

国际保险监督官协会在《保险监管新框架:构建偿付能力评估的共同框架和标准》中,将市场行为界定为:保险公司开展业务的行为和在市场上的其他各种表现行为。在不同的监管政策环境下,市场行为的内涵和市场行为监管范围的大小不尽相同。我国保险市场行为监管主要是指保险监管部门依据《保险法》等法律法规,对保险公司的市场经营和竞争行为等进行规范的活动。

市场行为监管主要是指,保险监管部门通过逐步建立和完善市场行为准则,采取有效的监管措施,通过现场检查和受理投诉等方式,监督、检查和查处保险公司以及中介机构在销售、承保、理赔与客户服务等各个环节,是否存在违法违规行为,支持合法经营和公平竞争,处罚违规行为,促进保险公司完善经营管理和规范发展。市场行为监管是偿付能力监管的重要基础。相对而言,在保险市场发育不够成熟、保险法制还不健全、企业内控机制尚不完善、行业自律仍不成熟的条件下,保险市场行为监管的重要性更为突出。

（二）保险市场行为监管的主要内容

保险市场行为监管强调，保险公司要按照公开、公平、公正的原则进入保险市场、进行市场竞争，不得违反法律规定从事不正当竞争行为，也不得利用自己在保险市场的强势地位欺压处于弱势地位的消费者，加强消费者保护。同时，要防范和打击保险欺诈行为，为保险业创造良好的市场环境，不得将部分不良消费者利用保险进行欺诈的成本强加于其他消费者。

保险市场行为监管主要包括三个方面的内容：一是要求在市场上居于强势地位的保险公司规范其行为，对居于弱势地位的消费者权益予以倾斜保护。二是通过有效的信息披露，运用市场约束机制来规范保险公司的行为。三是防范保险欺诈，包括完善反保险欺诈立法、保险公司建立反欺诈制度以及强化监管机构的反欺诈功能等。

在"十三五"时期，保险市场行为监管的主要工作包括：改进保险市场行为监管，加大保险市场秩序整顿规范力度，统一行政执法行为标准，完善现场检查、非现场检查和行政处罚工作机制。加强对保险市场的宏观审慎和微观审慎监管，促进金融安全。严厉查处违法违规经营行为，严惩商业贿赂行为，配合有关部门打击以保险为名的洗钱、非法集资、保险欺诈等违法犯罪活动，强化落实案件责任追究制度，强化监管效能。

作者简介：郑伟，男，北京大学经济学院风险管理与保险学系主任，教授、博士生导师，北京大学中国保险与社会保障研究中心（CCISSR）秘书长；主持教育部哲学社会科学研究重大课题攻关项目（首席专家）、国家社会科学基金项目、中国保监会研究课题、国务院第六次全国人口普查研究课题等；在《经济研究》等国内外核心学术期刊发表论文数十篇，独著两部，合著十数部；曾获国家级精品课程奖、北京市教学成果一等奖、北京市哲学社会科学优秀成果二等奖、国际保险学会（IIS）年度最佳论文奖等多项奖励。

构建防范化解风险的长效机制

钟　明

防范化解风险是保险业发展的生命线,坚决守住不发生系统性区域性风险是保险监管的底线。中国保险业经过 30 多年的改革发展,已构建了风险防范的五道防线,形成了防范化解风险的长效机制。风险防范的五道防线是:以公司内控为基础,以偿付能力监管为核心,以资金运用监管为关键环节,以现场检查为重要手段,以保险保障基金为屏障。在这五道防线中,公司内控是保险监管体系中公司治理监管的支柱,资金运用监管是偿付能力监管的重要内容,现场检查是市场行为监管的重要手段。这五道防线与"三支柱"的现代保险监管框架,构成了我国的现代保险监管体系。防范化解风险的五道防线不是针对某一项具体风险或某一家公司的风险,而是根据保险业风险产生的一般规律,适应宏观经济发展和金融市场的变化,探索防范和化解风险的制度和机制,从根本上提高防范和化解风险的效率和水平。

一、加强偿付能力风险动态监测和预警

保险业动态风险的监测和预警是风险防范的重中之重。在中国经济发展步入新常态、保险行业风险呈现新的特征和变化的环境下,不断完善风险动态监测工具,提高风险识别和预判能力,可以最大限度地避免和杜绝系统性区域性风险的发生。

2016 年，中国保险业正式实施风险导向的偿付能力体系（以下简称"偿二代"）。与"偿一代"相比，"偿二代"是根据风险设定资本要求，实现对保险公司风险的全覆盖。通过定量监管要求、定性监管要求和市场约束机制，共同构成全面识别、科学计量和有效防范风险的监管体系。毫无疑问，"偿二代"在防范和化解保险风险中发挥着核心作用。

作为"偿二代"监管的重要组成部分，加强偿付能力风险动态监测，可以有效预测未来一定时间内保险公司偿付能力充足率状况，识别导致偿付能力充足率不达标的主要风险因素，及时采取相应的管理和监管措施，预防偿付能力充足率不达标的发生。

对保险公司偿付能力风险的动态监测，主要运用风险建模、压力测试以及情景模拟等风险量化工具，以提高风险识别、监测和预警水平。"偿二代"建立了压力测试机制，对保险公司进行定期和不定期的偿付能力压力测试和现金流压力测试。

（一）偿付能力压力测试

偿付能力压力测试，是指保险公司在基本情景和各种压力情景下对其未来一段时间内偿付能力充足率状况的预测和评价。

基本情景是指，保险公司合理估计的未来发生的情景。压力情景是指，保险公司未来有可能发生并且会对偿付能力充足率产生重大不利影响的情景。

根据"偿二代"监管要求，保险公司每年开展一次压力测试，测试期间以年度为单位。保险监管机构可以根据行业情况或个别公司风险状况，提出有针对性的压力测试要求。

1. 基本情景下测试

按照《保险公司偿付能力监管规则第 9 号：压力测试》的相关规定，保险公司确定基本情景下的假设，并预测测试期间内的实际资本、最低资本和偿付能力充足率。控制风险最低资本，采用保险公司最近一期风险管理能力评估得到的控制风险因子进行计算。保险公司还应预测报告年度后，未来两个会计年度末的偿付能力充足率状况。

在基本情景下,预测期间任一会计年度末的综合偿付能力充足率低于100%,或核心偿付能力充足率低于50%的,保险公司应在压力测试报告中详细说明拟采取的管理措施及实施计划,并提供管理措施实施后的偿付能力预测结果。保险监管机构可采取监管谈话、风险提示等措施,并可向保险公司了解管理措施的实施情况。

2. 压力情景下测试

保险公司的压力测试,分为必测情景测试、自测情景测试和反向压力测试三类。

(1)必测情景测试。中国保监会根据行业情况确定统一的必测压力情景,并可根据市场变化和行业发展情况调整必测压力情景。财产保险公司和人身保险公司按照中国保监会制定的《财产保险公司偿付能力压力测试实施指引》和《人身保险公司偿付能力压力测试实施指引》,进行相应的必测情景压力测试。

(2)自测情景测试。保险公司根据自身风险状况,确定至少一种自测压力情景。设置自测压力情景,应选择至少两个重大风险因素。保险公司按照中国保监会制定的相关压力测试实施指引,预测测试期末各种压力情景下的偿付能力充足率。

(3)反向压力测试。基本情景下,报告年度后未来一个会计年度末的综合偿付能力充足率处于100%至150%之间的保险公司,应开展反向压力测试。保险公司根据自身风险状况,选择一个最主要的风险因素,在维持基本情景下的其他风险因素不变的情况下,假设公司报告年度后下一个会计年度末的综合偿付能力充足率降低至100%的水平时,计算该风险因素的变化水平,以评估保险公司对主要风险的承受能力。保险公司也可以自主选择多个主要风险因素,分别进行反向压力测试。

保险公司根据必测压力情景和自测压力情景,预测测试期间内的实际资本、最低资本和偿付能力充足率。在必测压力情景和自测压力情景下,如果预测会计年度末的综合偿付能力充足率低于100%,或者核心偿付能力充足率低于50%，保险公司应在压力测试报告中说明拟采取的偿付能力改善措施。

3. 偿付能力压力测试报告

根据"偿二代"监管要求，保险公司应在每年5月31日前向中国保监会报送偿付能力压力测试报告。报告内容包括：压力测试所采用的预测方法；压力测试所采用的主要预测假设；压力测试结果；基本情景、必测压力情景、自测压力情景和反向压力测试情景下的风险状况分析，以及保险公司拟采取的风险管理措施和实施计划。

保险公司向中国保监会提交的压力测试报告应经独立第三方审核机构审核，并经公司董事会批准，董事会对压力测试的合规性与合理性承担最终责任。

保险监管机构对压力测试报告中的预测假设、测试方法、管理措施等事项进行不定期检查，对违规的保险公司和责任人员依法进行处罚。

（二）现金流压力测试

现金流压力测试，是指保险公司在基本情景和压力情景下，对未来一段时间内的流动性风险进行预测和评价。

流动性风险，是指保险公司无法及时获得充足资金或无法及时以合理成本获得充足资金，用来支付到期债务或履行其他支付义务的风险。流动性风险与其他风险的关联性较强，信用风险、市场风险、保险风险、操作风险等风险同样会导致保险公司的流动性不足，因此，流动性风险是一种综合性风险。

根据"偿二代"监管要求，财产保险公司和再保险公司应当至少在每年年末进行一次现金流压力测试，测试区间为自报告年度末起未来1年，测试范围为公司整体的现金流状况，包括对公司经营活动、投资活动和筹资活动的现金流压力测试。人身保险公司（含健康险公司、养老险公司）应当至少每个季度进行一次现金流压力测试，测试区间为自报告年度末起未来3年。其中，预测未来1年内的现金流时，保险公司应当以季度为单位，测试范围分别为公司整体、传统保险业务、分红保险业务、万能保险业务和投资连结保险业务的现金流状况。

保险公司首先预测基本情景下的现金流情况,在此基础上,测试压力情景下的现金流情况。

1. 基本情景下测试

基本情景是指,保险公司在考虑现有业务和未来新业务情况下的最优估计假设情景。

财产保险公司和人身保险公司预测未来现金流时,对未来一段时间内的新业务假设、费用假设、再保险假设、投资策略假设、保单分红策略假设和万能利率结算策略假设,以及投资收益率、赔付率、退保率、死亡发生率、疾病发生率等假设的估计,应当基于公司当前对未来的最优估计。

财产保险公司和再保险公司应当合理运用会计和精算估计,根据基本情景假设,分别预测经营活动现金流、投资活动现金流、筹资活动现金流。人身保险公司应当合理运用会计和精算估计,结合公司业务规划等信息,根据基本情景假设,分别预测业务现金流、资产现金流、筹资现金流。

2. 压力情景下测试

现金流压力测试的压力情景,包括公司自测情景和必测情景。自测情景由保险公司自行确定。保险公司应当根据自身业务结构、历史经验、流动性特点以及对未来市场环境的预期等因素,考虑未来有可能发生并对保险公司流动性风险产生不利影响的因素,来设定公司自测情景。中国保监会根据行业情况确定统一的必测情景,以适当反映保险业可能面对的流动性风险。

保险公司在基本情景测试结果的基础上,根据不同压力情景,调整相应参数,以预测各种压力情景下的流动性状况。保险公司在进行经营活动现金流(或业务现金流)预测时,应当根据压力情景,预测保费收入、赔款、给付、退保、费用等各项现金流。

中国保监会可以根据所设定的压力情景和监管需要,对保险公司经营活动、投资活动和筹资活动现金流的预测范围和预测口径进行调整。

根据"偿二代"监管要求，在基本情景和压力情景下，预计未来期间净现金流小于零的，保险公司应当说明拟采取的改善措施以及预计对现金流的改善效果。人身保险公司应当对基本情景下经营活动净现金流预测结果和实际结果之间的偏差，进行回顾和分析。如果不利偏差超过监管要求，中国保监会可以要求人身保险公司说明不利偏差产生原因、提出改善办法，采取监管谈话等措施。

3. 现金流压力测试报告

保险公司根据现金流预测结果，填报基本情景现金流测试表；根据压力测试结果，填报压力情景现金流测试表；并按照《保险公司偿付能力监管规则第 16 号：偿付能力报告》的相关规定，向中国保监会报告现金流压力测试有关信息。

4. 流动性风险监管指标

为规范保险公司流动性风险管理的最低监管要求，中国保监会建立了一系列流动性监管指标。保险公司应当按照中国保监会规定的相关计算标准填报综合流动比率表和流动性覆盖表，更为全面地预测和评估保险公司的流动性风险。

流动性风险监管指标是：

（1）净现金流。包括报告期的实际净现金流、在基本情景下未来预计净现金流、在压力情景下未来预计净现金流。

（2）综合流动比率。综合流动比率，是指现有负债的预期现金流入合计与现有资产的预期现金流出合计的比率。综合流动比率反映保险公司在报告日所持有的资产和负债在未来期间内预期的现金流入和现金流出的分布情况和匹配情况。

（3）流动性覆盖率。流动性覆盖率，是指优质流动资产期末账面价值与未来一个季度净现金流的比率。优质流动资产是指压力情景下，在无损失或极小损失的情况下，容易快速变现且无变现障碍的资产。

根据"偿二代"监管要求，保险公司应当健全流动性风险管理体系，有效识别、计量、监测和控制流动性风险，以保持合理、安全的流动性水平。

二、加强现场检查和非现场监管

现场检查和非现场监管是市场行为监管的重要手段。建立保险风险定期排查制度,深入排查各类风险点,开展专项检查工作,实施对重点风险的预警监测,可以积极防范潜在风险,消除风险隐患。

(一)建立保险风险定期排查制度

建立保险风险定期排查制度,是摸清保险行业风险底数的重要手段。保险监管机构针对产险、寿险、资金运用、保险中介等领域的突出问题和新问题,对各业务环节可能出现的重点风险,开展自上而下全方位的定期风险排查。风险定期排查制度可以实现风险的早发现、早介入、早处置。

保险监管机构可以根据市场监管的需要,开展专项检查。2015 年,保险行业开展了为期 6 个月的"加强内部管控、加强外部监管、遏制违规经营、遏制违法犯罪"专项检查。中国保监会坚持抓住重点领域、重点风险,坚持防控重大案件的工作思路,采用自查与抽查相结合、督导与检查相结合的检查方式,发挥公司内控机制的监察效能,促进保险公司主动暴露问题、揭示风险。在工作机制上,中国保监会所有部门全面协同,检查小组上下联动,凝聚成监管合力,并通过建微信群、飞行调研、远程视频检查等创新手段,大大提高了检查效率。通过专项检查和自查发现了 7 个主要方面的问题和风险,中国保监会深入分析问题和风险存在的深层次原因,部署风险防范措施。中国保监会坚持查深查透、立查立改,并将专项检查的工作成果,用于保险业整顿规范市场秩序、防范化解金融风险的重点工作。

(二)加大重点风险预警监测

加大对重点风险的实时监测,实施对重点风险的定期分析和报告制度,可以有效地控制风险,防止风险的积累和蔓延。保险监管机构通过对重点风险的定量分析和科学评估,对发现的风险隐患及时进行风险提示、窗口指导、风险质询，并督促保险公司采取相应措施，科学化解存量风险，有效控制增量风险。

1. 偿付能力不足风险

偿付能力不足风险是保险行业的关键风险，也是保险监管永恒的主题。在"偿二代"监管体系下，保险公司的资产配置、产品结构会影响偿付能力水平。一些保险公司受投资收益不佳、增资不力、大量销售高现价产品等因素影响，偿付能力出现剧烈波动和大幅度下降的隐患。中国保监会每季度召开例会，密切关注行业整体状况，分析保险公司偿付能力的变动趋势，并按照 A、B、C、D 四类进行分类监管，对偿付能力不足的保险公司采取严格的监管措施，重点对 C、D 类保险公司采取监管谈话、下发风险提示函、暂停增设分支机构、停止接受新业务等监管措施，督促相关保险公司改善偿付能力。

2. 保险资金运用风险

从宏观经济环境看，随着宏观经济下行压力加大，资本市场剧烈波动，利率进入下行通道，债务违约事件增加，金融产品的信用风险上升，保险资金运用风险因素增多。从保险行业的环境看，行业资产收益下行与负债成本居高不下的矛盾凸显，因资产负债期限错配，存在再投资风险和流动性风险。部分保险公司存在公司治理缺陷和内控不足风险，把公司定位为融资平台，存在金融风险传递风险。部分保险公司的资金运用未落实董事会负责制，投资或交易审批流程不规范。部分保险公司缺乏外部监督，资金运用未实施外部审计。

保险资金运用的安全性，直接影响保险公司的偿付能力和稳健发展，因而，加强对保险资金运用风险的监测是防范保险风险的关键。

中国保监会启动了保险资产负债管理监管工作，积极推动建立并完善资产负债管理机制，实现产品开发和投资运作的协调互动。一是以制度推动保险资产负债管理。中国保监会陆续发布了《保险资金运用管理暂行办法》《保险资产配置管理暂行办法》《关于加强和改进保险资金运用比例监管的通知》等规定，对保险资产负债管理提出了要求；并要求保险公司设立资产负债管理委员会,加强成本收益管理、期限管理和风险预算,防范资产负债错配风险。二是成立资产负债管理监管委员会,强化资产负债管理的硬约束。资产负债管理监管委员会主要负责指导、协调和推动行业资产负债管理工作,制定资产负债管理制度,审议涉及行业资产负债管理监管的重大议题。三是引导保险公司加强资产负债管理实践。组织保险公司进行研究,在组织架构、管理流程、绩效评估、技术方法等方面积极探索。

在具体监测手段上,一是加强压力测试,要求期限错配、成本收益错配的保险公司进行资产配置压力测试,做到对风险的早发现、早处置。二是加大信息披露力度。强化信息披露对保险公司资产负债匹配的约束作用,要求保险公司对关联交易、举牌股票、股权和金融产品等非公开市场投资品种进行披露。三是严格分账户监管。按照保险资金不同的负债属性,从根本上实现资产负债的精细化管理。四是注重资产负债联动。更加科学地制定"偿二代"下量化风险和难以量化风险的风险因子评价标准。五是建立保险资产交易平台。实现保险资管产品在平台上登记、发行、交易转让和披露信息,提升保险非标产品流动性,缓释和化解风险。

3. 满期给付与退保风险

满期给付与退保风险主要是寿险公司面临的潜在风险。由于寿险产品结构和期限的原因,有些时期正值满期给付高峰期。如果保险公司的业务增长放缓或者资产负债匹配不合理,就可能对保险公司的流动性造成不利影响。一些保险公司为迎合居民财富管理的需求,大量销售投资收益较高的中短期保险产品和理财型产品。这些产品业务结构单一,保费过度集中,并且业务资本占用高,偿付能力消耗快,使保险公司持续有增资压力。从投保人的角度来说,这些产品保障低,投资回报波动大,一旦实际投资收益下降,就会引发投保人集中退保,造成保险公司的流动性风险。

保险公司的满期给付与退保风险还有可能引发群体性事件,造成社会不良影响。所以,加大对满期给付与退保的监测,可以有效地防范保险公司的流动性风险。具体的举措是:第一,加快推进保单登记管理信息平台建设。通过对保单信息和数据的收集、处理和分析,尽早梳理出保单集中给付期,并及早配置同期资产,以应对满期给付对于资金的需求。第二,健全风险应对机制,做到快速反应、快速处置。

三、完善保险案件风险查处机制

保险案件风险,是指保险机构因发生案件造成经济损失、业务损失、声誉损失等方面的风险,以及可能对行业发展和监管、消费者权益和经济社会稳定造成不利影响的次生风险。保险案件风险涉及面广,综合性强,影响大。比如集中退保、保险欺诈、非法集资、保险传销、销售误导、突发保险事故处置不当、网络安全事故、保险机构突发财务危机、保险公司偿付能力不足、保险公司投资失利、创新型保险等风险,如果未能得到有效控制,均有可能演变成为保险案件风险。

保险案件风险的应急处置十分重要,如果处置得当,可以将保险案件风险扼杀在摇篮之中;如果处置不当,保险案件风险有可能酿成大危机,造成经济社会的不稳定和保险公司的声誉损失。因此,完善保险案件风险查处机制可以有效地防范风险,并控制风险的蔓延。

(一)建立风险识别机制

保险案件风险重在早发现。对于重点风险领域,主动开展风险排查工作,找准可能影响保险业稳定发展的主要风险隐患。主动运用互联网、大数据等信息科技手段加强对风险的识别,尽早发现潜在保险案件风险。对于新领域风险,加强调查研究,开展风险监测和预警,及早发现风险苗头。

(二)建立风险提示机制

早提示好过早处置。对于发现的风险隐患,力求掌握真实情况、反映真实问题,并要以负责任的态度敢于揭示风险,让社会公众认识风险,提高防范意识和能力。2015 年,中国保监会在其网站有超过 10 项的风险提示,内容包括:关于"互助计划"等类保险活动的风险提示,关于防范保险销售(经纪)从业人员非法销售非金融保险产品的风险提示,关于使用手机应用软件预约出行服务发生保险事故的理赔风险提示,关于防范保单"被升级"为P2P产品的风险提示,关于防范银保产品销售误导的风险提示,关于防范利用保险进行诈骗的风险提示,关于谨慎进行退保再投保的风险提示。

(三)建立案件风险处置机制

制定重大案件风险应急预案,建立执法协作机制。有效运用各种稽查资源,推动公安机关及时控制涉案的关键人员,对涉及的资产采取查封、扣押、冻结等保全措施。深入开展案件责任调查,督促保险公司开展案件问责,及时披露和通报问责信息。在互联网时代,信息发布分散化、个体化,信息传播迅速,信息受众巨大,任何涉及消费者权益的负面信息乃至对保险服务的不满意或抱怨信息,都有可能在互联网上引起轩然大波,给消费者带来恐慌,冲击行业稳定。所以,要积极主动地加强舆论引导,争取监管部门对风险处置的主动权,做好风险控制和舆情监测,防止发生群体性突发事件。

四、防范金融风险的跨境与跨行业传递

(一)国内外宏观经济金融形势

从国际形势看,世界经济仍处在2008年国际金融危机后的深度调整期。美国经济稳步增长,欧洲经济正在复苏,日本经济出现好转迹象,新兴市场国家和发展中国家增速放缓。同时,国际金融市场和大宗产品价格波动加剧,地缘政治等非经济因素影响加大。总体上,世界经济增长仍然脆弱。

从国内形势看,我国经济运行总体平稳,稳中有升,发展潜力大。随着供给侧结构性改革的推进,去产能、去库存、去杠杆,降成本、补短板,将推动我国经济向形态更高级、分工更复杂、结构更合理的阶段演化,经济发展动力从传统增长点转向新的增长点。

（二）金融风险的跨境跨行业传递

随着国际国内经济金融形势日益复杂多变，保险业面临的风险因素日益增多，尤其是金融新型业态和交叉性金融产品的出现，导致金融风险跨境与跨行业传递的可能性增大。

一是风险的跨境传递。一方面，国际跨国金融保险集团的风险，可能通过在我国的营业机构或者参股企业向国内保险市场传递；另一方面，中国保险企业"走出去"的风险加大。中国保险企业在境外设立机构和投资海外项目，直接受到当地政治、经济形势的影响和冲击，业务发展和投资收益面临诸多不确定性。对于海外并购，政治风险、法律风险、金融风险、文化风险、信息不对称风险等不容忽视。尤其是不动产等另类资产投资期限长、流动性差，对保险公司投资资产的流动性有一定影响；而且，海外不动产项目因投资标的所属国家的政治、法律、文化环境与我国存在很大差异，增大了经营管理难度，存在收购风险。另外，中国保险企业的外汇资产和外汇业务受汇率波动的影响较大，存在汇率风险。

二是风险的跨行业传递。近年来，保险业与其他金融机构的接触面和渗透度大幅度提高。银行控股保险公司，保险公司收购银行、证券公司，保险公司成立基金公司、信托公司等情况越来越多，金融行业的跨界经营已逐渐成为趋势。混业经营使不同行业风险之间的关联度更加紧密，来自宏观经济运行和其他金融市场的风险因素，例如资本市场大幅异常波动以及信托产品、P2P、互联网金融等金融产品和渠道，都可以通过多种形式对保险业产生交叉传染和风险传递；而且，这类风险传递快、隐蔽性强、危害性大。

（三）防范金融风险的跨境跨行业传递

虽然国际经济形势变化莫测，存在很多不确定的风险因素，但对中国保险企业来说，保险资金寻求资源配置的分散化和资产负债匹配、投资海外不动产，还是必然的选择和趋势。这是因为，投资海外不动产相对于投资海外股票、基金,更能把握可能的潜在风险;并且,投资海外不动产,可以解决国内长期资产配置问题。

防范化解金融风险跨境跨行业传递的措施有:

第一,完善金融监管机构间的沟通协调机制。我国金融业实行的是分业经营、分业监管体制,但从 2003 年修订的《中国人民银行法》就明确"国务院建立金融监督管理协调机制,具体办法由国务院规定",到 2008 年为应对国际金融危机建立了一行三会旬会制度,再到 2013 年的《国务院关于同意建立金融监管协调部际联席会议制度的批复》,同意建立由中国人民银行牵头,中国银监会、中国证监会、中国保监会和国家外汇管理局参加的金融监管协调部际联席会议制度,标志着我国金融监管协调与合作机制已经走上了制度化、规范化、日常化的轨道。为此,防范和化解跨行业风险传递需要将金融体系视作一个整体,考虑不同行业和市场相互之间的传导和影响,加强不同金融监管部门监管政策、措施及执行的统筹协调,强化系统性监测和宏观审慎管理,牢牢守住不发生系统性区域性风险的底线。

第二,推进建立跨行业跨市场跨境金融风险监测评估机制。近年来,交叉性金融业务迅速增长。针对部分新型金融业态和新型金融工具,比如电子交易、网贷平台、各类"宝宝"等互联网金融产品,为了保护金融消费者权益,需要协调监管政策和实施措施,建立适应金融交叉产品和金融新业态的、跨行业跨市场跨境的风险监测评估平台,实现对重大风险的识别和预警。加强保险集团监管,明确交叉性金融业务和保险控股公司的监管职责和规则,强化对重大关联交易的监管,防范和化解交叉性金融产品和跨市场金融创新工具的风险。加强对保险产品创新的监管,提高保险创新产品的资本充足率,以减少保险机构利用监管漏洞获利的可能性,阻止保险机构的非理性扩张,促进金融市场的稳定发展。增加保险创新产品的透明度,充分揭示保险创新产品的风险,加强对保险创新产品的精算估值。

五、防范保险业网络和信息安全风险

随着互联网、云计算、大数据在保险业的广泛应用,信息技术与保险业务的融合不断加深,保险业对信息技术和信息系统基础设施的依赖度越来越高。由于网络的开放性和计算机信息管理系统的不完善性,保险业网络和信息安全隐患客观存在。因此,提升保险业网络和信息安全风险的防范能力,已成为发展互联网保险面临的新挑战。

在 2015 年中国保监会进行的专项检查中,保险业在信息安全方面存在着诸多问题,具体表现在:(1)保险机构应急处置的能力不足。一些保险公司在软、硬件发生故障后,因业务系统处理能力的急剧下降,出现部分业务中断的现象。一些保险公司因为管理不到位、软件升级后测试不规范,导致系统运行数据严重错误,延误监管数据报送。(2)保险机构自主研发的能力不足。一方面,保险业务软件高度依赖软件开发商和技术服务商,遇到业务系统发生技术问题,自身难以迅速处理解决;另一方面,硬件与核心技术高度依赖国外产品。保险公司核心应用系统服务器、存储设备的国产化率不足 10%,操作系统和数据库核心软件的国产化率不足 1%。(3)保险业抵御恶意网络攻击的能力不足。面对互联网恶意攻击和网络病毒传播数量逐年上升的趋势,保险行业依靠自身力量抵御大规模、有组织的恶意网络攻击的能力较弱,病毒攻击和网络渗透等外部威胁形势严重。(4)保险机构灾备建设进度和分布不均衡。虽然大型保险集团的灾备体系已初步建立,但中小型保险公司灾备建设进度较落后,有 26% 的保险公司还没有建立灾备中心。此外,保险业数据中心、灾备中心的位置较为集中,整体地理分布不均衡。如果遭遇地域性灾难性事件,保险业将面临一定的系统性风险。

面对保险业网络和信息安全问题,需要建立健全互联网保险监管制度,加大信息系统风险测试和外部渗透性测试工作力度,进一步提升保险机构的网络与信息安全风险防范能力。

（一）建立健全互联网保险监管制度

1. 制定互联网保险的相关法律法规

为规范互联网保险经营行为,促进互联网保险健康、规范发展,保护保险消费者合法权益,2015 年 10 月 1 日,中国保监会颁布的《互联网保险业务监管暂行办法》(以下简称《暂行办法》)开始施行。《暂行办法》共 6 章、30 条,对参与互联网保险业务的经营主体、经营条件、经营区域、信息披露、监督管理等方面,作了明确的经营规范和监管要求。

针对互联网信息安全风险高的特点,《暂行办法》作了相应的规定,以防范和化解网络信息风险。第一,设定网络平台的入门门槛,分别对保险机构开展互联网保险业务的自营网络平台和第三方网络平台列明了应具备的条件,如果网络平台不具备相应的条件,则不得开展互联网保险业务。第二,提出信息安全管理的具体要求,要求保险机构和第三方网络平台采取防火墙隔离、数据备份、故障恢复等技术手段,确保与互联网保险业务有关的交易数据和信息安全、真实、准确、完整。要求保险机构制定应急处置预案,妥善应对突发事件、不可抗力等原因导致的互联网保险业务经营中断。第三,强化市场退出管理,分别列明了保险机构和第三方网络平台的禁止性行为及退出管理要求。

《暂行办法》是一个阶段性的行业规范性法律文件。随着互联网保险的发展,相关法律法规将不断健全完善,更好地维护互联网保险的健康发展。

2. 建立互联网保险监管的协同机制

保险网络和信息安全是一项复杂的系统工程,涉及面非常广。根据中国人民银行下发的《关于促进互联网金融健康发展的指导意见》,互联网金融按照依法监管、适度监管、分类监管、协同监管、创新监管的原则监管。中国银监会、中国保监会可会同工信部、公安部以及中国证监会等监管机构建立网络安全工作联席会议制度,并可邀请中国电信、中国移动等基础通信运营商和网络安全企业参加。通过定期组织召开联席会议,通报网络安全情况,研讨网络安全态势、网络安全问题及其应对策略等,并依托这一协同监管机制,共同协调处置网络安全突发事件。

3.加强网络信息安全人才培养

保障保险网络信息安全的核心技术完全依赖于专业人才,因而,加大投入力度、培养网络信息安全的专门人才,是防范网络信息风险的关键。保险业要重点培养在密码学基础与应用、网络空间数据与信息分析、网络攻防与信息系统安全检测、软件与系统安全等方面有研究特长的专业人才,加强网络空间安全建设,提升保险行业抵御网络恶意攻击和网络病毒传播的能力。

(二)加强信息系统风险测试和外部渗透性测试

加强保险业信息系统风险测试和外部渗透性测试,可以及时发现保险机构网络信息系统中的漏洞和潜在风险,尽早采取补漏措施和防控措施,维护保险网络信息系统的安全。

保险业信息系统风险测试和外部渗透性测试工作,由保险机构根据保险监管要求和自身业务发展要求进行自检测试,与保险监管机构定期或者不定期组织行业测试相结合。

1.保险机构信息系统风险测试

信息系统风险测试是一项常规性风险预防措施。保险机构加强信息系统风险测试,可以实现风险的早发现、早预警和早处置。

保险业信息系统风险测试的主要内容包括以下几个方面。

(1)网络安全威胁测试。保险机构是否具备网络攻击检测、漏洞挖掘、安全威胁情报收集和综合分析等能力,以实现及早预警、态势感知、攻击溯源和精确应对,降低信息系统安全风险,净化网络环境。

(2)数据安全和用户信息保护测试。保险机构是否具备防泄漏、防窃密、防篡改、数据脱敏、审计及备份等技术能力,以实现数据资源和用户信息在收集、处理、共享与合作等过程中的安全保护,不断提升保险机构数据资源和用户信息的保障水平。

(3)抗拒绝服务攻击测试。保险机构是否具备抵御拒绝服务攻击和精确识别异常流量的能力,对突发性大规模网络层、应用层拒绝服务攻击进行及时、有效、准确的监测处置。

(4)域名系统安全测试。保险机构能否实现域名解析服务的应急灾难备份,有效防御针对域名系统的大流量网络攻击、域名投毒以及域名劫持攻击,提供连续、可靠的域名解析服务或自主域名安全解析服务。

(5)内部集中化安全管理测试。保险机构是否具备全局化的内部管理功能,实现网络和信息系统资产与安全风险的关联管理,对保险机构内部系统全生命周期的安全策略,实现可控、可信、可视的统一精细化管理。

(6)新技术新业务网络安全测试。保险机构是否具备云计算、大数据、移动互联网、物联网、车联网、移动支付等新技术新业务的安全防护能力,对以上各类业务场景提供特定、可行、有效的安全保护手段和解决方案。

(7)防范打击通信信息诈骗测试。保险机构是否具备监测拦截功能,能够在国际通信出入口、运营商网间关口局、运营商网内节点(含接入环节),针对虚假主叫号码和诈骗电话进行有效监测、取证、拦截与用户提醒;是否能够实现对防范打击通信信息诈骗重点业务的管理,通过集中统一系统或区域系统的动态联网,实现对语音专线、"400"、"一号通"、商务总机等重点电信业务的开办登记、集中报备、实名认证、资质审核、处置问责、检查考核等全环节、全流程的监管功能。

2. 保险机构信息系统外部渗透性测试

保险机构信息系统外部渗透性测试,是对保险信息系统安全进行风险评估的一种技术手段。渗透性测试是由测试者扮演黑客的角色,接入被测试保险机构的网络,依照黑客的思路,模拟黑客的行为,对被测试保险机构的网络进行渗透,试图发现黑客在保险机构网络中可以做些什么、可以通过什么方式得到什么有价值的东西。测试者可以据此,找到保险机构的信息系统弱点、技术缺陷和网络安全漏洞。

保险机构信息系统外部渗透性测试,是以一个攻击者的角色来评估一个保险网络系统的安全性,并验证一个保险网络系统在现有安全防护措施下抵御黑客的能力。所以,渗透性测试是保险网络信息防御体系的重要组成部分。渗透性测试报告可以作为保险机构网络安全风险评估的重要原始数据，并为提升保险网络信息系统安全提供风险防范建议。

保险监管机构在实施保险机构信息系统外部渗透性测试时，一般要提出一个基于漏洞风险等级的自动化渗透测试方案，选择合适的渗透测试方法和工具，设计不同阶段的测试模块，在国际通用的渗透测试框架下开展测试。由于网络信息系统的安全风险是动态风险，只有定期开展保险机构信息系统外部渗透性测试，才能有效防范网络信息安全风险。

六、筑牢防范化解保险行业风险的屏障

（一）完善保险保障基金制度

保险保障基金是处置保险行业风险的重要制度安排，是防范化解保险行业风险的屏障。按照我国《保险法》和《保险保障基金管理办法》的规定，保险保障基金由保险公司依法缴纳形成，保险业集中管理，在保险公司被依法撤销或者依法实施破产，其清算财产不足以偿付保单利益时，或者经中国保监会等相关部门认定，保险公司存在重大风险，可能严重危及社会公共利益和金融稳定的情形下，统筹用于救助保单持有人、保单受让公司或者处置保险业风险的非政府性行业风险救助基金。

1. 保险保障基金制度的作用

从 1995 年我国《保险法》首次对保险保障基金作了原则性规定，到 2004 年中国保监会发布《保险保障基金管理办法》，再到 2008 年中国保险保障基金有限责任公司成立，我国保险保障基金制度经历了 10 多年的发展，逐步走上了市场化、专业化运作的道路，基金的规模不断增长，筹集管理制度不断优化，行业风险监测体系逐步完善，特别是在问题保险机构风险处置方面取得了实质性进展。截至 2015 年 12 月 31 日，保险保障基金余额达到 704.48 亿元，为有效防范和化解行业风险筑起了一道坚实的屏障。

在经济新常态下，保险保障基金制度在防范和化解保险行业风险中发挥着更加重要的作用。

（1）保险保障基金是放开前端、建立和完善保险市场退出机制的制度保证。放开前端意味着保险监管部门将进一步简政放权,对市场的直接干预越来越少,保险公司的经营自主权越来越大。放开前端也意味着保险公司将遵循优胜劣汰的市场竞争规则,一些不适应市场竞争的保险公司会被淘汰。作为保险市场退出机制的一项制度保证,运用保险保障基金处置破产保险公司的债务,可以确保破产保险公司平稳退出市场;也可以通过市场化手段,救助问题突出但有一定市场价值的保险公司,起到对危重风险公司的"起搏器"和"灭火器"作用。保险保障基金制度有助于整合优化保险市场资源,加快保险行业市场化进程。

（2）保险保障基金是管住后端、化解和处置行业风险的重要手段和救助机制。保险公司的破产可能对保险行业产生负面效应,乃至造成整个金融行业的连锁反应,损害保险消费者的权益。运用保险保障基金实施对破产保险公司的风险处置,可以有效化解行业风险,减少保单持有人的损失,维护金融市场的稳定和公众对保险业的信心。保险业建立保险保障基金制度如同银行业建立存款保险制度一样,为行业风险处置提供了坚实的资金保障,筑牢了防范化解行业风险的安全屏障。

2.改革保险保障基金筹集方式

加强保险保障基金的专业化管理,是提升行业风险处置能力的内在需要。推进基金筹集方式的改革,可以更好地发挥保险保障基金在防范化解行业风险中的作用。

根据我国现行《保险保障基金管理办法》的规定,保险保障基金采用事先征收的方式,以保费规模为计算基数、分险种按照不同比例向保险公司征收保险保障基金,并规定保险公司缴纳的保险保障基金余额达到公司总资产的一定比例可以停缴。

（1）我国现行保险保障基金筹集方式的不足。一是事先征收方式虽然保证了风险处置的资金来源,但在保险保障基金出现不足时,理论上无法再向保险公司征收追加基金。二是仅以规模为导向征收基金的方式,对保费规模大、资产实力强、风险控制好的保险公司显然是不公平的,甚至可能引起保险公司经营的道德风险。三是按行业总资产固定比例缴纳基金的方式，随着保险行业总资产的不断增大，会导致保险保障基金存在严重不足的潜在风险。

借鉴美国、英国、日本、法国、加拿大等发达保险市场的经验，基金筹集大致有三种方式：一是以美国为代表的事后筹集方式，美国大多数州均采用事后筹集；二是以日本为代表的事先筹集方式；三是以法国为代表的事先事后混合筹集方式。不同的基金筹集方式各有利弊。

（2）我国保险保障基金筹集方式的改革。根据我国保险市场的现状，保险保障基金筹集方式上可以尝试以下几方面的改革。一是在基金征收方式上，改变目前单一使用事先征收的方式，采用事先征收与事后征收相结合的方式，以事先征收为主，以事后征收为辅。事先征收作为基金的基础，以保证基金持续稳定的资金来源。事后征收作为基金的补充，在基金出现不足时，以补充不足之需。二是在基金征收计算基础上，改变目前以规模为基础的单一费率，采用以风险定级为基础的差别费率。比如，使用基准费率+调整费率的费率模式，针对不同类别的保险公司和保险险种，细化影响费率的各种因子，使保险保障基金的征收计算基础更为科学、合理。三是在基金来源上，改变目前较为狭窄的来源渠道，积极探索建立紧急融资机制，运用政府和市场相结合的方式，拓展基金来源渠道。比如，在保险保障基金因重大风险而严重不足时，政府支持，通过财政和中央银行提供一定额度的免息贷款，通过商业银行提供一定额度的低息贷款。又比如，将上缴财政的保险公司违规经营罚款用作保险保障基金的资金补充。针对保费规模较大的车险和风险较大的健康险、巨灾保险等，设立专门的保险保障基金，实施专项救济。

3. 丰富风险处置工具

根据我国现行《保险法》和《保险保障基金管理办法》的规定，保险保障基金是保险风险处置的重要工具，实施对保单持有人、保单受让公司的救助和保险公司的重整重组。中国保险保障基金公司作为风险处置的专业机构，自成立以来通过参与产险、寿险两家问题公司的风险处置，积累了较为丰富的实践经验，形成了独特的风险处置模式。

为适应保险业发展新常态，深入推进保险市场退出和风险处置机制的完善,风险处置工具的多元化成为必然需要。借鉴美国、日本等发达保险市场的风险处置经验,在保险保障基金的基础上,让市场风险回归市场消化成为处置风险的有效工具。中国保险保障基金公司提出了设立保险行业并购基金的改革实施方案,旨在通过搭建融资并购平台和专业治理平台,吸引社会优质资本参与风险处置,在有效化解保险行业风险的同时,实现行业资源的优化配置。上海保险交易所的成立,为保险资产交易和融资并购提供了更为广阔的平台,为保险风险处置提供了更为多元化的工具选择。

(二)健全保险风险处置和救助机制

根据我国现行《保险保障基金管理办法》,对中国保险保障基金公司的职责,以及保险保障基金的使用、管理和监督等的规定都还不够完善,尚未形成一个科学、健全的保险风险处置机制。

1. 借鉴美国的保险风险处置经验

美国保险公司风险处置的法律依据,是《保险公司风险资本示范法》(又称《RBC 示范法》)和《重整和清算示范法》。对于重大风险,保险公司主要采取接管、重整和清算措施。《RBC 示范法》对保险公司风险报告、监管级别和措施以及听证、保密、通知等程序作了具体规定,主要从保险公司风险资本比率判断保险公司的偿付能力。《重整和清算示范法》分别对接管、重整和清算事由,接管人、重整人和清算人的选任,接管、重整和清算的实施与结束,以及债权申报、财产分配等程序作了详细规定,为开展风险处置工作提供了法律依据。

美国的保险公司风险处置机制主要包括四个方面。

(1)风险处置的触发。美国建立了司法审查下行政主导的风险处置模式。州保险监督官在保险公司的监管级别为授权控制级和强制控制级时,为了保护保单持有人、债权人和公共利益,根据法定处置事由,可向法院申请接管令、重整令或清算令。

(2)组织机构设置。美国各州保险监管机构在法院的监督下,作为接管人、重整人或清算人主导对保险公司的风险处置,但具体业务大都委托外部专业机构实施。比如，纽约金融服务局作为保险监管机构，决定对偿付能力严重不足的保险公司进行处置，一般委托纽约清算局具体处置。纽约清算局是不隶属于政府的独立机构，拥有上百年的处置经验和庞大的专业人员团队，可以充分满足风险处置专业化和市场化要求，提高风险处置效率。

（3）基本职责和流程。美国各州保险监管机构在接管存在重大风险的保险公司后，通常先对保险公司进行重整以改善其财务状况。如果重整成功，则将保险公司重新推向市场；如果重整不成功，则宣布保险公司无偿付能力而进入清算。重整人和清算人的职责和流程都非常明确。

（4）保险保障基金组织。美国各州以保险监督官协会制定的《财产和意外险保障基金事后筹集协会示范法》和《人身和健康险保障基金协会示范法》为基础，分别设立本州的财险和寿险保障基金。各州的保障基金组织共同成立了全美保险保障基金协会和全美人寿健康险保障协会，分别承担财险公司和寿险公司的风险处置，以及救助工作在联邦层面的统一和协调。有的州还由多个基金共同构筑"安全保障网"。比如，纽约州除了财产意外险保险保障基金外，还有汽车责任保障基金和劳工赔偿保障基金。一般在清算阶段，才会动用保险保障基金。当处置跨州业务的保险公司，涉及州际保险保障协调问题时，主要由全美保险保障基金协会和全美人寿健康险保障协会负责解决。

2. 健全我国保险风险处置和救助机制

借鉴美国的经验，健全我国保险风险处置和救助机制的主要方面包括：

（1）完善风险处置制度机制。我国现行《保险法》《保险保障基金管理办法》是处置保险风险的法律依据。为了适应保险市场发展的需要，以《保险法》修订为契机，对现行《保险保障基金管理办法》《中国保险保障基金有限责任公司业务监管办法》进行修订，推动保险风险处置顶层制度的优化，明确保险风险处置的原则性规定、保险风险处置机构的基本职责，使保险风险处置有法可依。

（2）完善风险处置触发机制。我国已实施分类监管，根据以往处置问题保险公司的经验，要进一步明确处置偿付能力严重不达标保险公司的措施,增强风险处置的执行力。一是划分处置措施级别,按偿付能力划分接管级别、重组级别、破产重整级别、撤销或破产清算级别。二是明确破产清算公司的触发条件、认定程序、救济原则及处置措施。三是明确治理结构问题公司的触发条件、救济原则及处置措施。

(3)完善风险处置和救助的操作机制。我国现行的《保险法》和《保险保障基金管理办法》中的风险处置流程和操作规则不够具体,保险监管机构应制定《偿付能力不足保险公司接管工作手册》《偿付能力不足保险公司重组和清算工作手册》《保险保障基金救济工作手册》等,对保险公司风险处置和救助的实施细则、配套办法和具体流程进行明确规定,增强保险公司风险处置和救助的可操作性,提高风险处置能力。中国保险保障基金公司可以引入第三方专业机构参与风险处置,比如保险行业并购基金、保险清算机构等,在保险监管部门的主导下,高效、及时地处置风险和化解风险。

作者简介:钟明,女,上海财经大学金融学院保险系主任,教授、博士生导师;中国保险学会常务理事,上海市保险学会副会长;发表专业论文 30 余篇,出版《最优再保险理论与实证研究》等专著 3 本及译著《博弈入门》(合译),主编《2009 中国金融发展报告——风险管理与保险创新》以及《保险学》《再保险》等教材;主持完成政府、保险监管机构、中国保险学会、大型保险机构委托课题 17 项。

强化系统重要性保险机构监管

谢志刚

金融和保险监管的核心和直接指向是风险。传统上,金融和保险监管的主要目标,是针对单一机构在其经营过程中所面临的各类风险,称这类监管为微观审慎监管。随着金融和保险业的不断发展、融合与演变,也伴随着人们对风险的认知进步,国际社会越来越注重整个金融或保险市场体系发生重大运行故障,并传导至整个经济体系的风险,亦即系统性风险,针对这类风险的监管称为宏观审慎监管。

宏观审慎监管的复杂性和难度远胜于传统的微观审慎监管,因为系统性风险的成因和演变比单一机构更为复杂,还远未被人们完全洞悉;而金融和保险的长期实践已经表明,强化对系统重要性机构的监管,是防范系统性风险的重要基础和手段,也是研究系统性风险的出发点。

对于保险业来说,一方面要防范本行业体系由于内部原因发生严重运行故障,进而传导至整个金融市场体系的风险;另一方面,又要防范来自行业外部,包括来自资本市场、银行体系等其他领域的严重负面冲击,情况更为复杂。但无论如何,强化对系统重要性保险机构(G-SIIs),尤其是以集团或控股公司形式,跨国、跨境、跨领域积极参与非传统与非保险(NTNI)业务的保险机构的监管,对于防范和化解行业性、区域性的系统性风险,至关重要。

一、系统性风险与系统重要性（机构、工具、市场）

（一）系统性风险

要明确什么是系统重要性（金融、保险）机构，先要了解什么是系统性风险（Systemic Risk）。打个比方，金融和保险监管部门与被监管机构之间的关系，类似于卫生防疫部门与其辖区内社会成员健康状况之间的关系。卫生防疫部门关注的对象，是可能危及社会成员健康的各种疾病；金融和保险监管部门关注的对象，是可能损害利益相关者的各种风险。社会成员可能罹患的疾病五花八门、林林总总，有的容易治愈或控制，有的却很难对付。金融与保险机构在其经营过程中所面临的风险也是这样，有天灾，有人祸，也有天灾、人祸共同作用下发生的风险事件。卫生防疫部门关注的各种疾病中，重中之重是防范发生大规模传染病，比如历史上曾经发生过的天花、霍乱等，包括 2003 年发生过的非典。金融和保险监管部门所关注的各类风险中，越来越被重视的是发生系统性风险，比如 1997 年发生的"亚洲金融风波"、2007—2008 年美国发生的次贷危机，以及随后发生的以希腊、冰岛为标志的欧洲主权债务危机等等，都属于这类风险。

从字面上看，"系统性风险"就是在其词根"风险"的基础上加了一个修饰语——"系统（System）"。这相当于暴发传染病的特定人群或社区范围，比如"某县"、"某市"或"某国"暴发某种疫情。同样，也通常在"系统性风险"前面再加一个修饰语，以进一步明确其参照系统，比如以整个国际金融系统作为参照体系的"金融系统性风险（Financial Systemic Risk）"，或者以保险行业作为参照体系的"保险行业系统性风险（Insurance Systemic Risk）"。总之，系统性风险中的"系统"是一个相对概念，可大可小，或者相互包含、彼此重叠，或者相互独立。

传染病与系统性风险的共同特点之一就是快速传染性，很容易从一个社区（领域）扩大到另一个更大的社区（领域），受影响的成员很多，导致整个社区（领域）的秩序无法正常运转。这也是它们受到卫生防疫或监管部门高度重视的原因。

将"系统性风险"比喻为大规模传染病,有助于感性地理解这个概念。要用严密的逻辑和语言来定义究竟什么是"系统性风险",并不容易;因此,尽管这个概念已经出现多年,越来越受重视,却长期缺乏一个统一的定义,大多是学者们按照各自的理解对其进行描述。

截至目前为止,关于"金融系统性风险"这个概念的权威定义,是由国际货币基金组织(IMF)、金融稳定理事会(FSB)和国际清算银行(BIS),于2009年10月联合向二十国集团提交的一份报告[以下简称"IFM,FSB & BIS(2009)"]中给出的,其原文及中文翻译如下:

The risk of disruption to the flow of financial services that is (i) caused by an impairment of all or parts of the financial system; and (ii) has the potential to have serious negative consequences for the real economy.(金融)系统性风险是指由系统内部部件故障(称为系统性重大事故)导致的、可能对整个经济体系产生严重负面影响的金融系统运行的风险。

需要补充说明的是,词根"风险(Risk)"这一概念,可以广义地理解为既包含风险事件(Riskevent)的后果(Consequences),也包含风险事件的成因(Causes)。比如,"碰车事故(Crash Accident)"的后果是"财产损失和人身伤害(Property Loss and Casualty)",而成因是"碰车"。

IFM,FSB & BIS(2009)关于金融系统性风险的上述定义中,同样牵涉到三个相关概念。其一是"系统重要性事件(Systemically Important Event)";其二是事件发生后导致的后果,包括系统运行的故障或崩溃(Disruption to the Flow of Financial Services)以及传染到整个经济体系;其三是发生"系统性重要事件"的原因,亦即定义中所说的"系统的全部或某些部件故障(Impairment of All or Parts of the Financial System)",简称为"系统重要性(Systemic Importance)"。

严格地说,IFM,FSB & BIS(2009)关于金融系统性风险的定义更像是一种直观描述而非严谨定义,主要是对风险导因的概括比较笼统,而这也正是系统性风险的复杂之处。

虽然在字面上难以给出一个严谨、统一的定义,但大家都知道什么是(金融)系统性风险。美国当年的大萧条(Great Depression)是系统性风险,亚洲金融风波也是系统性风险。

比定义更加重要的,是识别出导致系统性风险的原因。

(二)系统重要性(机构、市场和工具)

什么是导致(金融)系统性风险的原因呢?

尽管 IFM,FSB & BIS(2009)关于金融系统性风险的定义中,对"全部或某些部件(All or Parts)"的表述比较含糊,但这份报告的标题(Guidance to Assess the Systemic Importance of Financial Institutions, Markets and Instruments: Initial Considerations)明确地提示:"机构(Institutions)""市场(Markets)"或者"工具(Instruments)"都可能引发系统性重大事件,因而将其概括为"系统重要性"。

首先是机构,美国次贷危机中的 AIG 和雷曼兄弟是典型的例子。若这类机构发生故障,就可能导致整个金融系统的运行出现严重故障甚至崩溃,因此称其为"系统重要性金融机构(Systemically Important Financial Institution, SIFI)"。

近年来,国际金融界又进一步将系统重要性金融机构区分为全球性的(Globally)或单一国家(Domestic)的金融机构,因此又有了"全球系统重要性金融机构(Global Systemically Important Financial Institution, G-SIFIs)"的概念。

此外,还进一步将金融机构区分为银行、保险公司和既非银行,又非保险的其他金融机构三大类,相应的,就有了"系统重要性银行(Systemically Important Banks, SIBs)""系统重要性保险机构(Systemically Important Insurers, SIIs)"以及"系统重要性其他金融机构(Systemically Important non-Bank, non-Insurance, SIFIs, NBNI)"的概念。同样,这三类金融机构都可以考虑其对于国际市场的影响力,进而有了全球系统重要性的银行、保险公司和其他金融机构(G-SIBs, G-SIIs, G-NBNI)的概念。

其次是市场，同样具有"系统重要性"，包括市场基础设施，比如清算系统、市场规则和习俗，以及数据信息的储存和管理体系等。

最后是在市场上进行交易的金融工具（产品）。以保险机构为参照，将其参与的交易活动区分为"传统（Traditional）与非传统（non-Traditional）""保险（Insurance）与非保险（non-Insurance）"，简称"NTNI 业务或工具"。比如"担保债权凭证（Collateralized Debt Obligation, CDO）"，就属于典型的"非传统非保险"产品，这类产品对于 2007—2008 年的美国次贷危机具有系统重要性。

总之，导致系统性风险发生的原因比较复杂，既可能是机构，可能是市场，也可能是一种交易工具，还可能是所有这些因素的综合作用。

要想同时对这些因素进行综合研究是极其困难的，因此，正如 IFM，FSB & BIS（2009）报告标题中所宣示的那样，目前只是一个"初步的考虑（Initial Considerations）"。比较直接的做法是，先从"机构（Institutions）"及其参与的业务着手。对保险业来说，就是要强化对系统重要性保险机构（SIIs）的监管。

二、如何识别系统重要性保险机构

（一）识别系统重要性金融机构

IFM，FSB & BIS（2009）中，设定了判断一家金融机构是否具有系统重要性的三条准则：业务或资产规模（Size），相互关联性（Interconnectedness）和不可替代性（Lack of Substitutability）；随后，又补充增加了全球活动（Global Activities）指标。

而巴塞尔银行监管委员会（BCBS）下属的宏观审慎小组（MPG），则具体负责制定识别系统重要性金融机构（SIFIs），尤其是系统重要性银行机构的指标和方法，并于 2010 年年末初步提出一套识别 SIFIs 的指标体系，包括基础指标和辅助指标两部分。基础指标包括总资产、金融体系内资产、金融体系内负债等规模指标。辅助指标有：（1）可替代指标，包括支付结算业务、代理银行托管和清算服务、托管服务、承销服务、做市商服务;(2)内部关联指标,包括发行债券、批发性融资依赖程度、场外衍生品暴露、回购;(3)全球活动指标,即跨境资产占总资产的比率。2011年7月末,巴塞尔银行监管委员会进一步提出识别全球系统重要性银行(G-SIBs)的主要指标,包括规模、关联性、全球活动、可替代性以及复杂性等。这些指标涵盖商业银行的表内外活动。

2011年11月,经二十国集团审议通过,金融稳定理事会(FSB)发布了首批29家全球系统重要性银行名单;其中,中国银行成为首家上榜的中国金融机构。金融稳定理事会(FSB)还决定,每年11月份定期更新全球系统重要性银行名单。截至2015年11月,中国的四大国有控股银行以及中国平安保险(集团)公司,名列金融稳定理事会评出的30家全球系统重要性银行。

(二)保险公司具有系统重要性吗

如果个别保险公司发生财务危机,是否会引发"(金融)系统性风险"呢?

业界和学界对此存有争议。比如,理论研究 Chen et al(2014)中采用计量方法,衡量了银行业和保险业发生系统性风险的关系,得出的结论是:银行业系统性风险将引发保险业系统性风险,但反过来不成立。

在此之前的2010年6月4日,国际保险监督官协会(IAIS)曾针对IFM,FSB & BIS(2009)发布一份"立场报告(Position Statement on Key Financial Stability Issues,见[IAIS 2010])",主要包括以下4点:

第一,保险业对于由其他金融行业引起的系统性风险比较敏感,但尚无证据显示保险业会引发或放大其风险至金融行业或整个经济体系。

第二,保险公司可能通过股市等渠道放大风险,但这种风险可控。

第三,对金融控股集团的某些特殊保险活动(如财务担保活动)缺乏监管,可能引发或放大系统性风险,成为导致集团之间甚至行业之间风险传导的工具。

第四，通过保险产品、市场以及集团化运作模式，大型保险机构引发系统性风险的可能性在增加，国际保险监督官协会（IAIS）正在设法应对。

国际保险业的"智库机构"——日内瓦协会（Geneva Association, GA）的系统性风险工作组（Systemic Risk Working Group），也曾研究过国际保险业与金融系统稳定之间的关系，并于2011年3月发布了一份研究报告，认为保险业不大可能引发或放大（金融）系统性风险。

国际保险监督官协会还针对 IFM, FSB & BIS（2009）中提出的关于识别系统重要性的三类准则，建议在其基础上再加上一条"时效性（Timing）"准则，即需要考虑一家机构虽然发生了重大风险，但由于传递到其他机构和整个系统的周期较长，其影响也许能够被系统消化或弱化。典型事例如"9·11"事件中，虽然保险业因此受到重创，但保险业的赔付损失并非在第一时间立即支出，而是在一个2年以上的过程中逐渐完成的，并未引发金融系统性风险。

在国内，也有不少人认为，保险机构乃至整个保险业相对于整个金融体系来说，尚不具有系统重要性。仅以市场规模而言，我国保险业的资产规模不超过金融资产规模的5%，就算它全部灰飞烟灭，也不至于瘫痪整个金融体系的运转。

事实胜于雄辩。谁也无法否认 AIG 在美国次贷危机中所扮演的"系统重要性"作用，谁也无法否认 AIG 当时的系统重要性。

此外，"系统性风险（Systemic Risk）"概念中的参照系统并不完全指全球金融系统，也可以指一个国家或地区的保险服务系统。而且，站在我国保险业的立场，以我国保险市场健康发展为目标，我们更关注的是中国保险市场体系这个参照系统，更关注的是导致这个系统发生严重运行故障，甚至将其负面影响传导至整个金融及经济体系的潜在因素。

因此，从这个意义上讲，研究发生这种风险的导因——"系统重要性"，包括研究具有系统重要性的保险机构、市场规则和交易工具，是十分重要的工作，而强化对系统重要性保险机构的识别和监管是更为基础和重要的选择。

（三）如何识别系统重要性保险机构

2013 年 7 月，国际保险监督官协会发布了《系统重要性保险机构：初步评估方法》（IAIS 2013a），指出系统重要性保险机构是指由于其规模、复杂性和关联性，发生倒闭或陷入财务困境可能严重干扰金融和经济体系运行。同时，国际保险监督官协会还公布评估全球系统重要性保险机构的方法和指标体系，包括规模、国际活跃度、不可替代性、非传统与非保险业务、关联性五大类共计 20 个具体指标及其相应权重。这五类指标中，最具权重的指标是非传统与非保险业务（占比 45%）和关联性（占比 40%），其他三类指标则仅各占 5% 的权重。

伴随着评估方法和指标体系，国际保险监督官协会还首次公布了一份包含 9 家全球系统重要性保险机构（G-SIIs）的名单：德国安联、AIG、忠利保险、英杰华、安盛、大都会、中国平安、保德信和保诚。从 2014 年起，国际保险监督官协会在每年 11 月根据最新信息更新全球系统重要性保险机构名单，与金融稳定理事会公布全球系统重要性银行名单的节奏同步。2014 年 11 月的全球系统重要性保险机构名单没有改变；2015 年度，意大利的忠利保险被荷兰的全球保险集团（Aegon）取代，总数仍为 9 家机构。

从国际保险监督官协会发布的评估方法和指标及权重看，AIG 似乎成了评选全球系统重要性保险机构的标准模板，主要就看它是否从事非传统与非保险业务及其与外部机构的关联程度。

总体看来，评估全球系统重要性保险机构的工作还处于初级阶段，尤其是需要对非传统与非保险业务做进一步的细分，包括与银行和证券等相关监管机构的协调和配合等。

三、如何强化对系统重要性保险机构的监管

（一）管控系统性风险的逻辑和方法

人类文明的进化过程，可以看成是关于风险和不确定性的认知和管理

过程,保险服务和保险监管的发展历程更是这样。

金融和保险监管的发展历程,是从微观审慎监管(Micro Prudential Regulation)到宏观审慎监管(Macro Prudential Regulation)、从个别风险(Individual Risk)到系统性风险(Systemic Risk)的发展历程。前者以确保单个机构稳健经营为目标,后者则以维护整个体系稳定运行为目的。前者已经有较长时期的理论研究和实践经验的积累,比如银行监管从 Basel I (1988 年)到 Basel II(2004 年),再到 Basel III(2012 年)的历程,与此相平行的保险监管也是这样。而针对系统性风险的宏观审慎监管才刚刚开始,尤其是在美国次贷危机发生之后,才受到国际金融界和各国政府的高度重视。

正是在这样的背景下,当前对系统性风险的管控方法仍处于"摸着石头过河"的探索阶段,所达成的主要国际共识就是以 IFM,FSB & BIS(2009)及其相关文件为标志的指导性文件,主要内容是关于系统性风险的定义和导致其发生的原因,即具有"系统重要性"的市场、机构和工具。

对于如何识别具有系统重要性的机构及其所从事的业务活动,亦即识别系统重要性银行、保险机构以及其他金融机构的方法,金融稳定理事会(FSB)及国际保险监督官协会(IAIS)等主要采用指标法,并已经获得了显著进展。

对于如何识别可能导致发生系统性风险的市场因素,包括规则设计缺陷、市场传统弊端等等,目前还没有见到任何明显进展。但这并不表示这项工作不重要,只是更复杂和更困难而已,正像学者 Richard Bookstaber 所说:"系统风险是自身设计缺陷所产生的恶果(A Demon of Our Own Design)。"

尽管如此,强化对系统重要性金融和保险机构的监管,仍然是一项非常重要的选择,至少是一个好的起点。

(二)如何监管系统重要性保险机构

金融稳定理事会(FSB)于 2010 年 10 月发布《减少系统重要性金融机构所带来的道德风险》,为如何监管系统重要性金融机构,尤其是监管全球系统重要性金融机构,提出了一个包括以下要素的基本框架。

1. 在 Basel III 最低资本要求基础上,对全球系统重要性金融机构增设"巨额损失吸附资本(Higher Loss Absorbency,HLA)"

2. 加强监管机构之间的跨界协调机制,制定"恢复与解决"应急计划

在此基础上,巴塞尔银行监管委员会(BCBS)和国际保险监督官协会(IAIS)分别于 2011 年 11 月和 2013 年 7 月,制定并发布了针对全球系统重要性银行和全球系统重要性保险机构的相应政策措施。与 FSB(2010)提出的基本框架类似,IAIS(2013)针对全球系统重要性保险机构的监管政策措施包括以下要素:底线资本要求(Backstop Capital Requirements,BCR),巨额损失吸附资本(Higher Loss Absorbency,HLA)。

3. 恢复与解决计划(Recovery and Resolution Plans)

4. 强化监管要求(Enhanced Supervision Requirements)

所有这些措施都还在测试或落实过程中。其中,第一项同传统和现行的负债评估与风险资本要求并无太大差异;第二项则主要针对保险机构参与的非传统与非保险业务;第三项的核心内容是要求成立专门针对全球系统重要性保险机构的跨部门联合"危机管理工作组(Crisis Management Groups,CMGs)";第四项则强调对集团化经营的全球系统重要性保险机构实行重点监管,尤其是要监管其涉及的非传统与非保险业务,需要设立专门针对集团公司的监管部门(Group-Wide Supervisors,GWS)和制度,并实施"系统性风险管理计划(Systemic Risk Management Plan,SRMP)"。

总体上看,上述内容的特点是从微观方法出发,逐步引入宏观方法。

四、如何与我国市场实际相结合

(一)提供理论研究支持

必须明确,强化对系统重要性保险机构的监管,目的在于防范和化解行业系统性风险。而行业系统性风险的参照系统是指我国保险行业体系,它是整个国家金融服务体系的一个子系统。因此,保险行业发生严重系统运

行故障的导因,既可能是内生的,亦即由保险行业内部参与者的问题所引发并传导至系统外部;也可能是外生的,亦即由系统外部比如由证券业或银行业动荡产生的冲击引发,例如房地产市场动荡,影响银行业及相关行业,进而冲击保险业的正常运行。

站在保险业的立场,为了确保我国保险行业体系稳健运行,既要识别和防范导致保险系统发生严重运行故障的内因,也要防范外因。外因通过内因起作用,进而影响整个保险业的平稳运行。而连接外因与内因的纽带,正是系统重要性保险机构及其所经营的业务,尤其是通过具有系统重要性保险机构及其所经营的业务。

保险业系统性风险的主要导因,除了系统重要性保险机构及其参与的非传统与非保险(NTNI)业务之外,还包括保险市场体系的运行规则和习俗(或潜规则)等等,这方面的研究却没有显著进展,需要更多的理论研究支持。

保险监管的基本原则是风险导向(Risk-Oriented),监管体系的基本架构应该与监管对象——风险的构成保持一致。行业系统性风险属于宏观层面的风险,而传统的微观审慎监管主要针对机构和业务层面的风险。而目前在整个国际金融界,针对系统性风险的管控主要沿用微观方法,就是在Basel II 的基础架构上,针对系统重要性机构及工具,加码原来的要求,亦即Basel III。比如,我国保险业从 2016 年开始实施的"偿二代"规则中,就设置了专门针对系统重要性保险机构的监管资本要求科目,这或许可以理解为没有办法的办法,以审慎为上策。但真正有效的办法,是基于我们对保险业系统性风险形成和演变规律的把握。只有较好地把握了风险的规律,才能找到管控它的办法,才能实现我国保险业"十三五"规划纲要中关于推进监管现代化,坚持机构监管与功能监管统一、宏观审慎监管与微观审慎监管统一的规划目标。

(二)设立应对行业系统性风险的执行主体和协调机制

对风险规律的把握,是一个循序渐进的认知过程,也是一个从实践到理论,再回到实践的循环往复过程。对于已经达成共识的原理,必须勇于实践。

如前所述,共识之一就是,系统性风险包括行业系统性风险属于宏观层面的风险,而机构及其业务层面的风险属于微观层面的风险。虽然二者相互之间有关联,可能互为导因,但二者的管理方法有所不同,不能完全适应传统方法。关于这一点,可以借鉴一些国际经验。

次贷危机发生后,美国随即于 2009 年 12 月向国会提交了旨在"改革华尔街、保护消费者"的《多德—弗兰克法案》,并于 2010 年 7 月 21 日经国会通过后由奥巴马总统签署;同时,依据该法案成立了由联邦政府直接领导的金融稳定监督理事会(The Financial Stability Oversight Council,FSOC),其主要目标就是识别、防范及快速处置系统性风险。

国际金融界更是如此。2008 年 11 月,二十国集团(G20)就提议,将成立于 1999 年的金融稳定论坛(Financial Stability Forum,FSF)升格为一个更具执行力和效率的机构;并于 2009 年 4 月实现这一目标,成立了专门识别、防范和应对金融系统性风险的金融稳定理事会(Financial Stability Board,FSB),与国际保险监督官协会、银行存款保险国际协会以及巴塞尔银行监管委员会等机构,一同在瑞士巴塞尔的国际清算银行大楼里办公,其工作效率和成绩已经获得广泛认可。

对我国保险业来说,建立针对行业系统性风险的执行主体和监管协调机制的要求已经十分迫切。以中国平安保险(集团)公司为例,作为全球 9 家全球系统重要性保险机构之一,按照国际保险监督官协会的评估标准,平安集团的非传统与非保险业务是其入选全球系统重要性保险机构的主要原因(权重占 45%)。但是,平安集团的非传统与非保险业务包括什么呢? 可能包括平安银行、平安证券和平安信托等子公司的业务,但这些子公司及其业务的监管主体明确归属中国银监会和中国证监会。与此相平行的问题是,作为全球系统重要性银行的我国工商银行、农业银行、中国银行和建设银行四大银行,其下也控股有保险公司等非银行业务部门。如果各自为政,那么,直接结果就是经营主体受多重监管,势必增加制度成本。总之,设立应对行业系统性风险的执行主体和协调机制,已经十分紧迫。

(三)完善相应法律法规

设立专门针对系统性风险的行政主体以及宏观审慎监管协调机构,需要有配套的法律授权和保障。以英国为例,2000 年设立金融服务局时,配套有《金融服务与市场法》;2012 年将金融服务局拆分并在央行下设金融审慎监管局时,配套有《金融服务法》。没有相应法律的调整,不同监管机构之间的协同作用往往难以保障。

作为监管对象的系统重要性保险机构,普遍是以集团公司或控股公司的形式综合经营,尤其是其所参与或从事的非传统与非保险业务,为连接保险与金融其他领域的重要纽带,因而,成为行业系统性风险的潜在引爆点。由于集团公司或控股公司的组织和业务模式与普通的有限责任公司及股份制公司有很大差异,许多国家和地区制定专门的《金融控股法》来调整这类公司的运行规则及监管授权,在明确法律规范情况下,制定和实施相应的监管措施。我国金融和保险业对此尚有缺位,需要尽快补上短板。

除了法律以外,对相应的会计、税收等监管配套措施也需要进行梳理和补充。

总之,强化对系统重要性保险机构的监管,还有大量的工作要做,既需要理论支持,更需要实践探索。

作者简介:谢志刚,男,上海财经大学金融学院教授、博士生导师;兼任中国精算师协会理事、中国保险学会理事及《保险研究》编委会委员,上海市保险学会精算专业委员会主任;主要教学和研究方向是保险公司风险管理、责任准备金和偿付能力评估与监管,是国内在该领域的主要学者。

加强保险消费者权益保护

吕　宙

保护保险消费者权益是现代保险监管的核心职能,是实现保险业可持续发展之基。"十三五"期间,伴随经济社会进步和保险业发展,保险消费者保护面临新形势,迎来新挑战。必须以创新、协调、绿色、开放、共享五大理念为引领,推进保险消费者权益保护开启新航程、迈上新台阶。

一、保险消费者权益保护具有十分重要的地位和作用

保护保险消费者合法权益是监管机关的天职,是经营者的责任。加强保险消费者权益保护,具有十分重要的地位和作用。

(一)加强保险消费者权益保护,是践行"为民监管"核心价值理念的根本要求

为民监管,是保险监管的根本宗旨,是党的"以人民为中心"的发展思想在保险监管领域的具体体现。践行"为民监管"理念,要求保险监管机关牢固树立政治意识、大局意识、责任意识和服务意识,始终把保护好保险消费者合法权益作为监管工作的出发点和落脚点,认真解决保险领域群众反映集中的突出问题,引导和督促保险公司牢固树立"以客户为中心、公平对待消费者"的经营理念,不断改进服务,诚信经营,维护好消费者的合法权益。

（二）加强保险消费者保护，是提升保险企业核心竞争力的有效途径

2014年，《国务院关于加快发展现代保险服务业的若干意见》明确了保险现代服务业的行业定位，表明服务是保险企业的核心竞争力。加强保险消费者权益保护，督促保险公司依法履行法定义务，保障消费者合法权益，增加保险消费者福祉，将直接推动保险服务质量和行业形象的提升，增强保险企业的核心竞争力。

（三）加强保险消费者权益保护，是保险业实现可持续发展的战略举措

消费者是保险业生存和发展的根基。只有依法合规经营，维护好保险消费者合法权益，不断满足社会公众多层次的保险需求，才能夯实保险业发展的基础；只有保护好保险消费者的合法权益，才能形成行业良好的社会形象，使社会公众真心信任保险、放心购买保险、安心消费保险；也只有得到广大保险消费者的认可和支持，才能托起保险业这艘巨轮扬帆远航，实现保险强国的宏伟目标。

（四）加强保险消费者权益保护，是顺应国际金融保险发展趋势的现实选择

2008年国际金融危机后，保护消费者权益作为金融保险监管的重要基础价值已成为全球监管者的共识。2011年10月，国际保险监督官协会颁布的新版《保险核心原则、标准、指引和评估方法》提出："监管的主要目标是为了保单持有人的利益，促成一个有效、公平、安全和稳定的保险市场。"2011年10月，二十国集团财长和央行行长批准了《金融消费者保护高层原则》，从完善法律法规、发挥监管作用、公平对待消费者等10个方面提出了保护消费者的原则要求，并强调在传统的监管框架之外，应在更高层面加强金融消费者保护。2010年7月，美国总统奥巴马签署《多德—弗兰克华尔

街改革与消费者保护法案》,启动以突出金融消费者权益保护为核心内容的金融改革,在美联储下专门成立消费者金融保护局(CFPB)。2013 年 4 月,英国实施《金融服务与市场法案》,形成市场监管与金融消费者保护并重的金融监管体制。在加快推进我国保险业国际化进程中,无论是作为二十国集团和国际保险监督官协会成员,还是作为加入世贸组织以来最早开放的行业之一,我国保险业都应当积极顺应国际金融保险发展趋势和要求,不断加强保险消费者权益保护。

二、"十三五"时期保险消费者权益保护面临的新形势

"十三五"期间,我国经济社会将呈现出市场化规模扩大、城镇化水平提高、法治化程度深化、信息化步伐加快、国际化深度发展的新趋势,迈向重视质量和效益、关注民生和服务、注重品质和信誉的新阶段,进入增长速度从高速转向中高速,发展方式从规模速度型转向质量效率型,经济结构调整从增量扩能为主转向调整存量、做优增量并举,发展动力从主要依靠资源和低成本劳动力等要素投入转向创新驱动的新常态。新形势下,保险业发展迎来新机遇,保险消费者权益保护应有新作为。

(一)市场化发展,要求更加注重保险消费者利益

随着社会主义市场经济发展,市场在资源配置中起决定性作用,同时要更好发挥政府作用。保险业市场化改革,要求建立市场化的定价机制、形成以市场需求为导向的条款费率制度,大力减少行政审批、建立市场化的机构准入退出机制,发挥偿付能力监管"硬制衡"和充分信息披露"软约束"作用、形成市场选择运营机制,这将推动保险市场竞争更加激烈。保险企业要在激烈竞争中得以生存,必须坚持客户至上,必须重视消费者权益。如果不重视保险消费者权益,失信于消费者,企业就会被消费者抛弃、被市场淘汰。因此,市场化改革越深化,越要强化保险公司主体责任,越要重视保险消费者权益保护。

（二）城镇化扩大，要求保障城镇居民不断增长的保险需求

城镇化是社会发展的必然趋势。"十三五"期间，我国将推进以人为核心的新型城镇化，加快提高人口城镇化率。随着城镇化的不断深化，新城镇的形成与基础设施建设将会推动我国财产保险市场进一步发展，也为城镇职工医疗健康保险、养老保险等人身保险市场带来很大拓展空间。但如何更好地服务新市民，保障他们的合法权益，也给保险消费者权益保护带来新挑战。诸如农业人口转变为非农业人口过程中保险服务的转移与匹配，新农合、新农保与城镇职工养老医疗保险对接过程中商业保险如何参与弥合差距，以及城镇化的原农村居民强烈的保险保障需求与有限的保险知识之间的巨大落差怎样缩小等问题，都需要预先研判，不断完善相关制度机制，加强协同监管，以满足不同层次保险消费者的保险需求。

（三）法治化深化，要求顺应消费者不断提高的维权意识

全面推进依法治国是"十三五"规划的重要目标。在法治化背景下，一方面，随着法律的完善、法治环境的改善，保险消费者会更多地采取法律手段维护自身权益，必然会带来更多的责任风险；另一方面，诉讼由立案制变为登记制，将会使涉及保险的诉讼案件快速增多。为此，保险消费者权益保护必须严格依法行政，提高执法效率，满足保险消费者不断高涨的维权自觉，适应不断规范的维权环境。

（四）信息化深入，要求努力避免保险消费纠纷放大与激化

信息化是当今社会的最强音，是"十三五"时期的典型趋势。保险信息化特别是互联网化正风起云涌，促进了保险业销售渠道和服务模式的创新。从网站到手机APP、官方微信，从线上保单查询、信息咨询、投保续保到线上直赔、远程定损，在"互联网+"模式下，保险交易更加简洁，保险消费者的自主性更强，服务自助化程度更高。这些都将对保险消费者权益保护工作产生深刻影响。特别是互联网上信息的流通速度已经达到毫秒级，而信息

的受众则是千万甚至上亿级别。任何微小的信息都可能在互联网上得到发酵甚至爆发,给缺乏判别能力的保险消费者带来冲动或恐慌,甚至引发保险行业的系统性风险。在信息化浪潮下,保险消费者权益保护必须重视消费者教育和风险提示,引导消费者理性消费;同时,加强透明度监管,以充分、完整、准确的信息引导舆论,避免保险消费纠纷被不恰当地放大或激化。

三、"十三五"时期我国保险消费者权益保护的总体思路与路径选择

"十三五"时期,我国保险消费者权益保护的总体思路是:紧紧围绕"抓服务、严监管、防风险、促发展"方针,以完善法律法规和制度机制为前提,以强化公司主体责任为抓手,以突出透明度监管为手段,以加强消费者教育为基础,以推进协同监管为支撑,着力解决消费者反映强烈的突出问题,着力提升消费者的保险知识水平和维权能力,实现好、维护好、发展好保险消费者的合法权益。

(一)以完善法律法规和制度机制为前提

保护保险消费者权益,法律是根本,制度是核心,机制是保障。必须在法律框架下,通过不断完善相关制度,健全配套机制,推进保险消费者权益保护工作规范、有序、高效运行。

1.构建保险消费者权益保护法律框架

坚持"法定职责必须为、法无授权不可为",在法律授权的范围内将保护保险消费者的法定职责落实到位。保护保险消费者权益,主要依据《保险法》和《消费者权益保护法》。2014年3月15日实施的新的《消费者权益保护法》首次将金融保险业纳入调整范围,这是开展保险消费者权益保护的重要法律依据。《保险法》是保险消费者权益保护最直接、最根本的法律依据,但由于历史的局限性,在保护保险消费者权益方面明显滞后于现实需要:保险消费者概念不明确;保险消费者权利规定不够全面;损害保险消费

者合法权益行为的法律责任,特别是行政责任有待进一步强化等。为此,应完善《保险法》有关保险消费者保护的内容,明确保险消费者的概念和内涵,充实保险消费者的权利,强化保险公司的义务,指明保险消费者的维权途径等。同时,国家应考虑制定专门的《金融保险消费者权益保护法》或《金融保险消费者权益保护条例》,为金融保险监管部门提供专门的法律保障。

2. 完善保险消费者权益保护制度体系

规章制度是监管者行使保险消费者保护职责的具体操作性规范。由于法律规定往往比较抽象、概括,不能对很多具体问题作出详细的规定,因而,做好保险消费者权益保护工作,需要在法律规定的框架下制定具体、细化、可执行的制度,以指导实际工作的开展。一是加快建立销售行为回溯制度。当前在查处销售误导行为时的突出困难是无法获得相关证据,致使这类行为得不到惩处。可以借鉴香港金融保险业和境内银行业的做法,利用录音、录像、互联网页面截取技术和手机移动终端系统,对保险销售行为全程监控并固定证据,使销售行为可回溯查询,从而为销售误导行为的调查提供证据支持。二是研究完善保险产品区分销售制度。按照国际通行的"金融产品适当性"原则,对不同保险产品的风险度和复杂性进行划分,同时,对保险消费者的风险承受能力进行测评。根据消费者的风险偏好确定其可以购买的保险产品,以确保风险度不同的保险产品销售给风险承受能力相当的消费者。三是着手建立保险产品召回制度。借鉴有形商品质量缺陷召回制度的经验,探索建立保险产品召回制度。针对被叫停的保险产品,要求相关保险公司一方面要停止销售;另一方面要向社会发布公告,对已售出的保险产品实施召回,并妥善处理好有关法律和经济赔偿事宜。

3. 建立保险消费者权益保护长效机制

保险消费者权益保护是一项综合性工作,涉及面广、头绪多,需要各项制度之间协调"共振",构建起运行顺畅的机制组合。一是健全投诉处理机制。健全投诉事项办理、监督检查、考核与责任追究等制度,保障投诉处理项工作有章可循。进一步畅通消费者诉求表达渠道,努力实现保险监管机关"12378"热线与保险公司服务热线系统对接。实行投诉首接(办)责任制,强化一线保险机构的投诉处理责任,就地及时解决消费者的合理诉求。二是完善纠纷调解机制。加强对保险纠纷调解机构的指导,监督其规范运行,及时解决机制运行中的困难和问题,并为机制有效运行创造良好的政策环境。加强与法院的沟通合作,细化法院立案前和立案后的对接措施,明确调解协议司法确认程序,强化信息共享与交流,及时就"诉调对接"工作中遇到的问题进行协商,提高调解质量和效率。三是建立惩戒约束机制。对损害保险消费者合法权益的行为,不论金额大小都应严肃查处,始终保持高压态势;对不执行维护消费者权益规定、踩踏监管"红线"的保险机构依法严肃处理,绝不手软。持续开展针对损害保险消费者合法权益行为的"亮剑"行动,敢于"亮剑"、勇于"出剑",零容忍、不姑息,使保护保险消费者合法权益的监管"红线"成为悬在保险公司头上的"达摩克利斯之剑",起到警示和震慑作用。

(二)以强化保险公司主体责任为抓手

做好保险消费者权益保护工作,必须强化保险公司主体责任。一是指导保险公司各级机构成立消费者事务委员会。改变当前保险公司维护消费者权益工作仅有客服部门负责、仅限投诉处理的局面,动员保险公司的产品设计、销售管理、理赔服务等各个部门都参与到维护消费者权益工作中来,实现关口前移,形成事前、事中、事后全过程维护消费者权益的工作模式。二是督促保险公司加强销售行为管控。保险公司应严格落实客户信息真实性管理和销售误导责任追究,规范销售行为;推行销售回访合格后支付佣金制度,遏制并减少销售误导问题。三是引导保险公司建立公正、透明的理赔给付处理和争议解决程序。保险公司应建立小额简易案件快速处理机制,实现理赔服务便捷化、理赔过程透明化;开展保险理赔服务质量监测,推进核保核赔资格认证。四是促进保险公司不断改进服务方式。保险公司应创新服务模式,丰富服务内涵,加强服务网络建设,公布并履行服务承诺;探索建立消费者对保险服务的实时监督评价系统,提升服务工作精细化水平。

（三）以突出透明度监管为手段

加强透明度监管是解决保险消费者信息不对称问题的有效措施，可以使损害消费者权益行为无处藏身。一是加强消费信息披露。督促保险公司加大对涉及消费者权益有关信息的披露力度。保险公司应在官方网站、营业场所醒目位置公布保险产品条款和有关信息，以通俗易懂的语言介绍保障范围、免责条款、预期收益等与消费者利益密切相关的内容，便于消费者阅读和理解。同时，监管机关要及时全面公布各项监管政策法规、行政审批流程、检查处罚信息等。二是推进保险服务标准化。保险公司应实施保险销售、理赔等服务标准化管理，公开服务承诺。三是加强对损害保险消费者行为的曝光力度。及时公开曝光保险公司损害消费者权益违法违规行为的典型案例，提高消费者的风险识别能力。

（四）以加强保险消费者教育和风险提示为基础

消费者保护的目的不仅仅是解决纠纷，更重要的是提升消费者的金融保险知识水平，提高消费者独立自主进行金融决策的能力，提高消费者识别防范风险和依法维权的意识。这既是保护消费者权益的第一道防线，也可以降低因消费者提出不合法诉求而引起纠纷的风险。一是拓展教育渠道。完善监管机关、行业组织、保险公司、社会各界参与的保险消费者教育工作格局，巩固官方网站、微博微信、报纸专栏、电视电台、现场活动等消费者教育阵地，拓展公众教育服务区，依托视频和电子出版物等传播新形式，探索适应"互联网+"时代的消费者教育新样式。二是丰富教育内容。帮助消费者认识和评估风险，准确理解保险产品和条款，高效获取保险信息，提高维权能力。三是加强风险提示。整合资源，搭建保险消费风险提示平台，及时发布保险风险信息。

（五）以推进协同监管为支撑

保护消费者权益是全社会的共同责任。保护好保险消费者的合法权益单靠监管机关一己之力是远远不够的,要"聚四海之气、借八方之力",形成齐抓共管的消费者保护大格局。一是发挥好政府相关部门的作用。加强与司法机关和工商、公安、司法、审计等部门的沟通协调,协同维护保险消费者的合法权益。二是发挥好行业协会的自律作用。推动行业协会开展服务自律,实行统一的服务标准,并加强纠纷调处,引导和督促成员公司履行好法律规定和合同约定的应尽义务。三是发挥好新闻媒体和社会公众的监督作用。支持新闻媒体监督保险公司的经营行为,并主动曝光损害消费者合法权益的典型案件。四是发挥好专家学者的智力支持作用。加强保险消费者保护理论研究,加强保险消费者保护决策咨询,提高保险消费者保护的科学性、有效性。

作者简介:吕宙,男,经济学博士,中国保监会保险消费者权益保护局局长;发表文章80余篇,其中多篇文章获部级奖项;出版《中国宏观资本配置与均衡研究》《竞争力:中国保险业发展战略选择》等学术专著,组织编写2007—2009年《中国风险管理报告》(执行副主编)、2005—2009年《中国保险中介市场发展报告》(副主编)等。

强化保险业法制建设

于海纯

《中共中央关于制定国民经济和社会发展第十三个五年规划的建议》（以下简称《建议》）提出："法治是发展的可靠保障"，要"运用法治思维和法治方式推动发展"。中国保监会印发的《中国保险业发展"十三五"规划纲要》（以下简称《纲要》）明确提出"强化保险业法治建设"的要求，并提出了修订《保险法》、加快重点领域立法、构建多层次保险法律制度体系的制度设想。深刻理解《建议》和《纲要》要求的精神实质，扎实做好为发展我国保险经济提供良法善治保障的各项工作，让我国保险业的发展永不偏离法治轨道，对于确保我国全面建成健康成熟发达的现代保险市场体制，具有十分重要的意义。

一、"治制"是保险业发展的重要前提

成熟的保险市场经济体制及其活力的激发，是以健全的保险法治为重要前提的。我国保险市场已是世界第三大保险市场，具有巨大的保险资金运用规模和众多市场主体及庞大的从业人员。而完善的保险市场经济体制，要求各种保险资源的配置、利益分配和再分配必须遵循"三公"（公平、公正、公开）原则。为此，必须寻求"治制之道"，努力制定适应我国现代保险服务业发展的法治体系，以维护保险市场竞争，激发保险市场主体的活力。

习近平在出席杭州 G20 工商峰会开幕式时发表的主旨演讲以中国古

语"小智治事,大智治制",深刻揭示了"治制"才是定格局、划规矩、谋长远、明趋势的大智慧。这里的"制",笔者理解就是遵循之规,是法律、规矩、原则、制度体系。习近平关于法治的论述,对我国保险法治的建设具有重要指导意义。

2015年10月10日,中国保监会主席项俊波在《学习时报》上发表了题为《全面推进保险法治建设,努力开创保险业服务国家治理新格局》的重要文章,明确指出:"当前和今后一个时期,保险业将全面贯彻落实中央的决策部署,紧密结合行业发展实际,用十八届四中全会精神指导保险法治建设实践,推动保险法治建设工作,用法治思维和法治方式全面深化保险改革,加快发展现代保险服务业,不断提高保险业法治水平,努力开创保险业服务国家治理新格局。"

《国务院关于加快发展现代保险服务业的若干意见》(以下简称"新国十条"),明确提出了"完善保险法制体系,加快推进保险监管现代化,维护保险消费者合法权益,规范市场秩序。处理好加快发展和防范风险的关系,守住不发生系统性区域性金融风险的底线"的基本原则,在强调加强和改进保险监管时再次重申要"完善保险法规体系,提高监管法制化水平"。

上述习近平讲话、《建议》、《纲要》和"新国十条"中关于法治建设的基本原则和意见,为"十三五"时期中国保险业的发展提供了法治理念的引领和保险法规体系建立的思路,必将有力推进我国科学立法、严格执法、公正司法、全民守法的法治型保险行业的形成。

目前,随着我国保险市场主体数量越来越多、保险市场的结构越来越复杂、市场竞争越来越激烈、市场行为越来越不可预期,这就越来越呼唤良善法治,有效管控保险市场主体的各种行为,维护保险市场的有序运行。"治规模"不应再是我国保险业发展的重心,"治制"才是我国保险业发展的"大智慧"。建立在法治基础上的保险经济制度,是我国保险业深化改革和健康发展的根本保证。

二、我国保险业"治制"之检视

由于保险具有很强的公共利益属性和社会性，无论哪一个国家都通过保险立法、司法和行政措施对保险业进行监督。对保险业的立法监督，主要通过保险公法（保险业法或保险监管法）和保险私法（保险合同法）施行。例如，在美国，无论是各个州还是联邦，对保险业的监管都是通过立法、司法和行政三方面施行的。根据联邦宪法，各个州都有制定和修改州保险法的最高权力，大多数州已形成了详细而完整的保险法体系。其中，以纽约州保险法和加州保险法最为完善。应当注意的是，美国历次州级保险法规修正，都以增进既有的消费者权益保护法为计划目标。

自1995年《保险法》出台伊始，我国保险业步入"治制"轨道。至今，我国已经形成以"一法"（《保险法》）统筹，"三行政法规"（《机动车交通事故责任强制保险条例》《农业保险条例》《外资保险公司管理条例》）拱卫，"五十部行政规章"保驾，"千余件规范性文件"补充施行的金字塔式保险法制体系，内容覆盖了保险市场主体及其运营规范、保险条款及保险产品费率规制、保险资金运用监管、保险从业人员规范、偿付能力监管等有关方面。毫无疑问，我国保险法治建设，为保险行业规范、快速、健康发展提供了良好的制度供给和重要发展条件。

当前，我国保险业处于发展的上升期和由长期重"量"到重"质"的深度调整期，亦是前期刺激保险业规模发展政策的消化期。保险业面临复杂的形势：一方面，依循"做大做强"发展思路，经过30多年的发展，我国保险业的资产总量和规模有了巨大提升，且前景广阔；另一方面，我们又面临严峻挑战。随着社会发展日趋多元，消费结构不断升级，公众的保险意识不断增强。保险业健康的公众形象必须持续修复与塑造，保险行业的社会诚信水平、信任度和规范水平亟待提升。保险业面临各方错综复杂的利益诉求：保险公司职能的复杂化和风险管控困难的增加，与强化保险消费者权益保护的需求存在矛盾；经济发展新常态、供给侧结构性改革、大数据、"互联网+"、"一带一路"战略的施行等，对保险业发出新挑战；保险制度的设计，距离老百姓的需求尚有很大距离；保单条款的合法性、合理性和科学性审查机制尚付阙如；等等。现行保险法规体系，尚不足以因应保险业改革、发展与保险消费者权益保护的需要。

首先，立法理念滞后。一方面，现行《保险法》的立法宗旨和制度规则体现的是平等保护的价值判断和目标定位，未及时因应倾斜保护保险消费者的强烈现实要求和全球性保险立法潮流；另一方面，保险立法的指导性、发展性和开放性不足，跟不上五大发展理念的新要求。

其次，立法层级过低，保险市场的治理与监管过度依赖部门规章与规范性文件，低层次立法存在权威性、严肃性、稳定性、前瞻性、科学性不足等现象。现行《保险法》中有许多授权性立法规范，将一些未作法律规定的制度，以法条授权的方式授权保险监管部门制定管理办法。例如，保险公司资金运用的具体管理办法、保险公司提取和结转责任准备金的具体办法、保险条款和保险费率审批、备案的具体办法、保险资产管理公司的管理办法和相互保险组织监管试行办法等，《保险法》均授权中国保监会予以规范。这在降低立法层次和约束力的同时，加大了"部门主导"的风险。另外，关于保险保障基金筹集、管理和使用的具体办法，根据《保险法》的规定，由国务院制定行政法规予以规范；但现行的《保险保障基金管理办法》是由中国保监会、财政部和中国人民银行联合制定的部门规章，其效力层次显然低于行政法规。

最后，立法体例不科学。我国《保险法》将保险合同法与保险业法合并为一法，不科学。保险合同法属于私法范畴，强调任意性；而保险业法属于公法范畴，体现强制性。这容易在一部法律内部造成法律规范之间的冲突和不协调，不利于法的适用。此外，还存在着法律规范滞后或立法空白、立法程序民主化不足、法规冲突、相关立法缺乏衔接等问题。这说明，我们距离成熟完备的保险法制体系尚有很长的路要走。

三、"十三五"时期保险法治建设的路径选择

"十三五"期间，以《保险法》为核心的基础性保险法律体系应基本形成，保险领域各方面的法律制度更加成熟和定型，保险业的法治化水平显著提升，保险业发展的法治环境更加优化。用健全的良法善治保障保险业创新发展、协调发展、绿色发展、开放发展、共享发展，推动我国保险业发展迈上新台阶。

（一）立法先行，加快形成以《保险法》为基本法的、完备的保险法律规范体系

第一，关于保险立法的理念与原则。

立法应具有及时性、引领性和前瞻性。保险业法律制度的框架设计，直接引领和决定着保险业的改革和发展方向。保险立法包括《保险法》的修订和保险行政法规制度的"废改立"。"十三五"时期的保险立法，应着重把握以下几个方面。

一是确立保险消费者保护的立法原则，立法保护保险消费者的资产免受欺诈和滥用，强化监管机构的消费者保险监管规范。《纲要》明确指出，"十三五"时期我国保险业发展的指导思想是坚持"以人为本，共享发展"，其核心意涵就是"坚持以保险消费者为中心，把服务人民群众生产生活、满足多样化风险保障需求作为保险发展的出发点和落脚点，让人民群众共享保险改革发展成果"。保险立法亦应确立以保险消费者为中心的理念。《保险法》是权利本位法，其实质就是突出保险消费者的权利本位。现代保险法治的基本精神是对保险消费者权利的保障和促进，保险监管的公共性与公益性应从其服务于保险消费者权益保障中寻找中心意义。保险法治的改革目标，是从法律、行政法规、规章和规范性文件整体或体系化，增进既有的保险消费者权益保护法律规范，形成统一的保险消费者保护制度体系，这是我国现代保险服务业发展的基础。在保险基本法层面，一方面，在既有保

险立法架构不变的情况下,修订《保险法》时应在立法宗旨上申明"为了保护保险消费者的合法权益",同时与《消费者权益保护法》的修改相衔接,使保险消费争议可以适用《消费者权益保护法》。另一方面,亦可考虑更理想的立法途径,将现行《保险法》修改完善成全面成熟的商业保险法,另行制定《中华人民共和国消费者保险法》,详细定义和规范消费者的保险行为,区分规制消费者保险合同和非消费者保险合同。在保险监管规章和执法层面,进一步完善保险消费者合法权益保护法规和规章制度,让每一位保险消费者都能感受到保险法治阳光的普照。

二是在现行保险立法架构不变的情况下,大面积提升《保险法》的容量和质量。"新国十条"明确了保险业要深化体制机制改革。《保险法》的修订应主动因应保险业发展与改革的新常态,与保险业改革决策相衔接并为保险业改革提供法律保障。针对现行《保险法》的滞后、缺漏和不足,"十三五"期间,要立足现代保险服务业发展、保险司法实务和监管实际,将应当纳入《保险法》的基本制度、重要规则、成熟原理以及实践需求强烈、达成各方共识的内容,全面纳入《保险法》修订范畴。一方面,最大限度将经行政法规、规章、司法解释等实践证明的成熟规范上升到法律条文。换言之,凡能上升到保险基本法层面的成熟规范、科学规范、基本原理、行业惯例、指导性案例确立的规则等,均应列入《保险法》。另一方面,最大限度减缩《保险法》中的授权立法性规范,凡能在《保险法》中规定的,均应在《保险法》中予以规范,以体现保险基本法的立法担当。只有条件不太成熟或争议较大,一时无法协调及其他不宜列入保险基本法的问题,通过授权性立法规范予以暂时"搁置",但被授权制定的配套法规规章往往滞后、质量不高且效力层次低,容易增高法律的实施和运行成本。

三是使保险行政法规制度的"废改立"工作科学化、民主化和制度化,全面提高保险行政法规制度建设的质量。保险行政法规、规章和规范性文件是保险法治体系中的重要组成部分,是对保险基本法的重要补充。相对于基本法制定的复杂和漫长,保险行政法规制度的制定程序相对简单,且主要考虑保险监管的效率需要。尤其是针对热点问题采取应急性立法,或一事一立法，一般不具有长效性。一旦等到热点期经过或问题解决，这些应急性立法便失去意义。因此，应积极探索对保险行政法规制度制定的成本效益分析，不仅要考虑制度的制定过程成本，还要研究其实施后的执法成本和社会成本。为此，建立保险行政法规制度"废改立"长效工作机制就显得十分必要。

首先，要建立和完善保险行政法规、规章和规范性文件评估、修改、废止的工作制度和规章、规范性文件的定期清理制度。针对与当今保险服务业发展实际和深化改革要求不相适应，或者与上位法不一致，或与保险发展客观规律相悖的规章制度，适时进行全面评估、梳理、清理，或废止，或打包修改；为"臃肿"的规章制度体系"消肿"，为有缺陷的法规补正，切实解决法律规范之间的矛盾和冲突，以维护国家法制的完整性和统一性。

其次，保险监管机构提出的法规制度议案、草案，要符合《立法法》《保险法》等法律规定的权限和程序；并且，重在提高保险行政规章制度建设的质量。保险法规制度的内容既要具体、明确、逻辑严密、术语准确规范、可操作性强，又要遵循并反映现代保险服务业发展的客观规律和对广大保险消费者利益的维护。

再次，注重保险法规制度建设过程的民主化、科学化、规范化，扩大保险行政部门立法工作的公众参与度和立法的公开性。起草法律、法规、规章和作为行政管理依据的规范性文件草案，要采取召开听证会、论证会、座谈会或者向社会公布草案等多种方式听取公众意见，充分反映最广大人民的根本利益，尤其是广大保险消费者的利益。

最后，加强对保险规章和规范性文件的监督，健全保险规章制度的合法性、合理性、规范性审查机制，及时反馈和处理各类保险市场主体，尤其是广大保险消费者对保险规章制度提出的异议和建议。根据国务院《全面推进依法行政实施纲要》的规定，保险监督管理机构依法制定的规章和规范性文件应当依法报送备案。对报送备案的规章和规范性文件，政府法制机构应当依法严格审查，做到有件必备、有备必审、有错必纠。

第二,关于保险立法的重点领域。

发展现代保险服务业是国家发展战略的重要组成部分。保险消费是保障民生的重要服务性消费。保险服务消费的扩大将带动消费结构的升级,保险立法对此应当提供制度保障。"十三五"时期的保险立法,要重点保障《建议》、"新国十条"和《纲要》明确的优先发展区域。综合《建议》、"新国十条"和《纲要》提出的建议和要求,这些区域主要集中于建立巨灾保险制度、巨灾保险基金、巨灾再保险制度、核保险巨灾责任准备金制度、保险资产交易机制、长期护理保险制度、责任保险制度(环境污染、食品安全、医疗责任、医疗意外、实习安全、校园安全、旅行社、产品责任、公众责任及各类职业责任)、保险资金运用制度、保险资产证券化制度、科技保险制度、农业保险制度、市场准入退出机制等法律法规制度。其中,巨灾保险法规应列入最优先立法范围。将保险纳入灾害事故防范救助体系,建立巨灾保险制度,是《建议》和"新国十条"提出的明确要求和当务之急。其立法模式,建议采取保险基本法模式,由全国人大制定巨灾保险法。另外,关于责任保险,应强化政府引导、市场运作、立法保障的责任保险发展模式,在任意险和强制险的模式选择上,积极探索在环境污染、食品安全、医疗责任、实习安全、校园安全等领域开展强制责任保险。建议采取行政法规的立法模式,由国务院制定相应领域的行政法规。例如,由国务院制定《食品安全责任强制保险条例》,规定食品安全责任强制保险的范围。为此,《食品安全法》应作相应修改以提供上位法依据。同时,关于保险资金运用,"新国十条"将其作为"拓展保险服务功能,促进经济提质增效升级"的重要手段。保险资金运用一直是近些年的热点和重大争议点。例如,保险资金频频举牌上市公司,有的招致重大非议。究其根源,在于关于保险资金运用的法律规范的缺失、效力低或不足。"新国十条"明确提出,要创新保险资金运用方式,提高保险资金配置效率。鼓励保险资金利用债权投资计划、股权投资计划、基金、投资创业投资基金、资产支持计划、拓展境外投资范围等多种形式。而这些保险资金运用形式均应由法律法规引领和保障。目前,中国保监会关于保险资金运用的部门规章和规范性文件已有十余件,但由于部门立法固有的局限性,这些规章和规范性文件难以满足保险资金运用方式创新的迫切需要。保险资金具有强烈的安全稳定性、财产信托性、逐利性和社会公共性等特点。关于保险资金运用的立法,建议采取修订保险基本法的方式,亦即通过对《保险法》第一百〇六条的修订,采取"负面清单"方式,具体列举法律或行政法规禁入的投资领域,以及许可进入的领域的范围和限度。凡被列入法律或行政法规确定的领域,都属于法律或行政法规许可的投资领域事项,从而为保险资金运用提供保险基本法的保障。

第三,关于建立健全成熟和谐的保险纠纷解决机制。

有关数据显示,2015年1月至10月,保险纠纷案件达9.1万件,涉及保险的纠纷案件达到800余万件。如此大规模的保险纠纷案件,仅仅依赖诉讼途径是远远不够的。保险纠纷解决机制,是以解决保险消费者与保险机构间的具体保险合同纠纷为中心的制度。成熟的保险市场应当具备成熟、健全的保险纠纷解决机制,并使其成为保险消费者利益表达、利益协调、利益保护的机制,引导保险消费者依法行使权利、表达诉求、解决争议。"新国十条"指出,要探索建立保险纠纷多元化解决机制,建立健全保险纠纷诉讼、仲裁与调解对接机制。《纲要》亦提出,要加强"12378"热线和投诉管理系统建设,健全保险纠纷诉调对接机制。可见,"十三五"期间,建立健全保险纠纷多元化解决机制是保险业法治建设中的重要环节。一方面,完善现有的保险纠纷诉调对接机制,并积极探索保险消费纠纷解决的新机制。无论选择何种保险消费纠纷处理机制,其宗旨都是为了保护保险消费者的权益。保险消费纠纷新机制的探索,应注重倾听保险消费者的声音和需求,要依照法定权限和程序,遵循"三公"(公开、公平、公正)原则及时予以处理。多元化保险纠纷解决机制的建立,应最大限度降低保险消费者用于处理保险争议的人力成本、时间成本与经济成本。保险监管机构对保险消费纠纷的解决既要起领导和指导作用,亦要做保险消费纠纷的解决者。例如,可在中国保监会保险消费者权益保护局附设争议评议处理中心解决保险争议。另一方面,应考虑通过修订《保险法》和《消费者权益保护法》,为保险消费纠纷解决机制予以法律定位。通过立法,明确规定保险消费纠纷的处理机构和解决程序。这样,保险消费纠纷处理机构的法律地位及处理结果的权威性和公信力均将得到提升。最终形成健全、成熟、高效、便捷、成本低廉的保险消费纠纷处理机制,保险消费纠纷得到有效防范和化解,保险消费者的合法利益得到有效保护。

（二）加强法治政府建设,依法严格设定权力、行使权力、制约权力、监督权力,探索保险监管权力清单制度,实现保险监管活动全面纳入法治化轨道

党的十八大明确提出,到 2020 年要"基本建成法治政府"。建设法治政府也是《建议》中的重要关键词。《建议》强调:"加强法治政府建设,依法设定权力、行使权力、制约权力、监督权力","实现政府活动全面纳入法治轨道"。依法行使保险监管权、厘清监管权力的边界,是落实法治政府建设的内在要求,也是营造保险业良性发展环境的迫切需要。

一是进一步明确保险监管的目标定位。将保险行业发展和创新作为监管的潜在目标和责任,会产生角色冲突。发展和创新应更多地交给市场主体,监管的目标应定位于"双峰监管":一方面,维护保险行业的稳健经营,并防范发生系统性风险;另一方面,维护保险市场的公开公平交易,切实保护保险消费者权益。保险机构尤其是寿险行业具有很强的负外部性,而且涉及公众的直接利益,容易酿成系统性风险,故应成为监管的重点。"偿二代"新监管体系的实施,标志着我国保险业规模导向时代的结束、全面风险管理时代的开启。

二是推行保险监管权力清单和责任清单制度,推进保险监管机构、职能、权限、程序、责任法定化和清晰化。保险监管立法的原则应该是拘束公权力,保障私权利,以"法治第一"原则规范和监督保险市场。所谓"法治第一"原则,对市场主体而言,即法无禁止皆可为。李克强总理对此的解释是:让市场主体"法无禁止即可为",让政府"法无授权不可为"。这就是负面清单监管模式。所谓负面清单,是指仅列举法律或法规禁止的事项。凡是法律或法规没有明确禁止的事项,都属于法律或法规许可的事项。"法

无禁止即可为"根植于"法无禁止即自由"的法治理念,体现的是市场主体自治原则。以负面清单方式设置保险活动底线,是释放保险业服务能力、增进保险经济发展活力的趋势。一方面,对于保险市场主体而言,凡是既有法规没有禁止的,就是可以做的。只有这样,才能激发保险市场的创造力。国务院下发的《关于促进市场公平竞争维护市场正常秩序的若干意见》中指出:"凡是市场主体基于自愿的投资经营和民商事行为,只要不属于法律法规禁止进入的领域,不损害第三方利益、社会公共利益和国家安全,政府不得限制进入","制定市场准入负面清单,国务院以清单方式明确列出禁止和限制投资经营的行业、领域、业务等,清单以外的,各类市场主体皆可依法平等进入"。显然,负面清单模式给予市场主体更充分的行动自由。因此,保险监管立法,应对保险领域的法律法规及规范性文件进行归纳清理,从保险市场准入、保险资金运用、投资性保险、保险公司持股比例、农业保险等方面,列举出保险监管权力负面清单。另一方面,对于保险监管机关而言,强化"正面清单"管理与职权法定原则相结合:只有法律或法规许可行政权力介入的领域,公权力方可介入;对于法律或法规未许可行政权力介入的领域,公权力不可以"创新"地扩大监管机关的权限。换言之,保险监管机关不得在"空白地带"增加额外的许可或审批。清单制度的实施,限制了保险监管机构的自由裁量权,对政府监管保险业提出了更高的要求。为避免大面积开放诱发系统性风险,市场信用评级制度的完善和高效能偿付能力监管体系的建立十分必要。

三是充分发挥市场在资源配置中的决定性作用,减少监管机关对资源的直接配置,贯彻推进简政放权、放管结合,放开前端管制,加快构建事中事后监管法规体系。在经济新常态背景下,保险监管改革的简政之道是放开前端、管住后端,牢牢守住不发生系统性区域性风险的底线。一方面,放开前端意味着前置行政审批、许可事项的缩减、取消或下放,经营权向市场主体的回归;管住后端意味着事中和事后监管的强化,切实守住不发生重大风险的底线。而无论是放开,还是管住,其所依赖的手段是法治的引领和保障,需要在保险法治建设中完善事前、事中和事后监管手段,尤其是事后监管的完善。另一方面,秉持为民监管、依法公正、科学审慎、务实高效的监管理念,严格依照法定程序和权限行使规章制度制定权和监管权。通过保险法律法规和监管规定,进一步完善"偿二代"、公司治理、资金运用、重大风险处置、行政处罚等事中、事后监管手段,维护保险市场安全稳健运行。

党的十八届四中全会提出:"实现立法和改革决策相衔接,做到重大改革于法有据、立法主动适应改革和经济社会的发展需要。"保险立法应当与保险业深化改革相衔接,把改革纳入法治化轨道。保险法治建设要主动适应经济发展新常态和供给侧结构性改革的新要求,为我国保险业的稳健发展提供强大制度保障。

作者简介:于海纯,男,对外经济贸易大学法学院党委书记兼副院长,保险产业政策与法律研究中心主任,教授、法学博士;兼任中国保险资产管理业协会专家理事、中国保险法学研究会常务理事、中国行为法学会公司治理研究会常务理事、中国商法学研究会理事;主持部级研究项目4项;发表学术论文10余篇,出版专著《保险消费者权益保护制度研究——以保险人说明义务为重点》。

全面推进保险信用体系建设

冯占军

保险信用体系是社会信用体系的重要组成部分,它以法律、法规、标准和契约为依据,以健全覆盖全行业的信用记录和信用信息系统为基础,以树立和弘扬诚信文化理念为内在要求,以守信激励和失信约束为奖惩机制,目的是提高全行业的诚信意识和信用水平。全面推进保险信用体系建设,是"十三五"时期中国保险业的一项重大战略安排,对营造优良保险信用环境、提升行业发展质量和竞争力、使保险业更好服务经济社会发展和国家治理现代化,具有重要意义。

一、推进保险信用体系建设是形势发展的客观要求

2015 年 1 月 29 日,中国保监会、国家发展改革委联合印发《中国保险业信用体系建设规划(2015—2020 年)》,对"十三五"时期的保险信用体系建设进行了全面规划和部署。2016 年 8 月 23 日,中国保监会印发《中国保险业"十三五"规划纲要》,强调全面推进保险信用体系建设,并对"十三五"时期的主要任务作出安排。全面推进保险信用体系建设成为"十三五"时期保险业的一项重要使命,有其特定的时代背景。

(一)近年来,党中央、国务院大力推进社会信用体系建设

信用是市场经济的基石。习近平总书记强调:"'人而无信,不知其

可'；企业无信,则难求发展；社会无信,则人人自危；政府无信,则权威不立。"改革开放30多年来,我国经济社会发展取得巨大进步,国内生产总值迈上10万亿美元大关,人均国内生产总值达到中高收入国家中等水平。然而,随着经济体制向现代市场经济的快速转轨,作为市场经济重要基础的社会信用体系建设却相对滞后,社会诚信意识和信用水平偏低,商业欺诈、制假售假、偷逃骗税、虚报冒领、学术不端等现象屡禁不止。特别是,随着现代信息技术的发展,一些失信行为开始向互联网领域蔓延,诚信缺失成为制约经济社会发展的一大问题。

社会信用体系是市场经济体制和社会治理体制的重要组成部分。建立健全社会信用体系,有利于整顿和规范市场经济秩序、降低交易成本、防范经济风险、推进社会治理创新,对增强社会成员诚信意识、营造优良信用环境、提升国家整体竞争力、促进社会发展与文明进步意义重大。为此,近年来,党中央、国务院将加强社会信用体系建设、提升全社会的信用水平提升到了前所未有的高度。党的十八大提出,加强政务诚信、商务诚信、社会诚信和司法公信建设。党的十八届三中全会强调,建立健全社会征信体系,褒扬诚信,惩戒失信。2014年6月14日,国务院发布《社会信用体系建设规划纲要(2014—2020年)》,明确了我国社会信用体系建设的指导思想、基本原则、主要目标、重点任务和保障措施,对当前和今后一个时期加快社会信用体系建设、构筑诚实守信的经济社会环境进行了规划。

《社会信用体系建设规划纲要(2014—2020年)》发布不久,国家发展改革委印发《关于贯彻落实社会信用体系建设规划纲要　加强当前社会信用体系建设的通知》,要求各地区按照《社会信用体系建设规划纲要》的总体要求,结合本地区实际情况,加快制定本地区社会信用体系建设规划或国务院规划纲要的实施意见。随后,国家发展改革委、中国人民银行又联合印发《社会信用体系建设规划纲要(2014—2020年)任务分工》和《社会信用体系建设三年重点工作任务(2014—2016年)》,对相关工作进行了具体部署;中央精神文明建设指导委员会印发《关于推进诚信建设制度化的意见》,要求各地各部门加快诚信建设制度化进程,构建诚实守信的经济社会环境。在国务院和国家发展改革委、中国人民银行等相关部门以及中央精神文明建设指导委员会的促进下，《社会信用体系建设规划纲要（2014—2020年）》很快进入实施阶段，各地区各行业相继出台相关规划或实施意见，全社会的信用体系建设紧锣密鼓地展开。

2015年10月26日至29日，党的十八届五中全会召开，在审议通过的《中共中央关于制定国民经济和社会发展第十三个五年规划的建议》中，"完善社会信用体系"被列为未来5年的重点发展方向。2016年3月17日，《中华人民共和国国民经济和社会发展第十三个五年规划纲要》发布，其中第七十一章以"完善社会信用体系"为题，用整整一章的篇幅对社会信用体系建设进行了部署，强调要加快推进政务诚信、商务诚信、社会诚信和司法公信等重点领域信用建设，推进信用信息共享，健全激励惩戒机制，提高全社会诚信水平，并从健全信用信息管理制度、强化信用信息共建共享、健全守信激励和失信惩戒机制、培育规范信用服务市场等方面，对社会信用体系建设的重点任务进行了阐述。

（二）国务院明确要求加快保险业信用体系建设

保险业是现代经济的重要产业，是现代金融体系和社会保障体系的重要支柱。为了全面推进保险信用体系建设，国务院于2014年8月印发的《关于加快发展现代保险服务业的若干意见》第二十五条以"全面推进保险业信用体系建设"为题，对保险业的信用体系建设提出明确要求，即："加强保险信用信息基础设施建设，扩大信用记录覆盖面，构建信用信息共享机制。引导保险机构采取差别化保险费率等手段，对守信者予以激励，对失信者进行约束。完善保险从业人员信用档案制度、保险机构信用评价体系和失信惩戒机制。"

保险是基于最大诚信的制度安排，信用是保险业发展的生命线。国务院提出"全面推进保险业信用体系建设"，对保险业实现持续健康发展具有极其重要的现实意义和战略意义。

一是推动保险行业可持续发展的重要前提。保险业作为经营风险和信用的特殊行业,具有专业性、负债性和长期性,因而比其他行业更看重诚信,更强调契约精神。良好的信用不仅是保险业的生命线,更是保险企业形成核心竞争力的必要前提。没有诚信,保险业就会丧失生存和发展的基础。随着我国保险市场的不断成熟和完善,保险竞争已经从价格竞争逐步拓展到服务竞争,只有坚持诚信经营的企业才能始终立于不败之地。建立健全保险信用体系,可以减少甚至避免保险经营过程中可能出现的相关风险,确保行业拥有充足的偿付能力,从而实现保险业的持续健康发展。

二是保护保险消费者合法权益的迫切需要。保险属于现代金融服务业,与经济发展、社会进步特别是人民生活水平提高息息相关。但由于起步晚、发展滞后,当前保险业仍不同程度存在理赔难、销售误导等不诚信问题,严重损害了消费者的合法权益,给保险业的形象和信誉造成不良影响。加强保险信用体系建设,可以促使保险企业将诚信贯穿于保险经营的全过程,加快推进供给侧结构性改革,开发设计出真正满足消费者需求的产品,并及时、公允、合理地做好核赔理赔工作,为广大消费者提供全方位、高品质的风险保障服务,切实满足人民群众和广大消费者的要求和期盼。

三是推进保险监管现代化的内在要求。保险监管现代化是现代市场经济和信息技术迅速发展的产物,市场化、信息化是保险监管现代化的重要特征。保险监管既要体现中国特色,更要符合国际惯例。多年来,我国保险监管主要依靠行政手段,治标多、治本少,往往是老问题解决了又出现新问题,难以从根本上解决问题。在强调盈利的市场经济中,总会有人以身试法,违法违规行为、侵害消费者合法权益行为总是花样翻新。加强保险业信用体系建设,可以使保险监管综合运用多种手段规范市场行为,从根源上遏制违法违规的意念产生,从而提高监管的有效性,实现监管的现代化。

(三)保险业自身存在的问题要求加强信用体系建设

近年来,保险信用体系建设取得积极进展,主要体现在:实施了《保险从业人员行为准则》《保险监管人员行为准则》《保险营销员诚信记录管理办法》等监管规定和办法,保险信用建设制度体系基本形成;建立了保险机构和高管人员管理系统、保险中介监管信息系统、全国车险信息共享平台、财产险承保理赔信息客户自助查询平台等监管信息系统，保险业信用记录共享平台初步搭建；综合治理销售误导和理赔难，系统整治和规范市场秩序，对违规失信行为保持高压态势，保险经营行为不断规范，行业形象和社会信誉明显好转；积极开展保险诚信教育，推动保险诚信文化建设，加强行业自律，广大从业人员和消费者的诚信意识不断增强。

然而，与经济社会发展的要求特别是广大消费者的期待相比，保险业信用体系建设仍存在较大差距，主要是：行业信用信息系统建设滞后，统一的信用记录制度和平台尚未建立，信用信息共享机制有待加强；保险征信系统和信用服务体系尚未形成，守信激励和失信惩戒机制尚不健全，信用体系的市场治理功效有待发挥；保险诚信意识和信用水平偏低，销售误导、惜赔拖赔、弄虚作假、不正当竞争、骗保骗赔等不诚信现象依然存在。这些问题对保险业的快速持续健康发展构成了阻碍，成为保险业社会形象欠佳的一个主要症结。要想最大程度消除这一阻碍和症结，就必须加快保险信用体系建设，还保险业一片清澈、透明的"蓝天"。

二、保险信用体系建设的核心是"三大建设"

信用体系建设是一项系统工程。李克强总理指出，建设社会信用体系是长期、艰巨的系统工程，要用改革创新的办法积极推进。国务院在《社会信用体系建设规划纲要（2014—2020年）》中，明确了与人民群众切身利益和经济社会健康发展密切相关的34个方面的具体任务，并提出三大基础性措施：一是加强诚信教育与诚信文化建设，弘扬诚信文化，树立诚信典型，开展诚信主题活动和重点行业领域诚信问题专项治理，在全社会形成"诚信光荣、失信可耻"的良好风尚；二是加快推进信用信息系统建设和应用，建立自然人、法人和其他组织统一社会信用代码制度，推进行业间信用信息互联互通和地区内信用信息整合应用，形成全国范围内的信用信息交换共享机制；三是完善以奖惩制度为重点的社会信用体系运行机制，健全守信激励和失信惩戒机制,对守信主体实行优先办理、简化程序、绿色通道等激励政策,对失信主体采取行政监管性、市场性、行业性、社会性约束和惩戒,建立健全信用法律法规和标准体系,培育和规范信用服务市场,保护信用信息主体权益,强化信用信息安全管理。

根据这一精神,中国保监会、国家发展改革委在联合印发的《中国保险业信用体系建设规划(2015—2020年)》中,将保险信用体系建设的核心任务归结为"三大建设",即诚信教育与文化建设、信用信息系统建设和信用体系制度机制建设。"三大建设"概括了推进保险业信用体系建设的主要手段和措施。《中国保险业发展"十三五"规划纲要》在对保险信用体系建设的安排中,进一步强调了这三个方面的任务。

(一)加强保险诚信教育与文化建设

诚信教育与诚信文化建设是引领社会成员诚信自律、提升道德素养的重要途径,是社会主义核心价值体系建设的重要内容。《中国保险业信用体系建设规划(2015—2020年)》从保险从业人员诚信教育、消费者诚信教育、普及诚信教育、诚信文化建设4个角度,对加强保险诚信教育与文化建设提出要求。

加强从业人员和监管人员诚信教育包括两个方面:一是加强保险从业人员诚信教育。这里的保险从业人员,主要是指保险销售人员、服务人员、经纪人、公估人和企业管理人员等。这部分人员是与市场、客户直接接触的人员,诚信度如何直接影响着企业和行业的形象。具体措施是:将诚信知识纳入从业资格和任职资格考试范围,持续开展对保险从业人员的诚信教育和培训;建立健全从业人员诚信考核制度,全面采集从业人员诚信记录,依法接受社会公众和各类市场主体查询;建立从业人员失信行为"黑名单"制度,并适时向社会公开公布;将从业人员诚信记录与考核、定薪和职务晋升挂钩,完善企业内部诚信约束机制。二是加强监管工作人员诚信教育。主要是:针对保险监管系统的各级工作人员,深入开展诚信守法和道德教育,加强法律知识和信用知识学习,提高监管人员的法律和诚信意识,努力建立一支守法守信、高效廉洁的监管队伍。

加强保险消费者的诚信教育，主要体现为"三个引导"：一是引导保险消费者履行如实告知义务。加强保险法律法规宣传教育，提示消费者在购买保险时如实告知和填写保险标的或被保险人的有关情况，在投保财产保险时如有重复保险及时通知保险人，在保险理赔时提供真实且尽可能完整的证明材料。二是引导保险消费者树立正确利益观。加强保险消费理念宣传教育，提高广大消费者在保险消费过程中的道德约束，防止和抑制出险后投保、重复理赔、虚构保险损失、扩大或夸大保险损失等欺诈行为发生，维护保险经营者的合法权益。三是引导保险消费者在利益遭受侵害时依法维权。加强保险消费者维权教育，提醒消费者在进行保险投诉等维权时以客观事实为依据，不提供虚假信息或者捏造、歪曲事实，不诬告和陷害他人，遵守法律法规及相关规定，维护正常的公共秩序和投诉处理单位的办公秩序。

普及诚信教育面对的是社会公民。国务院《社会信用体系建设规划纲要（2014—2020年）》明确提出，将诚信教育贯穿公民道德建设和精神文明创建全过程。根据这一要求，保险业开展普及诚信教育，要以树立社会主义核心价值观、践行保险业核心价值理念为根本，将诚信教育贯穿于保险职业道德和保险文化建设的全过程。同时，积极开展诚信评议活动，对诚信缺失、不讲信用现象进行分析评议，通过大量保险案例教育引导广大从业人员和消费者诚实守信；开展保险信用普及教育进学校、进机关、进企业、进社区、进村屯活动，并通过新闻媒体、互联网等途径宣传普及金融保险及信用知识。

诚信文化建设是信用体系建设的重要内容。文化是一种集体心理编程，是指社会公民或某一组织的成员所共有的思维、情感和行为模式。"十三五"时期，保险业加强诚信文化建设，要以诚信宣传为手段，以诚信教育为载体，大力倡导诚信道德规范，弘扬积极向善、诚实守信的传统文化和现代市场经济的契约精神，努力在全行业形成"守信用、担风险、重服务、合规范"的良好风尚；引导广大保险企业将诚信置于企业文化建设的核心位置，充分发挥管理者在文化建设中的引领示范效应，把诚信建设贯穿到企业经营管理的各个环节;发挥电视、广播、报纸、网络等媒体的社会传播作用,对保险信用"红名单""黑名单"实行定期披露;利用重要时间节点,组织开展全国保险公众宣传日、保险业"3·15"诚信维权宣传等大型活动,突出保险信用主题,营造诚信和谐的良好市场氛围。

(二)加快保险信用信息系统建设

信用信息系统是信用体系建设的重要基础设施,也是当前我国社会信用体系建设的主要着力点。对于保险业来说,信用信息系统建设更为滞后,急需加大投入予以重点突破。《中国保险业信用体系建设规划(2015—2020年)》从保险信用信息系统(基础)建设、保险征信系统建设、信用信息交换与共享3个方面,设计了保险信用信息系统的建设路径。《中国保险业发展"十三五"规划纲要》则将狭义的保险业信用信息系统(主要指信用信息数据库)与保险征信系统、保险信用信息平台并列,对相关建设内容进行了阐述。

保险信用信息系统基础建设包括两大方面:一是加强保险信用信息记录。保险监管机构的信用信息记录主要包括履行责任记录、依法行政记录、投诉记录等,各类保险企业的信用信息记录主要包括基本情况、经营情况、财务状况、合规记录、劳保记录、信用等级、履约记录、理赔记录、诉讼记录、社会责任实施记录等,从业人员的信用信息记录主要包括个人基本信息、表彰奖励记录、违法违规记录、投诉记录、纳税记录等,保险消费者的信用信息记录主要包括基本信息、投保记录、理赔记录、违法违规记录、诉讼记录等。"十三五"时期,要以上述信用信息记录为重点,完善行业信用信息记录制度和从业人员信用档案、消费者信用档案制度,加强各类信用信息的记录、收集和整理,为信用信息系统建设提供资料、数据支撑。二是推进保险业信用信息数据库建设。主要是加强保险监管机构、保险行业组织、各类保险企业、中国保险信息技术管理有限责任公司等各类机构的协调,通过分工与协作,建立保险业专门的信用信息数据库,实现保险信用信息采集、记录全覆盖,为保险信用信息的共享和应用奠定基础。同时,采取丰富数据维度、统一数据标准、增强数据时效、确保数据真实等措施提高信用数据质量，促进信用数据的有效开发利用。

征信系统建设是保险信用体系建设的重要内容，包括相辅相成的两个方面。首先，鼓励和支持征信机构针对保险行业建立征信系统。征信机构开展保险征信业务，需要建立以各类保险企业、保险从业人员、保险消费者为对象的征信系统，并依法采集、整理、保存、加工相关信用信息，保障信用信息的准确性。其次，鼓励征信机构向社会提供有关保险的征信服务。征信机构要根据市场对保险信用服务的需求对外提供相关征信服务，并不断推进信用服务产品创新。发挥市场激励机制作用，鼓励征信机构加强对已公开保险政务信用信息和非政务信用信息的整合，建立面向不同对象的征信服务产品体系，满足社会多层次、多样化和专业化保险征信服务需求。

信用信息的交换与共享是构建更高层级信用信息系统的基础。国务院《社会信用体系建设规划纲要（2014—2020 年）》明确要求，各地区、各行业要以需求为导向，建立信用信息交换共享机制，依法推进各信用信息系统的互联互通和信用信息的交换共享，逐步形成覆盖全部信用主体、所有信用信息类别、全国所有区域的信用信息网络。国家统一信用信息共享交换平台包括"一平台""两站""一库"，即信用信息共享交换平台、"信用中国"网站和部际信用信息共享交换网站、国家信用信息基础数据库。其中，一期工程即国家层面共享交换平台已于 2015 年年底上线运行，接入了 37 个部门和所有省区市，归集信用信息 2.5 亿条。保险业在建立信用信息系统的过程中，将依托国家统一信用信息共享交换平台，加快实现与其他政府部门、金融部门及工商管理、公安交警、司法机关、安全生产、医药卫生、社会保障等相关领域信用信息的交换共享，推进与相关社会组织及地方性信用信息系统的互联互通，推动全国统一的信用信息平台的构建。

（三）加强保险业信用体系制度机制建设

根据国务院的要求和精神，《中国保险业信用体系建设规划（2015—2020 年）》从构建守信激励和失信惩戒机制、建立健全信用制度和标准体系、培育和规范信用服务市场 3 个方面,对加强保险业信用体系制度机制建设作出部署。

　　健全守信激励和失信惩戒机制是信用体系制度机制建设的核心。2016年 5 月 30 日,国务院专门印发《关于建立完善守信联合激励和失信联合惩戒制度加快推进社会诚信建设的指导意见》,对社会信用体系建设过程中如何进一步建立守信联合激励和失信联合惩戒制度提出意见和要求。保险业建立健全守信激励和失信惩戒机制包括两个方面:一是加强保险业自身守信激励和失信惩戒机制建设。诚信缺失的一个重要原因在于守信收益和失信成本太低,致使守信没有吸引力、失信不需要支付多少代价。为了改变这种状况,需建立保险业"红名单"制度,加强对守信主体的奖励和激励,加大对守信行为的表彰、宣传和支持力度;同时,建立保险业"黑名单"制度和市场退出机制,加强对失信主体的约束和惩戒,使失信者付出必要甚至惨重的代价。此外,还需建立失信行为有奖举报制度,将保险行业诚信放在社会群体监督之中,加大对失信行为监督揭发的力度。二是推动建立跨部门信用联合奖惩机制。依托社会信用体系建设部际联席会议搭建的平台,加强与政府其他相关部门、司法机关、社会组织、新闻媒体等的沟通协作,建立健全失信行为联合惩戒机制,让失信者走到哪里都感到不方便,做什么事都受限制,从而迫使其自觉做到诚实守信。

　　建立健全信用制度和标准体系也包括相辅相成的两个方面。一是推进保险业信用制度建设,包括:加强保险企业诚信管理制度建设,提高其诚信经营的意识,使诚信成为企业经营管理的基本准则;鼓励保险企业设立信用管理岗,建立职工诚信考核与评价制度,构建完善的事前预防、事中管控和事后追责的信用风险管控机制;加强各类保险企业之间业务往来、账务处理、资金结付等环节的诚信制度建设,维系相互间良好的协作关系;建立健全保险业信用信息管理制度,明确信用信息记录主体责任,保证信用信息客观、完整、准确和及时更新;完善信息披露管理制度,规范和扩大信息披露的内容、范围和频度,推动信用信息资源的有序开发利用;建立健全保险统计信用评价和统计从业人员信用档案制度,对统计失信行为进行通报和公开曝光等。二是加强保险业信用标准化建设。制定保险业统一信用信息采集标准和分类管理办法,统一信用信息目录,规范保险信用信息记录和系统运营行为。建立并完善保险信用评价核心指标体系和标准,推动保险信用评级规范发展。

信用服务市场是保险业信用体系建设的有机组成部分。培育和规范信用服务市场需在以下方面用力:建立健全公共信用服务机构和社会信用服务机构互为补充、信用信息基础服务和增值服务互相配合的,多层次、全方位保险信用服务组织体系;建立健全保险企业信用评级制度,鼓励信用服务机构开展保险信用评级;拓展保险信用服务产品的应用范围,加大保险信用服务产品在保险市场交易中的应用;明确保险监管信用信息的开放分类和基本目录,有序扩大保险监管信用信息对社会的开放,优化保险信用调查、信用评级和信用管理的发展环境。

三、推进保险信用体系建设的保障措施

《中国保险业信用体系建设规划(2015—2020年)》《中国保险业发展"十三五"规划纲要》,对"十三五"时期保险业信用体系建设的主要任务作了全面部署。加快推进保险信用体系建设,如期实现规划提出的各项目标任务,尚需在以下三个方面采取保障性措施。

一是加强信用体系建设的领导和责任落实。一方面,保险监管机构、各类保险企业和行业组织要将信用体系建设列入重要议事日程,将信用体系建设作为目标责任考核、绩效考核的重要内容,构建保险信用体系建设的长效机制;另一方面,保险监管机构还要承担起对信用体系建设进行督导的责任,对推进信用体系建设成绩突出的单位予以表彰,对推进不力、失信现象多发单位按规定实施行政问责。

二是加强信用体系建设的示范引导。主要是:开展优秀服务标兵、优质服务窗口等诚信示范单位创建主题活动,树立讲诚信、重服务的行业风尚;引导保险企业面向社会开展诚信承诺,公开相关信息,自觉接受社会监督;

建立健全直接面向消费者的保险从业人员信用信息征集和管理办法,不断提高保险从业主体的诚信意识。

三是加强信用体系建设的协同配合。主要是:建立保险业信用体系建设联席会议制度,定期召开工作协调会议,及时研究解决保险业信用体系建设中出现的重大问题;加强与国家和地方社会信用体系建设主管部门的沟通协作,通过信用信息的互认共享、联合应用,主动融入社会信用体系建设的整体布局。

作者简介:冯占军,男,经济学博士,中国保险学会副秘书长,《保险研究》《保险理论与实践》主编;武汉大学风险管理研究中心研究员,中国人民大学、湖南大学保险硕士导师,安阳师范学院兼职教授;出版《中国保险业与经济协调发展研究》《中国保险企业竞争力研究》《保险也是理财》(获第四届河南省社会科学普及优秀作品特等奖)等多部著作,发表文章40余篇;主持或参与各级课题10余项;近年主要参与完成的项目有:中国保险业竞争力报告(保险蓝皮书)、中国保险业信用体系建设规划(2015—2020)、浙江省宁波市保险创新综合试验区总体方案、助推脱贫攻坚——保险业在行动等。

加强保险业基础设施建设

王 和

"十三五"期间,我国保险业面临着全面深化改革、加快行业发展、更好服务社会的任务。具体目标为,到 2020 年,基本建成保障全面、功能完善、安全稳健、诚信规范,具有较强服务能力、创新能力和国际竞争力,与我国经济社会发展需求相适应的现代保险服务业,努力由保险大国向保险强国转变。为实现这一目标,保险业要进一步加强基础设施建设,一方面为全面提升经营管理水平提供支持与保障,另一方面为全方位服务社会变革与经济转型提供基础并创造条件。因此,保险业应高度重视,系统思维,加强协同,加大投入,夯实基础,搭建平台,培育持续创新和健康发展的能力。

一、 保险业基础设施建设面临的形势与环境

保险业基础设施主要包括各类风险数据库、交易平台、信用体系以及服务支持体系等。从发达保险市场看,完善的基础设施既是保险业健康发展的重要支撑,更是现代保险业的重要标志。面向未来,经济大调整、社会大变革、技术大创新、市场大竞争将成为发展的重要趋势。我国保险业的基础设施建设,要特别关注外部形势和环境的变化。

首先,以互联网、大数据和生命科学为代表的科技进步,将从根本上改变保险业经营的外部和基础环境:互联网将改变传统保险业经营方式的效

率和可能;大数据将改变风险解释和管理的基础,特别是保险精算的理论和技术;生命科学的发展,特别是基因检测和细胞治疗技术的出现,将改变生命表的数据基础。这一切均可能导致保险业的经营与管理发生质的变化,继而推动保险商业模式的变革,甚至带来迭代式进步。

其次,在我国全面深化改革和构建经济新常态的大背景下,"十三五"期间,保险业迎来了前所未有的发展机遇期。从改革的视角看,保险的正外部性特征,使其具有很强的社会管理功能,在构建治理体系和治理能力现代化的过程中,能够发挥独特的作用。同时,医疗和养老体制改革均为保险的发展提供了巨大空间,需要保险发挥更大作用。这些作用的发挥需要保险业跳出传统行业定式思维的局限,全面融入社会治理和社会保障体系,为经济转型发展保驾护航,从社会管理和经济发展的高度和视角创新发展理念、提升服务能力。

再次,随着金融活动的全球化和复杂化、风险的传导和蔓延,系统性风险日益增加,对保险业发展提出了新挑战。保险是社会的"稳定器"。"十三五"期间,保险不仅要从传统风险的角度,发挥损失补偿和财富管理的职能;更要从商业可持续的角度,为社会和客户提供更加全面的风险保障和预期管理。因而,需要构建全新的风险识别和管理能力,特别是创新能力。与此同时,保险业自身的风险管理能力也面临严峻的挑战。"偿二代"为保险业全面风险管理奠定了制度基础,但这一制度的落实,需要全面提升数据和技术基础能力。

最后,在以互联网为代表的科技力量推动下,信息的民主和交易自主将成为潮流。保险的交易与服务将从传统的以产品为核心的"点时代",逐步地向价值链的"链时代"、场景的"景时代"和生态圈的"圈时代"过渡,并迎来真正意义上的消费者时代。客户体验将成为保险行业和企业需要高度关注的领域。就保险而言,信息的公开和透明是核心诉求。"十三五"期间,要积极落实"互联网+"行动,鼓励围绕互联网开展商业模式、销售渠道、产品服务等领域的创新,促进互联网保险健康发展。

二、进一步夯实保险业经营的数据基础

大数法则决定了保险业的数据属性。同时，在以互联网为代表的科技变革时代，更加透彻的感知、更加全面的互联互通和更加深入的智能化趋势，将推动"世界的数字化"和"数字化的世界"时代的到来。"十三五"期间，保险业需要站在全局的高度，着眼服务社会管理和经济发展，立足互联网和大数据时代，全面梳理行业数据工作的总体思路，科学规划数据工作的发展方向与任务，切实提升行业管理和利用数据的能力，尤其是基于数据挖掘的价值创造能力，更好地服务社会和发展行业。同时，加强行业信息标准化建设，加快行业风险数据库、数据灾备中心、信息共享平台、保单登记管理信息平台等基础设施建设。

一是要高度关注数据的基础工作。要高度关注保险标准化改革工作，按照《中国保险业标准化"十三五"规划》的总体部署和要求，逐步建立政府主导制定的标准与市场自主制定的标准协同发展、协调配套的新型保险标准管理体系，健全统一协调、运行高效、政府与市场共治的保险标准化工作体制，构建监管引导、市场驱动、社会参与、协同推进的保险标准化工作新格局。进一步优化保险标准体系的结构与分类，按照基础类、业务类、管理类、信息技术类、数据类及其他类的标准框架，不断充实完善标准体系，强化标准的推广、实施与监督，有效支撑现代保险服务业的构建，使标准成为对保险服务质量、能力和水平的"硬约束"。同时，构建并完善保险行业标准化信息对外发布、交流、共享平台。

二是要高度关注数据科学领域的变化。大数据时代的到来，将推动认知科学和预测科学的革命性变化，并将从根本上改变保险经营的外部和基础环境。面向未来，保险业不仅要关注损失数据，更要关注风险数据；不仅要关注内部数据，更要关注外部数据；不仅要关注结构性数据，更要关注非结构性数据；不仅要关注数据质量，更要关注数据维度；不仅要关注历史数据，更要关注实时和动态数据；不仅要关注数据标准，更要关注语义技术。

与此同时,保险业需要进一步提升数据管理和应用能力,培养数据工程师和科学家队伍。

三是要结合保险业发展实际,构建行业数据库。大数法则决定了保险经营的大数据属性。尤其是在大数据背景下,保险公司数据工作的"单打独斗"时代已经过去。从内部看,保险业需要数据共享,确保整体经营的稳定,为创新提供基础数据;从外部看,保险业需要协同行动,形成行业合力,确保在数据社会的地位。"十三五"期间,首先,要建立保险业各类风险的基础数据库,不仅实现行业共享,更能够与相关行业互通,为科学定价奠定基础。其次,要关注寿险费率市场化改革、商业车险条款费率管理制度改革和"交强险"制度改革等保险业发展和改革的重点领域,有针对性地开展工作,例如修订行业经验生命表、疾病发生率表、车险行业纯风险保费、大型商业风险纯风险费率表、意外险赔付率调节机制和定价回溯制度等项目。再次,要从发挥保险业社会管理功能的角度出发,利用行业特点和优势,建立以"车型零整比系数"为代表的车型数据库。另外,要建立保险业的责任准备金评估体系,以及相关数据和作业标准,有效防止"数据黑洞"可能产生的风险。最后,推动保险产品自主注册改革,鼓励保险公司提供个性化、定制化保险服务,健全产品监管事后抽查和产品退出机制。

三、进一步完善保险业运行的交易平台

现代金融交易的本质是"价值数据"交换。互联网技术,一方面给这种交换提供了全新的可能,并大大提高了交易的效率;另一方面,也给这种交换带来了全新的风险,并大大提高了交易风险管控的难度。因此,无论是从社会风险管理,特别是从消费者利益保护的视角,还是从保险行业和企业风险管理的视角,均需要高度关注交易风险管理问题,而构建保险业统一和公开的交易平台是重要基础。"十三五"期间,保险业要逐步搭建一套全面准确、运行稳定、功能完善、统一集中的行业信息平台,基本建成为政府服务、为市场服务、为客户服务的保险业重大基础设施平台。

一是要全面构建保险业运行与交易的制度框架。无论是从国际先进实践看，还是从我国银行和证券行业看，建立行业的统一数据平台是大势所趋。例如银行和证券业，已经建立了中证登、中债登和银联等行业信息平台。为此，要在认真研究和分析的基础上，完成我国保险业平台建设的顶层设计工作，明确行业平台与企业平台的关系；同时，清晰界定各类行业组织的职责边界。监管部门要发挥指导和引导作用，重点将中国保险信息技术管理有限责任公司打造成为兼具自治管理与运营服务的行业公共平台。

二是要全面构建保险业的数据管理和交互平台。要继续建设和完善全国新一代车险信息平台，发挥其在车险经营，特别是在商业车险改革、"交强险"和车船税代扣代缴方面的作用，将其打造成为行业性的实时生产支持平台。同时，完善保险市场运行和治理的基础性机制安排，要全面启动并加快保单登记管理信息平台建设，进一步强化行业数据资源的统筹治理，用大数据技术增强保险产品、服务、管理和技术创新能力，为保险业源源不断地注入活力，在引领行业创新和转型发展方面发挥积极作用。

三是要积极探索保险业交易公共平台建设。要在学习借鉴国外先进实践的基础上，结合我国保险业发展实际，以上海保险交易所为试点，探索建立创新型、智慧型的保险综合服务平台和保险运营基础平台，提升我国保险行业的服务能力、创新能力和管理能力。建立我国保险要素交易与流动平台。保险交易所本质上是一种解决市场失灵问题的制度创新，能够重构保险市场交易者之间的关系，产生制度效应，从而创造市场和促进发展。保险交易所通常包括统一的要素、同类交易所一般遵循一致的运行规律，但从全球实践来看，保险交易所存在多种模式。我国保险交易所建设应当立足国情和发展阶段，从破解难题和培育能力的角度出发，为创新发展提供支持和服务。

四是要进一步完善再保险市场建设与管理。再保险是现代保险的重要组成，也是保险业风险管理的重要工具。要支持再保险公司参与保险业数据平台、灾害管理、风险管理服务体系等基础设施建设，推动保险业数据和经验分析。长期以来，我国再保险市场发展相对滞后，不仅供给主体相对少,更重要的是对直接保险业务稳定、创新与发展的支持力度不足。"十三五"期间,应在总体规划的基础上,适度增加再保险市场主体,发展区域性再保险中心,进一步强化对再保险业务的管理,尤其是对境外再保险机构的资质认证,防范经营风险。同时,积极探索建立区域性再保险中心,一方面能够吸引境内社会资本以及境外再保险人在华设立再保险公司,满足我国保险稳定与发展的需要;另一方面,能够强化我国在国际再保险市场的定价权和话语权,促进保险和再保险市场的繁荣发展;再者,能够引入国际先进的再保险技术和服务,吸引国际高端再保险人才,增强我国再保险市场的产品和技术创新能力。结合我国保险业的行业特点和发展实际,构建具有中国特色的保险业共保体,在不断完善我国"核共体"运行机制的基础上,加快推进居民住宅地震巨灾保险共同体、农业保险再保险共同体和首个首台(套)重大技术装备保险共保体的建设工作,积极探索区域性的农业保险、责任保险共同体实践,将其打造成为保险业分散风险、协同行动和技术创新的平台。

五是要建立保险资产交易机制,推动保险资产集中登记交易平台建设。自 2012 年起,中国保监会进一步拓宽了保险资金的投资范围和领域,特别是针对保险资金期限长、规模大的特点,鼓励保险资金通过产品创新,对接融资项目,满足实体经济的融资需求。与此同时,推动了基础设施投资计划等保险产品的发行方式由备案制向注册制转型,成立了保险产品注册中心,制定了注册标准、流程等业务规则,实行集中注册登记的保险产品发行机制。建立保险行业资管产品集中登记交易系统,完善交易流通机制,实现资管产品的集中登记以及到相关交易场所挂牌转让。要进一步强化保险资金运用的事中事后监管,加强信息披露、关联交易、内部控制和资产托管等方面的监管力度。不断完善保险资金运用监管信息系统建设,提升监管信息化水平。此外,要把中国保险资产管理业协会建设成自律的平台、创新发展的平台、沟通交流的平台,搭建起监管和市场的桥梁,实现监管、协会和市场三者之间的良性互动。

六是要建立以中国保险投资基金为代表的保险业投资平台。推动保险资金运用市场化改革,保险资金配置更加多元,风险得到分散,收益明显提升,并有力地促进了实体经济发展和转型升级。中国保险投资基金于2015年6月成立,采取有限合伙制,规模为3000亿元,主要向保险机构募集,并以股权、债权方式开展直接投资,或作为母基金投入国内外各类投资基金,主要投向棚户区改造、城市基础设施、重大水利工程、中西部交通设施等建设,以及"一带一路"和国际产能合作重大项目等。此外,进一步发挥中国保险业产业扶贫投资基金的平台作用,探索通过"农业保险+信用保证保险+保险资金投融资"的模式,打通保险资产端和负债端,促进贫困地区经济发展和产业脱贫。

四、进一步强化保险业信息安全的控制平台

2008年的国际金融危机再次警醒人们,金融领域的安全将关系到整个社会的稳定。同时,随着金融交易越来越复杂,透明度相对较低,监管也面临更加严峻的挑战。尽管国际金融危机之后,国际和各国监管部门均强化了风险控制手段,但金融领域的安全形势依然不容乐观。传统风险尚未得到有效解决,而互联网和大数据带来的新风险接踵而来。特别是方兴未艾的互联网金融,在给金融业带来活力的同时,也给行业带来巨大的风险隐患。"十三五"期间,保险业的风险防控面临巨大挑战,需要从理念、制度和技术等层面入手,加强信息安全基础设施建设,建立完善的信息安全保障体系,提升保险机构的信息安全综合防范能力。

一是进一步强化全行业的风险意识。从保险公司的角度看,审慎经营的意识和风险管控的主体责任还不强,覆盖全流程、全业务的风险管控机制还不完善。有的保险公司存在很大的风险隐患,甚至风险事件多发易发。从保险监管的角度看,涵盖风险识别、计量、控制、化解的全方位风险监管制度还需要不断健全,对风险的持续监测、实时控制和动态管理能力还需要不断加强,保险监管机构与其他金融监管部门的协调机制还需要不断完善。

二是推进保险机构信息化治理体系建设,大力提升保险业信息化应用

水平。完善IT治理机制,制定大数据条件下的保险业信息系统安全规则和数据安全规则,实现大数据资源采集、传输、存储、利用、开放等全流程的规范管理,健全与大数据时代相适应的信息安全保障体系。重视大数据时代保险消费者的个人隐私保护问题,加强对大数据滥用、侵犯个人隐私等行为的管理和惩戒。监管部门数据开放要坚持风险可控、循序渐进原则,研究建立监管数据安全保障体系,确保监管数据信息安全。加强信息系统风险监测和外部渗透性测试工作力度,进一步提升保险机构的网络与信息安全风险防范能力。加强全行业数据灾备中心建设,推进保险业信息共享平台建设。

三是构建更加科学的风险评估预警机制。坚持实施对重点风险的定期分析和报告制度,强化风险的量化分析,全面、科学地评估风险,对发现的风险隐患及时进行风险提示、窗口指导、风险质询,加大现场检查和非现场监测力度,督促市场主体采取措施加以化解。强化并丰富保险保障基金的行业风险管理职能,探索建立开展风险监测业务的核心体系及相关机制。

四是推动打破汽车维修及配件的垄断。发挥保险行业的专业和职能作用,继续完善"车型零整比系数"研究和制度建设,逐步扩展车型和配件范围,定期向社会公布,切实维护消费者的合法权益,推动汽车制造和维修业的进步。同时,为车险定价和理赔奠定数据基础。推动公安部、交通运输部、商务部、质检总局等相关部门与保险行业建立被保险车辆信息共享机制,发挥车险在促进道路交通安全、提升车辆安全性等方面的作用。

五是进一步强化对于再保险,特别是跨境再保险的监管,防范系统性跨境风险。2015年,全球共有468家再保险接受人和134家再保险经纪人进行有效登记。开发再保险监管系统,将长期游离于监管之外的境外再保险接受人和再保险经纪人纳入监管,全面落实《离岸再保险人提供担保措施》的各项规定,提升非现场监管能力,以及我国保险业在国际市场的话语权。

六是高度重视并协同推动保险反欺诈工作。保险欺诈一般占保险赔付总额的10%—20%,同时,车险是保险欺诈犯罪的"重灾区"。2014年以来,中国保监会与公安部经济犯罪侦查局密切合作,依托车险信息平台,通过数据共享和数据挖掘，分析疑似欺诈线索，在多个地区开展反保险欺诈的"安宁行动"，取得了较好的效果。"十三五"期间，要继续强化与公安部联合协作、联合执法、信息互享、交流互训的"两联两互"工作，完善刑事司法与行政执法协作的长效机制，组织保险业实施反欺诈数据规范。同时，进一步加大跨公司、跨地域和跨领域的数据共享，特别是要整合社会公共数据，夯实运用信息技术打击保险欺诈的数据基础。此外，要提升中介机构的专业技术能力，在风险定价、产品开发、防灾防损、理赔服务、反欺诈等方面发挥积极作用。

五、进一步完善并强化服务与监管基础

保险具有较强的社会性特征；同时，保险合同属于射幸合同。因此，保险业的消费者保护具有较强的特殊性和专业性。作为保险业发展的重要基础，要以更高的标准建立并完善消费者保护制度，切实维护消费者利益。同时，保险监管的重点是维护消费者利益。这既是社会稳定和行业安全的基础，也是保险业持续健康发展的保证。中国保监会在金融监管部门中，率先成立消费者权益保护局，率先开通消费者投诉维权热线，率先建立诉调对接机制，保护保险消费者权益的力度不断加大；此外，率先建立了行业自救制度，成立了保险保障基金，建立了行业风险监测体系，成功地处置了一系列行业风险。截止到2015年，保险保障基金余额达704.48亿元，为有效防范和化解行业风险筑起了一道重要屏障。"十三五"期间，保险业要进一步强化对互联网和大数据等信息技术的利用，加强信息披露，严格要求保险机构及时披露与消费者权益相关的产品和服务信息。加强透明度监管，开展保险公司服务质量评价、投诉处理考评、消费者满意度和消费者信心指数测评，并将评价和测评结果向社会公布。进一步强化消费者利益保护，提升监管效率，为保险业的持续健康发展奠定坚实的基础。

一是建立保险服务评价体系。这是适应加快发展现代保险服务业和推动保险业国际化发展的需要，也是保险监管机构为民监管核心价值理念的

重要体现,要切实抓好制度落实。要认真贯彻执行保险公司服务评价管理办法,促进保险公司加强和改进服务。细化保险服务评价流程,完善保险服务评价标准,加强保险服务评价结果运用。进一步完善中国保险消费者信心指数制度体系建设,更好地引导保险消费预期,及时监测和预警保险业声誉风险。

二是加快推进保单登记管理信息平台建设。保单登记工作是保险业持续健康发展的内在需要、关系保险业长远发展的战略性举措,也是风险防控的重大基础工程。保单登记平台的建立将有利于提升保险市场运行效率,促进保险业生产要素的网络化共享、集约化整合、协作化开发和高效化利用。"十三五"期间,要完善并丰富保单登记管理信息平台功能,建立功能较为全面的数据分析平台,进一步扩大保单登记范围,提高登记数据的准确度和全面性。推动研发保险产品电子化报备与管理系统,提高产品监管水平。加强财产保险产品管理制度建设,实施备案产品自主注册改革,建立产品注册平台和数据库,实现自主、在线、实时产品注册。

三是加强统计基础建设,逐步构建以保险功能服务为核心和以风险监测为核心的两大统计指标体系,进一步实施保险业内数据开放、共享功能。同时,探索建立行政许可网上审批系统,运用信息技术提供全过程、跟踪式的行政许可服务,提高审批效率。再者,要建立信息共享机制,探索建立与其他金融监管部门常态化的统计信息共享机制,逐步实现数据共享,提升有关部门的风险甄别水平和风险管理能力。建立保险数据库公安、司法、审计查询机制。加快建设保险信用信息平台,推进信用信息交换与共享,推进保险机构与社保平台、身份识别系统的数据对接。另外,实现商业保险信息与公共卫生、医疗服务、基本医保、医疗救助等信息共享,为大病保险提供技术支持。健全保险机构与灾害预报部门、农业主管部门的合作机制,加快推进农业保险信息平台建设。

四是加大信息披露力度。落实"偿二代"信息披露要求,通过提高透明度发挥市场的监督约束作用。修订《保险公司信息披露管理办法》,建立和完善意外险经营情况信息披露制度,推进例行新闻发布工作。充分发挥

《中国保险报》等主管报刊的舆论宣传作用，加强新媒体建设，提高信息传播和舆论引导水平。落实《中国保监会舆情工作暂行办法》，试行声誉风险监管工作。

　　作者简介：王和，男，经济学博士，高级经济师，中国人民财产保险股份有限公司执行副总裁；享受国务院政府特殊津贴专家，国家减灾中心特聘专家，中国保险学会副秘书长，中国精算师协会副会长；北京大学、清华大学、中国人民大学和西南财经大学等20多所高校的客座教授、研究员、博士生导师；出版《大数据时代保险变革研究》《保险的逻辑》《中国巨灾保险丛书》和《工程保险》等20多部著作，发表论文200多篇；负责并参与完成《大数据时代保险变革研究》《我国巨灾保险制度》和《国家公共安全科技发展战略研究》等多项国家级重大课题。

提升全社会保险意识

魏　丽

2014年8月，《国务院关于加快发展现代保险服务业的若干意见》（以下简称"新国十条"）出台，要求保险业以全新的定位融入新时期国家发展战略之中，成为完善金融体系的支柱力量、改善民生保障的有力支撑、创新社会管理的有效机制、促进经济提质增效升级的高效引擎和转变政府职能的重要抓手。"新国十条"将保险定位为现代经济的重要产业和风险管理的基本手段，社会文明水平、经济发达程度、社会治理能力的重要标志。敢问保险为何物，能获得国务院如此高的定位和期许？保险业该怎么做，才能不辱使命？深入思考这些问题，结合保险行业发展实践和广大人民群众对于保险的认知，让我们深切感受到提升全社会保险意识的重要性和紧迫性。

人类改造自然、征服自然的漫长历程，也是人类为抵御自然灾害、防范意外事故而不断奋斗的历程。在这一过程中，人类除了利用已掌握的生产技能进行积极的灾害防御外，还通过建立经济后备的形式来弥补各种风险对社会经济生活造成的损失。随着社会生产力的提高，社会物质不断丰富，保险也随着剩余产品的出现而萌芽并发展起来。原始保险思想在我国的出现，可以从夏朝、周朝的粮食储备制度得到证实。《夏箴》上说："天有四殃，水旱饥荒，甚至无时，非务积聚，何以备之？"这说明，我国古代先民当时就具有风险意识。关于我国古代保险思想的精辟论述有很多。例如，《周书》中记载"国无三年之食者，国非其国也；家无三年之食者，家非其家也，此谓之国备"，《礼记》有云"老有所终，壮有所用，幼有所长，鳏寡孤独废疾者皆有所养"，《墨子》主张"必使饥者得食，寒者得衣，劳者得息"等。

保险的价值，是建立在保险的功能和作用基础上、对社会意识形态的发展和进步所产生的影响。深入理解保险在其发展进程中逐渐形成的伦理基础和文化理念，深入理解保险对社会生活的重要意义，有助于提升全社会的保险意识。

一、保险的伦理基础

（一）崇尚最大诚信的社会伦理

诚信不仅是市场经济的基础，也是体现一个社会文明进步的准绳。保险业在其发展的历史长河中，始终如一地强调最大诚信原则，并将最大诚信原则视为保险经营的基本原则和生存基础。这一原则不仅规范和促进了保险业自身的发展，同时也将极大地推动整个社会的诚信建设。例如，我国《保险代理从业人员行为守则》第十四条规定："保险代理从业人员在向客户提供保险建议之前，应深入了解和分析需求，不得强迫或诱骗客户购买保险产品。"第十六条规定："保险代理从业人员应当客观、全面、准确地向客户提供有关保险产品与服务的信息，不得夸大保障范围和保障功能；对于有关保险人责任免除、投保人和被保险人应履行的义务以及退保的法律法规和保险条款，应当向客户做出详细说明。"保险是保险人收取保费时，对投保人和被保险人将来可能遭遇相应风险而出手相助的一项庄严承诺，正是保险人这种对"诚"的坚持，才能保证保险双方"信"的关系的实现，也才能保证保险业务持续健康的发展。

保险客户涉及社会的各个领域。保险交易中诚信环境的改善，有助于诚信成为扩大社会成员参与经济活动的标准，意味着诚信关系从保险行业向其他领域的扩散。

（二）利己与利他和谐统一的经济伦理

西方经济学的一个基本假设是"理性经济人"，即人是利己的，是为自身利益或效用的最大化而进行决策的。换言之,在经济生活中,"利己"是一种普遍存在的激励机制。亚当·斯密曾经提出过"看不见的手"的观点。他认为,当经济个体以追求自身利益最大化为目标来参与经济活动时,客观上会为整个社会带来正面的效果,即所谓"主观为自己,客观为人人"。可以说,亚当·斯密这种富含哲理的论断,已经被现代市场经济的运行效果所证明。"利己"动机能够导向"利他"效果,这正是市场经济生存和发展的逻辑和伦理基础。

现代保险业发轫于早期的商品经济社会,成熟于市场经济时期。可以说,从诞生之日起,保险制度就天然地继承了西方社会的经济伦理,并且以更为显著、更为直接的方式表现出来。从保险消费者的角度出发,支付保费的目的是为了合理转移风险,保障自身的财产安全或为亲属的生活提供安全的经济保障,这无疑是出于一种"利己"动机。对商业保险提供者而言,接受并汇聚消费者转移的风险,同时收取相应的保费,其目的也是为了获取合理的商业利润。因此,无论是商业保险的消费者还是提供者,他们参与风险的交易,都是出于"利己"的动机。但这种交易,最终为全社会带来了非常积极的客观效果:经济个体的风险得以转移,损失得以分摊,为整体经济和社会的平稳运行提供了有效的制度保障。因而,在某种意义上可以说,保险是一种基于市场规律的社会慈善机制,是经济运行内在的稳定机制。这里,"看不见的手"的力量得到极大彰显,经济个体和全社会之间呈现"双赢"或"多赢"局面,"利己"和"利他"达到了和谐的统一。

(三)爱岗敬业的职业伦理

保险体现着投保人对保险人的高度信任,投保人将平时收入的一部分交给保险人,以获得出险时的保险赔付。这就决定了保险人肩负着重要的责任。保险人的工作效果影响着投保人未来的生产和生活。保险人从事的是高尚的爱心事业,必须超出一般的商业利益来看待自己的工作,必须用和谐友爱的理想信念激发干事创业的强大动力,陶冶自身的高尚情操,深入体会并身体力行保险企业的社会责任和保险行业的社会价值。保险从业人员对保险的正确理解和诚信实践，有助于提升全社会对保险积极、准确的认知。

二、保险的文化底蕴

（一）保险文化的含义和意义

文化一般是指人类所创造的精神财富，或者说是财富中的精神部分。随着历史的变迁和空间的转移，文化呈现出不同的精神内涵。具体来说，文化就是在特定领域、特定历史阶段中，人们对周围事物认识的总和。"保险文化"是人们在保险业发展进程中所表现出的对保险理念、制度、行为等相关事物的认知。保险文化氛围对于全社会保险意识的提升具有潜移默化的作用。

中国保监会主席项俊波认为，具有时代精神和保险特色的全社会保险文化至少应当涵盖四个方面，即做大保险、做强保险、做优保险的物质文化，关注保险、支持保险、运用保险的制度文化，人人保险、物物保险、事事保险的行为文化，以及认可保险、尊重保险、信赖保险的精神文化。他强调，监管部门、行业协会、保险公司各级领导班子要形成主要负责人负总责、各部门协调配合、全员共同参与的工作机制，加大对保险文化建设工作的支持力度，在人、财、物等方面提供保障。行业协会和各保险机构要建立并完善包括规划部署、组织领导、任务落实、督察考核等内容的长效工作机制，将保险业文化建设工作与其他重要工作同部署、同检查、同考核、同奖惩。关键在于，要强化制度执行，使保险文化建设制度化、规范化和常态化，动员和整合保险行业资源，加强与新闻宣传部门的沟通合作，充分借助各方面力量，群策群力，共同推进全社会保险文化建设。

近年来，伴随着我国社会经济的高速发展，各方面矛盾也日益凸显。由于经济、社会、文化环境等多方面影响，上述四个方面的保险文化呈现出不平衡的发展态势。其中，保险物质文化、制度文化在我国保险企业和保险监管机构的共同努力经营下，实现了不断加强与深化，而保险行为文化与精神文化的发展却相对滞后。然而,精神文化作为整个文化体系的顶层架构,决定了全社会的价值取向,影响着个人与企业的观念与行为,既是引导保险行业持续健康发展的精神核心,更是提升全社会保险意识的必要基础。因此,只有深入挖掘保险精神文化并在全社会大力宣传弘扬,才能增加全社会对保险的认可、尊重与信赖,加强社会民众奉行保险行为文化的主动性。

(二)保险精神文化的核心是"以人为本"

保险文化的精神内涵是非常丰富的,这也正是保险行业繁荣和发展的重要基础。而其中最为核心的精神思想,当属"以人为本"的人本主义思想。

人从意识到自身的存在,就开始了对自身环境的思考。这种生存本能的反应,导致了人对周边环境各种变化的探究。这个历程的不断深入,使得人类逐渐认识到风险存在的客观性,以及管理风险的必要性。后来,人们意识到,运用集体的力量,会更容易规避个人风险。于是,他们把积蓄汇集到一起,用于帮助陷于危难的他人,保险就这样产生了。而每一次人类对自身需要的认识的发展,保险业都会作出相应的反应和创新。这种与时俱进的发展特征并非偶然,而是以人为本的文化内涵的体现。所以,保险文化是具有现代人文情怀的服务文化,是对生命和健康核心价值的推崇,是对稳定和谐生产生活的追求。保险文化的核心是人类自我认识、自我关怀的人文精神,是人与人和谐友爱、人与自然和谐相处的和谐理念。

(三)保险文化的历史变迁

人类社会的发展,从不同侧面影响着当时人们对风险和风险管理的认识,从而影响着保险文化。保险的产生可以看作划分现代和过去时代的分水岭。原始社会,群居部落中的人们对风险的认识极为有限,同时也缺乏保险存在的社会基础,因为那时是由所有社会成员共同承担风险,无所谓个人损失,因而不会有保险的产生。随着私有制的出现和发展,保险存在和发展的经济和社会基础得以形成,于是出现了原始的保险形态,这个时代的人们开始注重和探索用各种保险模式来保障自身生活以及工作的安全。进入现代社会后,人类的生产生活方式发生了巨大变化,开始面临许多新的、过去不曾遇到的风险,从而迫使人们开始思考和建立起能够抵御这些风险的有效机制,并逐渐形成了对现代保险业的认知。

今天,我们眼中的保险正是人类在与风险进行长期抗争中形成的精神财富。和现代社会发展的早期相比,当代的人们愈发意识到,在共同面对风险时,人与人之间的相互依赖、相互友爱、相互帮助的重要性。保险正是这样一种互助、大爱精神的反映。

(四)保险文化对保险发展的反作用

美国历史学家戴维·兰德斯在《国家的穷与富》一书中断言:"如果经济发展给了我们什么启示,那就是文化乃举足轻重的因素。"同样,保险业的发展,也需要保险文化的支撑。保险文化对保险发展的反作用,主要体现为对本国或本地区保险发展过程的促进作用。保险人如果能够顺应市场的环境,了解投保人对保险的认知,就能够提供更适合的保险产品和服务,促进保险业的发展;反之,则会影响保险业的发展。

现代社会中保险文化的反作用还体现在,在全球化进程中,一国保险公司进入另一国市场,如果缺乏对当地人口状况、经济状况和宗教状况的分析,缺乏与当地人的交流,不能获得当地人的认同感,就很难推动自身业务的发展;反之,如果对该国独特的情况给予重视,加强与当地人的沟通,就可以大大加快保险业务本地化的进程。

三、提升全社会保险意识的途径

我国保险业的文化建设近年来进展喜人,保险行业守信用、担风险、重服务、合规范的核心价值理念逐步渗透在经营管理实践中。为民监管、依法公正、科学审慎、务实高效的保险监管核心价值理念业已形成。为了进一步加强保险公众宣传工作,不断提高全社会的保险意识,2013 年 6 月,中国保监会决定将每年的 7 月 8 日确定为"全国保险公众宣传日",通过传统新闻媒体和互联网媒体等多种形式宣传"保险让生活更美好"的理念。

从提升全社会保险意识的途径看,首先需要厚植保险行业的监管价值理念和保险行业的价值理念,推进保险行业的文化工程建设,构建保险文化建设长效机制和交互平台,促进保险文化传播和落地,树立保险业正面形象。其次,需要在建设保险文化的同时,继续发挥新闻媒体的正面宣传和引导作用,鼓励广播电视、平面媒体及互联网等开办专门的保险频道或节目栏目,在全社会形成学保险、懂保险、用保险的氛围。再次,加强中小学、职业院校、高等院校学生的保险意识教育。最后,鼓励各地保险企业整合宣传力量,推进保险知识进学校、进社区、进农村、进机关、进企业,让保险意识像空气一样自然地融入人们的日常生活。

(一)推进保险文化建设

良好、浓郁的保险文化氛围是提升全社会保险意识的基础。国外不少文献已经通过实证分析,研究了保险文化对参与者行为的影响,论证了保险文化与消费者选择、保险人行为之间的关系,结果发现,保险文化对保险业发展和全社会保险意识的提升均有重要作用。浓厚的保险大爱、分散风险、互助共济的文化氛围,会促进保险成为人们社会生活的"必需品"。我国保险行业具有独特的发展历史与运行规律,保险文化理应根植于中国传统文化,融于中华民族的骨血之中。中国传统文化主流价值观的核心是"以人为本",基本理念是"和谐共生",与保险文化高度契合。要通过对中国传统优秀文化的认知、学习和实践,重塑保险灵魂。

《吕氏春秋·特君览》载:"凡人之性,爪牙不足以自守卫,肌肉不足以捍寒暑,筋骨不足以利辟害,勇敢不足以却猛禁悍。"这说明,我国先民很早就注意到单凭个人力量不足以自卫和谋生,必须互相帮助、团结协作,才能抵御当时的自然灾害和外来侵袭。孟子在《滕文公》中也主张:"出入相友,守望相互,疾病相扶持",同样反映了我国古代儒家的社会互助思想。《墨子·鲁问篇》提出"有力者疾以助人",要求有余财的人扶助贫困的人,这一

"大爱"思想与保险的内涵十分契合。此外，济世是中华传统的道德观念，"悬壶济世，乐善好施""常怀济世志"等是我国古代许多仁人志士心忧天下、普济苍生的精神追求。保险天然地具有济世功能，与中华传统文化实现了完美结合。

（二）充分利用新闻媒体的宣传作用

新闻媒体是宣传窗口，但它们并不天然地懂保险，所以，媒体宣传什么、怎么宣传，应该由保险行业自身提供从内容到表现形式的一揽子服务。为了取得最好的宣传效果，保险行业需要高度重视这项工作，有必要由相关部门设立专门的研究团队和策划运营团队，专门研究广大人民群众的保险需求，并以他们喜闻乐见的方式进行知识栏目和广告宣传的设计。例如，由中国保监会消费者权益保护局主持策划的"小宝学保险"丛书，就是一种接地气的保险知识普及方式。保险知识本身相当专业，涉及的条款更是晦涩难懂，但这并不影响保险的理念可以简单、直接而美好。保险宣传宜以一种"随风潜入夜，润物细无声"的方式，春风化雨般将保险意识植入人们的头脑中，引导人们关注自身风险、关爱他人，引导人们善于使用专业的风险管理工具转移个人、家庭、企业面临的风险，以一种"人人为我，我为人人"的大爱精神实现经济个体互扶互助、共担风险的和谐共生。康有为在《大同书·甲部·绪言》中提出："大同之道，至平也，至公也，至仁也"；并且以传统的大同思想来解释博爱，即不仅"自亲其亲，自爱其子"，也要"爱人之亲，爱人之子"。这反映了社会成员之间互助互爱这一至善社会理想由古至今的传承。保险宣传者必须具有科普工作者的热忱，敬业和专业，将弘扬保险文化作为一项传播大爱、普惠众生的事业来用心经营，方能使得保险理念深入人心、保险选择成为人们的自觉行为。

（三）加强中小学、职业院校、高等院校学生的保险教育

在各级各类学校加强保险教育、从娃娃抓起，是提高学生综合素质、增强国民保险意识的长效机制。要将保险教育纳入中小学、职业院校、高等院

校教育体系,由浅入深、从实践到理论,编制适应不同学龄学生的系列教材。中小学课程适当渗透与保险教育有关的内容,可以像劳动常识这样的课程一样开设为常识类课程,以事例讲解或者情景模拟的方式,让学生了解面临什么样的风险时、在什么样的情况下可以寻求保险的帮助;将保险教育纳入中、高等职业院校有关课程,结合职业指导向学生普及保险知识,增强学生运用保险管理和应对风险的能力;在高等院校将保险教育纳入通识教育的范畴,在全校范围开设《保险学》公选课程和保险沙龙系列讲座,根据学生的不同基础和层次,探讨保险业发展面临问题的解决方案,加强研究力量,通过研究指导业务实践,依靠研究决胜市场。

同时,保险行业要高度重视中小学、职业院校和高等院校与校园人身、财产安全及其责任相关的保险服务工作,在提供服务中让师生切实感受保险的积极作用、增强现实感的保险体验,促进保险知识教育内化于心、外化于行。另外,保险行业应密切与高等院校保险学科和相应研究机构的合作,加强研究力量;促进与教育部门的合作,积极发展保险职业教育和成人教育,参与制订保险类职业教育教学指导方案,支持保险专业课程建设,加强职业院校保险学科和保险教材建设。各保险公司及其分支机构应积极吸纳保险专业学生实习和就业,为保险教育和保险知识普及提供教学资源支持。建立保险业与教育界合作共建的长效机制,通过选拔派遣讲师和校外辅导员、义务帮助中小学和职业院校培训保险教育师资、提供教具和教学活动支持、组织教师学习有关保险知识等多种方式,帮助学校开展宣传普及保险知识的活动,丰富教学形式,提高保险教育效果。

(四)举全行业之力,推动保险融入人们的日常生活

整合保险业力量,向各级各类学校图书馆、社区图书馆、村镇图书馆,赠送适合不同人群阅读的保险知识普及读本。这些读本有必要按照不同维度细分为多种版本,比如:按照年龄设计的幼儿版、儿童版、中学生版、成人版等版本,按照城乡差异设计的城市版和村镇版等版本,按照不同行业特有风险设计的行业版,按照不同职业设计的职业版,以及针对特殊人群设计的盲

文版等等，力争照顾到所有人对保险知识的了解和学习特点。这些读本要从读者的角度出发，以可读性和读者感受为设计的出发点，比如幼儿版和儿童版以图画说明的方式为主，目的是将保险知识的宣传落地，不能只停留在喊口号和自说自话阶段。

百闻不如一见。保险行业在保险产品的研发设计上充分考虑保险需求的个性差异，基于风险演进不断创新和丰富现有产品，简化不必要的晦涩条款，缩短投保流程，加快理赔速度，改善客户体验。加强新产品的发布说明，杜绝不实宣传，加大体验性保险产品的开发力度，邀请客户进行保险体验，让人们在对产品充分了解基础上自愿选择、购买适合自身的保险产品，降低退保率，减少不必要的纠纷，节约经营成本，树立诚信的保险业形象。通过实践过程中产品和服务的不断升级，让人们从心底认可保险、选择保险、信赖保险，真正做到：保险，让生活更美好！

作者简介：魏丽，女，中国人民大学保险系主任、中国保险研究所所长，教授、博士生导师；兼任中国保险学会常务理事、中国保险学会保险教育专业委员会秘书长、中国保监会保险消费者权益保护工作社会监督员、中国运筹学会不确定系统分会理事、金融量化分析与计算专业委员会委员；发表学术论文20余篇，主持参与多项国家级、省部级课题；曾获第三届钟家庆运筹学奖、霍英东教育基金会高等院校青年教师奖。

建设高素质人才队伍

卓　志

　　"十三五"时期是中国承上启下的关键时期。《中共中央关于制定国民经济和社会发展第十三个五年规划的建议》明确要求加快建设人才强国，深入实施人才优先发展战略，推进人才发展体制改革和政策创新，形成具有国际竞争力的人才制度优势，实现人才结构的战略性调整，引进急需紧缺人才，发挥政府引导作用，优化人力资本配置，完善人才评价激励机制和服务保障体系。

　　理论实证研究和实践揭示，人力资本对经济增长有举足轻重的作用。我国人力资本对经济增长的贡献率大体在35%左右，而西方发达国家人力资本对经济增长的贡献率大体在75%左右。现代保险服务业是劳动密集、资本密集和人力资本密集的行业，也是现代服务业的重要构成。保险业由于经营对象、业务特点和运营管理等的特殊性，对人力资本的倚重尤甚。

　　"十三五"时期是现代保险服务业发展的重要战略机遇期。高素质人才的数量和质量以及前瞻性的人才政策，决定着现代保险服务业发展的程度和进程，也决定着它对经济社会发展以及国家治理体系和治理能力现代化建设的贡献。建设高素质人才队伍，是保险业实现"十三五"战略目标的重要抓手。

一、高素质人才队伍是实现从保险业意愿到国家意志的根本保证

(一)保险业的战略地位空前提高

党的十八届三中全会提出的全面深化改革的总目标,就是完善和发展中国特色社会主义制度,推进国家治理体系和治理能力现代化。习近平总书记指出,国家治理体系和治理能力是一个国家的制度和制度执行能力的集中体现,两者相辅相成。今天,摆在我们面前的一项重大历史任务,就是推动中国特色社会主义制度更加成熟、更加定型,为党和国家事业发展、为人民幸福安康、为社会和谐稳定、为国家长治久安,提供一整套更完备、更稳定、更管用的制度体系。保险制度作为人类文明进步的结晶、人类经济社会发展的风险管理和财富管理的制度机制,是关乎国家长治久安的一整套更完备、更稳定、更管用的制度体系的重要构成和组成部分。2014 年《国务院关于加快发展现代保险服务业的若干意见》的出台,集中反映了现代保险服务业服务国家治理体系和治理能力现代化的要求,保险业的战略地位空前提高。现代保险服务业在构筑保险民生保障网、完善多层次社会保障体系,发挥保险风险管理功能、完善社会治理体系,完善保险经济补偿机制、提高灾害救助参与度,大力发展"三农"保险、创新支农惠农方式,拓展保险服务功能、促进经济提质增效升级等方面,将发挥越来越重要的作用。现代保险服务业若缺乏高素质的人才队伍,将难以起到这些作用。

(二)供给侧结构性改革的要求

我国《国民经济和社会发展第十三个五年规划纲要》强调,以供给侧结构性改革为主线,扩大有效供给,满足有效需求。进行供给侧结构性改革,是一种寻求经济新增长、新动力的新思路。从国际层面看,我国推进供给侧结构性改革是大势所趋;从我国自身经济面临的压力看,实行供给侧结构性改革可以发掘经济增长的新潜力。因此,它是我国"十三五"时期发展的战

略重点。供给侧结构性改革强调,从供给侧的劳动力、土地、资本、政府、创新等要素推进发力,实现要素的优化配置,促进经济供给能力的提升,推动经济的潜在增长率提高,确保经济可持续发展。由于劳动力是供给侧的重要要素之一,搞好劳动力方面的改革,不仅放开生育、增加人口红利,而且更重要的是注重教育,提高劳动力素质,进而提升人力资本。只有高素质的劳动力与资本和创新结合,才能提高要素资源的配置效率。对保险业而言,目前,不仅保险市场的很多需求不能得到满足,而且,保险公司全要素生产率的提高,也需要保险业深化供给侧结构性改革。为实现这项改革,建设高素质的人才队伍,是保险业供给侧结构性改革的重要基础和内容。

（三）保险的职能作用不断扩大

《国务院关于加快发展现代保险服务业的若干意见》明确提出,到2020年,保险业要基本建成保障全面、功能完善、安全稳健、诚信规范,具有较强服务能力、创新能力和国际竞争力,与我国经济社会发展需求相适应的现代保险服务业,努力由保险大国向保险强国转变。保险成为政府、企业、居民进行风险管理和财富管理的基本手段,成为提高保障水平和保障质量的重要渠道,成为政府改进公共服务、加强社会管理的有效工具。

上述国务院文件和多部委尤其是中国保监会相关法规政策等的出台,为保险业发展搭建了宽广的舞台,赋予了更重要的职责和作用。保险业已经成为具有经济补偿、资金融通和社会管理等职能的行业,而且在社会主义市场经济体制建设、社会经济文化生态等领域发挥着并将继续发挥更加重要作用的行业。保险业在关注自身发展、做大做强的同时,更应该与国家经济增长方式转变相契合,担当并发挥经济"助推器"和社会"稳定器"的坚强作用。保险职能的新扩展及其作用的实现,迫切需要一支高素质的人才队伍。

（四）保险业的综合经营与管理日益加强

随着保险业实力的不断增强,一些保险公司在集团化的基础上加速向金融控股公司模式转换,有些保险公司选择更加专业化、差异化、信息化的经营模式。肇始于2013年的大资产管理时代，已打破了原有各家金融保险机构的严格领域界限，取而代之的是不断扩大的全产品线，以此提升其核心竞争能力。选择金融控股公司模式的保险公司，除了保险业务外，还涉足银行、证券等多种金融业务。保险业资金运用的渠道不断放开，形式更加多元。保险公司在资本市场上频频举牌，通过资本扩张与并购，金融控股模式不断得到加强。

经营模式的转化，实质上是专业化与多元化经营战略之间的差别，而这种区别所针对的人才需求显然存在着巨大的差异。在大量跨界经营和更加专业化经营管理的形势下，高素质、复合型、专业化及具有国际视野的人才队伍建设，不仅应成为保险业经营和发展的重中之重，而且应提高到行业意愿和国家意志层面加以重视。

（五）市场竞争深刻加剧

党的十八届三中全会明确提出，让市场在资源配置中发挥决定性作用。这是我国改革开放历史进程中具有里程碑意义的创新和发展，将对在新的历史起点上全面深化改革产生深远影响。市场作用的突出与发挥，要求政府转变职能，把能够由市场决定的交给市场。在此背景下，市场竞争将更加激烈，金融保险行业的竞争也不例外。分业经营、分业监管下的金融机构都拥有自身的专属领地，在专业性方面取得优势即可取得市场竞争优势。而在不少金融机构均加速向金融控股转变的同时，在不断跨界经营的局面下，巨大的竞争压力不仅仅来源于原有的竞争对手，而且更多地来源于同保险行业无关或关系不大的跨界竞争，由此也加剧了竞争的激烈程度。为构建保险公司持续的核心竞争力、取得竞争优势，建设现代保险业的高素质人才队伍迫在眉睫。自身不跨界，则要"被跨界"。保险业的同业竞争、跨界竞争及保险业与异业的竞争，本质上是高素质人才队伍的规模、质量与结构的竞争。高素质人才，是保险业在市场竞争中立于不败之地的关键因素和智力支撑。

（六）风险因素错综复杂

传统计划经济条件下，国家的经济增长方式从某种程度上表现为风险发生概率的确定性。而从国家经济转型的角度而言,社会主义市场经济体制的创新发展模式,带来的是风险衡量的不确定以及结果的不确定,巨额投资带来的是可能的损失程度的加剧及风险的增加。随着经济全球化、国际化和后国际金融危机时代的深入变革,风险因素持续变化,非系统性和系统性风险复杂多变。在 2016 年全国保险监管工作会议上,中国保监会主席项俊波指出,风险的跨境传递,汇率风险以及"走出去"后风险持续加大,给保险公司经营带来了极大的挑战。与此同时,新型保险需求增加等,都需要对风险进行衡量和精算;在缺乏足够历史数据的情况下,对于保险与风险管理及其技术提出了更高、更新的要求。这些都需要保险业拥有高素质的人才队伍,才能加以应对。

因而,保险业高素质人才队伍建设,是在对国家社会经济和保险业深刻发展变化的把握和理解基础上提出的重要举措,更是现代保险服务业实现国家意志的必然要求。

二、高素质人才队伍是现代保险业自身做大做强的内在需要

尽管我国保险业人才队伍建设在"十二五"期间取得显著成绩,但与我国保险业发展迅速、市场规模明显扩大、保险业地位不断提升、保险需求更加多元、保险创新日益增多等现代保险业发展的实际相比,行业发展与防范风险等任务十分繁重,发展与监管工作都面临较大压力。尤其是保险业面向"十三五"期间的国家意志实现和自身发展,还存在高素质人才总量不足、人才结构不合理、人才创新能力不强等问题。

(一)保险业总体处于发展的初级阶段,人才结构尚有待提升

实行改革开放与保险业恢复发展以来,保险业人才队伍不断扩大。目前,我国保险行业人才达 60 万人左右,营销人员为 350 万人左右。但随着我国保险业市场主体的不断增多、保险服务面的不断扩大、保险渗透率的不

断提高,保险业人才队伍和人才体系,不能完全适应新经济、新业态、新技术和新环境的发展要求。不仅高素质人才总量不足,而且在人才结构方面,例如精算、资本运作、财务管理、风险评估、另类投资等领域的高尖端、高层次、高技能和复合型跨界人才较为缺乏。

(二)保险业发展对人才的需求与人才供给存在一定的不匹配性

保险业具有劳动力密集、资本密集与技术密集的行业属性,需要具备多学科知识和能力结构的高素质人才。如今,世界上著名的大而强的保险公司或集团,大多汇集了具有多重多种知识结构和专业领域的高素质人才。我国不少高校注重培养保险人才,并开设了保险及相关专业;保险企业也加强和重视内部培训,建有初步的职业培训体系。但是,高素质人才供给尚难以有效对接保险业发展需求,保险业的高素质人才处于短缺状态。

(三)对高素质人才激励和约束的有机协调机制尚需培育

保险业经营环境的复杂性、经营对象的特殊性、经营技术的高端性等,决定了保险人才不是简单地从事简单、重复的工作,相反,其人才市场的人才定价是由市场最终决定的。为此,保险业的高素质人才不仅需要内心的激励,而且需要外在的激励。由于保险业是以最大诚信为本、需要强烈职业道德的行业,在激励的同时,必须有相应的人才约束机制,例如需要任职资格、职业道德测试、技术资格、惩罚与退出原则等制度。在当今保险业人才质量难以满足需求的情况下,搞"人海战术",以规模业绩为主要或唯一的人才评价评判标准,不仅难以让人才树立正确的经营和发展理念,而且难以为高素质人才提供一个良好的,风险与收益、报酬与责任对等的健康成长环境。

(四)保险业人才市场及定价机制仍有待完善

具体表现在尚没有建立统一的保险人才数据库,缺乏合理的保险人才能力及价格评估体系,保险人才市场总体规模小且被分割,保险人才市场的监管体制仍有待完善。

当前,国际一流企业的人才工作,无论是在理论研究与探索,还是在体系完善、制度建设与流程设计,抑或是在技术手段、操作方法上,都达到了相当高的水准。借鉴国外企业人才政策和机制的有益经验,有利于现代保险业高素质人才队伍的建设。

1. 人才工作重视程度高

充分认识人才工作的重要作用,普遍将人力资源管理部门的地位提升到"企业的战略伙伴"高度。上至企业高层,下至各级领导者和业务部门负责人,在作重大决策时,都会将人力资源作为决策的关键决定性因素。与此相应,人力资源管理部门负责人也通常进入企业的核心管理层。

2. 人才工作的定位清晰

明确确立各级各层管理者在人力资源管理上的职责和义务,赋予了员工对人力资源管理工作的参与权,明确界定了人力资源管理部门的角色定位。人力资源管理部门不再是传统的行政管理者和人事权力部门,更多的是充当人力资源管理专家。人力资源管理部门把大部分精力放在研究、预测、分析、沟通并制定人力资源管理规划、政策和实施方面,积极主动地为企业高层领导以及业务部门提供决策支持和人力资源专业服务。

3. 人才工作的体系完善

普遍形成了较为完善的人才工作体系。这个体系通常以鲜明响亮的人才价值观、用人哲学、工作文化等人才理念为统领,以全面的人力资源规划为基础,以规范的岗位管理和科学的素质管理为主线,通过精细流畅的流程设计,使得人才的选、用、育、留、汰等各个环节,环环相扣,紧密联系;同时,借助于先进的人力资源管理信息系统,确保了人才工作体系高效能的运行。

4. 人才工作的内涵广阔

人才工作不仅包括对员工的选、用、育、留、汰及日常人事管理,而且还包括企业文化的建设、工作环境的改善、员工的职业发展规划、员工的心理咨询、企业与员工之间的关系管理等多个方面。

5. 人才工作投入巨大

这些企业都对人才工作投入了较多的资源。财力投入上，每年都从企业的预算中拿出相当比例用于人力资源开发与管理。人力投入上，它们都建立了庞大的人力资源管理机构，做到了机构齐全、职能丰富、财力雄厚、人力充裕。

三、高素质人才队伍建设的顶层设计与制度保障

面对保险业人才队伍的挑战，"十三五"期间，保险业应做好选才、用才、育才及励才等多方面工作，加强高素质人才队伍建设的顶层设计，搞好保险经营管理人才、保险专业人才等的合理搭配。实施人才兴业战略，坚持以人为本，提升人才素质，优化人才结构，建设适应保险业发展的管理人才、技术人才、营销人才和监管人才等多支队伍，夯实保险业科学发展的人才基础。建立一支数量充足、结构优化、素质优良、充满活力的保险业人才队伍，构建一套与保险经济运行机制相适应的人才管理体制机制，充分发挥各类人才的积极性、创造性，把保险业的人力资源转化为人才资源优势，为做强保险业、服务国家意志提供坚实的智力支持。

（一）加强顶层设计，加快高素质人才队伍建设

立足国情和保险业现状与发展趋势，通过优化、整合、传承、衔接与创新，在终身教育的发展理念下，逐步提升学历教育、职业教育和继续教育三者的整体实力，并健全与完善这三种教育之间的协调和互补机制，合理确定各方参与主体在保险职业资格认证、职业教育与培训体系中的责任定位及其作用途径，建立行业统一、内容丰富、多层次、广覆盖的保险职业资格认证与教育培训体系及其运行机制。建立保险职业资格认证与教育培训体系、提升保险从业人员的职业能力，是实现高素质人才规划的重要制度内容。

1. 加强保险职业资格认证

我国保险职业资格分为准入类职业资格和水平评价类职业资格，一般由保险经营管理、保险专业技术以及保险营销三大类组成。其中，保险经营

管理类包括寿险管理师、财产保险管理师;保险专业技术类包括保险培训师、保险精算师、保险客户服务师、保险风险管理师、财产保险核保师、财产保险理赔师(含财产保险查勘定损人员资格认证等)、寿险核保师(含生存调查人员资格认证等)、寿险理赔师、再保险管理师、保险公估师(含公估从业人员资格认证等),以及保险资产管理师;保险营销类包括保险营销师(含销售人员资格认证等)和寿险理财规划师。

创新职业资格管理制度,负责规划统筹职业资格认证及其审核、教育培训工作。建立职业资格认证评价制度,涉及教育、考试、从业经验和职业道德等多维度构成的职业资格认证标准。综合学历水平、从业年限、业绩表现、诚信记录等要素,设定评级标准,引导和鼓励长期服务、诚信从业。建立有序的职业资格认证审核及证书管理办法,做好职业资格同其他金融行业、已有保险职业资格及海外保险职业资格之间的认证转换工作,建立和健全职业资格考试制度。职业资格认证考试,以考察从业人员对保险理论及实践相关知识的实际应用能力为目的。保险业的不少岗位按照我国《保险法》和有关规定要求,必须由具有职业资格的高素质人才担任。例如,保险精算责任人必须由具有精算师职业资格的专门人才担任。

2. 加强保险职业教育

我国保险职业教育体系,由高等教育机构承担的学历教育(以下简称"学历教育")和保险行业的非学历教育两大体系组成。学历教育包括基础学历教育和学历提升教育,非学历教育一般包括保险职业道德教育和保险从业继续教育。

高等学校应进一步加强保险学科和保险专业建设,拓宽保险专业人才培养渠道,积极发展保险职业教育和成人教育。保险行业协会或相关机构应制定保险职业道德教育的标准与认证管理办法,建立保险从业人员继续教育体系,包括专业技术人员的后续教育体系和保险经营机构的中高管的后续教育体系等,让保险从业人员接受保险职业道德教育,并让其获得职业道德教育的认证。

创新高校与用人单位的定向培养和联合培养机制,加强产学研的有机统一。鼓励保险经营机构和高校建立保险发展创新研究中心,有条件的保险企业可设立博士后流动站,加大对保险行业的前瞻性发展创新研究;鼓励有条件的高校设立以保险行业高管为主要教育对象的教育项目,加大对国内外保险经营规律、保险企业全面风险管理、保险精算与保险财务、保险人力资源管理、保险公司资产管理、金融综合经营等方面的专业教育力度;鼓励和提倡跨校、跨专业的复合型保险专业技术人才培养,建立学历教育和保险专业技术认证的学分互认制度。

3. 加强保险职业培训

目前,建立包括保险监管人才、保险业高管人才、保险业中层管理人才、保险行业专业技术人才、营销精英人才等在内的保险职业培训体系迫在眉睫。

做好保险职业培训实施和功能的层次划分,例如,对具有行业性质的高管培训、高级储备人才培训和高级技术资质认证的培训,具有行业性质的中级管理层培训、中级储备人才培训和中级技术资质认证的培训,以及行业后续教育、任职资格培训考试、初级认证培训与考试类培训。

保险经营机构从事基于公司发展战略、公司人才需求、公司差异化经营等公司自身需求和监管要求的相关培训工作,参与由保险行业协会组织的基于保险行业需求导向的中高管培训、专业技术人才培训和保险业储备人才培训。高等院校具有战略管理、人力资源管理、国学、营销管理、法律、金融、技术等领域的综合知识优势,以及保险业国内国际前沿研究的智力优势,应充分发挥在保险业中高管培训、储备人才培训以及基础性职业资格认证培训方面具有的内在优势。同时,发挥国内外资质优良的市场培训(咨询)机构,在产品研发、精算定价、承保技术、投资管理、综合经营监管等方面的差异化优势。

4. 建立保险职业资格认证与教育培训的支持保障体系

通过建立职业资格规划发展的协调机制,促进原有行业资格同新设行业资格的有效衔接,保险行业资格与其他金融行业资格、我国保险行业资格与国际行业资格的衔接转换,以及保险行业资格与国家职业资格许可和认证的密切结合。建立保险业职业资格信息共享机制,逐步实现数据共享,提升保险监管部门、保险经营机构以及社会公众的信息甄别水平。建立保险业职业资格数据库机构和公众查询机制,提升保险行业职业资格认证的公信力。

建立健全政府、用人单位和学习者共同分担成本,多渠道筹措经费的教育培训投入制度与机制。完善加快保险教育培训服务发展的税收、金融、土地等优惠政策。督促保险经营机构及时、足额提取职工教育经费,并切实用于职工教育培训。

大力提高全社会对保险教育培训重要性的认识,增强保险业教育培训的主动性和自觉性。布局好保险教育培训基地,并加强教育培训理论、政策法规、教育实践和国际比较研究。鼓励支持开展多种形式的对外交流与合作,积极借鉴国际保险业教育先进理念,引进国际教育优质资源,建立健全海外合作教育的制度与政策。宣传保险业教育的先进典型、创新成果和实训业绩,营造有利于保险行业教育培训健康发展的社会环境,鼓励全民终身学习风险保险知识的舆论氛围,推进保险业教育培训全面协调可持续发展。

(二)建立科学的选人用人机制,加大高素质人才队伍建设力度

加大对国际业务、资产管理、风险管理、精算、财务、核保核赔、法律等专业人才的培养力度,造就一批具有国际视野、富有改革创新精神的高素质人才。实施开放的人才政策,努力扩大引入海外人才、跨界人才,打造高层次人才向保险业聚集的整体态势。改革人才选拔使用方式,建立市场化的人力资源管理机制,加强保险人才流动的政策引导,畅通人才流动渠道。鼓励企业实施高管人员市场化选聘任用与管理,实行与经营业绩相挂钩的差异化薪酬分配办法,突出专业人才的价值创造。坚持党管人才,建立组织选拔、市场配置和依法管理的国有保险公司领导干部选拔任用制度。

(三)建立激励、约束的联动机制,加强高素质人才队伍建设

建立符合国情和保险业实际的激励体系,坚持物质激励和精神激励相

结合，注重增强优秀人才的成就感和荣誉感，健全从业人员收入正常、合理的增长机制。在符合国家政策、条件成熟时，允许保险企业探索实施员工持股计划、事业合伙人、内部创业、跟投等多种市场化的体制机制创新。以合规为导向，完善兼顾公平与效率的绩效管理、奖惩问责制度，加强对经营管理者履职情况的考核约束。深入推进保险监管机构和国有保险企业的党风廉政建设，不断强化作风建设。

建设适应保险业"十三五"规划纲要要求的高素质人才队伍，是一项长期的系统工程，需要前瞻性的谋划。各方要共同努力，群策群力，共同为保险业的繁荣发展而不懈奋斗。

作者简介：卓志，男，山东财经大学校长，教授、博士生导师；主持教育部哲学社会科学研究重大课题攻关项目，国家社会科学基金、自然科学基金项目以及省部级课题 10 余项，出版个人专著 4 部，发表学术论文 100 余篇；《寿险精算》获全国哲学人文科学优秀成果经济学二等奖；作为四川省教学名师，曾获国家教学成果二等奖、四川省教学成果一等奖。

附录：

中国保险业发展"十三五"规划纲要

（2016 年 8 月 23 日印发）

《中国保险业发展"十三五"规划纲要》（以下简称《纲要》），根据《中华人民共和国国民经济和社会发展第十三个五年规划纲要》和《关于加快发展现代保险服务业的若干意见》（国发〔2014〕29 号）编制，主要明确"十三五"时期（2016—2020 年）我国保险业的指导思想、发展目标、重点任务和政策措施，是未来五年保险业科学发展的宏伟蓝图，是全行业改革创新的行动纲领，是保险监管部门履行职责的重要依据。

第一章　加快发展现代保险服务业的指导思想和主要目标

"十三五"时期是我国全面建成小康社会、实现第一个百年奋斗目标的决胜阶段，将为实现第二个百年奋斗目标、实现中华民族伟大复兴的中国梦奠定更加坚实的基础。我国保险业要立足新起点，持续推进行业改革创新，更好地支持经济社会建设，为服务国家治理体系和治理能力现代化作出更大贡献。

（一）"十二五"时期我国保险业发展的基本情况

"十二五"时期是我国保险业发展很不平凡的五年。全行业在党中央、国务院正确领导下，主动适应、准确把握经济新常态，坚持"抓服务、严监管、防风险、促发展"的工作思路，全面推进保险发展和监管各项工作，顺利完成了"十二五"规划的主要目标和任务，开创了行业改革发展新局面。

——综合实力显著增强。我国保费收入从 2010 年的 1.3 万亿元,增长到 2015 年的 2.4 万亿元,年均增长 13.4%。保险业总资产从 2010 年的 5 万亿元,增长到 2015 年的 12 万亿元,成功实现翻番。全行业净资产达到 1.6 万亿元,保险行业偿付能力总体充足。行业利润从 2010 年的 837 亿元,增长到 2015 年的 2824 亿元,增加 2.4 倍。保险深度达到 3.6%,保险密度达到 1768 元/人。我国保险市场规模先后赶超德国、法国、英国,全球排名由第六位升至第三位。

——保险改革全面突破。市场准入退出机制不断优化,综合性、专业性、区域性和集团化保险机构齐头并进,8 家保险机构在境内外实现上市,自保、相互、互联网等新型主体创新发展,统一开放、协调发展、充满活力的现代保险市场体系日益完善。全面实施寿险产品费率市场化改革,稳步推进商业车险条款费率管理制度改革,市场配置资源的决定性作用得到有效发挥。保险资金运用体制改革深入推进,保险资金配置多元化格局初步形成。

——服务能力不断提升。"十二五"期间,保险业为全社会提供保险赔款与给付 3.1 万亿元,较好地发挥了经济补偿和社会风险管理作用。大病保险覆盖全国 31 个省(区、市),覆盖人口达 9.2 亿。农业保险累计为 10.4 亿户次农户提供风险保障 6.5 万亿元,向 1.2 亿户次农户支付赔款 914 亿元。责任保险涵盖公共服务各领域,交强险投保率从 2010 年的 79%提升至 2015 年的 92%。出口信用保险累计提供风险保障近 1.6 万亿美元,有力促进了外向型经济发展。保险业共发起债权、股权和项目资产支持计划 499 项,合计备案注册规模 1.3 万亿元。

——发展环境不断优化。国务院发布《关于加快发展现代保险服务业的若干意见》、《关于加快发展商业健康保险的若干意见》,把保险业的战略定位提升到了前所未有的历史新高度。35 个省(区、市)出台了促进保险业发展的文件,中国保监会与 26 个地方政府签署合作备忘录,在深圳、宁波等 6 个地方建立保险创新综合示范区,政府推动和政策支持的力度空前提升。推动修订《保险法》,正式实施《农业保险条例》,巨灾保险制度建设取得突破性进展,保险业发展的制度基础进一步夯实。

——监管创新深入推进。初步构建中国特色的保险公司治理监管制度体系,公司治理监管进入量化评级新阶段,引领国际监管规则新趋势。建成第二代偿付能力监管制度体系,对全球保险市场发展和国际保险监管规则建设产生重要影响。不断加强市场行为监管力度,开通12378维权热线,开展诉调对接,推进行业信用体系建设,综合治理车险理赔难和人身险销售误导,消费者权益得到有效保护。多边和双边国际保险监管合作不断推进,当选亚洲保险监督官论坛轮值主席,主导通过《科伦坡宣言》,我国在国际保险监管领域的话语权不断增强。构建全面、立体、高效的风险防范体系,守住了不发生系统性区域性风险的底线。

(二)"十三五"时期我国保险业发展环境的基本特征

"十三五"时期,世情国情继续发生深刻变化,我国经济社会发展呈现新的阶段性特征。综合判断国内国际形势,我国发展仍处于可以大有作为的重要战略机遇期,但同时面临诸多问题和挑战。

从社会发展来看,我国人口老龄化进程加快,二孩政策全面放开,家庭结构发生变化,养老和医疗保障不足的矛盾凸显,商业保险在社会保障体系中的作用不断提升。随着政府职能逐步转变,社会管理方式不断创新,运用市场化手段满足社会管理和公共服务需求成为必然选择,商业保险成为国家治理体系和治理能力现代化的重要手段。社会发展日趋多元,消费结构不断升级,公众保险意识不断增强,保险需求更加多样,商业保险发展空间更加广阔。

从经济形势来看,我国经济长期向好,各领域改革全面发力,社会大局和谐稳定,为保险业平稳较快发展奠定坚实的经济基础。"一带一路"、京津冀协同发展、长江经济带等国家重大战略部署,为保险业带来新的发展机遇。供给侧改革深入推进,供给体系质量和效率逐步提升,经济结构转型升级,企业发展活力和消费者潜力得到释放,保险需求日趋多元。互联网、大数据、云计算等新技术快速发展,催生保险新产品、新技术、新模式不断涌现,为保险业创新发展提供有力支撑。

从国际环境来看，经济全球化深度推进，和平发展、合作共赢仍是当今世界的主流。我国与全球经济的联系和影响日益加深，国际交流合作不断深化，我国经济增长对全球经济复苏的外溢作用逐步明显，为保险业更好地利用国际市场创造了良好环境。全球保险发展日新月异，保险监管的理念和方式不断优化，各国监管部门合作加深，为我国保险业更好地利用国际资本、技术和人才提供了契机。

同时，我们也看到，全球经济仍处于深度调整阶段，贸易保护主义强化，国际金融市场波动加大，风险的跨境传递加快，经济复苏面临不少新的不确定因素。我国经济正处于"三期叠加"阶段，经济增长新旧动能处于转换之中，长期积累的结构性矛盾逐步显现，经济金融综合经营加快，增加了保险市场稳定运行和风险防范的压力。保险行业发展不平衡、不协调的问题仍然突出，经营管理水平不高，创新能力不强，保险产品和服务不能完全满足市场需求，保险发展和监管面临新的压力和挑战。

（三）"十三五"时期我国保险业发展的指导思想

全面贯彻党的十八大和十八届三中、四中、五中全会精神，以邓小平理论、"三个代表"重要思想、科学发展观为指导，深入贯彻习近平总书记系列重要讲话精神，立足于服务国家治理体系和治理能力现代化，主动适应经济发展新常态的形势和要求，以供给侧结构性改革为主线，扩大有效保险供给、满足社会日益增长的多元化保险服务需求为出发点，牢固树立和贯彻落实创新、协调、绿色、开放、共享的发展理念，提高发展质量和效益，建设有市场竞争力、富有创造力和充满活力的现代保险服务业。

——优化供给，创新发展。深刻把握发展新特征，以创新驱动激发供给侧新动力，着力提高供给体系质量和效率。充分运用新理念、新思维、新技术，积极探索新产品、新渠道、新模式，加快形成以创新为主的保险业发展新业态、新动力。

——深化改革，协调发展。深化保险发展和监管改革进程，加大结构性改革力度，促进行业转型升级，实现需求升级与供给升级协调共进。优化市场主体结构和区域布局,提高保险业发展的均衡水平和整体效能。

——提质增效,科学发展。充分发挥市场在资源配置中的决定性作用,实现发展重速度规模与重质量效益相统一。注重精准施策,坚持统筹兼顾,开创更有活力、更富品质的发展境界。

——融入全球,开放发展。以开放促改革、促发展、促创新,不断丰富对外开放内涵,提升对外开放水平,引入先进经营管理理念和技术,综合运用国际国内两个市场、两种资源,重视国内外保险市场联动效应,更加积极主动融入全球发展。

——以人为本,共享发展。坚持以保险消费者为中心,把服务人民群众生产生活、满足多样化风险保障需求作为保险发展的出发点和落脚点,让人民群众共享保险改革发展成果,努力实现"保险让生活更美好"。

——依法监管,健康发展。加快推进保险监管现代化,强化依法监管理念,完善监管制度体系,提升监管的科学性和有效性,营造公平公正、有序竞争的市场环境。建立全方位、多层次的风险防范体系和风险化解机制,维护保险市场稳定和金融经济安全。

(四)"十三五"时期我国保险业发展的主要目标

到 2020 年,基本建成保障全面、功能完善、安全稳健、诚信规范,具有较强服务能力、创新能力和国际竞争力,与我国经济社会发展需求相适应的现代保险服务业,努力由保险大国向保险强国转变,使保险成为政府、企业、居民风险管理和财富管理的基本手段,成为提高保障水平和保障质量的重要渠道,成为政府改进公共服务、加强社会治理和推进金融扶贫的有效工具。我国保险业在世界保险市场地位进一步提升。具体目标是:

——保险业实现中高速增长。到 2020 年,全国保险保费收入争取达到 4.5 万亿元左右,保险深度达到 5%,保险密度达到 3500 元/人,保险业总资产争取达到 25 万亿元左右。大型保险集团综合实力和国际影响力稳步提高,中小型保险公司实现差异化、特色化发展,保险市场体系丰富多元。

——产品和服务供给更优。多层次、个性化保险需求得到基本满足,保险服务品质大幅改善。保险服务国家重大战略、经济转型升级、民生保障职能显著发挥,对扶贫攻坚支撑作用明显。科技与保险深度融合。有利于创新的体制机制初步形成,创新要素配置更加高效。

——行业影响力显著增强。现代保险服务业成为促进经济提质增效升级的高效引擎、创新社会治理的有效机制、改善民生保障的有力支撑、完善金融体系的支柱力量,保险知识普及水平大幅提高,在经济损失补偿、灾害事故应对、促进资金融通、完善社会治理、优化资源配置等领域的作用日益提升。

——消费者满意度普遍提高。理赔难、销售误导等突出问题得到有效化解,消费者投诉率大幅下降,保险纠纷多元化解决机制基本完善,消费者合法利益得到有效保护。保险服务手段更加丰富,服务效率和质量进一步提高,行业赢得全社会的广泛认可。

——法治化水平显著提高。修订《保险法》,加快重点领域立法,构建多层次的保险法律制度体系。严格依法行使监管职权,探索保险监管权力清单制度,完善监管执法程序。健全市场主体经营活动规则,强化保险公司合规经营,积极完善合规管控制度。

——监管现代化不断深入。第二代偿付能力监管制度有效施行,保险业资本补充机制不断完善。保险公司治理监管体制机制覆盖全面、运行有效,监管方式不断创新,风险预测、防范和处置机制不断优化。市场行为监管的针对性、科学性和有效性不断提高,市场秩序不断规范。

第二章　深化改革，增强行业可持续发展动力

进一步解放思想,主动作为,聚焦重点领域和关键环节,提高改革效应,放大制度优势,促进行业发展方式转变和结构调整,为行业健康发展提供持续动力。

（一）完善现代保险市场体系

深化准入机制改革,推动市场主体层次、业务结构和区域布局优化升级,

统筹培育与实体经济发展和金融改革创新相适应的现代保险市场体系。扩大专业互联网保险公司试点，积极发展自保、相互等新型市场主体，不断丰富新业务形态和新商业模式。鼓励区域性、专业性保险公司发展，支持中小保险公司创新发展，形成特色化经营模式，满足人民群众多样化保险需求。持续推动上海保险交易所的建设发展，以社会公众的保险服务需求和保险行业的经营管理需求为导向，按照"公司化、市场化、专业化"原则，建设创新型、智慧型的保险综合服务平台和保险运营基础平台，提升中国保险行业的服务能力、创新能力和管理能力。联动各地政府合作共建保险改革创新示范园区，积极推进保险改革创新试点。合理布局保险市场主体和分支机构，加大对中西部地区保险资源的均衡配置，促进区域协调发展。深化退出机制改革，建立法律和市场手段为主、行政手段为辅、具有刚性约束的多层次市场退出机制。

(二)继续深化保险公司改革

加快建立现代保险企业制度，支持符合条件的国有资本、民营资本和境外资本投资保险公司，鼓励资本多元化和股权多元化，推进保险公司混合所有制改革。继续深化国有保险公司改革。推动保险集团公司完善治理结构，加强风险管控，促进资源整合和战略协同，提升保险集团综合竞争力。支持符合条件的保险机构在境内外上市和挂牌。规范保险公司并购重组。加强保险公司控股股东和实际控制人管理，优化股权结构，完善公司治理。增强经营管理层的执行力，强化公司内审内控管理，优化内部组织体系。鼓励保险公司在资本、业务等方面与银行、证券、基金等其他金融领域开展多层次合作，探索金融综合经营。

(三)加快发展再保险市场

健全再保险市场体系，适度增加再保险市场主体，发展区域再保险中心，提升我国在全球再保险市场的定价权、话语权。加大再保险对农业、交通、能源、化工、水利、航空航天、核电等国家重点项目的保障力度。发挥再保险对保险市场的创新引领作用，鼓励再保险公司与原保险公司在产品开发、服务网络、数据共享等方面开展深度合作，扩大我国保险市场的承保能力。支持再保险公司参与行业数据平台、灾害管理、风险管理服务体系等基础设施建设，推动行业数据经验分析。完善再保险登记制度，研究制定离岸再保险人保证金制度，防范金融风险通过再保险业务跨境传递。

（四）稳步推进保险中介市场发展

建立多层次、多成分、多形式的保险中介服务体系，培育具有专业特色和国际竞争力的龙头型中介机构，发展小微型、社区化和门店化经营的区域性专业代理机构，鼓励保险销售多元化发展，探索独立个人代理人制度。改进准入管理，加强退出管理，推动保险中介市场要素有序流动，鼓励专业中介机构兼并重组。提升中介机构的专业技术能力，在风险定价、产品开发、防灾防损、理赔服务、反欺诈等方面发挥积极作用，提供增值服务。夯实保险中介市场基础建设，强化自律管理，构筑市场化的中介职业责任和风险承担体系。加强中介信息披露，强化专业中介机构内控治理和兼业代理机构保险业务管理，落实法人机构和高管人员管理责任。

（五）全面推进保险费率市场化

全面推开商业车险条款费率管理制度改革，建立以行业纯风险保费为基准、公司自主确定附加费用率和部分费率调整系数的定价机制。加强与相关部委沟通协调，推进交强险制度改革。继续深化寿险费率市场化改革，完善寿险费率形成机制配套制度。探索开展意外险市场化定价机制改革，研究建立意外险赔付率调节机制和定价回溯制度。推动保险产品自主注册改革，鼓励保险公司提供个性化、定制化保险服务，健全产品监管事后抽查和产品退出机制。

第三章　开拓创新，提高服务经济社会发展能力

围绕服务经济社会发展的重点方向，在经济转型、社会治理、灾害救助、三农服务等领域，创新保险服务机制和手段，提升服务水平。

(一)支持经济转型升级

发挥保险经济补偿功能,服务高端制造装备研发和生产,促进工业经济结构调整,健全首台(套)重大技术装备保险风险补偿机制,助力我国实施制造强国战略。加快发展科技保险,推进专利保险试点,为科技企业自主创新、融资、并购等提供全方位的保险服务。配合国家新能源战略,加快发展绿色保险,完善配套保险产品研发。积极落实"互联网+"行动,鼓励围绕互联网开展商业模式、销售渠道、产品服务等领域的创新,促进互联网保险健康发展。积极推动小额贷款保证保险业务发展,为大众创业、万众创新提供融资增信服务。积极发展文化产业保险、物流保险,探索演艺、会展责任险等新兴保险业务,促进第三产业发展。稳步发展住房、汽车、教育、旅游等领域保险服务,促进居民消费升级。

(二)服务社会治理创新

建立政府引导、市场运作、立法保障的责任保险发展模式,把与公众利益关系密切的环境污染、医疗责任、食品安全、安全生产、建筑工程质量等领域作为责任保险发展重点,探索开展强制责任保险试点。加快发展雇主责任保险、职业责任保险、产品责任保险和公众责任保险,鼓励发展治安保险、社区综合保险等新兴业务,充分发挥责任保险在事前风险预防、事中风险控制、事后理赔服务等方面的功能作用,用经济杠杆化解民事责任纠纷。完善交通事故快撤理赔机制,鼓励保险机构参与交通事故社会救助基金管理,增强保险业参与交通管理的能力。

(三)参与国家灾害救助体系建设

争取各级政府支持,将保险纳入灾害事故防范救助体系和特大型城市公共安全管理体系,建立救援人员人身安全保险制度,提升企业和居民利用商业保险应对灾害事故风险的意识,提高保险参与灾害应对的能力。充分发挥保险费率杠杆的激励约束作用,强化事前风险防范,完善突发事件应急管理。推动出台《地震巨灾保险条例》，落实《建立城乡居民住宅地震巨灾保险制度实施方案》。研究建立覆盖洪水、台风等多灾因巨灾保险制度。研究建立地震巨灾保险基金，完善中国城乡居民住宅地震巨灾保险共同体运行机制，探索符合我国国情的巨灾指数保险试点，推动巨灾债券的应用，逐步形成财政支持下的多层次巨灾风险分散机制。推动建立核保险巨灾责任准备金制度。研究建立巨灾风险管理数据库。

（四）创新支农惠农方式

落实《农业保险条例》，出台促进农业保险健康发展的指导意见，完善农业保险制度，扩大保险覆盖面，提高保障水平。积极争取财政税收优惠政策，加大农业保险政策支持力度。完善中国农业保险再保险共同体机制，推动建立财政支持的农业保险大灾风险分散机制。积极开展地方特色农产品保险、天气指数保险、价格指数保险试点，稳步扩大渔业保险、森林保险、农房保险、农机具保险覆盖范围，鼓励开展多种形式的农业互助合作保险，满足新型农业经营主体多样化风险管理需求。探索建立农业补贴、涉农信贷、农产品期货和农产品保险联动机制，稳步扩大"保险+期货"试点，推动保险支农融资业务创新。完善农业保险服务体系，健全保险机构与灾害预报部门、农业主管部门的合作机制，加快推进农业保险信息平台建设。

（五）提高保险服务创新能力

坚持需求引领、供给创新，充分运用物联网、大数据等科技手段，完善企业财产保险、家庭财产保险、货运保险、意外伤害保险等险种的风险保障功能，增强全社会抵御风险的能力。不断丰富商业车险示范产品体系，完善商业车险创新型产品形成机制，提高服务精准化、精细化水平。鼓励保险公司开发具备资产保值增值、财富传承等不同功能的创新型产品。优化保险业创新环境，建立健全保险产品和服务创新保护机制。大力推进保单通俗化、标准化和承保理赔便捷化、规范化，运用电子保单、远程理赔等新的服务方式，提升保险机构管理水平和服务质量。

第四章 服务民生构筑保险民生保障网

建立与国家脱贫攻坚战相适应的保险服务体制机制。积极参与社会保障体系建设,把商业保险建成社会保障体系的重要支柱,使保险逐步成为个人和家庭商业保障计划的主要承担者、企事业单位发起的养老健康保障计划的重要提供者、社会保险市场化运作的主要参与者。

(一)保险助推扶贫攻坚

精准对接脱贫攻坚多元化的保险需求。积极开发扶贫农业保险产品,满足贫困农户多样化、多层次的保险需求。针对低收入人群的疾病、死亡、残疾等风险提供保障,防止因意外致贫返贫。研究推动大病保险向贫困人口予以倾斜。积极探索扶贫小额贷款保证保险等信贷扶贫模式,完善风险补偿机制。积极开展针对贫困家庭大中学生的助学贷款保证保险。推动保险参与转移就业扶贫。强化保险与事故救援、医疗救助、疾病应急救助及慈善救助等制度间的互补联动。健全保险服务网络,完善贫困地区保险服务体系,依托村委会、居委会建设农村、社区保险服务站,开展面向基层群众的保险惠民服务。支持保险机构将资源向贫困地区和贫困人群倾斜。发挥保险资金优势,支持贫困地区重大基础设施项目建设。积极主动承担定点扶贫任务,建立扶贫工作的考核评价机制,推动脱贫攻坚目标早日实现。大力发展普惠保险,开发各类保障适度、保费低廉的小额保险产品。组织引导城乡居民在参加社会医疗保险的基础上,再投保小额人身保险等商业保障产品。鼓励企业投保补充工伤保险,减轻企业负担,保障劳动者权益。

(二)拓展多层次养老保险服务

创新发展多种形式的商业养老保险产品,积极参与多层次社会养老保障体系建设,满足更高层次、差异化的社会保障需求。积极争取商业养老保险税收优惠政策,推出个人所得税递延型商业养老保险,为民众建立便携、透明的个人税延商业养老保险账户并不断丰富账户产品类型。扩大老年人住房反向抵押养老保险试点范围,发展独生子女家庭保障计划,探索对独生子女伤残、死亡家庭保障及无子女家庭保障的新模式。创新发展商业团体养老保险和养老保障管理业务,支持符合条件的保险机构参与企业年金和职业年金基金管理,积极发展与企业年金、职业年金领取相衔接的商业养老保险产品,满足企业年金、职业年金年金化终身领取需求。支持符合条件的保险机构参与基本养老保险基金和全国社会保障基金投资管理。支持保险机构参与各类社会基本养老保险经办和养老服务业综合改革。支持保险机构以投资新建、参股、并购、租赁、托管等方式兴办养老社区等服务机构,增加社会养老资源供给,促进保险业与养老服务产业的融合发展。

(三)发展多元化健康保险

完善商业健康保险顶层设计,鼓励发展与基本医疗保险相衔接的补充医疗保险,大力开发各类医疗、疾病保险和失能收入损失保险等商业健康保险产品,全面推开个人税收优惠型商业健康保险。鼓励发展多种形式的商业护理保险,积极参与国家长期护理保险制度建设和试点工作。积极开发和提供疾病预防、健康体检、健康咨询、健康维护、慢性病管理、养生保健等健康管理服务,探索管理式医疗,降低医疗费用支出。支持保险机构运用股权投资、战略合作等方式,设立医疗机构和参与公立医院改制。鼓励具有资质的商业保险机构深入参与各类医保经办,扩大经办服务覆盖范围,提升管理效率。

(四)促进大病保险稳健运行

提升大病保险的统筹层级,积极推进市(地)级统筹,鼓励省级统筹或全省(区、市)统一政策、统一组织实施,提高抗风险能力。完善大病保险投标管理、规范服务、财务核算、退出制度,优化政策制定和方案设计,提高保障水平和效率。推动大病保险与基本医保、医疗救助、商业健康保险等医疗保障制度的有效衔接,尽快实现商业保险信息与公共卫生、医疗服务、基本医保、医疗救助等信息共享，简化报销手续，优化服务流程，完善"一站式"大病保险服务。加强大病保险监管，确保大病保险规范运行。

第五章　提效升级，发挥保险资金支持经济建设作用

发挥保险资金期限长、规模大、供给稳的独特优势，扩大保险投资领域，创新资金运用方式，优化保险资金配置，提高保险资金服务实体经济效率。

（一）拓宽保险资金服务领域

积极支持保险资金服务实体经济发展和经济转型升级。鼓励保险资金以多种方式支持重大基础设施、棚户区改造、城镇化建设等国家重大项目和民生工程。支持保险资金以债权、股权、股债结合、创投基金、私募基金等方式，向高新技术产业、战略性新兴产业、现代制造业、现代农业等提供长期稳定资金，助力我国新技术、新业态和新产业发展。引导保险资金参与国有企业改革，服务政府投融资体制改革，通过公私合营模式（PPP）、资产支持计划等方式满足实体经济融资需求。支持符合资质的保险机构开展境外投资业务，拓展保险资金境外投资范围，规范保险资金境外投资行为。推动全球化资产配置达到新水平。

（二）创新保险资金运用方式

不断深化保险资金运用市场化改革，发挥市场主体的自主决策机制，把更多投资选择权和风险责任赋予市场主体。进一步发挥保险公司机构投资者作用，为股票市场、债券市场长期稳定发展提供有力支持。鼓励设立不动产、基础设施、养老等专业保险资产管理机构，允许专业保险资产管理机构设立夹层基金、并购基金、不动产基金等。探索保险资金开展抵押贷款，支持保险资金参与资产证券化业务。积极推进保险资产管理产品发展和创新，深化注册制改革。提高保险资产管理产品化水平。建立保险

资产交易机制，推动保险资产集中登记交易平台建设。积极培育保险资产交易市场。

（三）加强保险资金运用风险管控

进一步健全和完善保险资金运用政策法规和监管制度，积极构建现代化多层次的保险资金运用监管体系。加强保险资金运用现场和非现场监管，完善风险监测和预警机制。建立保险机构资产负债匹配监管的长效机制，完善承保业务和投资业务匹配管理，促进保险资产负债管理由软约束向硬约束转变，实现安全性、流动性和收益性的统一。强化保险资金运用事中事后监管，加强信息披露、关联交易、内部控制和资产托管等方面的监管力度。不断完善保险资金运用监管信息系统建设，提升监管信息化水平。推进保险资金运用属地监管，加强保险资产管理业协会自律。

第六章　开放发展，提升保险业国际竞争力

积极落实国家建设开放型经济新体制的战略部署，主动对接"一带一路"、自由贸易区建设等国家重大战略，推动保险企业和保险监管"走出去"，开创高水平双向开放新格局。

（一）服务"一带一路"战略

建立保险业服务"一带一路"战略的工作机制，参与制定国家相关政策，引导行业积极提供配套保险服务，条件成熟时颁布行业指导意见。扩大中长期出口信用保险覆盖面，增强交通运输、电力、电信、建筑等对外工程承包重点行业的竞争能力，支持"一带一路"示范项目及相关共建行动的落实。稳步放开短期出口信用保险市场，增加经营主体，鼓励保险公司开发短期出口信用保险产品。鼓励政策性保险公司加大海外投资保险的发展力度，积极争取财政支持政策。鼓励保险机构扩大对"一带一路"项目的承保支持、技术支持和本地服务支持，构建境外服务网络，实现风险的全球分散。

(二)参与自由贸易区建设

将自贸区作为保险业改革开放的"试验田"和"窗口",主动对接自贸区建设需求,努力探索可复制、可推广的保险改革发展之路。积极推动自贸区与香港、澳门和台湾地区的保险产品互认、资金互通、市场互联、人才互动。鼓励境内外航运保险机构落户自贸区,推动国际航运保险中心建设。推动出台离岸保险税收及支持政策,鼓励离岸保险制度在自贸区落地实施。鼓励保险机构开展外汇长期寿险、跨境人民币再保险、自贸区养老保险、影视文化保险、平行进口车保险、保税仓储物流责任保险等业务创新。推动自贸区内保险资金跨境双向投融资试点,支持保险资金参与自贸区内各类国际交易市场。

(三)提升保险业对外开放水平

推动保险市场进一步对内对外开放,实现"引进来"和"走出去"更好结合,以开放促改革、促发展。鼓励中资保险机构尝试多渠道、多层次走出去,扩大保险服务出口,为我国海外企业提供风险保障。支持保险企业在综合考虑自身实力基础上,通过新设、参股及兼并收购境外保险机构的方式,完善全球经营网络布局,提高国际化经营水平。加强中外保险企业合作,积极引入国际先进管理技术和经验。鼓励港、澳、台保险机构与内地保险机构开展深度合作,加快粤港澳合作平台建设。支持中资保险公司参与国际资本市场投融资,稳步推进保险资源配置的全球化。

(四)深度参与国际规则制定

深入参与国际保险监督官协会的规则制定工作,加强与国际保险监管机构的交流合作,推进亚洲保险监督官论坛(AFIR)秘书处工作,提升我国在国际保险监管规则制定中的话语权。加强第二代偿付能力监管制度的国际宣传和推广力度,加快与香港、澳门保险监管体系的等效互认以及与欧盟偿付能力II的等效评估工作。与发达国家和地区保险监管机构建立双边、多边监管合作机制，强化对国内保险公司境外机构的监管，完善跨境危机管理和解决机制，切实防范金融风险跨境传递。

第七章　加强监管，筑牢风险防范底线

坚持机构监管与功能监管相统一，宏观审慎监管与微观审慎监管相统一，风险防范与消费者权益保护并重，完善公司治理、偿付能力和市场行为"三支柱"监管制度，建立全面风险管理体系，牢牢守住不发生系统性区域性风险底线。

（一）健全现代保险监管体系

按照"放开前端、管住后端"的要求，正确处理市场与政府的关系，全面落实简政放权转变职能要求，进一步简化审批程序，实施负面清单模式下的监管制度。进一步加强保险集团监管，建立全集团风险监管框架，深化并表监管和非保险子公司监管，有效防范保险集团经营风险。推进保险监管组织体系现代化，完善中国保监会机关部门与派出机构之间的纵向联动机制，加强统筹协调、沟通会商和信息共享。建立健全监管绩效评价机制，促进监管统一规范。加强与党政部门、司法机关、其他金融监管机构等的沟通合作，推动社团组织发挥自律、维权、协调等作用，支持新闻媒体、会计审计、评级机构、消费者等发挥监督作用，形成专业监管、部门协作、行业规范、社会监督的现代监管体系。

（二）完善保险"三支柱"监管制度

全面实施中国风险导向的偿付能力体系，建立"偿二代"监管信息系统，出台具体配套规则。完善保险公司资本补充机制，拓宽资本补充渠道，创新资本工具，优化资本结构，加强资本管理。健全具有较高国际水准、符合中国特色、引领国际监管规则的公司治理监管体系。围绕内审内控、关联交易、独立董事、薪酬管理、信息披露等关键环节，增强公司治理监管的刚性

约束。建立完善公司治理监管信息系统,搭建公司治理风险模型,实现公司治理风险的实时监测、预警和管理。加强市场行为监管,加大保险市场秩序整顿规范力度,统一行政执法行为标准,完善现场检查、非现场检查和行政处罚工作机制。严厉查处违法违规经营行为,建立与相关职能部门的联动执法检查制度,强化监管效能,营造公平竞争市场环境。

(三)构建防范化解风险长效机制

加强风险动态监测和预警,不断完善风险动态监测工具,提高风险识别和预判能力。建立保险风险定期排查制度,加强风险监测和分类研究,防范偿付能力不足风险、满期给付风险、退保风险、流动性风险等,完善应急预案。搭建国内系统重要性保险机构监管体系,提高应对和处置危机能力,切实防范系统性金融风险,维护保险市场安全稳定。加强创新型业务监管,防范交叉性金融产品风险和金融风险跨境跨市场传递。加强信息系统风险监测和外部渗透性测试工作力度,进一步提升保险机构网络与信息安全风险防范能力。修订保险保障基金制度相关法律法规,加强保险保障基金的专业化管理,推进基金筹集方式改革,进一步明确基金救济范围和标准,丰富风险处置工具,优化风险处置流程,健全风险处置和救助机制。

(四)加强保险消费者权益保护

加大保险产品条款费率公平性、合理性审查,探索开展第三方评估机制。着力解决销售误导、理赔难等消费者普遍反映的突出问题,建立和完善销售、承保、回访、保全和理赔给付等各环节服务标准。加强12378热线和投诉管理系统建设,健全保险纠纷诉调对接机制。完善保险消费者教育机制,加强风险提示工作,培养消费者依法维权意识,引导消费者合法、高效行使维权权利。研究设立中国保险消费者权益保护中心和保险消费者保护基金。加强信息披露,严格要求保险机构及时披露与消费者权益相关的产品和服务信息。加强透明度监管,开展保险公司服务质量评价、投诉处理考评、消费者满意度和消费者信心指数测评,并将评价和测评结果向社会公布。

第八章　夯实基础，持续改善保险业发展环境

坚持依法合规，秉持诚信立业，凝聚智力支持，完善基础设施，提升保险意识，为保险业健康发展提供坚实基础，营造良好的社会环境。

（一）强化保险业法治建设

出台全面推进保险法治建设的指导性文件，提高行业法治化水平。推动《保险法》修订，加快保险监管制度的"废改立"工作，完善保险法律体系。健全依法监管体制机制，进一步完善行政处罚程序，加大行政行为合法性审查，增强复议监督功能，健全完善行政应诉工作机制。加强立法协调，在社会治理、社会保障、财政税收、公共安全等各领域立法中体现保险业功能。加强与公安机关、司法机关、仲裁机构的沟通合作，优化保险业发展的法治环境。

（二）全面推进保险信用体系建设

加快保险业信用信息系统建设，扩大信用记录覆盖面，建立涵盖保险企业信用、保险从业人员信用和保险消费者信用在内的保险业信用信息数据库。加强保险征信系统建设，促进市场化征信服务，满足保险征信需求。加快建设保险信用信息平台，推进信用信息交换与共享，推进保险机构与社保平台、身份识别系统的数据对接。搭建保险业信用管理标准体系，建立守信激励、失信惩戒约束机制，探索建立保险公司、保险中介机构信用评级制度。推动保险反欺诈制度建设和技术发展，推动发挥大数据在反欺诈和信用评估中的作用。加强保险诚信文化建设，营造和谐发展环境，切实提升保险业社会形象。

（三）加强保险业基础设施建设

加快编制车险纯保费表和第三套经验生命表，完善科学定价基础。鼓

励发展第三方费率测算机构。加强行业信息标准化建设，加快行业风险数据库、数据灾备中心、信息共享平台、保单登记管理信息平台等基础设施建设。加大与医疗卫生、道路交通、银行征信等相关部门的沟通协调，进一步扩大行业共享数据来源。加强统计基础建设，构建以保险功能服务和风险监测为核心的统计指标体系，探索建立与其他金融监管部门常态化的统计信息共享机制。推动云计算、大数据在保险行业的创新应用，加快数据采集、整合和应用分析。加快中国保险信息技术有限责任公司发展。加强信息安全基础设施建设，建立完善的信息安全保障体系，提升保险机构信息安全综合防范能力。

（四）加快新型保险智库建设

提高全行业理论和政策研究层次，推动保险理论创新，加强对前瞻性、基础性和战略性问题研究，引领保险实践向大格局、宽领域发展。健全保险发展和监管决策智力支持系统，加快重大决策专家咨询制度建设，调动国内外一流思想及研究能力，进一步提高决策的科学性和有效性。加快建设一批具有较强研究能力和社会影响力的保险智库，发展壮大保险研究学术团体。与国家相关部门及教育科研单位展开合作，在地震、台风、洪水、火灾、农业、医疗、海洋、交通运输等领域建立风险和保险实验室，建立保险业科学支撑平台。

（五）提升全社会保险意识

发挥新闻媒体的正面宣传和引导作用，鼓励新闻媒体利用广播、电视、平面及互联网等开办专门的保险频道或节目栏目，在全社会形成学保险、懂保险、用保险的氛围。加强大中小学、职业院校学生风险管理与保险意识教育。鼓励各地保险监管部门、行业协会、学会、高等院校及保险企业整合宣传力量，推进保险知识进学校、进社区、进农村、进机关、进企业。厚植保险行业监管价值理念和保险行业价值理念，推进保险系统文化工程建设，构建保险文化建设长效机制和交互平台，促进保险文化传播和落地，树立行业正面形象。

第九章　人才为本，建设高素质人才队伍

全面实施人才兴业战略，坚持以人为本，提升人才素质，优化人才结构，建立适应行业发展的管理人才、技术人才、营销人才和监管人才队伍，夯实保险业科学发展的人才基础。

（一）建立科学选人用人机制

加大对产品研发、核保核赔、资产管理、风险管理、国际业务、精算、财务、法律、互联网等专业人才的培养力度，造就一批具有国际视野、富有改革创新精神的高素质人才队伍。加大保险监管专业人才引进和培养力度，创新完善监管专业人才教育培训体系，提升监管技术支持水平。实施开放的人才政策，努力扩大引入海外人才、跨界人才，打造高层次人才向保险业聚集的整体态势。优化行业人才结构，改革人才选拔使用方式，建立市场化的人力资源管理机制，加强保险人才流动的政策引导，畅通人才流动渠道。鼓励企业实施高管人员市场化选聘任用与管理，实行与经营业绩相挂钩的差异化薪酬分配办法，突出专业人才的价值创造。坚持党管人才，建立组织选拔、市场配置和依法管理的国有保险公司领导干部选拔任用制度。

（二）健全教育培训体系

增加教育培训投入，建立健全监管干部人才、保险经营管理人才、专业技术人才教育培训体系。认真抓好监管干部教育培训工作，完善培训内容，改进培训方式，整合培训资源，增强培训的针对性和有效性，全面提高教育培训的质量和效益。构建行业高管培训一体化格局，统筹行业培训资源，强化培训激励约束机制，引领行业培训工作规范开展。倡导企业建立多层次、全方位的人才培养体系，加快国际化、综合型人才培养。鼓励保险企业与国内外大专院校、科研机构建立长效合作机制，探索建立微培训、云培训等新型培训平台，营造开放式的教育培训环境。健全适应人才成长需要的资格

认证体系,加强统一管理,完善职业资格考试及认证管理制度,积极探索职业资格国际、地区间互认。

（三）建立人才激励约束机制

建立符合国情和行业实际的激励体系,坚持物质激励和精神激励相结合,注重增强优秀人才的成就感和荣誉感,健全从业人员收入正常合理的增长机制。在符合国家政策、条件成熟时,允许企业探索实施员工持股计划、高级管理人员事业合伙人、内部创业、跟投等多种市场化的体制机制创新。以合规为导向,完善兼顾公平与效率的绩效管理、奖惩问责制度,加强对经营管理者履职情况的考核约束。深入推进监管机构和国有企业的党风廉政建设,不断强化作风建设。

第十章　科学统筹，保证《纲要》顺利实施

《纲要》集中凝聚了行业的智慧与共识,广泛吸纳了社会意见及建议,明确了"十三五"时期的主要目标和任务,我们要周密部署、精心组织、稳步推进,扎扎实实把各项工作任务落到实处。

保险业各级党委必须发挥领导核心作用,为《纲要》顺利实施提供坚强保证。要着力提升领导班子执政能力和干部工作水平,完善党领导保险工作的体制、机制和方式,提升领导保险业发展的能力和水平。强化基层党组织整体功能,发挥战斗堡垒作用和党员先锋模范作用。各级党委必须深入开展党风廉政建设,推进反腐倡廉制度创新,为保险业发展创造良好环境。

中国保监会做好《纲要》实施工作的统一部署,根据国家宏观经济金融形势,适时调整相关政策措施和力度,确保规划目标的顺利实现。完善《纲要》实施评估机制,强化实施年度评价制度,加大实施情况监测和评估力度,把监测评估结果作为改进工作和绩效考核的重要依据。

中国保监会各派出机构要在中国保监会统一领导下,把握当地经济社会发展实际和保险市场特点,提出具体实施措施,服务当地经济社会建设。

要加强《纲要》实施在本地区的动态监测，及时发现重大问题、重大风险报告中国保监会和相关部门。

充分发挥社会组织桥梁和纽带作用。中国保险行业协会、中国保险学会等行业社团充分发挥好职能作用，推动各会员单位认真学习和贯彻落实《纲要》。北京保险研究院等学术团体要做好《纲要》解读工作，推动全行业提高认识，更新理念。

各保险法人机构按照《纲要》确定的战略目标和主要任务，结合工作实际，将本单位发展战略规划与《纲要》密切衔接，形成规划合力。

培育和营造积极向上的《纲要》实施舆论氛围。全面准确地宣传解读《纲要》，及时报道《纲要》实施新机制新做法，充分反映实施新进展新成效。加大《纲要》实施国际传播力度，积极介绍中国保险业发展的新举措，广泛赢得国际社会的理解和认同。

"十三五"时期是我国全面建成小康社会决胜阶段，也是加快建设现代保险强国的关键时期。《纲要》对我国保险业未来五年的发展进行了全面规划，是保险业发展的行动纲领。我们要在党中央、国务院的坚强领导下，紧密地团结在以习近平同志为总书记的党中央周围，高举中国特色社会主义伟大旗帜，深入贯彻习近平总书记系列重要讲话精神，振奋精神、扎实工作、开拓创新、驱动发展，为实现保险业发展"十三五"规划目标而努力奋斗！

出　　品:图典分社
策划编辑:侯　春
责任编辑:侯　春
责任校对:周　昕

图书在版编目(CIP)数据

从行业意愿到国家意志:中国保险业"十三五"发展前瞻/项俊波 主编. —
　北京:人民出版社,2017.2
ISBN 978 - 7 - 01 - 017297 - 2

Ⅰ.①从…　Ⅱ.①项…　Ⅲ.①保险业-研究-中国-2016-2020
　Ⅳ.①F842

中国版本图书馆 CIP 数据核字(2017)第 008274 号

从行业意愿到国家意志

CONG HANGYE YIYUAN DAO GUOJIA YIZHI

——中国保险业"十三五"发展前瞻

项俊波　主编

人民出版社 出版发行

(100706　北京市东城区隆福寺街 99 号)

北京汇林印务有限公司印刷　新华书店经销

2017 年 2 月第 1 版　2017 年 2 月北京第 1 次印刷
开本:710 毫米×1000 毫米 1/16　印张:25.25
字数:350 千字

ISBN 978 - 7 - 01 - 017297 - 2　定价:50.00 元

邮购地址 100706　北京市东城区隆福寺街 99 号
人民东方图书销售中心　电话 (010)65250042　65289539